现代汉语语法基础

马 超 著

顾 问 张万有 杜 敏

陕 西 新 华 出 版
陕西人民教育出版社
· 西 安 ·

图书在版编目（CIP）数据

现代汉语语法基础 / 马超著. —西安：陕西人民教育出版社，2023.3

ISBN 978 – 7 – 5450 – 9321 – 6

Ⅰ. ①现… Ⅱ. ①马… Ⅲ. ①现代汉语 – 语法 – 研究 Ⅳ. ①H146

中国国家版本馆 CIP 数据核字（2023）第 046759 号

现代汉语语法基础

XIANDAI HANYU YUFA JICHU

马超 著

出版发行： 陕西人民教育出版社
地　　址： 西安市丈八五路 58 号
邮　　编： 710077
责任编辑： 马晓侠　刘之栋
经　　销： 各地新华书店
印　　刷： 陕西金德佳印务有限公司
开　　本： 880 mm × 1230 mm　1/32
印　　张： 15
字　　数： 389 千
版　　次： 2023 年 3 月第 1 版
印　　次： 2023 年 3 月第 1 次印刷
书　　号： ISBN 978 – 7 – 5450 – 9321 – 6
定　　价： 66 元

序

2012 年 1 月,时任赤峰市商务局监察室主任的马超同志,从他坚守多年的岗位退下来。他在几十年同语言文字打交道的实践中,切身感受到语法修辞的重要性,从心底里产生对语法修辞的热爱。他利用一切可以利用的时间,争分夺秒,日夜奋战,边学边写,边写边学,终于完成了一部 30 多万字的《汉语语法修辞基础》书稿。通过友人推介,2014 年 10 月的一天,他带着自己撰写打印装订好的这部书稿,来到寒舍,诚恳地请求我给予指导和帮助。

面对一位语言自学者和爱好者写出的这样一部语法修辞著作,我的感佩之情油然而生。我没有任何理由拒绝他的请求,尽管我的精力和能力都很有限。我仔细研读了他的书稿,提出一些具体修改意见,并把我的部分讲稿和有关书籍借给他,他又参考了许多书,经一段时间学习、修改,再将书稿交我审读,我又提出一些修改意见,他再进一步深钻、修改。就这样来来往往,折腾了好几个来回,又经过四年的辛勤研读和写作,终将原来的一部合编本,扩展成两部著作:《现代汉语语法基础》(2018 年 7 月完稿)和《现代汉语修辞基础》(2018 年 8 月完稿)。两部书稿一起摆在了我的案头。

我首先认真审阅了《现代汉语语法基础》,感到有以下几个主要特点:

1. 立足于教学语法,知识体系比较系统完备。本书主要以《中学教学语法系统提要(试用)》(以下简称《系统提要》)为导向,全面论述现代汉语语法知识。第一章综述，即把语言、汉语与语法结合起来论述，阐明了汉语语法学的发展史、语法的含义和语法体系、语法的基本原理和有关概念等；第二章至第八章，从语素到构词再到词类，从短语到单句、复句再到句群，把各级语言单位的特点及其相互关系、组合规则等，都揭示得很清楚。特别是对语法研究向两头延伸体现得比较充分，对语素和句群都论述得比较系统详尽，弥补了以往一些语法书和教材的不足。

2. 对语法现象和语法规则的解说清楚具体，浅显易懂，体现了本书"基础"之名。本书用例丰富，有的还注明出处，有助于对选例内容的理解。同时又归纳整理出一些综合性、实用性很强的图表，这对于初学者一定有很大帮助。此外，还在各章节后精心设计了多样的思考练习题，概念题意在指明本章节的要点，应用题意在提高实际运用能力。

3. 适当吸收了近年来语法研究的新成果。他接受了我关于增设"三个平面"语法理论、区别词和拟声词等部分的建议，在单句一章专辟一节介绍由胡裕树、张斌研究和倡导的语法研究"三个平面"的语法观，又吸收了句群研究和段落修辞研究的优秀成果，还吸收了区别词、拟声词和语气词的研究成果等。

4. 既遵循《系统提要》的基本精神，又提出了一些独到见解，有创新之处。

一是从语法功能角度对语素进行系统分类，将实语素分为六类，虚语素分为七类，分别说明各种语素的来源、特点和语法功能，有助于对语素本质属性的理解；

二是从组成成分和构成方法的结合上对短语进行系统分类，先将短语分为三大类，再分别将具体类型的短语归于三大类之中，力图构建一个更加系统的短语体系，有助于对短语系统的全面把握；

三是以朱德熙先生提出的"词组本位的语法体系"为据，确立短语的中心地位,并保持短语做句子成分的完整性,提出“对应成分分析法”的句法观——一个句子只有两个相互对应的结构成分(直接成分),所以分析句子只在第一个层次上分出两个对应的结构成分即可,对其下位成分不再分析,使析句法更简便快捷;

四是取消主谓句和非主谓句两大句型系统分类,将原来的非主谓句细分为动宾句等五种类型,使之与主谓句平起平坐,完全按句子的结构类型来分类,力图建立地位平等的六大句型系统,有助于对主谓句以外的其他各种句型的运用。

以上这些创新和突破之处,能否立得住,是否有研究和应用价值,有待于语言实践来检验,有待于语法学发展的实践来验证。

曾几何时,什么“淡化语法”、什么“扭断语法的脖子”的呼声不绝于耳。在这种呼声的影响下,各版语文课本中的中学语法教学内容一删再删,而且大都放在“附录”里作为参考性知识,并明确指出,语法不列入考试范围。有些语文教师不重视语法教学,高中语文课几乎不讲语法,实行“语法零教学”。

中学语法教学已步入低谷,不少专家学者对目前中学语法教学的现状深表担忧,力主进行改革。主持制订教学语法的张志公先生晚年曾深刻地指出,专从教学的角度讲,出路只有改革:一是语法体系、系统,要真正探索出具有汉语特色的汉语语法;二是根据这样的系统和指导思想,编写出汉语语法教材;三是探索教学法。张志公先生在1992年的一次中学语法教学研讨会上颇有感慨地说:“30多年,中学语法教学很大的失误是没有研究语法教学的方法论,没有研究语法教学法。”一语中的,击中要害。

北京市语言学会在北京市教育局的领导下,在吕叔湘、张志公、胡明扬等语法学家的指导下,在《系统提要》的基础上,历经三年的调研,制订出《中学语法教学实施意见》(以下简称《实施意见》)。《实施意见》指出,必须简化语法知识,贯彻志公先生倡导的“精要、好懂、管用”的“六字箴言”，加强应用，重视培养运用语言的能力。

北京市语言学会副会长、特级教师李裕德率先根据《实施意见》写出《现代汉语实用语法》，为解决语法难学、无用等脱离实际的问题，主张必须大大简化语法知识介绍，强化词、句、句群的使用规则，并同阅读紧密结合。

教育部课程教材研究所研究员、人教社中学语文室庄文中编审也写出了《中学教学语法和语法教学》，努力探索教学语法的出路。

浙江师范大学博导张先亮教授，通过深入调查，写出《教学语法特点与应用》和《教学语法应用研究》。《教学语法应用研究》指出，“中学语法教学要以实用为原则，以简洁为核心，以浅显为指归”。

熟悉并多年参与探索教学语法的庄文中先生的意见和做法值得重视。他认为，为了达到语法教学的目的，中学语法教学必须进行根本性改革。一是变语法科学体系为语法教学体系，即语法应用体系；二是变侧重传授语法知识为侧重训练语法能力；三是变静态的语法教学为动态和静态相结合的语法教学；四是变封闭式语法教学为开放式语法教学。强调选取并组织语法内容必须贯彻“简明、连贯、得体”六字原则，强调语法教学必须同听、说、读、写教学相结合，特别是语法知识能力应运用于阅读和写作之中。

以上这些对教学语法的改革，启人心扉，催人深思。现在的中学语法教学，虽然简之又简，甚至到了濒于被取消的程度，人们都在思考其改革的路径。然而，作为教学语法颇具影响的《系统提要》却被沿袭承继下来，通行的高校《现代汉语》的语法部分也大都向《系统提要》靠拢。如上所述，中学教学语法虽有很多改革，但也都是在《系统提要》的基础上进行的。

我在高校教授几十年汉语语法，也多次开过“教学语法”专题讲座，编写过几本小书，发表过几篇论文，所以对教学语法情有独钟。我在受聘国家语委规范词典课题组编修审阅《现代汉语规范词典》

时,对初版涉及的许多语法问题,对以《暂拟汉语教学语法系统》(简称《暂拟系统》)为框架的弊端提出尖锐的批评,极力主张以《系统提要》为纲,通过激烈辩论,最终取得共识。本词典主编助理钮葆先生在一篇文章中说道:“以张老师的观点来统一全课题组的认识,当时是颇费了一番周折的。张老师为本词典严把语法关,付出了极大努力,以后所有编纂的语文辞书大都按张老师力倡的教学语法的观点来统一全书的语法体系的。”

马超同志的这部《现代汉语语法基础》,接受了我提出的以《系统提要》为纲的建议,本书立足于《系统提要》,但又不拘泥于此,多有独到见解和创新。

作者的这些见解和创新,我并非完全赞同,因为要突破多年通行的教学语法体系,必须有大量的科研成果做支撑,盼望作者有切实深入的探索成果早日面世。诚然,书中对教学语法的论述跟以上所谈的教学语法改革虽有些许距离,书中例词、例句的选择还有待更新,有些内容还应删繁就简,等等。不过,无论如何,打破传统旧框框的思路是极为可贵的。著书立说,就是要有这种探索精神。

对于一个自学者来说,凭着对祖国语言文字无比热爱的情感和刻苦钻研的奋斗精神,凭着一辈子做语言文字工作的实践经验,几经寒暑,奋笔疾书,耗时八年,终成大著,实属不易。在语法教学遭到冷落的今天,很少有汉语语法新著出版。马超同志迎难而上,推出了这样一部近40万字的著作,值得点赞!

本书可作为大专院校文科学生的参考书,可作为中学师生学、讲语法的参考书,又可作为语文爱好者学习语法的入门向导,还可作为语法学界讨论语法问题的引玉之砖,对书中的一些新观点可进行深入研讨。

作为本书的顾问和指导者,我感到由衷高兴,特向广大读者推荐。我特别期望马超同志及有志于语法研究的同志,深入到广大中学里，深入到语用实际中，多做调查，多做探索，写出更多更有分量的切合汉语实际、切合中学教学实际、切合社会语用实际的语法论著，尽早扭转中学语法教学的危机状况。是为序。

张万有

2020－03－05 庚子惊蛰

时年78岁

目　录

第一章　语言、汉语和语法

第二章　语素

第三章 构词

第四章 词类

第六章 单句

第七章 复句

第八章 句群

第一章　语言、汉语和语法

语法是语言的要素之一，要学习和研究语法，需要首先从总体上了解什么是语言。同时，我们所探讨的是现代汉语的语法，因而需要了解现代汉语是怎样形成的。此外，还需要了解汉语语法学的产生和发展过程，掌握语法的含义、语法体系、基本原理和有关概念，这对于更好地学习和运用语法规律，指导语言实践和提高交际水平，会有很大帮助。下面，对这些基本问题进行简要说明。

一、语言的性质、特点和构成要素

语言是一种社会现象，语言的本质属性是其社会性。语言是随着人类社会的产生而产生的，也是随着人类社会的发展而发展的。人类能够脱出动物界，发展自己的思维，组织社会生产，同自然界做斗争，语言作为交际工具发挥了不可缺少的作用。因此人们普遍认为，语言是人类区别于其他动物的重要标志。**语言是人类最重要的交际工具。**一个社会、一个民族，可以没有文字，但不能没有语言。**文字是记录语言的书写符号系统，是在语言基础上产生的一种最重要的辅助交际工具。**汉字是世界上最古老的文字之一，以商代使用的甲骨文为标志，距今已有 3 000 多年的历史。文字产生以后，语言出现了口语和书面语两种形式，既可以口说、耳听，又可以手写、目治，进一步扩大了语言的应用范围和交际功能。

语言本身是什么？瑞士语言学家费尔迪南·德·索绪尔在他的《普通语言学教程》中，提出了著名的“**语言是一种符号系统**”的观点，从语言本身的结构方面说明了语言的性质。

语言是一种符号系统。语言中的每一个语素和词都是一个语言符号，都有一定的声音，都表示一定的意义。任何一个语言符号都具有形式和内容两个方面，语言符号的形式是语音，语言符号的内容是语义，语义的内容要通过一定的语音形式表达出来。每一个语言符号都是语音和语义的结合体，其中的语音和语义是相互联系、不可分割的。例如汉语里“rén(人)”这个语音，是同“能制造工具并使用工具进行劳动的高等动物”这个语义结合在一起的，这就成为能代表所有人的一个语言符号。

语言符号音义结合具有任意性的特点。世界上任何一种语言，其声音和意义在最初的结合时都没有必然的联系。一种语言用什么声音表示什么意义，完全是任意的，是由使用这种语言的人们共同约定俗成的。如“ài”这个语音，汉语的意义是“爱”(或其他同音字)，英语的意义是“我”(“I”)。语言符号音义结合的任意性决定了语言的多样性，因此世界上才会有多种多样的语言。

语言符号具有系统性的特点。语言符号是一种层级体系，可分为底层和上层：底层是一套音位，一种语言的音位数目一般只有几十个，但可以组合成数目众多的音位组合形式。上层是音义结合体，可分为三级：第一级是语素，是构词的材料；第二级是用语素构成的众多的词，是造句的材料；第三级是由词或短语构成的数目无限的句子，是语言交际的基本单位。其中第一级(语素)、第二级(词)都属于语言符号，第三级(句子)是语言符号序列。语言符号的层级体系如下图：

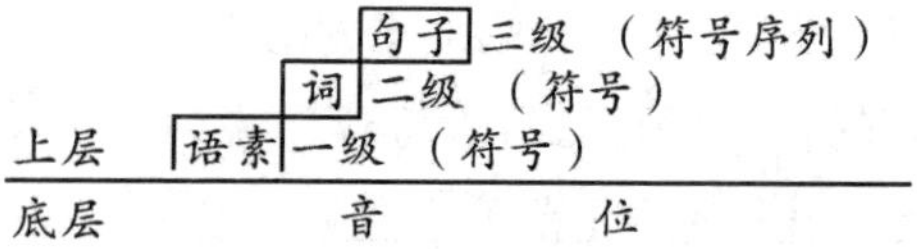

语言由语音、词汇、语法三要素构成。语言的第一要素是语音：任何一种语言首先都要有语音，即用特定的语音来表示特定的意义。语音是语言的物质外壳，没有语音就无法进行交流（哑语也是建立在有声语言基础之上的），因此可以说，没有语音就没有语言。语言的第二要素是词汇：任何一个语素和词都是一种语言符号，所有的词和固定短语构成一种语言的词语总汇——词汇，词汇是语言的建筑材料，没有词汇就无法形成语言。语言的第三要素是语法：语法是利用词语组成句子的方法，即一般所说的组词成句的规则，组成复句和句群也需要采用一定的语法手段，任何一种语言都有自己固定的组织规则，没有语法就无法将词语和句子组织成为语言。通过以上分析可以看出，世界上任何一种语言，都是由语音、词汇、语法三要素构成的，汉语也是同样，这三个基本要素是缺一不可的。

二、现代汉民族共同语的形成

汉语是我国汉族人民共同使用的语言。它经历了从古代汉语到近代汉语，再到现代汉语的发展过程，也经历了从书面语同口语最初的一致到逐渐脱离，再到逐渐统一的发展过程。汉语发展到现代，成为现代汉民族共同语（简称为“现代汉语”）的基础，成为我国汉族人民共同使用的交际工具。现代汉民族共同语是在长期社会发展中逐步形成的，其形成和发展过程经历了以下几个历史阶段：

（一）文言（文言文）

汉语的产生年代久远。汉字产生的确切年代虽尚难确定，但我们能见到的最早且成批的汉字是殷商时代的甲骨文，距今也有3 000多年的历史了。早在汉代以前，中原地区就使用着一种统一的书面语言，这就是以先秦口语为基础而形成的上古汉语书面语，即通常所说的“文言”，后代用这种书面语写成的作品，被称为“文言文”。例如先秦的历史散文和诸子散文、西汉散文、唐宋古文、明代的唐宋派古文、清代的桐城派古文等,无论是在思想上还是在艺术上,都对后世产生了深远影响。文言文这种古代的书面语言,最初也是建立在口语基础之上的,但后来跟口语的差别越来越大,成为一种脱离口语的专门文体。

(二)白话

跟文言相对的,就是所谓的“白话”。唐宋时代,在北方方言的基础上产生了一种接近口语的书面语言,它最初只在通俗文学里使用(如唐代变文、宋代话本、元代杂剧、明清小说等),直到“五四”以后才逐步取代文言,成为唯一通用的书面汉语。这种古代的“白话”,也是古代书面语的一个组成部分,它比较接近于口语,与现代汉语的差别要小一些,可看作现代汉语书面形式的主要源头,它对北方方言的推广起到有力的促进作用。

(三)官话(北京话)

我国北方的代表城市北京,曾是辽、金、元、明、清的都城,在相当长的时间里是全国的政治、经济和文化中心。因此,北京话的影响也日趋扩大,北京话作为官府的通用语言传播到全国各地,由此发展成为“官话”。这种官话,逐渐成为各方言区之间共同使用的交际工具,并进一步促进了白话的发展,为普通话的形成创造了条件。

(四)普通话

鸦片战争以后,近代资产阶级改良主义运动时期的文学在文字上较清新朴素,接近口语,起到了文化启蒙作用,促进了现代汉语的形成。五四时期大力提倡白话文,白话被提到文学“正宗”的地位,进一步促进了书面语和口语的接近。特别是后来出现的无产阶级革命文学,对现代汉语的形成起到了重要推动作用,进一步增强了北京话的代表性,初步形成了普通话。这里的“普通”是普遍共同的意思,北方话的共同语地位开始确立。

（五）现代汉民族共同语

中华人民共和国成立后，国家的统一、人民的团结、政治经济文化的发展，都迫切要求使用一种统一的、规范的现代汉民族共同语。在党和政府领导下，中国科学院于1955年召开了现代汉语规范问题学术会议，经国务院确定，**现代汉民族共同语为“以北京语音为标准音，以北方话为基础方言，以典范的现代白话文著作为语法规范的普通话”**，并且大力向全国推广。这样，不仅统一规定了以普通话作为现代汉民族共同语，还明确规定了普通话的三条基本标准，使普通话在各方言区广泛使用，成为国内各民族之间的共同交际工具。

三、汉语语法学的产生和发展

由于我国古时封建统治者大多提倡尊孔敬儒，并以通经取士，所以使解释古书字句的训诂学和为通经服务的文字学、音韵学率先发展起来。周末（一说汉代）出现了我国第一部解释古语字义的专著《尔雅》；东汉许慎的《说文解字》是我国第一部文字学专著，对后世的影响极为深远；三国时魏国孙炎的《尔雅音义》，是我国音韵学史上第一部用反切注音的专书。中国语言学若以专著而论，则训诂学发生最早，文字学次之，音韵学又次之，语法学最迟。

我国在战国时代开始出现语法意识的萌芽，《墨子·经说》中就把名称分作“达”“类”“私”三类，隐指通名、类名、个体各词①；稍后的《公羊传》和《穀梁传》在训释鲁国编年史《春秋》中的词义和语句时，不但注意到词汇意义，而且开始注意到语法意义。由于汉语的特点，虚词在组词造句和表情达意中十分重要，所以我国古代虚词研究比较发达，汉、魏、晋时期开始出现对单个虚词的解释，如南朝

① 龚千炎：《中国语法学史》（修订本），语文出版社，1997，第4页。

梁刘勰《文心雕龙·章句篇》、唐朝柳宗元《柳河东集·复杜温夫书》、宋朝周辉《清波杂志》等。元朝以后开始出现虚词研究的专著，元代卢以纬的《语助》是我国最早论述文言虚词的专著，清代康熙年间刘淇的《助字辨略》是历代虚字研究之集大成者，清代嘉庆年间王引之的《经传释词》被公认为我国古代最高水平的虚词专著。自汉代兴起的“章句之学”和“句读之学”，以分章摘句和圈点之法来疏解经义，对后世经学产生了深远的影响。到唐宋以后，开始出现“语法”和“句法”的说法，“语法”一词最早见于唐代孔颖达的《春秋左传正义》一书，“句法”一词在宋代洪迈的《容斋随笔》和孙奕的《示儿编》中都有使用。古人也很早就注意到句式问题，汉代郑玄在《礼记注》中即已提出“省文”的术语，清代俞樾的《古书疑义举例》中又有了“蒙上而省”“探下文而省”等名目；唐代孔颖达的《毛诗正义》和宋代陈骙的《文则》对古代汉语的倒装现象都有论述，到了清代，一些学者又提出了“倒装文法”和“倒装句法”的概念。

以上这些古代语法的研究成果，虽然囿于个别分析而未能形成科学体系，但也为我国语法学的诞生奠定了坚实的基础。经历了这样一个漫长的酝酿和准备时期以后，终于，马建忠在1898年出版了我国第一部系统的语法学著作——《马氏文通》，它比照西方语法体系，以先秦两汉古文为分析对象，并融汇了我国传统语文学大部分的研究成果(如虚字、句读之学、语序、省略、倒装等)，创建了古代的文言语法学体系，标志着中国语法学的创立。“五四”运动以后，白话文代替了文言文，1924年黎锦熙的《新著国语文法》出版，这是我国又一部具有开创意义的语法学著作，它的语法体系主要来自英国《纳氏英文法》，同时也参考了《马氏文通》的说法，创建了我国现代白话语法学体系，并由此确立和巩固了白话文的地位。文言语法学和白话语法学一脉相承，同属于汉语的语法学体系，因此，这两部力作使马、黎二人共同成为中国语法学的奠基人。

由于汉语和汉字的特点，也由于我国的国情，中国的语法学产生较晚，迄今只有100多年的历史。我国的语法学从创立之初，一直存在着模仿西洋语法、忽视汉语特点的倾向，这种状况直到20世纪40年代以后才有了根本的改变。这一时期在西方现代语言学理论的指导下，我国语法学界出现了一系列文法革新的力作，主要有吕叔湘的《中国文法要略》(1941—1944，分上、中、下三册)、王力的《中国现代语法》(1943)、高名凯的《汉语语法论》(1948)。吕、王、高的巨著深入探索汉语的特点和规律，构建了现代汉语语法新的科学体系，标志着中国语法学开始摆脱模仿、走上独立研究的道路。此外，赵元任的《国语入门》于1948年由美国哈佛大学出版，这是我国第一部全面应用美国结构主义(描写语言学)的方法来研究汉语的著作，形成了一套崭新的语法系统，对中国语法学产生了较为深远的影响。在这样一批语言大师的带领下，中国语法学从20世纪40年代起就进入了现代语言学的新阶段。

新中国成立以后，党和政府对语文学习高度重视，语法知识在社会上广泛普及，各具特色的语法著作相继问世，主要有吕叔湘、朱德熙的《语法修辞讲话》(1952)、丁声树等人的《现代汉语语法讲话》(1952)等。1954年决定在全国中学实行汉语和文学分科教学，1956年制定了《暂拟汉语教学语法系统》(以下简称《暂拟系统》)，第一次统一了中国的语法体系，同时还以此为依据统编了中学《汉语》课本(其中第三、四、五册为语法部分)，推动语法教学的发展。虽然在1958年以后又取消了汉语与文学分科教学，但这段时间对普及语法教学起到了重要推动作用，所形成的教学语法体系对我国语法学的发展也产生了深远的影响。“文化大革命”时期，我国的语法研究基本处于停滞状态。1978年，党的十一届三中全会以后，我国的语法研究又进入了一个新的发展阶段。1981年7月，经教育部批准，在哈尔滨召开了一次规模颇大的全国语法和语法教学讨论会，对1956年制定的《暂拟系统》进行了修改，并于1984年1月公布实行了《中学教学语法系统提要（试用）》（以下简称《系统提要》），这是我国现行的第二部教学语法规范。此后，语法研究取得了重大突破，汉语语法现象和规律得到了深入挖掘，并出现了理论方法的多元化，语言学与计算机、逻辑学、统计学、心理学等多种学科相结合，有了许多专门的著作和论文。特别是胡裕树、张斌先生提出的句法、语义、语用“三个平面”学说，朱德熙先生确立的方言、古语、今语“三结合”理论等，不仅为中国语言学界普遍接受，而且对世界语言学理论作出了重要贡献。尤其值得注意的是，朱德熙先生提出的建立“词组本位的语法体系”，将会引起汉语语法体系的根本变革。

四、语法的含义和语法体系

“语法”这一术语，通常有两个含义：一个是指语法规律本身，一个是指语法学。语法规律是客观存在的，任何一种语言，都有一套自身固有的组合规律，汉语有汉语的语法，英语有英语的语法。语法学是研究语法规律的科学，是语法学者对客观语法事实的说明，因而带有主观性。由于语法学家们掌握的语言事实不同、观察问题的角度不同、分析问题的方法不同等，有时会造成语法观点的不同。但这种分歧，只是语言学家们认识上的分歧，而不是语法事实方面的分歧，更不是由语法规律本身造成的。同时，在人们对语法规律的研究和探索中，出现不同的见解是难免的，可以在对语法事实的深入探讨中逐渐缩小和消除分歧，以真正接近和掌握语法的客观规律。因此，我们绝不能因为存在某些语法观点的分歧，就对客观存在的语法规律产生怀疑，更不能因此而动摇学习和普及现代汉语语法知识的信心。

关于语法体系，也有两个含义：一个是指一种语言的语法规律体系，即客观存在的语法事实和语法规律所构成的体系，它是一个由各级语言单位的组合规律交织而成的整体；另一个是指语法学体系，即对语法事实和语法规律的表述体系。一种语言客观存在的语法规律体系只有一个，而描写它的语法学体系往往不止一个。对于语法学体系，可以从以下不同角度进行分类：

根据研究目的的不同，语法学体系可以分为历史语法、比较语法和描写语法。**用历史观点来研究某一语言的发展、演变的学问叫作历史语法**，其目的在于追溯语言的发展历史，研究语法构造的演变规律。**比较语法是将不同语言、不同种类的语法进行比较**，它有广狭两义之分：广义的比较是对不同语言之间的语法进行比较，如汉语语法与英语语法的比较、古代汉语语法与现代汉语语法的比较、普通话语法与方言语法的比较等；狭义的比较是对有亲属关系的语言之间的语法进行比较，如汉语与藏语的比较、汉语与缅甸语的比较等，在比较中探索汉语语法的特点和规律。**研究某一语言在发展到一定时期的语法构造的学问叫作描写语法**，它只对语言体系进行断面的、静态的描写，对于建立语法学体系具有重要作用，我们平时所见的语法著作和教材多属于描写语法的范畴。

根据研究方法的不同，语法学体系可以分为传统语法、结构主义语法和转换生成语法。**所谓传统语法，是指源于古希腊罗马语言体系，盛行于中世纪至19世纪以前的语法学体系**，它来源于拉丁语法，其突出特点是把语法分为词法（词类）和句法（句子成分）两大范畴，同时指明词类和句子成分的对应关系，由此构成语法体系。传统语法历史悠久，我国语法学界比较熟悉，对传统语法的有些术语、概念、规则和理论一直沿用至今，特别是句子成分分析法（中心词分析法）明显体现了传统语法的特点。**结构主义语法的目的在于描写语言的结构，从中发现语言的结构规律**。它以美国描写语言学为代表，采用替换法、分布分析法、层次分析法（直接成分分析法）、变换分析法等来分析语言的结构，特别是层次分析法已被我国语法学界广泛采用。**转换生成语法的目的在于解释语言现象，特别是解释人类语言的生成能力**，它以美国乔姆斯基的转换生成语言学为代表，研究语言的深层结构与表层结构之间的转换关系，在人工智能开发方面具有特殊的借鉴意义。

根据应用范围的不同，语法学体系又可分为教学语法和理论语法。**教学语法是指在学校里用于教学的语法**，它是统一的、规范性的，因而又被称为学校语法或规范语法。**理论语法是指在语法理论研究领域内使用的语法**，因而又被称为专家语法或科研语法。理论语法同教学语法不同，语法学者可以从不同角度、用不同方法去描写和解释语法，各有各的体系，不应该也不可能强求一致。当然，语法学家在著述的时候，一般也会考虑到语法理论在语言实践中的应用和人们学习的便利，而教学语法也应该把专家语法的新成果不断吸收进来，借以充实自己的内容和加强科学性。

本书基本上是立足于教学语法系统的，主要的知识体系基本遵循《系统提要》，但又不拘泥于此，有些地方也有所突破，如对语素的功能分类、按照组成成分和方法建立短语体系、建立新型句法观和采用新的析句法（对应成分分析法）、依据句法结构划分句型等，并注意到这些新知识的系统性和科学性，使其更具有研究和应用价值。

五、语法的基本原理和有关概念

什么叫语法？**语法就是语言的结构方法和组织规则**。通俗地说，语法就是一种语言的组织方法，是各级语言单位的组合规则，它体现了语言结构的内在规律。

语法是语言的基本要素之一，是社会约定俗成的产物。它是与语言同时产生的，是一定社会的人们在长期使用某种语言中逐渐形成并被固定下来的语言组织规则。只要使用这种语言，就必须遵守这些规则。本民族的儿童或其他民族的人们，从学习某种语言开始，就在同时学习这种语言的语法，在基本学会这种语言之后，也就基本掌握了这种语言的语法。因此，语法并不是神秘莫测的东西，也不是语法学家的专利，它就存在于我们的日常话语之中，于我们每一个人都很近、都有用，当我们运用语言进行交际时就用到了语法，只是我们很少觉察到而已。

语法虽然并不神秘，但将其从语言中单独分列出来进行研究，也有一定的难度。因为语法规则是隐含在语言的深层内容之中的，它所表示的语法关系和语法意义都是比较抽象的。**语法在语言中的作用是一个复杂而能动的过程，体现为一个单向的不循环的链条**：语法单位→语法手段→语法形式→语法意义，即语法单位通过一定的语法手段进行组合，形成一定的语法形式，表示一定的语法意义。如下图所示：

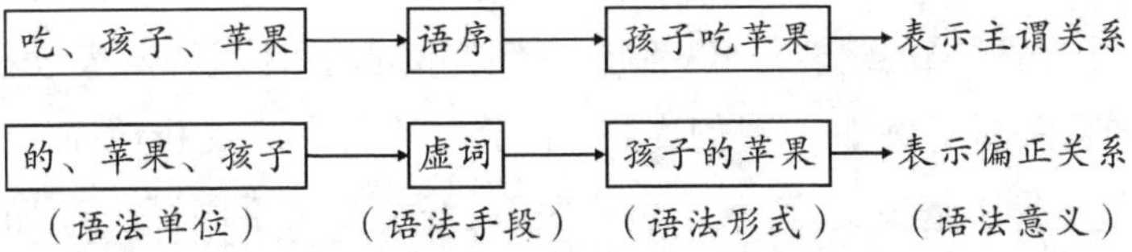

这其中涉及语法单位、语法手段、语法形式、语法意义几个基本概念，简述如下：

语法单位是指语法所支配和调整的各种音义结合的语言片段。语法单位主要有四级：语素、词、短语、句子。它们都是语言中的音义结合体，可以层层进行组合，因而都受语法规则的支配和调整。其中语素是最小的语法单位，由语素构成词，由词构成短语，由词或短语构成句子，句子是语言的使用单位。句子在使用中，有时也会受到语法规则的支配和调整，组成复句或句群。

语法手段是指语法支配和调整语法单位的结构方式。汉语的语法手段，主要靠语序和虚词。**语序是指语言单位的排列次序；虚**

词没有词汇意义，只表示语法意义，其基本用途是表示语法关系，形成词与词的组织关系构架。例如：“思想好”和“好思想”，两个词的语序不同，所表示的意义就不同。再如“我的老师”与“我和老师”，两个词之间使用的虚词不同，形成的语法关系就不同，所表示的语法意义也不同。

语法形式是指运用一定的语法手段把语法单位组织起来，并在组织过程中产生一定语法意义的具体语言形式。例如“生活幸福”是主谓结构，而“幸福生活”是偏正结构，它们是以语序为语法手段组合而成的；“平凡而伟大”是并列结构，“站得高”是补充结构，它们是以虚词为语法手段组合而成的。这些都是通过一定的语法手段组织起来的具体语言形式，同时也都是一种语法形式。

语法意义是指由词与词的组合而产生的结构关系意义。词的组合方式有两种：一是实词与实词的组合，二是实词与虚词的组合。这两种词的组合形式，都能够产生不同的语法意义，表示不同的结构关系。例如：“我们支持”表示主谓关系，“支持改革”表示动宾关系，“坚决支持”表示偏正关系，组合方式不同，所表示的语法意义也不同，这是实词与实词组合所产生的不同语法意义；“去与留”表示并列关系，“去或留”表示选择关系，使用的虚词不同，所表示的语法意义也不同，这是实词与虚词组合所产生的不同语法意义。汉语以句子为基本运用单位，在一个句子里，实词所表示的词汇意义（能够代表某种客观事物的实在意义）是表层的、具体的；虚词所表示的语法意义，以及词与词组合所产生的语法意义，都是深层的、抽象的。

六、学习语法的意义和作用

通过以上内容的介绍，我们就可以对语言、汉语和语法有个总体的了解，这对于我们学习和研究语法的具体内容，都会有很大帮助。学习语法的意义和作用，主要体现在语言运用与欣赏之中，归纳起来有两个方面：

一是通过学习语法知识，能够掌握语言结构的基本规律。语法学是研究语言的组织规则和结构规律的一门科学。语言的构成，从语素到词，从词到短语再到句子，从单句到复句再到句群，都有一套组织规则。一种语言的句子数目是无限的，但句法结构是有限的。汉语有几种基本句法结构，还有一些特殊句式，它们都有一定的结构规律，都表示不同的语法意义，因而也都有不同的表达效果。此外，还有省略、隐含、倒装、移位等句法变换手段，还有意合、关联等组织复句和句群的语法手段，这些都与组织运用语言、增强表达效果有密切关系。如果能够系统学习一点语法，就会多懂得一些语法知识，掌握语言结构的基本规律，帮助我们学好用好语言。

二是通过学习语法知识，能够提高运用语言的能力。学习任何知识，都有一个由不自觉到自觉的转化过程，如果能够自觉地运用语法理论指导语言实践，就会大大提高运用语言的能力和水平。比如，我们懂得一些语法规则以后，就会自觉地按照语法规则来组织语句，避免出现词语搭配不当、句子成分残缺、句式杂糅等语病，可以把意思表达得更准确；当我们觉得要表达的内容无法用一个单句说完、说清时，就会组织一个复句或一个句群，把内容表达得更加清楚完整；当我们知道特殊句式的用法和作用以后，就会不满足于只使用那些常见句式，自觉地进行句式调整，运用一些特殊句式和修辞手法，把自己的思想感情表达得更加鲜明生动。总之，话语空间是无限的，语言的运用永无止境。我们不但要注意用好自己的语言，还要认真学习别人的语言，特别是通过阅读一些名篇名著，从古今名家的语言中汲取营养，这样才能不断增强自己的语言素养，提高自身运用语言的水平。

思考与练习

1. 为什么说语言的本质属性是其社会性？语言和文字在人类社会的发展中各有什么重要作用？

2. 为什么说“语言是一种符号系统”？语言符号有什么特点？

3. 语言由哪三个要素构成？它们各自的作用是什么？

4. 什么叫现代汉民族共同语？其形成和发展过程经历了哪几个历史阶段？

5. 我国古代的训诂学、文字学、音韵学为什么能够率先发展起来？各有哪些代表性的专著？

6. 我国从何时开始出现语法意识的萌芽？在语法学诞生之前有哪些重要研究成果？

7. 中国语法学创立的标志是什么？为什么说马建忠、黎锦熙同是汉语语法学的奠基人？

8. 新中国成立前后我国语法学界有哪些重要的语法著作和语法规范？此后我国的语法学又有哪些重大开拓和发展？

9. 语法这一术语有哪两个含义？我们应该怎样看待语法观点的分歧？

10. 语法体系有哪两个含义？根据研究目的、研究方法、应用范围的不同,可以分别划分为哪些不同的语法体系？

11. 什么叫语法？为什么说语法是社会约定俗成的产物？

12. 什么是语法单位、语法手段、语法形式、语法意义？语法在语言中的作用是怎样一个复杂而能动的过程？举例说明。

13. 学习语法的意义和作用是什么？

第二章　语　素

因为词是语言的基本单位，句子是语言的使用单位，所以我们过去学习语法，一般都从词开始，到句子为止，而对语素没有引起足够的重视。20世纪80年代以后，我国的语法研究及语法教学向两头延伸，往小延伸到语素，往大延伸到句群，至《系统提要》(1984)正式确立了“语素—词—短语—句子—句群”五级语言单位体系。从这个语言单位体系中可以看出，语素既是最低一级的表义单位，也是最小的语法单位。因此，要研究汉语的词汇和语法，必须从语素开始。为此，特将语素列为专章进行系统介绍。

第一节　语素概说

一、什么是语素

语素是最小的语音语义结合体，是最小的语法单位。《系统提要》上的这个定义简洁准确，既说明了语素自身的特点，又说清了语素同字、词之间的区别。请看下边这个句子：

解　放　军　消　灭　了　敌　人。

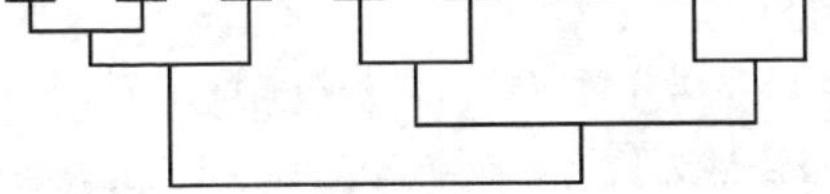

这个句子里共有 8 个语素:其中“解”“放”“军”“消”“灭”“敌”“人”都能够表示实在的意义,是实语素;“了”不能表示实在的意义,只能表示语法意义,是虚语素。它们都是最小的语音语义结合体,也是最小的语法单位。

这些语素再按照一定的语法规则进行组合:7 个实语素分别组合成 3 个实词——“解放军”“消灭”“敌人”;虚语素“了”单独构成动态助词。然后,这 4 个词再按照语法规则进行组合:首先组合成一个动宾短语——“消灭了敌人”,然后再由“解放军”同这个动宾短语组成句子——“解放军‖消灭了敌人。”在这个句子中,每个词才是能够独立运用的语言单位,而作为构词材料的语素,在句子中没有单独活动能力。

从说话人和听话人的角度来看,当说话人说出以上这个句子时,能够表达一个完整的意思,听话人也能够听懂这个意思,这是因为句子里的 8 个语素的音义都是约定俗成的,所以由这些语素组成的 4 个词的意义才能被人们所理解,这样由这些词所构成的短语和句子,也就自然能被人们理解了。

对于语素的重要性,语言大师们都有深刻的论述。吕叔湘先生认为,“任何一个语言片段都是由若干个语素组成的”①;朱德熙先生也指出,“语法系统里的基本符号是语素”②。语素是语言要素中最小的音义结合体,是构成语言最基本的要素,所以是语言得以产生的基础。语言是一个层级体系,其产生过程是:最先有了能够负载一定音义的大量语素,然后才由语素构成词,再由词构成短语,由词或短语构成句子,由句子构成句群。可见,语素是整个语言层级体系的基础,它作为最小的语法单位,不仅仅是构词成分,也是各级语言

---

① 吕叔湘:《汉语语法分析问题》,商务印书馆,1979,第 55 页。

② 朱德熙:《语法讲义》,商务印书馆,1982,第 9 页。

单位的基本要素。完全可以这样说,没有语素,就没有词和词汇,也就没有语言。

对于“语素”这个名称,以前也有分歧。过去一般都称其为“词素”,这很容易使人误认为它只是词的构成要素,或者理解为它是从词中划分出来的。所以吕叔湘先生认为,“比较起来,用语素好些,因为语素的划分可以先于词的划分,词素的划分必得后于词的划分,而汉语的词的划分是问题比较多的”①。

二、语素的一般分类

语素是最小的音义结合体,按其声音和意义,可以从两个方面来分类:

(一)单音节语素、双音节语素与多音节语素

按音节多少,语素可分为单音节语素、双音节语素、多音节语素。

1. 单音节语素

单音节语素是由一个音节构成的语素。现代汉语中的词绝大部分是双音词,作为构词材料的语素,绝大多数都是单音节的,因此,单音节语素是汉语语素的基本形式。

单音节语素主要来源于古代汉语。古代汉语中的词绝大多数是单音词,它们中的一大部分在现代汉语中,不但能够继续单独使用,而且还可以作为语素构成大量新词。例如“水”,既可作为一个名词单独使用,又能作为一个语素用来构造大量新词,如水盆、水桶、水沟、水平、水银、水灾、胶水、墨水、盐水、泉水、开水、自来水……在2016年9月第7版《现代汉语词典》中,仅“水”字开头的词语就收录194条;再如“走”,除了可单独作为一个动词使用外,还

① 吕叔湘:《汉语语法分析问题》,商务印书馆,1979,第15页。

能以“走”为语素构成很多词，如走狗、走板、走样、走运、走失、走风儿、走读生、逃走、竞走……在第7版《现代汉语词典》中，“走”字开头的词语也有77条之多。可见，这些从古代汉语中保留下来的单音词，在现代汉语中作为语素时，其构词能力是很强的。

此外，古代汉语中还有一些单音词，它们在现代汉语里一般不再单独使用，却能转化成语素，用来构成大量新词。例如“耳”和“目”，在现代汉语里一般不再单独使用，分别被“耳朵”和“眼睛”所代替，但它们仍可作为语素来构成大量新词。以“耳”为语素可构成耳垂、耳根、耳朵眼儿、耳膜、耳环、耳机、耳麦、耳鸣、耳背、耳性、耳音、耳语、耳熟、耳闻、耳风、耳福、耳光、耳旁风、入耳、刺耳、顺耳、逆耳、悦耳、内耳、外耳、中耳、银耳、木耳……以“目”为语素可构成目光、目测、目睹、目击、目送、目录、目次、目标、目的、目前、目下、过目、注目、反目、醒目、夺目、盲目、眉目、面目、编目、篇目、题目、条目、项目、账目、头目……由此可见，有些不能继续单独使用的古代单音词，转化成语素以后仍具有很强的构词能力，它们在现代汉语中依然发挥着不可替代的作用。

2. 双音节语素

双音节语素是由两个音节构成的语素。其特点是：这两个音节共同表示一个整体意义，不可再拆分。现代汉语的双音节语素，主要来源于两个方面：

(1)古代汉语中的联绵词

联绵词是古代汉语的遗留，是指两个音节联缀成义、不能拆开来讲的词，古时也叫联绵字。根据语音特点，联绵词可分为三种：

一是双声词，两个音节的声母相同。例如：

琵琶　忐忑　伶俐　崎岖　惆怅　蜘蛛　吩咐　参差　琉璃

二是叠韵词，两个音节的韵母或韵尾相同。例如：

窈窕　怂恿　葫芦　荡漾　烂漫　徘徊　逍遥　叮咛　彷徨

三是既非双声也非叠韵的联绵词。例如：

玛瑙　蝴蝶　窟窿　唢呐　玻璃　妩媚　妯娌　囫囵　垃圾

需要说明的是，只有少数联绵词可以作为语素来构词，而且构词能力很有限。如上边所举的这些联绵词，只有以下几个可以作为语素来构词，如蜘蛛（蜘蛛人）、琉璃（琉璃瓦）、葫芦（葫芦案）、蝴蝶（蝴蝶结）、窟窿（窟窿眼儿）、玻璃（玻璃钢、玻璃丝、玻璃纸、玻璃砖、玻璃体）、囫囵（囫囵觉）、垃圾（垃圾股）；而其他一些联绵词，一般只能单独作为一个词（单纯词）来使用，而不能再同其他语素构成合成词。

（2）音译外来词

汉语吸收外来词，有音译、意译两种方式。**音译就是只翻译外来词语的声音，用汉语的音节（汉字）表示出来。**其中用两个音节来表示的，就成为双音节外来词，它们同汉语的双音词很相似。例如：

扑克　葡萄　马达　瓦特　雷达　幽默　欧姆　吉普　摩托

上边这些双音节外来词，有的能做构词语素，如扑克（扑克牌）、葡萄（葡萄酒）、雷达（雷达兵）、摩托（摩托艇）；而“马达”和“吉普”本身就是名词，“幽默”是形容词，“瓦特”和“欧姆”是一种量的单位，它们一般都单独使用，不能再和别的语素构成新词。

3. 多音节语素

多音节语素是由三个或三个以上的音节所构成的语素。汉语中的多音节语素，主要来源于音译外来词。

汉民族在同其他民族进行交往时，从其他民族的语言中吸收了一部分词语，吸收的方式最初都采取音译。音译外来词除了双音节的以外，还有一部分是多音节的，例如：

白兰地　凡士林　尼古丁　托拉斯　康拜因　奥林匹克

阿司匹林　罗马尼亚　贝尔格莱德　布尔什维克

这种多音节音译外来词，不管有多少个音节，都只能表示一个整体意义,不能再拆分,因而只能作为一个多音节语素来看待,一般只能构成一个单纯词,而不能再同其他语素构成合成词。

需要特别指出的是,现代汉语中的词绝大部分都是双音词,而且汉语词汇双音化的趋势越来越明显;与此相适应,汉语语素的发展趋势也必然是单音节。古代汉语保留下来的联绵词虽然符合词汇双音化的要求,但作为语素使用会越来越少。音译外来词将会被意译方法所代替,**意译是将外来词语的意义译成汉语的词语**,所以意译的外来词也多为双音节,这样多音节外来词也会越来越少。双音节语素和多音节语素的构词能力很有限,只是作为一种补充,因此,作为语素使用会逐渐减少。同时,随着社会的进步和语言的发展,现代汉语中的词(主要是单音词)也可以转化为语素来构造新词,这样,作为构词材料的语素就可以源源不断地产生,新词也可以根据需要源源不断地被创造出来。从这个角度来说,词不仅是一般语句的建筑材料,同时也是词本身再生、再创造的构词材料。

(二)单义语素与多义语素

按意义多寡,语素可分为单义语素和多义语素。

1. 单义语素

单义语素是只表示一个固定意义的语素。现代汉语中的单义语素,主要来源于以下几个方面:

一是某些只能表示一种固定意义的单音节实词。如"鞋""睡"和"甜"之类,它们既能单独成词,又可以同其他语素构造新词,如在"鞋油""睡眠"和"甜蜜"中,其基本意义都不会发生改变。

二是只能表示一种固定和实在意义的单音节语素。如"睛""庇"和"喧"之类,它们一般不能单独使用,只能同其他语素一起构词,如在"眼睛""庇护"和"喧哗"里,它们的意义都是稳定不变的。

三是从古代汉语中保留下来的连绵词。如"妯娌""怂恿"和"伶俐"之类,它们都由两个音节构成,共同表示一个整体意义,不可再拆分，因而只能把它们看作一个单义语素，由此构成一个单纯词。

四是音译外来词。如“坦克”“瓦特”“尼古丁”和“阿司匹林”之类，它们不管由几个音节构成，都整体表示一个固定意义，因而都可看作一个单义语素，其中多数都由这一个语素构成单纯词，只有少数双音节的音译外来词，可以作为语素来构造新词，如“坦克兵”。

2. 多义语素

多义语素是指含有相互联系的几个意义的语素。汉语中的绝大多数语素都是单音节语素，而且绝大多数单音节语素都是多义语素。

多义语素的特点是：同一个语素能够表示几个不同的意义，这几个意义既有区别又有联系；多义语素在动态使用中表义具有单一性，不管是单独成词还是与其他语素结合构词，都只能具体确定为其中的某一个意义。如“深”这个多义语素，既可以单独成词、单独使用，如他们俩的交情很深（深厚）；又可以在下面的词语中表示各自不同的意思，如深渊（从上到下的距离大）、深山（从外到里的距离远）、深红色（颜色浓）、深远（深刻）、深究（深入）、深广（程度深）、深厚（感情浓）、深奥（知识或道理高深而难懂）、深造（进一步，以达到更高的程度）、深秋（距离秋天开始的时间很久）。通过此例可以看出，同一个语素，能够在不同的词中表示不同的意义，而且这些意义既有区别又有联系，这正是多义语素的突出特点。

多义语素的存在，是语言发达的表现，对于丰富词汇具有重要作用。有了多义语素，人们就可以利用其多方面的意义，创造出更多的新词，用以确切地描绘事物和表达情感，充分满足交际的需要。

三、语素的特点

在语言体系中，语素是最小的表义单位，它在表义方面有着自身的特点。同也能表义的词相比，同不能够单独表义的汉字或音节相比，语素在表义方面具有以下三个特点：

（一）单音节语素处于静态和未使用之前，表义具有不确定性

汉语的绝大多数语素都是单音节的，绝大多数单音节语素都是多义的，即一个语素能够表示几个意义。因此，语素在静态和未使用之前，其表义都带有不确定性，所表示的只是一种类别性和方向性的意义。例如：

语素“意”共有四个义项：

①心愿或意向（满意、来意）

②语言文字等的意义（语意、寓意）

③意料或料想（意外、不意）

④思想或想法（立意、创意）

语素“识”共有三个义项：

①知道或了解（识货、相识）

②认识或辨认（识字、识别）

③见识或知识（胆识、常识）

以上两个语素在未使用之前，所表示的意义都带有不确定性，“意”的四个义项和“识”的三个义项，都属于一种类别性的意义或方向性的意义，这种总括的意义人们能够体会得到，却难以说清楚。只有当它同别的语素组合成一个词以后（如后边括号里的词），这个语素的意义才能够被确定下来，表示一种清晰而固定的意义。

（二）单音节语素在动态使用中，表义仍具有单一性和不完整性

当两个语素结合成词、付诸使用时，就进入了语法调节的范畴。它要求每个语素只能从若干义项中选用一个而舍弃其他，同时两个语素在意义上能够搭配得当，并要符合一定的组合规则和语言习惯。经过这样的过程，就使语素的表义功能具有单一性，也才能把意思表达清楚。如上面举的“意”和“识”这两个语素，当它们按照并列结构组合成“意识”一词时，语素“意”只取其第四个义项“思想或

想法”的意义,语素“识”只取其第一个义项“知道或了解”的意义,这两个语素在词中所表示的意义都是单一的。

此外,处于动态使用中的语素,除了少数能够单独成词的以外,多数相互结合的语素在词中所表示的意义仍具有不完整性。这种不完整性表现在:单个的语素虽有表义作用,但往往不能表示完整的意思;只有两个以上的语素结合而成的词,才能够表示一个明确的概念。例如在“意识”这个名词里,语素“意”和“识”所表示的意义虽然都是单一的,但在某种程度上仍然是不完整的,只有将这两个语素的意义合起来,才能表示出“人的头脑对于客观物质世界的反映”这样一个明确的概念。

(三)双音节语素和多音节语素,表义具有整体性

在现代汉语中,还有少数双音节语素和多音节语素,它们用两个或两个以上的音节或汉字共同表示一种意义,因而在表义上具有整体性,即其中的每一个音节或汉字都不能单独表义,只有两个或两个以上的音节或汉字合起来,才能作为一个最小的表义单位。这样的双音节或多音节语素不能再拆分,如果拆分开来,每个音节或汉字就不能再表示任何意义,或者不能再表示原来的意义了。例如:

玻璃砖　　咖啡厅　　芙蓉石　　沙丁鱼　　阿拉伯人

以上词中这些带点的语素,都是双音节或多音节的,它们在表义上都具有整体性,其中每个字(音节)都不能单独表示意义,只有合起来才能表示一个整体意义。这样的语素本身就是一个整体,既不能拆开来用,也不能分开来讲。如果拆开以后,单个的汉字或音节如“玻”和“璃”、“咖”和“啡”、“芙”和“蓉”之类,就不能再表示什么意义了;拆开以后的“沙”“丁”和“阿”“拉”“伯”,虽然还能够表义,但跟“沙丁鱼”和“阿拉伯人”的整体意义就毫无关系了。这就说明,这些被拆分开来的汉字或音节,它们本身并不是一个语素,只有将这样的两个或两个以上的音节或汉字合起来,才能构成一个语

素，也才能表示一个整体意义。

思考与练习一

1. 什么是语素？语素在语言系统中有何重要性？

2. 按语素的声音和意义情况，应该如何对语素进行分类？举例说明。

3. 什么叫单音节语素？它有何重要作用？其主要来源是什么？举例说明。

4. 什么叫双音节语素？它有哪两类？其特点是什么？举例说明。

5. 什么叫多音节语素？多音节语素的主要来源和特点是什么？举例说明。

6. 什么叫单义语素？单义语素的主要来源是什么？举例说明。

7. 什么叫多义语素？多义语素的特点是什么？举例说明。

8. 语素作为最小的表义单位，在表义方面有哪些特点？举例说明。

9. 指出下面的词各由哪几个语素构成，并说明哪个是单音节语素、双音节语素、多音节语素，哪个是单义语素、多义语素，它们在表义上各有什么特点。

葡萄干	苦笑	巧克力	正确	日光灯
密度	糊涂虫	强壮	沙发	玉米面
沙尘暴	毛重	富有	浅显	视觉

第二节　语素的语法功能分类

汉语中的语素，按语法功能进行分类，一般可分为实语素、虚语素两大类。**能够表示实在意义的语素叫作实语素；不能表示实在意义、只能表示一定语法意义的语素叫作虚语素。**汉语中的语素绝大部分是实语素，同时也有相当数量的虚语素。实语素和虚语素，又分为各种不同的类别，它们在构词中具有不同的功能和作用。因此，我们不但要了解语素的一般分类，更需要了解语素的语法功能分类，这对于掌握构词法和区分词类、理解词义，都具有重要意义。下面，分类简要介绍各种实语素和虚语素。

一、实语素

实语素包括名物性语素、动作性语素、状态性语素、数量性语素、替代性语素、修饰性语素等几种类型。

实语素所表示的意思，与客观事物有一定的联系，对客观事物有某种陈述、描绘和说明的作用。**实语素的功能和作用是用来构成各种实词，给客观事物以相应的称谓，表达交际的实质性内容。**在实语素中，有的可以单独构成一个词（单纯词），有的可以同其他语素共同构成一个词（合成词）。下面分类介绍各种实语素。

（一）名物性语素

名物性语素表示客观事物的名称，主要用于构成名词。此外，还可同其他语素构成名词、动词或形容词等。例如：

天　地　人　民　意　愿　日　夜　左　右

上面这些，都是名物性语素。其中“天、地、人、民”能够表示具体的人或事物的名称；“意”和“愿”各表示一种抽象事物的名称；

“日”和“夜”表示时间；“左”和“右”表示方位。这些名物性语素，大都既可以单独构成一个名词，又可以跟其他语素组合成词，如“天空、土地、地道(dì · dao)、特地、人民、扰民、意愿、满意、心愿、请愿、日历、日益、夜校、左手、右面”等，它们大多是名词，其中“满意”“扰民”“请愿”是动词，“地道”是形容词，“特地”和“日益”是副词。可见，名物性语素具有很强的构词能力。

(二)动作性语素

动作性语素表示人或事物的动作、行为、发展变化等，主要用于构成动词。此外，还可同其他语素构成名词、动词或形容词等。例如：

走　立　坐　想　念　爱　增　减　缩　变

上面这些动作性语素，“走、立、坐”表示动作；“想、念、爱”表示行为或心理活动；“增、减、缩、变”表示发展变化。从组词功能上看，它们不但能够单独构成一个动词，还可以同别的语素构成合成词，如“走访、竞走、立意、孤立、坐标、静坐、想念、思想、爱护、热爱、增加、递增、减少、削减、缩小、压缩、变化、事变”等，它们有的是动词，有的是名词，有的是形容词，但其中这些加点的语素都是动作性语素，同其他语素一起表示一个整体意义。

(三)状态性语素

状态性语素表示人或事物的性质或状态，主要用于构成形容词。此外，还可同其他语素构成名词、动词或形容词等。例如：

好　坏　方　圆　黑　白　苦　甜　乱　慌

上面这些状态性语素，“好、坏”表示性质；“方、圆”表示形状；“黑、白”表示颜色；“苦、甜”表示味道；“乱、慌”表示状态。这些状态性语素，除了能够单独构成形容词外，还可以同其他语素构成合成词，如：好意、破坏、方队、团圆、黑板、白金、艰苦、甜菜、捣乱、慌忙。在这些名词、动词和形容词中，都可以看到状态性语素的构词作用。

（四）数量性语素

数量性语素表示人或事物的数和量，主要用于构成数词和量词。此外，有的也可作为语素，用于构成其他合成词。例如：

一　十　百　千　万　个　辆　件　次　遍

上面这些数量性语素，"一、十、百、千、万"表示数目，可单独构成数词；"个、辆、件"表示事物的量，可单独构成物量词；"次"和"遍"表示动作的量，可单独构成动量词。现代汉语中，数词和量词经常结合在一起使用，构成数量短语，表示人或事物、动作或行为的数量，如：（一件）衣服、去了〈三次〉。

有的数量性语素，还能够同其他语素构成合成词，如：一定、单一、十足、百货、千古、万恶、个性、车辆、事件、屡次、遍布等。但数量性语素的构词能力，远不及名物性、动作性和状态性三类实语素。

（五）替代性语素

替代性语素可以替代人或事物的名称、动作、状态和数量等，主要用于构成代词。此外，有的替代性语素也可同其他语素构造新词。例如：

你　我　他　这　那　哪　谁　什么　怎么

现代汉语里的替代性语素，多是由古代汉语里的代词转化而来的。如：人称代词第一人称的"吾、予（余）"等转化为"我"，第二人称的"汝（女）、尔、而、若、乃"等转化为"你"，第三人称的"其、之"等转化为"他（她、它）"；指示代词近指的"是、此、斯、兹"等转化为"这"，远指的"彼"等转化为"那"；疑问代词指人的"孰"转化为"谁"，指事物的"何、胡、曷、奚、安、焉"等转化为"什么"或"怎么"。

古代汉语里的代词转化为现代汉语里的语素以后，仍可单独构成代词。如上面一行列举的替代性语素，"你、我、他"可以单独构成人称代词；"这、那"可以单独构成指示代词；"哪、谁、什么、怎么"可以单独构成疑问代词。这些替代性语素，有的还可以跟别的语素构词，如“忘我、迷你、排他、我们、你们、他们、这么、那么、哪里”等，但其构词能力是很有限的。

由替代性语素所构成的代词，其主要作用是代替。在具体的语句中，可以用来代替名词、动词、形容词、数词、量词、副词等各类实词。例如：

①我去开会，你留在机关，他下去检查。（都代替名词）

②他把你怎么样了？（代替动词）

③他都老得这样啦！（代替形容词）

④这批货还剩多少？（代替数量短语）

⑤天气那么冷，他只穿一件单衣。（代替副词）

（六）修饰性语素

修饰性语素用于单独构成副词，对其后边的动词或形容词起修饰作用。例如：

很　最　都　只　光　全　再　已　准　不

现代汉语里的修饰性语素，主要由古代汉语里的文言虚词转化而来，如“殊、甚、颇、尤、稍、皆、尽、咸、俱、惟（唯）、独、始、方、正、将、尝、素、诚、固、不、弗、莫、勿、毋、乃、宁、岂、幸、敢、窃”等，它们在古汉语里就是副词，转化为现代汉语的语素以后，除了少数可转化为动词（如“尝、尽”）或形容词（如“咸、方、正”）外，大部分仍能单独构成副词。此外，现代汉语里还有一部分修饰性语素，是由单音节动词或形容词虚化而来的，它们也能够单独构成副词。因此，吕叔湘先生曾说“副词本来就是个大杂烩”（《汉语语法分析问题》第42页）。对于副词，有人将其归入虚词，有人将其归入实词，还有人认为它是半实半虚的词。我们认为将副词划入实词比较合理，因为它能够单独充当句法成分，修饰动词或形容词做状语。所以，本书将副词归入实词，同时也将修饰性语素列为实语素之一。

在上文所举的修饰性语素中，“再”和“不”是从古沿用至今的副词;“很、最、都、只”是由文言虚词里的副词变化而来的;比较特殊的是:“已”是由动词虚化而来的,“光、全、准”是由形容词虚化而来的,因而它们在作为副词使用时,有时仍保持着动词或形容词的某些特点,并在一定程度上带有其原来的词汇意义。例如:

①此事一直争论不已。(动词,停止的意思)

②此事〔已〕解决。(副词,修饰后边的动词做状语,仍能表示出“停止”的意思)

③东西预备全了。(形容词,完全、齐备之意)

④他讲的话我〔全〕记下来了。(副词,表示范围,修饰后边的动词做状语,并仍能表示出形容词“完全”的意思。)

以上,介绍了现代汉语中的各类实语素。现代汉语中的词绝大部分是实词,而实词主要是由各类实语素构成的。正是因为有大量实语素的存在,才能构成众多实词,用以指称自然界各种各样的事物;当新的事物出现以后,又可利用原有语素或新的语素,创造出与新事物相适应的新词来,不断满足人们交际的需要。

二、虚语素

现代汉语中的虚语素,主要来源于古代汉语中的文言虚词。如“之、其、者、所、是、若、甚、皆、不、弗、乃(迺)、且、以、为、于(於)、与、而、则、故、盖、夫、也、矣、焉、乎、哉”等,其中有的在现代汉语中仍然使用,有的已被其他词语所代替,如“之”做结构助词时被“的”所代替,“盖”做副词时被“大概”所代替,“夫、也、焉、乎、哉”等做语气词时,被“啊、呀、吧、了、吗、呢”等所代替。还有一部分虚语素,由单音节的名词、动词、形容词虚化而来,如“子、儿、头、老、小、化、并”等。

虚语素包括介引性语素、连接性语素、结构性语素、动态性语素、语气性语素、传感性语素、附加性语素。**虚语素的功能和作用**

是：一般不能同别的语素构词（附加性语素除外），只能单独构成各类虚词，表示某种特定的语法意义。下面，对各类虚语素分别介绍。

（一）介引性语素

介引性语素用于单独构成介词，介绍和引出同后边的动词（或形容词）有关的事物。例如：

从　在　向　到　于　对　把　被　为　因

上边这些介引性语素，都能够单独构成介词，同后边的名词性成分组成介宾短语，表示其后边的动词（或形容词）所涉及的对象、时间、方位、处所、方式、依据、原因、目的等意义。例如：〔从北京〕来／〔被敌人〕包围／我〔于一九六八年〕毕业。／他〔因家庭困难〕退学。／〔比鸡肉〕香／我〔跟他〕很投缘。因为介词不能单独充当句法成分，所以将其划入虚词。

现代汉语里的介词，除了“以、为、与、于”等少数几个从古沿用至今的介词外，其他介词大多从古代和现代的动词演变而来，特别是由及物动词虚化而来。如“在、向、到、对、给、叫、让、管、替、比、用、拿、凭、靠、按”之类，它们在使用中，有时还兼有动词和介词两种功能，需要仔细分辨。例如：

①我们要比贡献，不能比资历。（“比”是动词，能带宾语）

②你〔比她〕漂亮。（“比”是介词，同后边的代词组成介宾短语，表示对象，修饰其后边的形容词）

③我的叔叔在北京。（“在”是动词，能带宾语）

④我的叔叔〔在北京〕工作。（“在”是介词，同后面的名词组成介宾短语，表示处所，修饰其后边的动词）

（二）连接性语素

连接性语素用于单独构成连词，用来连接相关的成分，表示并列、递进、选择等结构关系。例如：

和　跟　同　与　及　并　而　或

以上几个连接性语素，“与、而、或”来源于文言虚词，其他几个都是由单音节动词或形容词虚化而来的。其中“和、跟、同、与、及、而”表示并列关系，“并”表示递进关系，“或”表示选择关系。例如：

老师和同学(表示名词性成分的并列)

光荣而艰巨(表示形容词性成分的并列)

研究并解决(表示动词性成分的并列，并能够表示出一种递进关系)

今天或明天(表示选择关系)

(三)结构性语素

结构性语素用于单独构成结构助词，表示其前后词语之间的修饰、限制或补充说明关系。

在现代汉语里，结构性语素只有“的、地、得”这三个，它们都读轻声“·de”，其中“的”是由文言虚词“之”转化而来的，而“地”和“得”是它的变体。它们在现代汉语里分工明确：“的”专门用在名词之前，是定语的标志；“地”专门用在动词或形容词之前，是状语的标志；“得”则专门用在动词或形容词之后，是补语的标志。例如：

(伟大)的祖国(用在名词之前，表示其前边的成分是定语，修饰后边的名词中心语)

〔狠狠〕地打！(用在动词之前，表示其前边的成分是状语，修饰后边的动词中心语)

写得〈很好〉。(用在动词之后，表示其后边的成分是补语，补充说明前边的动词中心语)

兴奋得〈睡不着觉〉(用在形容词之后，表示其后边的成分是补语，补充说明前边的形容词中心语)

(四)动态性语素

动态性语素用于单独构成动态助词，附着在动词或形容词后面，表示动作或状态的变化情况。

在现代汉语里，动态性语素只有“着、了、过”这三个，都能够单独构成动态助词，用在动词或形容词之后，表示动作或状态的发生、持续、停止等发展变化情况。例如：

老师正讲着。（用在动词之后，表示动作正在进行）

他走了。（用在动词之后，表示动作已经完成）

我去过。（用在动词之后，表示动作曾经发生过）

灯亮了。（用在形容词之后，表示状态已经出现）

刀口还红着。（用在形容词之后，表示状态正在持续）

他过去也辉煌过。（用在形容词之后，表示状态曾经有过）

（五）语气性语素

语气性语素用于单独构成语气词，附着在句子末尾，表示全句的语气。例如：

的　了　吗　呢　啊　吧　呀　哇　啦　呗

现代汉语中的语气性语素，多是由古代汉语中的语气词“也、矣、焉、乎、哉”等转化而来的，用于句末，表示说话时的各种相关语气。例如：

不会下雨的，不用带雨衣了。（表示肯定和陈述语气）

你走吗？（表示疑问语气）

你快去吧！（表示祈使语气）

时间过得真快啊！（表示感叹语气）

（六）传感性语素

传感性语素用于单独构成叹词，一般都单独用于句首，表示各种强烈的情感或呼唤应答的声音。例如：

啊　哈　哼　呸　唉　嗬　咳　嘿　噢　嗯

现代汉语中的这些传感性语素，除了由古汉语中的叹词“噫”“嘻”等转化而来的以外，还有不少是由记录说话时的声音而来的，因而有时写法不一，如“唉”有时写作“哎”或“嗳”，“咳”有时写作

“嗨”或“嗐”等。这些传感性语素，都可以单独构成叹词，用来表示说话时的各种强烈情感，或者表示呼唤应答的声音。例如：

唉！这可怎么办啊！（表示伤感和叹息）

嗬！这小伙子真棒！（表示赞叹）

嗨！你走不走？（表示呼唤）

嗯，我知道了。（表示应答）

（七）附加性语素

附加性语素是专门做词缀用的，因而被称为词缀语素。它们附加在词根（实语素）的前面、后面或中间（分别称为前缀、后缀、中缀），表示一种附加性的词汇意义或语法意义。例如：

阿　第　初　老　小　子　儿　头　者　里

上面这些附加性语素中，“阿、第、初、老、小”是前缀，“子、儿、头、者”是后缀，“里”是中缀。它们除了少数来源于文言虚词（如“者”）外，多数都由实词虚化而来，而且虚化得比较彻底，用于构词以后，一般都不再带有原来的词汇意义，只能表示一定的语法意义。例如：

阿姨　第二　初三　老虎　小丑

桌子　盖儿　石头　读者

妖里妖气　稀里糊涂　噼里啪啦

上边这些词语，主要靠词根语素（实语素）表示词汇意义，而带点的词缀语素，除了“初”能表示一定的词汇意义（“第一个”）外，其他的意义都已经虚化，不再有原来的词汇意义，只能表示一定的语法意义，起到构词的作用，或带有一定的感情色彩（如“阿”多带有亲昵意味，“里”带有贬义色彩）。

以上，我们分类介绍了虚语素。在现代汉语里，虚语素虽然不多，也不能表示实在的意义，但却具有重要作用。它能够单独构成各类虚词，并成为汉语的主要语法手段之一。实词和虚词都是语言的建筑材料，而虚词又具有组织语句的结构作用。

思考与练习二

1. 什么叫实语素？什么叫虚语素？它们的功能和作用各是什么？

2. 实语素包括哪几类？它们各自的作用和用途是什么？分别举例说明。

3. 虚语素包括哪几类？其基本用途和用法各是什么？分别举例说明。

4. 指出下列单音节语素中哪些是实语素，哪些是虚语素。

云 或 平 的 展 而 变 着 个 了 新 吗 外
现 很 风 呢 上 最 路 啊 游 极 起 吧 那
激 都 愉 再 传 哼 棉 不 日 于 清 为 圆
判 被 争 呸 民 因 夏 你 热 唉 歌 我 又
万 却 脂 他 解 几 离 滩 悠 岂 力 怎 驰
甘 仅 笑 这 伟 未 众 已 欢 曾 旁 再 慢

5. 下面的词都是由两个语素构成的，指出其中哪个是实语素，哪个是虚语素。

他们 风暴 强大 错误 呼吸 心疼 牵引
扳子 亮儿 看头 悟性 老牛 大哥 样式

6. 说明下面的句子和短语中，带点的是什么词，它是由哪种虚语素构成的，各表示什么语法意义。

名词与动词 你怎么还不走呢？ 他从北京来。
把书带上 坚强而勇敢 高贵的品格 停着一辆车
疼得厉害 去公园或看电影 唉！这道题太难了。
游客出发了。 这是谁的笔？ 你再去一趟！ 朝山上走
他当过兵。 无私地奉献 她哭什么？ 向榜样学习

第三节　语素的构词能力

在语素、词、短语、句子四级语法单位中，语素能够作为最小的语法单位有两个原因：第一是语素能够单独表义，是最小的语音语义结合体；第二是有的语素能够单独构成一个词，有的语素能够作为构词成分，同其他语素按一定语法规则组合成一个词。因此，语素基本的语法功能是构词。

语素本身没有独立的活动能力，只有同别的语素组合成一个词或者单独构成一个词以后，才能作为一个独立语言单位在句子中使用。例如：

床　上　的　铺盖　并　没有　动。（老舍《骆驼祥子》）

这个句子是由七个词组成的，其中有六个实词（“床、上、铺盖、并、没有、动”）、一个虚词（“的”）。在这个句子中，这七个词都有独立活动能力，都是组成句子的基本语言单位，都能够单独表示一定的词汇意义或语法意义。而名词“铺盖”中的两个语素——“铺”和“盖”，副词“没有”中的两个语素——“没”和“有”，虽然也各自能够表示一定的意义，但是在句子中都没有独立活动能力，这是因为它们只是一种构词的单位，而不能成为造句的单位。

语素因其表示的意义不同，在词和句子中的作用不同，构词能力也就不同。综合考察语素的构词能力，可分别表现为以下几种状态：

一、既能单独成词，又能同别的语素构词

这类语素多为实语素和单音节语素，有些语法著作和教材称其为“自由语素”。它们主要来源于古代汉语中的单音词，例如：

天 地 人 山 水 打 坐 立 走 白 高 大 小

这类单音节的名词、动词和形容词，不仅在现代汉语中继续单独使用，而且还可以充当语素，用来构成大量新词。如第7版《现代汉语词典》中，在“天”字下共收词语191条，在“打”字下共收词语230条，在“白”字下共收词语193条。此外，在江天等主编的《逆序现代汉语词典》[①]中，“天”字下收“变天”“参天”“苍天”等词条27个，“打”字下收“鞭打”“抽打”“吹打”等词条15个，“白”字下收“斑白”“辩白”“表白”等词条31个。这充分说明，这一类语素的构词能力相当强，是汉语词汇的主要来源。

二、不能单独成词，只能同别的语素构词

这类语素也多为实语素和单音节语素，有些语法著作和教材称其为“半自由语素”，指的就是它不能单独成词，只能同别的语素组合成词。这类语素大部分是由古代汉语的单音词转化而来的，例如：

耳 目 骨 肤 首 视 言 思 识 丽 腐 丰 艰

这类单音节的名词、动词和形容词，在现代汉语中一般不再单独使用，但可以转化为单音节语素，同别的语素构成大量合成词。如“耳”可以构成“耳朵”“悦耳”等，“思”可以构成“思想”“意思”等，“丽”可以构成“美丽”“丽人”等，而且这种语素在词中的位置比较灵活，不受任何限制。这种古代汉语中的单音词转化为语素以后，在语言中的作用进一步扩大，使现代汉语的词汇更加丰富。

---

① 江天、李建唐、张红星主编：《逆序现代汉语词典》，辽宁大学出版社，1986。

三、只能单独成词，不能同别的语素构词

这种语素的特点是不融合性，即不能同其他语素相互融合而构造新词，只能自己单独成词，因此我们可以称其为"不融合语素"。现代汉语里的不融合语素有两类：

第一类是除了附加性语素以外的所有虚语素。它们都不能同别的语素构词，只能单独构成各类虚词。其中，介引性语素能够单独构成介词，如"从、在、把、因"等；连接性语素能够单独构成连词，如"和、与、而、或"等；结构性语素能够单独构成结构助词，有"的、地、得"这三个；动态性语素能够单独构成动态助词，有"着、了、过"这三个；语气性语素能够单独构成语气词，如"呢、吗、吧、呀"等；传感性语素能够单独构成叹词，如"啊、哈、呸、唉"等。正是这些虚语素，成为现代汉语里各类虚词的主要来源。

第二类是实语素中的修饰性语素。因为它们多由古代汉语里的文言虚词转化而来，所以一般只能单独构成副词，不能再同别的语素构词。如"很、最、都、不"等，它们都是由修饰性语素单独构成的副词，因其可修饰动词和形容词单独做状语，如"〔很〕聪明、〔不〕参加"，所以多将其划入实词。

在现代汉语里，只有少数由单音节动词或形容词虚化而来的修饰性语素，如"已、没、全、老"等，可以同其他语素构成意义相同或相近的双音节副词，如"已经、没有、全部、老是"等，但这只是特例。至于其他双音节副词，如"单独、顺势、赶紧"之类都是由两个实语素构成的，而"始终、比较、特别"之类都是分别从名词、动词、形容词中借用而来的，我们要注意将它们同只由修饰性语素构成的副词区别开来。

四、能够同别的语素构词，但位置相对固定

这类语素，主要是就虚语素中的附加性语素而言的。它们多由

实词虚化而来，专门用作词缀，因而位置相对固定。例如：

老　小　阿　第　子　儿　头　者　性　化　里　得　不

这类语素可以同实语素结合构成实词，但在词中有固定的位置，其活动能力受到限制。因此，有些语法著作和教材称其为“不自由语素”或“定位语素”。它们有的只能用作前缀，如“老鼠”“小丑”“阿姨”“第一”；有的只能用作后缀，如“骗子”“亮儿”“木头”“记者”“共性”“液化”；有的只能用作中缀，如“稀里糊涂”“看得起”“看不起”。这类做词缀的语素，在词中的位置不能随意变动，但用这种固定的格式，仍可构成一批新词。

思考与练习三

1. 语素为什么能够成为最小的语法单位？语素的基本功能是什么？为什么说语素本身没有独立的活动能力？

2. 语素的构词能力可分别表现为哪几种状态？分别举例说明。

3. 指出下面词中的两个语素，哪个既能单独成词，又能同别的语素构词；哪个不能单独成词，只能同别的语素构词；哪个用作词缀，位置相对固定，并说明为什么。

天桥	江山	马路	河水	土地	月光
祖国	语言	艰辛	困难	皮肤	视察
老鼠	初五	阿姨	锤子	作家	硬度

4. 指出下面这段话中加点的词各是什么词，说明它们是由哪种语素单独构成的，并说明其语法功能是什么。

第二次行礼时，先生便和蔼地在一旁答礼。他是一个高而瘦的老人，须发都花白了，还戴着大眼镜。我对他很恭敬，因为我早听到，他是本城中极方正，质朴，博学的人。

（鲁迅《从百草园到三味书屋》）

第四节　字、语素、词之间的关系

吕叔湘先生在《语文常谈》中曾说:"汉字、音节、语素形成三位一体的'字'。"[①]这深刻说明了汉语的特点和汉字、音节、语素之间的复杂关系。在现代汉语里,单独拿出一个汉字来,它到底是一个字(不能表义的单个的字),一个语素,还是一个词? 这看似简单,但对于一个没有语法常识的人来说,却是一个不小的难题;特别是对学习汉语的外国人,更是一个很大的困惑。在汉语中,一个语素同一个汉字、一个词之间的关系很复杂,三者相互交叉,既有区别,又有联系。这里需要弄清两个问题:第一是语素同音节、汉字之间的关系;第二是语素同汉字、词之间的区别。下面对这两个容易混淆不清的问题,分别进行简要说明。

一、语素同音节、汉字之间的关系

汉语语素的语音形式是音节,书面形式是汉字,所以语素同音节、汉字之间,有着十分密切的关系。在汉语里,大都是用一个音节代表一个汉字,但一个音节或一个汉字,有时却不一定都是一个语素。语素同音节或汉字之间,有一致和不一致两种情况:

第一,一个单音节语素,既可以用一个音节说出来,又可以用一个汉字写出来,这时一个音节或一个汉字代表一个语素,语素同音节、汉字之间是一致的。例如"人"这个语素,既可以说成一个音节"rén",又可以写成一个汉字"人",这就是语素、音节、汉字三者一致的情况。

第二,一个双音节语素或一个多音节语素,需要用两个或两个

① 吕叔湘:《语文常谈》,生活·读书·新知三联书店,1980,第41页。

以上的音节或汉字来表示，这时语素同音节、汉字之间是不一致的。例如“玻璃”这个语素，必须说成两个音节“bō · li”，写成两个汉字“玻”和“璃”；“巧克力”这个语素，必须说成三个音节“qiǎokèlì”，写成三个汉字“巧”“克”“力”。在这种双音节语素和多音节语素中，其中的每一个音节或汉字都不能单独表义，只有将两个或两个以上的音节或汉字合在一起，才能共同表达一个固定的意义。这就是语素、音节、汉字三者之间不一致的情况。

在现代汉语里，也有一个音节写作两个汉字的个别情况，这主要是由儿化读音所造成的。如“huār”这个音节，要写作“花儿”两个汉字表示出来，这只是一种儿化读音的特殊表示方法，此种情况仍应看作一个语素。如在“心眼儿”一词中，后边的“眼儿”这两个汉字，仍要看作一个语素。

汉语在使用中，一般都是一个音节写作一个汉字，而绝大多数语素又都是单音节的，所以在多数情况下，汉语的语素、音节、汉字三者之间是一致的。而古汉语中保留下来的双音节语素并不多，来自音译外来词的双音节和多音节语素则更少，所以语素同音节、汉字三者之间不一致的情况也只是少数。

需要特别注意的是，音节、汉字、语素之间在具体配合上，有以下几种复杂情况，见下表：

表 2－1　音节、汉字、语素的配合情况表

类　　别	音　节（音）	汉　字（形）	语　素（义）	举　　例
同音语素	相同	不同	不同	工厂　功劳　攻打　供应　恭敬（都读作 gōng）
同形语素	不同	相同	不同	降落（jiàng）　投降（xiáng）
多义语素	相同	相同	不同	公正（公平）　公牛（雄性的）
多音语素	不同	相同	相同	贝壳（ké）　地壳（qiào）

表中第一种情况叫作“同音语素”，其特点是在一个音节不变的情况下，用多个汉字表示多个语素；第二种情况叫作“同形语素”，其特点是在一个汉字不变的情况下，用不同的音节表示不同的语素；第三种情况叫作“多义语素”，其特点是用一个汉字表示两个或两个以上的语素，增义不增音；第四种情况叫作“多音语素”，其特点是用两个或两个以上的音节表示同一个语素，增音不增义。了解音节、汉字同语素的几种配合关系及其特点，有助于我们更准确地识别语素。

二、语素同汉字、词之间的区别

语素同汉字、词之间，是相互交叉、相互包含的关系。如下图所示：

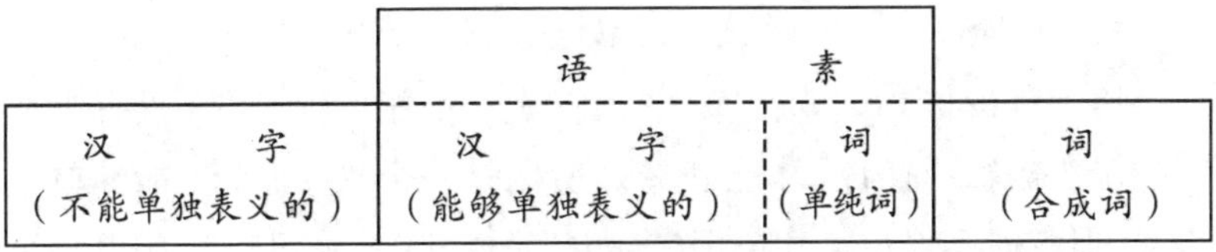

图 2-1　语素同汉字、词之间的关系示意图

从图中可以看出，语素同汉字、词之间，是既相互交叉又相互包含的：汉字中绝大部分是能够单独表义的语素，只有少数是不能单独表义的汉字或音节；词中只有少数是由一个语素（包括单音节语素、双音节语素和多音节语素）构成的单纯词，而绝大多数是由两个以上语素构成的合成词；语素既包含着能够单独表义的汉字，又包含着由一个语素构成的单纯词，即单纯词同时也是一个语素。

弄清三者的关系后，就可以在此基础上分析三者的区别。“字—语素—词”，以语素为中心，就可以找到两个临界点，正是在这两个临界点上体现出三者的区别：

一是语素与汉字之间的区别在于能否单独表义。一个单音节的汉字,能够单独表义的是一个语素,不能单独表义的只是一个汉字或音节。如“思想”中的“思”和“想”,都能够单独表义,所以都分别是一个语素;而“玻璃”中的“玻”和“璃”,都不能单独表义,所以都不是语素,而分别是一个汉字或音节。

二是语素与词之间的区别在于能否单独运用。一个单音节的语素,能够单独运用(能够单说或单用)的是一个词,不能单独运用(既不能单说又不能单用)的是一个语素。如“这个人很好”这个句子里的“人”能够单独运用,所以是一个词(由一个语素构成的单纯词);而“人民是历史的创造者”这个句子里的“人”不能单独使用(“人民”这个词才能单独使用),所以它只是一个语素,而不是一个词。

一个汉字、单音节语素、单音词处于静态和未使用状态时,仔细体会也能够分辨出来。例如:

玻　　菠　　饽　　波　　拨　　播　　钵

以上都读作 bō,其中“玻”“菠”“饽”不能单独表义(只有组成“玻璃”“菠菜”“饽饽”才能表义),所以是一个汉字;“波”能够单独表义,但一般不能单说和单用(“波浪”“波及”等才可以),所以是一个语素;“拨”(拨开草丛)“播”(这个节目播了两次)“钵”(舀一钵水)既能单说,又能单用,所以是一个词(由一个单音节语素构成的单纯词)。

一个汉字、单音节语素、单音词,在动态使用中更容易分析和区别。例如:

①柜　里　的　酒　呢?

②他　上　山　砍　柴。

③八路军　转移　进　了　深山。

例①这个句子由五个词组成,其中每个字都是一个单音词,“柜”“里”“酒”是实词(表示词汇意义),“的”“呢”是虚词(表示语法意义);例②也由五个单音词构成,都是实词;例③也是由五个词构成的,但相对复杂一些:“进”和“了”是两个单纯词(只由一个语素构成,前者是实词,后者是虚词);“八路军”“转移”“深山”是三个合成词(都是实词),其中的每一个字都是一个单音节语素,都能够单独表义,却不能单说、单用,只有分别组成合成词以后,才能够在句子中单独使用。

以上,介绍了语素的概念、特点、分类、语法功能和构词能力,以及语素同音节、汉字之间的关系,语素同汉字、词之间的区别等内容,目的是更加明确、具体地揭示出语素的属性,为学习语素这一基础性语言单位打下坚实的基础。为了大家学习方便,再综合整理一个《语素的分类和主要功能表》附后。

思考与练习四

1. 语素、音节、汉字之间的关系有哪两种情况?举例说明。

2. 音节、汉字、语素在具体配合上有哪几种复杂情况?举例说明。

3. 语素同汉字、词之间是怎样一种关系?举例说明。

4. 语素与汉字、词之间的区别各是什么?分别举例说明。

5. 指出下面带点的部分,是语素还是词、汉字或音节。

天才　天　芙蓉　芙蓉石　猩猩　花朵　匍匐　地

蜻蜓　花　公民　基地　窈窕　健康　健身房

草鞋　割草　坚强　很强　沙发床　沙滩　泥和沙

滴滴涕　一滴水　戈壁滩　芭蕾舞　仿佛　前进

馄饨　吩咐　小偷儿　偷盗　偷东西

附录　语素的分类和主要功能表

分类标准	名　称	类　型（或来源）	举　例	主要功能
按音节多少分	单音节语素	主要来源于古代汉语中的单音词	山、水、田、走、餐、察、聪、勤、穷、我、谁、或	汉语语素的基本形式
	双音节语素	古代汉语中的联绵词	伶俐、蜿蜒、鹦鹉	可单独构成单纯词，有的可作为语素构成合成词
		音译外来词	葡萄、马达、幽默、吉普	
	多音节语素	音译外来词	迪斯科、奥林匹克、麦克风、布尔什维克	可单独构成单纯词
按意义多寡分	单义语素	单音节实词	人、走、大、十、斤、我、很	可单独构成单纯词，有的可作为语素构成合成词
		单音节语素	弑、噬、嗜、恃（都读 shì）	
		古代联绵词	吩咐、葫芦、玛瑙、妩媚	
		音译外来词	雷达、尼古丁、罗曼蒂克	
	多义语素	多为单音节语素	静：①安定不动，如“静止”；②没有声响，如“寂静”；③使平静或安静，如“静下心来”	既可单独成词，又可同其他语素构成意义不同的合成词
按语法功能分	实语素	名物性语素	天、地、人、民、意、愿	主要用以构成名词
		动作性语素	立、坐、想、念、爱、憎	主要用以构成动词
		状态性语素	好、坏、圆、白、苦、乱	主要用以构成形容词

续表

分类标准	名称	类型（或来源）	举例	主要功能
按语法功能分	实语素	数量性语素	一、十、百、千、万、亿、 个、件、辆、次、遍、趟	主要用以构成数词 主要用以构成量词
		替代性语素	你、我、他、她、它、您、这、那、哪、谁、怎、几	主要用以构成代词
		修饰性语素	最、极、已、再、都、必、不	单独构成副词
	虚语素	介引性语素	从、在、向、到、对、把、被	单独构成介词
		连接性语素	和、与、及、并、而、或	单独构成连词
		结构性语素	的、地、得	单独构成结构助词
		动态性语素	着、了、过	单独构成动态助词
		语气性语素	的、了、吗、呢、吧、呀、哇	单独构成语气词
		传感性语素	啊、哈、唉、呸、欸、哎、嗯	单独构成叹词
		附加性语素	阿、老、小、子、儿、头、者	用作词缀语素

第三章　构　词

上一章我们专门介绍了语素，知道语素是最小的音义结合体，它的功能是构词。本章接着说明词是怎样由语素构成的，现代汉语中都有哪些构词方法。研究构词法，深入探讨词的内部结构，有助于理解词义和使用词语，提高运用语言的能力。

在学习构词法之前，首先需要了解词的有关知识，在此基础上，再掌握词的结构和构造方法就容易多了。

第一节　词的特点、功能和形式分类

语言是一种符号系统，是由既相互联系又相互区别的不同语言单位构成的。汉语的语言单位有语素、词、短语、句子、句群五个级别，而这些语言单位，特别是临界单位之间总是相互联系、相互区别、互为界限、互相转化的。因此，要揭示词的属性，就必须将其放在同相邻单位的语素和短语的联系中来加以考察，阐明什么是词，也就划分出了词与语素、词与短语的界限。

一、什么是词

词同语素、短语比较，应该定义为：**词是能够表示词汇意义或语**

法意义，并能够独立运用的最小造句单位。

先来看下边两个句子：

①我‖去了。

②我的朋友‖都去了。

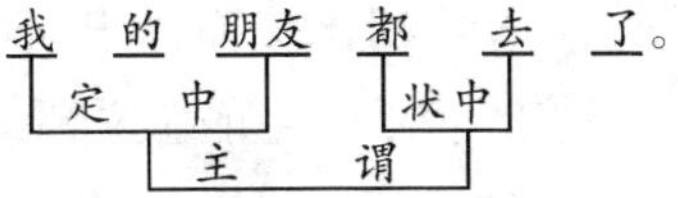

上边例①这个句子，由三个词组成，其中“我”和“去”是实词，能够表示词汇意义，分别充当主语和谓语；“了”是虚词（动态助词），表示动作完成时的语法意义，不能做句子成分。

例②这个句子共由六个词组成，其中“我”“朋友”“都”“去”是实词，能够表示词汇意义；“的”和“了”是虚词，能够表示语法意义（其中结构助词“的”表示前后词语之间的修饰或限制关系，语气词“了”表示全句的陈述语气）。这些词语的组合次序是：首先分别组成名词短语“我的朋友”和动词短语“都去”，然后再由这两个短语组成一个主谓句，主语和谓语都由短语来充当。

通过以上的例子和分析可以看出，对词的定义共涉及五个知识点——词汇意义、语法意义、独立运用、最小、造句单位，它们各自的准确含义和区别是：能够表示词汇意义的词是实词，不能表示词汇意义、只能表示语法意义的词是虚词；能够独立运用的是词（包括实词和虚词），不能独立运用的是语素（如例②中的“朋友”是一个词，能够在句子中独立运用；而“朋”和“友”则分别是一个语素，在句子中没有独立活动能力）；词是造句单位，而语素是构词单位，这是词跟语素的本质区别；词和短语都可以做句子成分，因而都是造句单位，但是词是最小的造句单位，而短语是比词大的造句单位，这是词跟短语的本质区别。把握这几个知识点，就可以更加准确地理解词的定义，并将其同语素和短语区别开来。

二、词的特点

词同语素和短语相比较,主要有以下三个特点:

(一)词是能够表示固定意义的音义结合体

这一特征,是将词同语素相比较而提出来的。汉语中所有的词,包括实词和虚词,都能够表示一定的意义,其中实词能够表示一种实在的词汇意义,虚词能够表示一种特定的语法意义。词的这种固定意义同一定声音相结合,都是社会约定俗成的结果。而语素是最小的音义结合体,特别是单音节的多义语素(在汉语里占绝大多数),它们所表示的意义往往是类别性的、不确定的,只有当它们独立成词或同别的语素构成新词以后,它们的意义才被固定下来(选定其中某个义项),所组成的词才能表示一个完整的意义。例如"风"和"暴"两个语素:"风"有多个义项,可以表示刮风、作风、风景、风声(消息)、风行(像风一样快)等几个不同的意思;"暴"也有几个义项,可以表示突然猛烈、凶狠残酷、暴烈急躁等不同意思。以上这些,都是它们作为语素本身所表示的意义,在没有构成词之前都是不确定的和类别性的。这两个语素既可以单独成词,如"今天有风""他脾气暴",又可以结合构词,组成"风暴",表示更加复杂的意义,其中"风"表示狂风之意,"暴"表示暴雨之意,两个语素结合以后,其本义是狂风暴雨的天气现象,而其引申义则是用来比喻规模大而气势猛烈的事件或运动,如"政治风暴""革命风暴"等。这就是词的多义性和词义的整体性,是单个的语素无法具有的。

(二)词是能够独立运用的语言单位

这个特征,也是将词与语素相比较而提出来的。语素是最小的表义单位,同时又是构词单位,它在句子中是不能独立运用的;而词是造句单位,所有的词(包括实词和虚词)都能进入句子单独使用,其中实词能够单独做句法成分,虚词不能充当句法成分,但能够表示语法意义或结构关系。同时,由于实词对客观事物有称谓功能,所以能够单独回答问题。如问:“你喜欢看京剧还是看评剧?”答:“评剧。”在这里,“评剧”这个词就已经带上成句的语调构成句子,能够单独回答问题了。

(三)词是最小的造句单位

这一特征,是将词与短语相比较而提出来的。短语是由词逐层组合而成、没有语调的语言单位,它们在句子中也能够独立运用,也能充当句子成分,但它不是最小的造句单位,而是比词大的造句单位。所以,只有词才是能够独立运用的、最小的造句单位,这一点是词与短语的根本区别。例如:

夏天　的　戈壁滩‖酷暑　难耐。

这个句子共由五个词组成,它们首先分别组成两个短语:“夏天的戈壁滩”,是一个名词短语,在句子中做主语;“酷暑难耐”,是一个主谓短语,在句子中做谓语。在主语中,“戈壁滩”是中心语,“夏天”在其前边做定语,“的”是虚词(结构助词),连接定语和中心语,表示二者的结构关系;在谓语中,“酷暑”与“难耐”是主谓关系,由此构成主谓短语。可见,句子中的五个词都是造句单位,由此组成的两个短语也是造句单位,但是二者是有区别的:这五个词是最小的造句单位,而这两个短语则是比词大的造句单位。

三、词的功能

讲词的功能,首先要涉及词汇这个概念。**词汇是一种语言中所有的词和词的等价物(固定短语等)的总汇,它作为语言的建筑材料而存在。**每一种语言都有自己的词汇,汉语有汉语的词汇,英语有英语的词汇,没有词汇就不能利用一个个的词语造出句子进行交际。词汇反映着社会发展和语言发展的状况,也标志着人们对客观世界认识的广度和深度。对于一种语言来说,词汇越丰富语言就越发达，表现力也就越强。对于一个人来讲，掌握的词语越多词汇量就越大，也就越能确切地表达自己的思想感情。词汇是词的集合体，词汇同词的关系是集体与个体的关系，语言里个别的词不能叫作词汇。此外，词汇还可用来指特定范围内所有词语的总和，如汉语词汇还可分为一般词汇、基本词汇、文言词汇、方言词汇等不同类型；还可以专门研究某一个作家的词汇、某一部作品的词汇等。

作为词汇的使用单位的词，包括实词和虚词，都必须具有独立实现称谓功能或独立用于造句的作用。因此，词的功能主要包括称谓功能、造句功能两个方面。

（一）词的首要功能是给客观事物或现象以称谓

语言是社会存在的必要条件之一，社会的政治活动、生产活动，以及人们之间发生的一切关系，都与语言有着密切的联系。各种客观事物和现象，总要有一个或几个相应的词语对其进行称谓，这就是语言的符号性。每一个词都是一个语言符号，都能够表示一种特定的意义。特别是汉语词汇中的每一个实词，都能单独实现对它所代表的事物的称谓功能。如“屈原”“杜甫”“工厂”“土地”是称谓人和事物的；“写”“说”“讨论”是称谓动作和行为的；“高”“大”“活泼”是称谓性质和状态的；“一”“五”“百”“万”是称谓数目的；“只”“双”“次”“遍”是称谓事物或动作等量的单位的；“你”“他”“这”是用来代替和指称一定对象的，等等。正是因为词具有这种称谓功能，才能使千差万别的客观事物或现象得以在语言中进行表述和区别。

（二）词的基本功能是造句

正像语素的基本功能是构词一样，词的基本功能是造句。所有的词都有造句的功能：其中实词能够单独充当句法成分（包括句子成分和短语成分）；虚词能够表示句法成分之间的结构关系或全句的语气。例如：

①今天‖冷　吗？

②祥子　的　手　哆嗦　得　更　厉害　了。

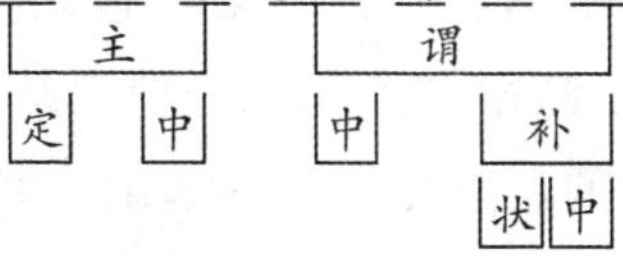

例①共由三个词构成：其中的两个实词直接做句子成分，名词“今天”做主语，形容词“冷”做谓语；虚词“吗”是语气词，表示全句的疑问语气。

例②共由八个词构成：前边的三个词组成一个名词短语“祥子的手”，在句子中做主语，其中“的”是结构助词，表示定语与中心语之间的修饰和限制关系；后面的四个词组成一个动词短语“哆嗦得更厉害”，在句子中做谓语，其中“得”是结构助词，表示后边的补语与前边的中心语之间的补充说明关系；句末的“了”是语气词，表示全句的陈述语气。

通过以上分析可知，句子是由词或短语构成的，句子的结构成分，有时是由一个词来充当的，有时是由一个短语来充当的。因此，词作为构成句子的最小独立单位，实词有时可以直接做句子成分，有时则需要首先组成一个短语，做这个短语的句法成分；虚词虽然不能做句子或短语的结构成分，但却能在句子或短语中起结构作用或表示某种语法意义。可见，不管是实词还是虚词，它们都能够在句子中单独运用，都具有造句的基本功能，因而也都是构成句子的基本单位。

此外，词的造句功能还表现在词的最小单位性和现成性上。**词的最小单位性，是指词是在句子里能够独立运用的最小单位。**在这一点上，它既区别于语素在句子中不能独立运用，又区别于短语不是最小的造句单位。**词的现成性，是指词都是语言词汇里现成的造句材料，它已经获得被人们约定俗成的固定形式和意义，在使用中**

是不能随意改变的。如果随意增减、变更语素或插入其他成分，就会使这个词丧失原有的称谓功能，给交际带来障碍，也为语法规范所不许。当然有时为了修辞的需要，故意改变某个词的语素或插入其他成分，以追求特有的表达效果，这就超出了语法的范畴。

四、词的形式分类

对词可以从不同角度进行分类，与构词法关系密切的是词的形式分类。**词的形式包括语音形式和结构形式，二者都是词的外在表现形式。**我们可以从这两个方面来研究词的构成，并对众多的词进行分类，以便于掌握和应用。

（一）单音词、双音词与多音词

根据词的语音形式，可分为单音词、双音词和多音词。

1. 单音词

由一个音节构成的词叫单音词。例如：

人　天　好　吃　我　唱　谁　很　向　和　的　了　啊

在古代汉语中，单音词占优势。现代汉语里，仍保留了不少单音词。

2. 双音词

由两个音节构成的词叫双音词。例如：

玻璃　葡萄　蝴蝶　学校　握手　美丽　电灯　经常　关于

在现代汉语词汇中，双音词占绝大多数。同时，词的双音化趋势越来越明显。

汉语的双音词中有三种特殊形式：

（1）叠音：两个相同的音节重叠。如：姥姥、饽饽、悄悄

（2）双声：两个音节的声母相同。如：蜘蛛、玲珑、忐忑

（3）叠韵：两个音节的韵母或韵尾相同。如：烂漫、纵横

3. 多音词

由三个或三个以上音节构成的词叫多音词。现代汉语词汇中的多音词较少，主要来自以下几个方面：

(1)由一个双音节语素同一个单音节语素所构成的词。如：玻璃钢、琉璃瓦、蝴蝶结、蜘蛛人(前面都是一个双音节语素)

(2)由一个单音节语素带一个叠音语素所构成的词。如：文绉绉、慢腾腾、笑嘻嘻、酸溜溜(后面都是一个叠音语素)

(3)由三个以上单音节语素所构成的词。如：办公室、洗衣粉、铁饭碗、创造性、小生产者(它们的每一个音节都是一个单音节语素)

(4)来自音译外来词的。如：尼古丁、凡士林、盘尼西林、布尔什维克(它们的整体都是一个不可分割的多音节语素)

(二)单纯词与合成词

根据词的结构形式，即词的语素构成情况，可分为单纯词和合成词。

1. 单纯词

由一个语素构成的词叫单纯词。单纯词又被称为“单语素词”，包括以下几种形式：

(1)单音词

所有用一个音节表示、用一个汉字书写的词(包括实词和虚词)，都是单纯词。如：

地 马 牛 走 跳 黑 白 九 个 你 它 最 呢

(2)联绵词

在上一章的双音节语素中已经讲过，联绵词多是从古代汉语中遗留下来的，不管是双声的、叠韵的，还是既非双声又非叠韵的，虽然都由两个音节构成，但其中的每一个音节都不能单独表义，只有两个音节合起来才能表示一个完整的意思，因而这两个音节只是一个语素，由此构成的联绵词也都属于单纯词。例如：

双声联绵词：秋千　尴尬　仿佛　斟酌　慷慨

叠韵联绵词：蹉跎　荒唐　徜徉　玫瑰　翩跹

既非双声又非叠韵的联绵词：珊瑚　琥珀　羁绊　逶迤

(3)叠音词

叠音词是由两个不能单独构成语素的音节重叠而成的，重叠以后是一个双音节语素，因而仍然是一个单纯词。例如：

蝈蝈　蛐蛐　猩猩　冉冉　姗姗　瑟瑟　潺潺

(4)音译外来词

凡是音译外来词，不管音节多少，都应看作一个语素，因而都是单纯词。例如：

摩托　咖啡　沙发　干部　俱乐部　巧克力　滴滴涕

阿司匹林　罗马尼亚　贝尔格莱德

通过以上所列的单纯词可以看出，单纯词的本质特征是只由一个语素构成。不管是双音节单纯词还是多音节单纯词，其整体都不可再拆分，拆分以后的字或音节就不能再单独表义，或者不能再表示原来的意义了。

2. 合成词

由两个或两个以上的语素构成的词叫合成词。合成词又被称为"多语素词"。现代汉语中的词，绝大多数是合成词；在合成词里，绝大多数是由两个语素构成的双音词。例如：

道路　营销　电脑　手机　说明　书本　站岗　管家

年轻　法定　老鼠　苦头　姐姐　刚刚　微信　博客

现代汉语里也有一些合成词，是由三个或三个以上的单音节语素构成的，它们属于多音节合成词。随着社会发展和科技进步，三音节合成词有逐步增加的趋势，更多音节的合成词只是极少数。例如：

直流电　电解质　责任制　职业病　计算机　智能卡

易拉罐 获得感 工薪族 抽油烟机 无后坐力炮

合成词的本质特征是都由两个或两个以上的语素构成。它与单纯词的区别是:词的整体可以拆分为不同的语素,拆分以后的每个语素仍能表示一定的意义,有的表示词汇意义(实语素),有的表示语法意义(虚语素)。

合成词的构成和类别涉及构词法。按照构词法对合成词进行分类,又可分为复合词、派生词、重叠词、缩略词、多层合成词等几种类型。此部分内容在下一节具体说明。

思考与练习一

1. 什么是词?词的定义里共有哪几个知识点?它们各自的含义和区别是什么?

2. 词同语素和短语相比较,主要有哪些特点?其中词同语素、短语各有什么区别?举例说明。

3. 什么叫词汇?词同词汇是怎样的关系?掌握丰富的词汇对于语言的运用有什么重要作用?

4. 词的首要功能和基本功能各是什么?举例说明。

5. 词的形式指的是什么?怎样根据词的语音形式和结构形式对词进行分类?举例说明。

6. 指出下面的词哪些是单纯词,哪些是合成词,并说明为什么。

波浪 蹒跚 始终 蟑螂 白糖 克隆 鹿茸

迪斯科 打垮 渐渐 合唱 老鹰 人口 房子

南斯拉夫 青春期 爸爸 小孩儿 家属 麦克风

第二节 词的构造方法

在以前的语法教科书里，词属于词汇学的范畴。在语法研究向两头延伸，特别是在《系统提要》(1984)确立了“语素—词—短语—句子—句群”五级语言单位体系后，语素和词，既是词汇学研究的对象，又是语法学研究的对象。这是因为，在五级语言单位中，从语素到词，构词是中间的重要环节，是语法控制和调整语言单位的起点，所以从这个角度说，构词法也是语法学的有机组成部分。了解构词法，深入探讨词的内部结构，掌握各种构词类型，对于辨别词性、理解词义和使用词语，都会有很大帮助。

构词法是利用构词材料，按照构词规律，构造新词的方式方法。构词法是专门针对合成词而言的，是解释合成词怎样由语素构成的。在构词法里，涉及词根和词缀两个概念。词根和词缀，是根据语素在构词中的作用来区分的：**词的主要组成部分叫词根，词根是词义的基础；词中附加在词根上的构词成分叫词缀，词缀分为前缀(附在词根之前)、后缀(附在词根之后)、中缀(居于两个词根之间)三种。**相比之下，词根的意义比较具体、实在，都表示一定的词汇意义；而词缀的意义则比较抽象、虚化，有的只表示语法意义。例如：“田地”的两个语素都是词根；“桌子”的前一个语素是词根，后一个语素是词缀(后缀)。

现代汉语中，合成词的构造方法主要有三种：一是由词根加词根构成(合根法)；二是由词根加词缀构成(附加法)；三是由相同的词根重叠而成(重叠法)。此外，还有两种辅助性的构词法——减缩法、逐层组合法，一并介绍如下。

一、合根法

由两个词根复合起来构成合成词,这种构词方法叫合根法。

用合根法构成的合成词叫作复合词。

合根法是现代汉语中最主要、最能产的构词方法。按照词根同词根之间的关系,合根法可分为以下几种结构形式:

(一)并列式

由两个词根并列融合而成。这两个词根所表示的意义,一般都是相同、相近、相关或相反的。例如:

同义、近义词根的并列:语言　田地　道路　声音　停止　批改

意义相关的词根并列:风浪　江湖　骨肉　手足　皮毛　眉目

意义相反的词根并列:开关　是非　动静　始终　利害　得失

这种并列式合成词的特点是:两个词根在形式上平等并列,在意义上互相补充。也有特殊情况,例如"国家""妻子"是前面词根的意义起作用,后面词根的意义虚化;而"地位""寻思"则是后面词根的意义起作用,前面词根的意义虚化。这是词义发展和演变的结果,属个别现象。

(二)偏正式

前面的词根修饰或限制后面的词根,意义以后面的词根为主,即"前偏后正"。例如:

青菜　白糖　方桌　梯田　皮鞋　木船　象牙

马尾　密码　步兵　宿舍　粮库　电车　火炉

函授　舌战　二胡　三角　夜校　晚霞　京剧

啤酒　合唱　上策　微笑　严寒　雪白　草绿

以上都是偏正式合成词,词的意义以后面的词根为主,前面的词根起修饰或限制作用,表示颜色、形状、原料、领属、性质、用途、动

力、工具、数目、时间、地区、方位、程度、比况等意义。

(三)补充式

后面的词根补充说明前面的词根,意义以前面的词根为主。有两种具体形式:

1. 对动作性语素的补充。例如:

提高　降低　说明　揭穿　推翻　打倒　扩大　缩小

扩张　充满　夸大　改善　纠正　更新　解散　促进

这种形式的合成词,前面的词根是动作性语素,表示一种动作或行为,后面的词根补充说明其结果或趋向,意义以前面的词根为主。

2. 对名物性语素的补充。例如:

房间　车辆　纸张　书本　花朵　马匹　枪支　事件

这种形式的合成词,前面的词根是名物性语素,表示一种事物,后面的词根是该事物的单位,对前面的词根也有一种补充说明的作用,意义以前面的词根为主。

(四)动宾式

前面的词根表示一种动作或行为,后面的词根是其所支配或涉及的对象。例如:

主席　司机　管家　理事　提案　起步　刺耳　出众

这种动宾式合成词,前面的词根都是动作性语素,后面的词根都是名物性语素,而且在意义上,前面的词根必须能够支配后面的词根。因此,又叫“支配式”。

(五)主谓式

前面的词根表示一种事物,是被陈述的对象;后面的词根对前面的词根进行陈述或说明。例如:

月亮　地震　风化　目击　自满　祖传　眼热　肉麻

主谓式合成词的特点是:前面的词根都是名物性语素,后面的词根都是动作性语素或状态性语素，前后两个词根之间是主谓关系，即后面的词根陈述说明前面的词根“干什么”或“怎么样”。因此，又叫“陈述式”。

二、附加法

由词根附加词缀构成合成词，这种构词法叫附加法。

用附加法构成的合成词叫作派生词。

附加法也是现代汉语中一种重要的构词法。派生词主要部分是词根，表示基本的词汇意义；词缀只是附加成分，表示某种语法意义或感情色彩。

按照词缀在词中的位置，可分为三种类型：

（一）带前缀的合成词

在现代汉语里，能够做构词前缀的语素，主要有“老”“小”“阿”“第”“初”“非”这几个。例如：

老——老师　老乡　老虎　老鼠　老李　老三

小——小张　小王　小丽　小芬　小五　小丑

阿——阿爸　阿哥　阿公　阿姨　阿毛　阿宝

第——第一　第二　第三　第五

初——初一　初二　初八　初十

非——非农　非法　非金属　非晶体　非处方药

（二）带后缀的合成词

在现代汉语里，专门做构词后缀的语素也不多，主要有“子”“儿”“头”“者”“们”“然”“乎”“么”“巴”“性”“化”等。例如：

子——房子　桌子　锤子　胖子　乱子　命根子

儿——花儿　画儿　盖儿　垫儿　亮儿　尖儿

头——木头　石头　念头　苦头　上头　下头

者——作者　读者　无产者　小生产者　小手工业者

们——我们　你们　他们　咱们

然——忽然　突然　果然　欣然　悠然　黯然

乎——在乎　合乎　热乎　近乎　几乎　似乎

么——这么　那么　什么　怎么　要么　多么

巴——干巴　蔫巴　拧巴　眨巴　嘴巴　尾巴

性——人性　本性　韧性　弹性　共性　创造性

化——绿化　美化　物化　液化　量化　机械化

此外，有的词根后面可以带叠音词缀，如"干巴巴、热乎乎"之类，使这种合成词更富有形象色彩；还有的合成词同时带有前缀和后缀，如"小辫子、小伙子、小刀儿、小褂儿"（其中的"小"为前缀，"子"和"儿"为后缀），这样的词多为口语词。

现代汉语里，加后缀的合成词相对比较发达，而且有日益发展的趋势。

（三）带中缀的合成词

这种词缀居于两个词根之间。现代汉语里，能够做中缀的语素并不多，主要是"得""不""里"这三个。这种带中缀的合成词，常见的有两种形式：

1. 带中缀"得"或"不"的多音节动词

这种多音节动词，多为三音节，多为口语词。例如：

吃得消　吃不消　瞧得起　瞧不起　来得及　来不及

这种带中缀"得"或"不"的多音节动词，既有点像短语，又作为一个词来使用，不能被随意拆开或扩展，使它有别于其他词或短语。因此，吕叔湘先生称其为"短语词"（《汉语语法分析问题》第25页）。

2. 带中缀"里"的多音节形容词和拟声词

这种多音节形容词和拟声词，多为四个音节的，也多为口语词。例如：

稀里糊涂　稀里马虎　土里土气　古里古怪

哇里哇啦　咣里咣当　稀里哗啦　噼里啪啦

这上边一行是带中缀“里”的多音节形容词，下边一行是带中缀“里”的多音节拟声词。它们都是在双音节形容词和拟声词的基础上形成的，其构成方法是：首先在前面加一个表示程度深的语素“稀”或其他单音节语素，或者重叠使用双音节形容词或拟声词的前一个语素，然后再加中缀“里”构成，这就使双音节变为四音节。其表达效果是：不但保持了原双音节形容词和拟声词的本来意义，而且又增加了口语色彩和感情色彩，多表示贬义，并能增添一种描绘的作用。

现代汉语里的附加性语素——词缀语素，大都是由一些词根语素虚化而来的，它们有的已经虚化得比较彻底，有的还正处在虚化过程中。因此，以下几个问题值得注意：

一要注意分辨词根语素和词缀语素。这主要看其语义上是否虚化以及虚化的程度，语义已经虚化的是词缀，语义没有虚化的是词根。例如在“老虎”和“石头”这两个词中，语素“老”和“头”的意义已经虚化，因而都是词缀；而在“老人”和“肩头”这两个词中，语素“老”和“头”的意义没有虚化，因而都是词根。

二要注意分辨“得”和“不”，是词缀（中缀）还是一个词。在“吃得消”和“吃不消”这类短语词中，“得”和“不”是在两个实语素之间插入的一个虚语素，是这个词不可缺少的组成部分，因而都是词缀；而在“听得懂”和“听不懂”这类动补结构的短语中，中间的“得”和“不”都是一个词，而不是词缀，其中“得”是结构助词（补语的标志），“不”是副词（表示否定）。

三要注意词缀语素在构词中的类化作用。通过上面这些例子可以看出，凡是带“老”“小”“阿”前缀的词、带“子”“儿”“头”“者”后缀的词，一般都是名词；凡是带后缀“化”的词，一般都是动词；凡是带后缀“性”的词,一般都是表示抽象意义的名词;凡是带后缀“们”的词,一般都是表示复数的人称代词;凡是带中缀“得”和“不”的词,一般都是动词;而带中缀“里”的词,则多为形容词或拟声词。了解词缀的类化作用,有助于我们区分词类。

三、重叠法

由相同的词根重叠构成合成词,这种构词方法叫重叠法。

用重叠法构成的合成词叫作重叠词。这里所说的重叠词,是从构词方法的角度对合成词所作的分类;如果单就某个合成词而言,重叠形式的合成词是由两个相同的语素(而不是不能单独表义的音节或汉字)构成的。重叠法也是现代汉语里一种重要的构词方法,具有鲜明的民族特点。用重叠法构成的重叠词,有以下两种类型:

(一)AA 型

由一个词根重叠而成。这种 AA 型重叠词多为名词,也有少量的形容词和副词等。例如:

姐姐　哥哥　宝宝　星星　翩翩　仅仅　刚刚

要注意重叠词同叠音词的区别:重叠词是语素的重叠,而叠音词是音节的重叠;重叠词是由两个语素构成的,而叠音词是只由一个语素构成的;重叠词属于合成词,而叠音词是单纯词。如“星星”和“猩猩”:前者的每一个音节或汉字都能够单独表义,有时还可以单独使用(如“两弹一星”),所以是重叠词;后者中的每一个字都只是一个音节,既不能单独表义,也不能单独使用,只有将这两个音节重叠起来才能表示一个整体意义,所以是叠音词。

(二)AABB 型

由两个词根分别重叠而成。这种 AABB 型重叠词多为四个音节的形容词,又可分为两种形式:

1. 构词形式的重叠。例如：

口口声声　形形色色　兢兢业业　轰轰烈烈　婆婆妈妈

2. 词形变化的重叠。例如：

干干净净　整整齐齐　明明白白　痛痛快快　高高兴兴

以上两种形式虽然都是两个语素的重叠，但在是否有词形变化上又有区别：第一种形式的重叠词，“口”与“声”、“形”与“色”、“兢”与“业”、“轰”与“烈”、“婆”与“妈”，两个语素只在意义上相关，如不重叠就不能构成一个合成词，因此这种重叠只是一种构词形式，而不属于词的形态变化；而第二种形式的重叠词，重叠之前的“干净”“整齐”“明白”“痛快”“高兴”，本身就已经是一个合成词，两个语素分别重叠以后属于词的形态变化，并由词形变化引起语法意义的变化，能够增添程度加深的意味。

四、减缩法

从专用名称或固定短语中选择一定的词作为语素，通过减少成分、缩短音节的方法来构造新词，这种构词方法叫减缩法。

用减缩法构成的合成词叫作缩略词。减缩法是一种特殊的构词方法，对专名和固定短语进行简缩并定型以后，所构成的新词是一个合成词。减缩法有以下三种形式：

（一）简称

对经常使用的专有事物的名称（一般称为“专名”）进行减缩，定型后可构成一个合成词。例如：

中华人民共和国——中国　　共产主义青年团——共青团

文学艺术界联合会——文联　　政治协商会议——政协

政治委员——政委　　安全理事会——安理会

对已经定型的简称，都可看作一种合成词。如上面的“中国”“共青团”“政委”“政协”“安理会”已作为正式词条，被收入《现代汉语词典》之内；而“文联”尚未作为正式词条收入，现仍作为一个临时的简称使用。

但要注意，简称也不能随意简化，一定要符合语法规律和语言习惯，才能得到社会的广泛认可，并最终定型为合成词。

（二）固定短语减缩

这种构词法，是对一些常用的固定短语进行减缩，取其中一定的词来充当语素，用以构成一个合成词。例如：

高级中学——高中　劳动模范——劳模　环境保护——环保

军人家属——军属　支部书记——支书　保持温度——保温

文化教育——文教　化学肥料——化肥　微型博客——微博

固定短语一般以四个音节居多，可利用减缩法构成双音词，符合现代汉语词的双音化趋势。由固定短语减缩而来的缩略词，也是一种合成词。随着社会发展和交际需要，这种构词法使用得越来越多，并被公众广泛认可。如上例各词，“微博”出现较晚，在 2012 年 6 月第 6 版《现代汉语词典》中收入；其他的词则在以前的《现代汉语词典》里就有收录。

（三）数词缩语

用数词来概括和减缩几个共同语言形式的意义，使之成为一个合成词，这种构词方法叫作数词缩语。

其方法是：对两个以上内容相关、结构相同并含有共同词语的短语，取其中一个共同使用的词作为语素，并在前面加上一个相应的数目语素来概括，就可以将其减缩为一个合成词形式，且仍能简要地表达原来的意义。例如：

百花齐放、百家争鸣——双百

农业、农村、农民——三农

阴平、阳平、上声、去声——四声

开口呼、齐齿呼、合口呼、撮口呼——四呼

工业现代化、农业现代化、国防现代化、科学技术现代化——四个现代化——四化

(干部队伍的)革命化、年轻化、知识化、专业化——四化

需要说明的是,数词缩语的造词能力是很有限的。使用者最初只是为了减少音节和字数,达到说写方便的目的。但这种简略说法一旦被创造出来并被广泛应用以后,不但可以作为一个合成词或固定短语来使用,而且有的还会逐渐被社会约定俗成,正式取得词的资格。如上例中的“四声”和“四呼”,早就被固定下来收入各版《现代汉语词典》之内;“四化”在第5版《现代汉语词典》中只有上边的第一个义项,第6版《现代汉语词典》才将两个义项都收录进去;而“双百”还未获得词的资格,在使用中一般都要加双引号,以表示特定的含义。

五、逐层组合法

由三个或三个以上的语素按照不同的层次构成合成词,这种构词方法叫逐层组合法。

用逐层组合法构成的合成词叫作多层合成词。

逐层组合法也是现代汉语构词法的重要补充。在现代汉语里,有相当数量的三音词,而且有日益发展的趋势。随着新生事物的大量涌现,有些事物用两个语素无法表示清楚,人们便在原有的双音节复合词基础上再增加一个语素,将三个单音节语素组合在一起,用以表示与原来事物有关的新生事物,这就形成了一个三音节合成词,它们都是运用逐层组合法构成的。例如:

自动挡　生态学　全家福　公务员　农民工　廉租房

臭豆腐　土政策　轻工业　核潜艇　半决赛　子公司

无产者　机械化　非晶体　老百姓　小市民　创造性

以上这些由三个语素构成的合成词,都是首先由其中的两个语

素进行组合，构成一个复合语素，然后再同另外一个语素进行组合，由此形成两个不同的结构层次，语素之间具有并列、偏正、主谓、动宾、附加等多种结构关系。例如：

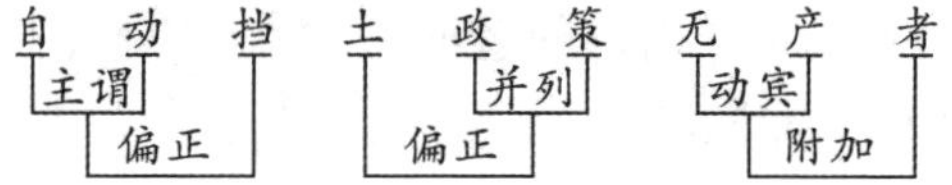

此外，现代汉语里还有少量由四个或四个以上的语素构成的合成词，它们都有三个以上的结构层次，语素之间的结构关系也更为复杂。例如：

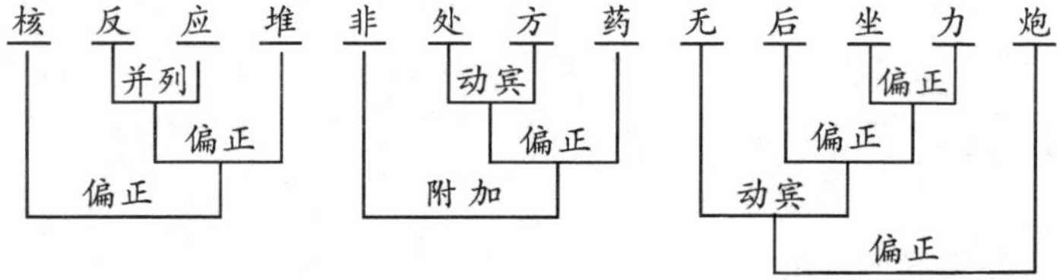

需要说明的是，**要将多层合成词同三个音节以上的惯用语、成语、习惯语等区别开来**。以上所讲的多层合成词，同三字格的惯用语（如“穿小鞋”“墙头草”）、四字格的成语（如“藏龙卧虎”“胸有成竹”）、多字格的习惯语（如“坐山观虎斗”“听风就是雨”）有着本质的区别，主要表现在两个方面：一是组成成分不同，多层合成词是由语素逐层组合而成的，而惯用语、成语和习惯语是词与词的固定组合；二是所组成的语言单位不同，多层合成词只是一种普通的词，而惯用语、成语和习惯语都属于一种固定短语。所以，虽然可以将它们作为词的等价物来看待和使用，但它们并不是严格意义上的词，必须将它们同多层合成词区别开来。

以上，介绍了现代汉语的几种构词方法，其中最主要、最能产的是合根法，其次是附加法和重叠法，另外两种构词法——减缩法、逐层组合法只是作为补充。有了构词法，语言才能不断产生大家都能理解的新词，不断满足社会发展进步和人们交际的需要。但要注意，用构词法创造新词，必须要符合语法规律，并经过社会的约定俗成，一般说来，任何人都不应当随心所欲地创造新词。

思考与练习二

1. 为什么说语素和词既是词汇学研究的对象，又是语法学研究的对象？什么叫构词法？学习构词法有何重要作用？

2. 什么叫词根？什么叫词缀？词根和词缀在表义上有什么区别？举例说明。

3. 现代汉语中有哪几种构词方法？所构成的词分别叫作什么词？

4. 什么叫合根法？它有哪几种结构形式？举例说明。

5. 什么叫附加法？它分为哪三种类型？举例说明。

6. 什么叫重叠法？它有哪两种类型？举例说明。

7. AA 型重叠词与叠音词有什么区别？AABB 型重叠词有哪两种不同形式？二者之间有什么区别？举例说明。

8. 什么叫减缩法？减缩法有哪三种形式？举例说明。

9. 什么叫逐层组合法？多层合成词是怎样形成的？举例说明。

10. 多层合成词与三个以上音节的惯用语、成语、习惯语有什么本质区别？举例说明。

11. 指出下面的合成词是用哪种构词法构成的，并说明语素之间的结构关系或语法作用。

思想	火车	改正	知己	年轻	清洁	夕阳
抓紧	关心	海啸	笔墨	狂欢	阐明	造谣
自卑	宽阔	墨绿	压缩	点心	霜降	忘记
酷爱	船只	失望	国营	吃不开	看头	剪子
老外	爷爷	唠里唠叨	安安静静	稍稍	阿妈	

闹哄哄　妇联　黄澄澄　四声　小姑子　老太太

12. 划分下列多层合成词的结构层次,并标明语素之间的结构关系。

收发室　专业户　热水器　立足点　卖国贼

说明书　探亲假　新能源　自驾游　电风扇

积极性　城镇化　小生产者　非电解质　反坦克炮

第四章　词　类

一般所说的词类，是指词的语法功能分类。这是词法的主要内容，也是进一步探讨句法的重要基础。

词的语法功能是指词在语法单位中的组合能力和结构关系。它主要表现在两个方面：一是能否单独充当句法成分，能够充当什么成分；二是词和词的组合能力，哪些词可以同哪些词组合，怎样组合，组合起来表示什么关系，哪些词不能同哪些词组合等。此外，汉语的词也有一定的形态变化，包括构词形态和构形形态：构词形态是指附加的词缀，如老板、盖子、亮儿、念头，其中的词缀“老”“子”“儿”“头”是构成名词的形式标志；构形形态主要有重叠（如 AABB 式——老老实实，ABAB 式——考虑考虑）、黏附（如“吃了、吃过、吃着”）两种形式，都能够表示出不同的语法意义，其中 AABB 式的重叠是形容词的标志，ABAB 式的重叠是动词的标志，后面能够黏附动态助词“着”“了”“过”是动词的语法特点，都可作为词类的标志之一。但是汉语不像印欧语系的语言，缺少严格意义上的形态变化，词形变化很有限，且没有普遍性，因而只能作为区别词类的参考。

词类指的是词在语言结构中表现出来的类别。语法上区分词类的目的是指明词的外部结构关系，说明语言的组织规律。因此，分类的基本依据是词的语法功能，并兼顾词汇意义，即以功能为主要标准，以形态和意义为参考标准。

根据这一分类标准,首先可以将汉语的词分为实词和虚词两个基本类别:**能够单独充当句法成分的词是实词,不能单独充当句法成分的词是虚词**。根据各类实词充当句法成分的能力、词与词的组合能力等不同特点,又可将实词分为名词、动词、形容词、区别词、数词、量词、代词、拟声词、副词等不同类别;根据各类虚词的不同语法功能,特别是同实词和短语之间的关系,又可将虚词分为介词、连词、助词、语气词、叹词等不同类别。

下面,分两节介绍各类实词和虚词,最后一节进行词类小结。

第一节　实　词

上一章已经介绍了词的特点和功能,指出词有称谓和造句两项功能,但这只是从总体上说的。在将词分为实词和虚词两个基本类别以后,就会发现二者在这两项主要功能方面有着根本的差别:实词能够表示实在的词汇意义,而虚词一般不能表示具体的词汇意义,只能表示抽象的语法意义;实词对客观事物有称谓功能,能够表示实体事物及其动作、变化、状态、数量、程度等概念,而虚词一般不具备这种称谓功能;实词能够单独充当句法成分,而虚词不能单独充当句法成分;实词既可以同实词组合,又可以同虚词组合(如“参加劳动、我的衣服”);而虚词只能同实词组合,不能再同其他虚词组合(如可以说“从上海”和“看着”,而不能说“从着”);有了实词就可以造出一些简单的句子,如“我去学校”和“爸爸吃饭”这两个句子里都不包含虚词;而单用虚词不能造句,虚词必须依附实词才能进入句法结构,如在“我〔从北京〕来”这个句子里,介词“从”不能单独做句法成分,只有同后面的名词组成介宾短语后才能整体进入句子做状语。

通过以上比较可以看出,实词是汉语词汇的主体,也是组成语句进行交际的主要物质材料。所以,我们学习语法、掌握词类,首先要从实词开始,掌握了实词以后再学习虚词,就方便和容易多了。下面,我们分类介绍各种实词。

一、名词

(一)名词的意义和分类

表示人或事物名称的词叫名词。名词可分为以下几类:

1. 人物名词:工人　朋友　作家　队员(普通名称)
　　马克思　李大钊　鲁迅　雷锋(专有名称)
2. 事物名词:国家　社会　学校　企业(社会组织)
　　飞机　火车　高粱　土地(具体事物)
　　精神　意义　品质　友谊(抽象事物)
　　船只　车辆　纸张　房间(集合事物)
3. 时间名词:今天　明天　现在　秋天　上午　星期三
4. 处所名词:北京　西安　伦敦　华盛顿(专有地名)
　　附近　远方　郊区　边境(一般处所)
5. 方位名词:

表示方向或位置名称的词叫方位名词,简称方位词。包括以下三种。

(1)单纯方位词:东　南　西　北　前　后　左　右
　　上　下　里　外　中　内　间　旁

(2)合成方位词:在单纯方位词后加"边""面""头"等,或在单纯方位词前加"以""之"等。例如:

东边　前方　左边　上头　里面　旁边　中间
以上　之下　以外　之内　以南　之前　之间

(3)对举方位词:由两个相互对应的单纯方位词对举而成,一般表示“不定”或“大概”的意思。例如：

上下(二十上下)　　前后(春节前后)

左右(十米左右)　　内外(长城内外)

(二)名词的语法特点

1. 能用数量短语修饰。可以计量的名词常用定量的数量短语修饰，如“三架飞机”“五个苹果”；不能计量的名词可用不定量的数量短语修饰，如“一种理想”“一些车辆”。

2. 不能用否定副词“不”修饰。这是判定名词的重要方法，比如不能说“不学校”“不山”“不水”，这就说明“学校”“山”“水”都是名词。至于有时可以说“人不人，鬼不鬼”，或者说“什么山不山的”，这只是古汉语遗留的一种成对连说的特殊用法，属于个别现象。

3. 能用在介词后面，组成介宾短语。如“在教室”“从上海”“根据政策”。

4. 在句子中经常做主语和宾语，有时还可直接做谓语或定语。例如：

①天气‖很热。(名词做主语)

②他‖打碎了花瓶。(名词做宾语)

③明天‖星期六。(名词做谓语，说明时间)

④后天‖清明。(名词做谓语，说明节气)

⑤(邮局)的同志‖交给他一封信。(名词做定语，有时要靠结构助词“的”的帮助)

⑥墙上‖挂满了(模范)红旗。(名词直接修饰名词做定语)

(三)三类特殊的名词

名词中比较特殊的是时间名词、处所名词和方位词。它们虽然具有名词的特点，但是都能够修饰动词做状语，这是它们不同于一般名词的地方。例如：

①学校〔星期三〕放假。(时间名词修饰动词做状语)

②我们〔北京〕见。(处所名词修饰动词做状语)

③他〔前面〕走,我〔后面〕跟。(方位词修饰动词做状语)

方位词表示方向和位置,一般很少单独使用,经常附着在别的词语后边,构成方位短语。例如:

学校里 操场上 老榆树下 村子东头 长城以北

此外,有少数方位词如"前、后、之前、以后、内、之内、以内"等,还可以用在其他词语后边,表示时间的概念,例如:

三天前 两年后 放暑假以后 一个星期之内

还有少数方位词可以受程度副词"最"修饰,表现出与一般名词不同的特点。例如:

最前边 最后面 最里边 最东头 最左边

二、动词

(一)动词的意义和分类

表示人或事物的动作、行为、心理活动、发展变化等的词叫动词。动词可分为以下几类。

1. 动作行为动词:走 跑 跳 爬 站立 拍手 低头
讨论 选举 保卫 发动 打击 监督
2. 心理活动动词:想 爱 恨 怕 喜欢 希望 担心
3. 发展变化动词:加强 提高 扩大 降低 削弱 减少
4. 存现动词:有 没有 出现 消失 存在 产生 死亡
5. 使令动词:使 叫 让 请 派 要求 命令 禁止 推选
6. 比拟动词:像 似 如 好像 好似 宛如 仿佛
7. 处置动词:给予 加以 予以 致以
8. 行止动词:开始 结束 进行 继续
9. 能愿动词:能 要 敢 该 愿 能够 应该 愿意
10. 趋向动词:上 下 来 去 出 上来 下去 出来

11. 判断动词(简称判断词)：是

(二)动词的语法特点

1. 多数动词都能够受否定副词“不”修饰，这是判定动词的重要方法。如可以说“不走”“不去”“不参加”，说明“走”“去”“参加”都是动词。

2. 除了少数表示心理活动的动词能够受程度副词“很”修饰外，其他多数动词都不能受程度副词“很”修饰。如可以说“很想”“很怕”“很喜欢”“很愿意”，而不能说“很走”“很跑”“很保卫”“很学习”。

3. 动词经常在句子中单独做谓语。当动词短语做谓语时，动词是及物动词的能够带宾语，不是及物动词的不能带宾语。例如：

①同学们‖走了。(动词单独做谓语)

②八路军‖开辟了根据地。(动词短语做谓语，其中动词“开辟”能够带宾语)

非及物动词不能带宾语，但可以带补语，如“休息了〈三天〉、睡得〈很快〉”；还能用在名词后面构成主谓短语，如“学校放假、老师休息”。

4. 动词后面常常黏附动态助词“了”“着”“过”，表示行为或动作的发展变化情况。如“看了”是完成时态，“看着”是进行时态，“看过”是过去时态。

5. 有些动词可以重叠。单音节动词重叠后第二个音节读轻声，如“送送”读作“sòng · song”，“听听”读作“tīng · ting”；双音节动词的重叠形式是“ABAB”式，如“研究→研究研究”“考虑→考虑考虑”。动词重叠以后表示尝试态，如“说说”“商量商量”，都有试一试的意味。此外，尝试态有时还能引申出时间短暂的意味，如“走走”“看看”“休息休息”。

（三）三类特殊的动词

动词中比较特殊的是能愿动词、趋向动词和判断词。

1. 能愿动词

能愿动词又叫“助动词”，其主要功能是用在动词或形容词前面，表示客观的可能性、必要性和人的主观意愿等，并有评议的作用。常用来表示可能的有“能、能够、会、可能、可以、可”等，表示必要的有“要、得(děi)、应、应该、应当”等，表示意愿的有“肯、敢、要、愿、愿意”等。例如：

①他‖〔能〕爬到山顶。（用在动词前，表示可能性）

②你‖〔应当〕去。（用在动词前，表示必要性）

③我‖〔愿意〕参加。（用在动词前，表示主观意愿）

④他的病‖〔应该〕好了。（用在形容词前，表示可能、希望之类的意思）

⑤你‖〔要〕大方一点。（用在形容词前，表示必要性）

2. 趋向动词

趋向动词的主要功能是用在动词的后面，表示动作移动的趋向；还可以用在形容词的后面，表示状态发展变化的趋向。

趋向动词有单纯的、合成的两类：常用的单纯趋向动词有“上、下、来、去、进、出、过、回、开、起”等；常用的合成趋向动词有“上来、上去、下来、下去、进来、进去、出来、出去、过来、过去、回来、回去、起来、开来”等。

趋向动词具有一般动词的特点，可以单独做谓语或谓语中心，例如：客人来了。/爸爸已经起来了。但是，其主要功能是经常用在一般动词或形容词后面做补语，例如：走〈上〉讲台、拿〈起〉手机、手伸〈出来〉、清醒〈过来〉了。

当动词后面有趋向动词做补语，同时又带有宾语时，趋向动词有两种特殊的用法：一是单纯趋向动词“来”和“去”有时可以放在宾

语之后;二是有些合成趋向动词可以拆开使用,分别放在宾语的前后。例如:

他送〈来〉一只鸡。→他送一只鸡〈来〉。

我拿〈去〉两瓶酒。→我拿两瓶酒〈去〉。

服务员端〈过来〉一杯茶。→服务员端〈过〉一杯茶〈来〉。

屋里透〈出来〉一线灯光。→屋里透〈出〉一线灯光〈来〉。

3. 判断词

判断词只有“是”这一个,是特殊的动词。它在句子中做谓语动词时,主要有三种基本用法:

一是对陈述对象表示判断,即判断事物之间的同一关系或隶属关系,这种句子一般称为“判断句”。例如:

①我国的首都‖是北京。(主语与宾语之间是同一关系)

②土地‖是国家的。(主语与宾语之间是隶属关系)

二是表示事物的存在,这种句子一般称为“存现句”。例如:

③门前‖是一条小河。

④到处‖都是绿的,到处‖都是树。

三是用以说明事物的特征、质料等情况。例如:

⑤这个人‖是左撇子。(说明特征)

⑥这件衬衣‖是棉布的。(说明质料)

⑦今年‖是丰收年。(说明有关情况)

以上三种用法,“是”都用在名词或名词性成分之前。此外,“是”有时还可用在动词或形容词之前,表示强调或肯定,但这种用法就不再是判断词,而变为副词了;“是”在句子中也不能再做谓语动词,而只能做状语了。例如:

①他‖〔是〕走了,我不骗你。

②天‖〔是〕冷了,中午冰也不化了。

三、形容词

(一)形容词的意义和分类

表示人或事物的性质或状态的词叫形容词。形容词可分为以下三类:

1. 性质形容词:好 坏 热 凉 甜 苦 软 硬 轻
暖和 寒冷 优秀 恶劣 伟大 渺小
2. 状态形容词:高 细 圆 红 白 快 猛 稳 狠
流利 认真 漂亮 干净 坚强 活泼
3. 特殊状态词:雪白 黑沉沉 红不棱登 干干净净

(二)形容词的语法特点

1. 多数形容词可以受否定副词“不”修饰。这一特点与动词相同,如可以说“不大、不好、不干净”,也可以说“不去、不看、不参加”。

2. 多数形容词可以受程度副词“很”修饰。这一特点与动词不同,因而可作为区别动词和形容词的一个重要方法。如“宽”“热”“优秀”“舒服”都能受程度副词“很”的修饰,说明它们都是形容词;而“看”“跳”“发表”“进攻”都不能受程度副词“很”的修饰,说明它们都是动词。

3. 形容词经常在句子中单独做谓语或谓语中心,此外还能做定、状、补语等其他句法成分。例如:

①这个孩子‖诚实。(形容词单独做谓语)

②晚会的气氛‖非常热烈。(形容词做谓语中心)

③她‖是一个(漂亮)姑娘。(修饰名词做定语)

④我们‖要〔坚决〕完成任务。(修饰动词做状语)

⑤他‖把花瓶打〈碎〉了。(形容词做补语)

⑥懒惰‖是很坏的习惯。(形容词做主语)

⑦他‖从小就喜欢清静。(形容词做宾语)

4. 形容词不能带宾语。有的性质形容词兼属动词,当带上宾语后就不再是形容词,而变为动词了。例如:

①他的态度‖很严肃。("严肃"是形容词)

②我们‖一定要严肃纪律。("严肃"是动词)

③王大爷的腰板‖很直。("直"是形容词)

④王大爷‖直起腰来。("直"是动词)

5. 有些形容词可以重叠。单音节形容词重叠后,第二个音节不读轻声(如:慢慢站起来,读作 mànmàn),此点与单音节动词重叠的读音不同;一般双音节形容词的重叠形式是"AABB"式,例如:清清楚楚、明明白白;前面带描写语素的双音节形容词重叠形式是"ABAB"式(此点与双音节动词重叠相同),例如:冰凉冰凉、雪白雪白。重叠的形容词用来修饰动词时,表示程度的加强,例如:狠狠地打、干干净净地扫一遍;用来修饰名词时,具有一种描绘的作用,例如:宽宽的额头、方方的脸盘儿。

6. 有的形容词后面可以加动态助词或趋向动词,表示状态的变化或趋势。例如:

①苹果‖红了。(表示"红"的状态已经有了)

②灯‖还亮着。(表示"亮"的状态正在持续)

③他‖也曾经犹豫过。(表示"犹豫"的状态曾经有过)

④生活‖渐渐好起来。(表示"好"的状态正在发展)

⑤天气‖还要冷下去。(表示"冷"的状态还要持续)

(三)四种特殊的形容词

在表示人或事物的状态的形容词里,有四种特殊形式,我们称其为"特殊状态词":

一是前面带描写语素的形容词,如:金黄、雪白、滚烫、冰凉。

二是后面带叠音后缀的形容词,如:白花花、黑沉沉、毛茸茸、光溜溜。

三是带方言口语词缀的形容词,如:红不棱登(口语)、黑咕隆咚(口语)、黑不溜秋(方言)、白不呲咧(方言)。

四是重叠式形容词,如:干干净净、整整齐齐、纷纷扬扬、跌跌撞撞。

前三种形容词可以统称为“状态词”,第四种是双音节形容词的重叠形式。这四种特殊形式的形容词有一个共同特点:本身已显示程度,因而不能再受程度副词修饰。这一点使它们区别于一般的形容词,如上边这些特殊状态词都不能再受“很”或“非常”等程度副词的修饰。

（四）名词、动词、形容词的区别

名词、动词和形容词是最重要的三类实词,对于实现词的称谓功能具有重要作用。但是,它们在句子中的主要语法功能是不同的:名词经常做主语和宾语,而动词和形容词经常做谓语,因而有些语法书将动词和形容词合称为“谓词”;多数动词(及物动词)能够带宾语,而形容词不能带宾语。区别名词、动词、形容词,除了主要依据语法功能外,还可从以下几个方面进行辨别:

一是能否用“V不V”格式提问。多数动词和形容词都能进入“V不V”格式,如“去不去?”“好不好?”;而名词一般都不能进入“V不V”格式。

二是前边能否加“不”。动词和形容词多数都能用副词“不”修饰,如“不反对”“不认真”;而名词一般不能用“不”修饰。

三是前边能否加“很”。多数形容词都能够受程度副词“很”修饰(特殊状态词除外),如“很高”“很坚强”;而多数动词、名词一般都不能受“很”修饰。

四是能否重叠。名词一般不能重叠,“爸爸”“哥哥”“宝宝”等只是构词语素的重叠,而不是构形的形态变化;至于“山山水水”“年年月月”等也只是成对连说的特殊用法,并不属于词的形态变化。有些动词和形容词能够重叠,但所表示的语法意义、读音和重叠格式等都不一样:单音节动词重叠表示尝试态,第二个音节读轻声,如“说说”“看看”;单音节形容词重叠表示程度加重或具有描写作用,第二个音节不读轻声,如“好好地训他一顿”“圆圆的脸蛋儿”;一般双音节动词的重叠格式是“ABAB”式，如“调整调整”；一般双音节形容词的重叠格式是“AABB”式，如“结结实实”。

四、区别词

（一）区别词的意义和分类

表示人或事物的属性特征，具有区别或分类作用的词叫区别词。根据区别词所表示的事物属性特征有无对应关系及对应情况，可以将区别词分为以下三类：

1. 成对的区别词

有的事物具有相反或相对的两种属性特征，表示其属性特征的区别词也就会形成相互对应的一对。例如：

男—女　雄—雌　单—双　正—负（副）　轻型—重型

阴性—阳性　急性—慢性　高产—低产　西式—中式

军用—民用　国营—民营　长款—短款　长途—短途

长期—短期　精装—简装（平装）　野生—家养（家种）

重量级—轻量级　主要（首要）—次要

2. 成组的区别词

有的事物具有相关的三种或三种以上属性特征，表示其属性特征的区别词也就会形成相互对应的一组。例如：

单向—双向—多向　　单边—双边—多边

小号—中号—大号　　小额—大额—巨额

初级—中级—高级　　低档—中档—高档

短篇—中篇—长篇　　轻度—中度—重度

大型—中型—小型—微型

3. 单个的区别词

有的事物只有一种单一的属性特征，表示其属性特征的区别词也是单一的，不能成对或成组，这就是我们所说的单个的区别词。例如：

日用　多元　现任　特等　特级　原装　长效　新生
新兴　新任　现行　高难　多发　高发　高寒　超级
袖珍　亲生　高清　低糖　常任　多年生

在对区别词进行分类和使用中,要注意以下几个问题:

第一,不管是成对的还是成组的,它们在语句中一般是单独使用的,成对或成组使用的情况比较少;第二,要把其他类似的名词或短语同区别词区别开来,不要将其误认为区别词;第三,要使用规范的区别词,不能随意推用或自造区别词。

(二)区别词的语法特点

1. 区别词的主要语法功能是修饰名词做定语,用来表示事物的属性特征。例如:

(男)同学　(女)同志　(正)能量　(副)局长
(草本)植物　(大额)存款　(长款)羽绒服
(军用)机场　(多弹头)导弹　(半自动)步枪

也有少数区别词可用在动词之前做状语,对动作或行为具有区别说明的作用。例如:

〔单方〕违约　〔双向〕选择　〔自动〕控制
〔重度〕污染　〔多边〕谈判　〔无记名〕投票

2. 区别词不能直接做谓语,也不能充当一般性的主语和宾语,不能受程度副词“很”修饰(如不能说“很轻型”“很日用”“很阴性”等),这些都与一般形容词有着根本的区别。

3. 区别词不能用“不”否定,有的可以用“非”来否定。如可以说“非大型(客车)”“非日用(商品)”,而不能说成“不大型”和“不日用”(而形容词大都可以加“不”,如“不好”“不认真”)。但要注意,有些区别词没有否定形式,如“男、女、正、副、首要、现任、新生、共同”等,因而前边都不能加“不”。

4. 多数区别词都可以带“的”,构成“的”字短语。如“正的”“副的”“大型的”“多年生的”。

区别词是从形容词中分立出来的一个词类，过去的语法著作和教材大都将其归入形容词之内。吕叔湘先生对此探讨得较早，把它称为“非谓形容词”[①]。从朱德熙先生开始，将其叫作“区别词”[②]，并从形容词中分立出来，单独作为一个词类，进行了较为详细的分析说明，现已被语法学界广泛承认。黄伯荣、廖序东主编的《现代汉语》(增订版)(高等教育出版社，1991)，吸收了朱先生的研究成果，也将“区别词”单独分立出来列入实词之内。我们认为将区别词列为一个词类很有必要，这不仅因为它确实具有不同于一般形容词的语法特点，更重要的是符合语言发展的趋势。随着科学和社会的发展，事物的种类会越来越多，用于进行区别和分类的词也会相应增加，这样区别词的使用就会越来越广泛，其作用也会越来越明显。

需要特别说明的是，区别词在现代汉语里具有指称化和名词化的倾向。对此张谊生先生认为，用区别词指称事物的功能，即用相应的属性来指称该事物本身，可以取得直接明快的表达效果，因而当代汉语区别词的名词化现象正在不断扩大与发展，尤其在各类新闻报道与网络博客中，一大批原来的区别词现在都可以用来指称，其中一部分已基本名词化了[③]。他在论文中举出很多例句来说明这一观点，我们不妨拿出两例来看一下：

①“对口较好公办初中的一表生，可能要三思后再报民办”，杭州市教育局的这个提醒，应该怎么解读？

(《钱江晚报》2014-03-08)

②“粮食银行”并不是真正的银行，而是粮食企业借鉴银行业经

---

① 吕叔湘：《汉语语法分析问题》，商务印书馆，1979，第38页。

② 朱德熙：《语法讲义》，商务印书馆，1982，第52页。

③ 张谊生：《当代汉语区别词指称化、名词化的功用、趋势与动因——兼论现代汉语教学对新兴语言现象的吸收》，《语文研究》，2019年第3期。

营模式，农户将粮食经营权以定期或活期的形式让渡给企业，让企业经营，盘活粮食资源。比如，存定期，到期后每斤粮按固定利息结算；存活期，则是按月计息，按约定可折现或兑换生活日用品、生产资料。　　（人民网 2017－08－06）

这两例中加点的词都是区别词的指称化和名词化用法，在句子中做宾语或定语，用来指称“民办初中”和“定期存款”“活期存款”。例①在前面的区别词“公办”正常用法的比照下，后面的“民办”直接做宾语（省去所修饰的中心语“初中”），语义照样明了，而且使表达更加简洁明快。例②前边的“定期”和“活期”做定语，其后省去的中心语“存款”还可以加上；而后边的“定期”和“活期”直接做宾语，指称化和名词化倾向更为明显，后面被修饰的对象“存款”几乎就加不上去了。

五、数词

（一）数词的意义和用法

表示数目的词叫数词。

汉语中的基本数词有：零（用作编号时书写形式为“〇”）、一、二、三、四、五、六、七、八、九、十、百、千、万、亿。

1. 用数词表示数目的方法

利用以上这些基本数词，可以表示任何数目。其基本方法是：根据阿拉伯数字的读音，利用汉字中的基本数词书写出来。例如：

15—十五　50—五十　638—六百三十八　1 005—一千零五

1/4—四分之一　3.14—三点一四　5%—百分之五

现在为了方便，汉字中的数词也可直接使用阿拉伯数字。例如：十五人—15 人、四百六十万人口—460 万人口。

2. 序数、分数、小数、倍数、概数的表示方法

汉语中与数目有关的，还有序数、分数、小数、倍数、概数。它们

的表示方法是:

(1)表示序数

通常是在整数前面加“第”“初”“老”等构成。一般“初”和“老”后面的数词限于一至十,“第”后面的数词可以超过十。如:第一、初五、老三、第十六(排)。

序数后面直接连接名词的时候,其前面的“第”可以省去不用。如:一单元、二号、三楼、四班、五小队、1969年。

此外,还有些人们习惯的表示序数的方法。如:头一回、末一次、正月、大女儿、小儿子。

(2)表示分数

通常用“×分之×”的格式来表示,前面的数字是分母,后面的数字是分子。如:三分之二、百分之十八、千分之三十一、万分之五。

平常说话也用“成”或“分”来表示分数,如“八成”是十分之八,“三分”是十分之三。

此外,表示百分比可使用“%”,表示千分比可使用“‰”,在其前面写上相应的阿拉伯数字即可。如“百分之十五”可写成“15%”,“千分之一点五”可写成“1.5‰”。

(3)表示小数

小数是分数去掉分母以后的特殊表现形式,如:1/2 =0.5,3/4 =0.75。表示小数的方法是:将小数的读音写成汉字,用零至九的数词和“点”来表示。如“0.5”写作“零点五”,“2.8”写作“二点八”,“5.001”写作“五点零零一”。

(4)表示倍数

表示倍数的基本方法,是在数词的后面加“倍”。如:一倍、十倍、一百倍。

倍数也可以用小数或分数的形式来表示,如:1.5倍、百分之二百(等于“两倍”)。

倍数是以原来的底数为基础计算出来的，注意不要用错。如说“是原来的三倍”比较容易理解，而说“增加了三倍”或“增加到三倍”就完全不同：前者只指净增数，不含原来的底数在内；后者则包含着原来的底数，等于增加了两倍。倍数一般只用来表示增加，不用来表示减少；而分数既可以表示增加，又可以表示减少。

(5)表示概数

概数的表示方法较多，通常用以下四种方法：

①借用疑问代词“几”来表示概数。如：几天、几次、几个(人)。

②在数词后面加助词“来”“多”“把”等，或者加方位词“以上”“以下”“左右”“上下”等来表示概数。如：五十来岁、二十多米、万把块(砖)、十人以上、三米以下、七十左右、一百上下。

③在数词前面加“成”“上”“近”“约”等来表示概数。如：成千吨(货物)、上万(的观众)、近百人、约十天。

④邻近的数词连用来表示概数。如：两三个、四五遍、十七八、五六百。

此外，还可以用“一些”“少数”“许多”“若干”等词语来表示概数，如：一些话、少数人、许多次、若干种商品；有时还可以用“两”来表示概数，如：我过两天再来看你。

(二)几个特殊数词的用法

1.“半”的用法

“半”是一个特殊数词，它不与别的数词连用(除了“一半”或“半百”外)，一定要用在量词的前后。如：五个半、八岁半、半个梨、半斤米。

2.“二”和“两”的用法

数词“两”和“二”意思相同，但用法有别：

(1)一般是“十”和“百”的前面用“二”；“千”和“万”及以上的数词前面用“两”。如：二十、二百、两千、两万、两亿。

(2)表示序数的时候用“二”不用“两”。如:第二、二月份、二年级。

(3)在有些度量衡单位前面,习惯上用“二”不用“两”。如:二斤(米)、二尺(布)、二里(地)。

(4)在其他量词前面,习惯上用“两”不用“二”。如:两座(山)、两头(牛)、两个(人)。

3. 关于“俩”和“仨”

“俩”(liǎ)和“仨”(sā),在意义和功能上相当于数量短语“两个”和“三个”。因此,不能将它们混同于数词“两”和“三”来使用。例如“我们俩”相当于“我们两个”,不能说成“我们两”;同样,“咱们仨”也不能说成“咱们三”,可以说成“咱们三个”或“咱们三人”。

(三)数词的语法特点

1. 现代汉语中,数词一般不能单独使用,通常要同量词组成数量短语以后,才能整体做句法成分。例如:

①我〔一顿〕吃(两碗)饭。(数量短语分别修饰动词做状语、修饰名词做定语)

②他到医院去了〈三次〉。(数量短语补充说明动词做补语)

2. 数词一般不直接跟名词组合。如只能说“十辆汽车”,而不能说“十汽车”。当能说“十汽车货物”或“十车货物”时,其中的“汽车”和“车”就不再是名词,而被借用为量词了。

还有一种特殊的数名短语,如“两姐妹”“三兄弟”“四小龙”“五壮士”“六君子”“七昼夜”“八万军民”“九亿农村人口”等,这种组合旨在强调语义上的整体性,同时其中有一些名词是表示集体或成对的,也不适合再用量词。这是古代汉语语法的遗留,在现代汉语里只是一种特殊的用法。

六、量词

（一）量词的意义和分类

表示人或事物、行为动作的单位的词叫量词。

量词分为物量词、动量词两大类。

1. 物量词

表示人或事物的单位的词叫物量词。物量词可分为三种：

（1）度量衡单位。如：丈、尺、寸、升、斗（dǒu）、石（dàn）、里、公里、斤、两、公斤、吨等；

（2）个体事物单位。如：个、只、件、本、根、间、辆、架、匹等；

（3）集体事物单位。如：双、对、副、套、打（dá）、群等。

常用的物量词，有不少是借用名词或动词而来的，现在还可看出借用的痕迹。例如：

借用事物形状的量词：一块木头　一条毛巾　一杆枪

借用事物某一部分的量词：一头牛　一口猪　一尾鱼

借用相关事物的量词：一杯茶　一桌菜　一盘棋

借用有关动作的量词：一担水　一封信　一贴膏药

还有一种**复合量词**，如“人次”“架次”“吨公里”等。这种复合量词带有专业术语的性质，表示一种复合的单位。例如“架次”表示的是一架飞机飞一次的量，所以十架飞机飞两次，或者两架飞机飞十次，都是“二十架次”。

汉语里还有两个**表示不定量的量词“点儿”和“些”**：“点儿”表示很小的量，如“瓶里的油还剩点儿”；“些”表示稍大的量，如“还有些零配件”。当“些”同“好”结合使用时能表示大量，如“来了好些人”“说了好些话”。

2. 动量词

表示动作或行为的单位的词叫动量词。

现代汉语中的动量词比较少，常用的有：次、回、遍、趟、遭、下、阵、顿、场、番等。

动量词同数词组成数量短语，经常用在动词之后做补语，有时也用在动词之前做状语。例如：

打〈一下〉　　唱了〈两遍〉　　演出〈三场〉

〔一阵〕叫喊　　〔两次〕冲锋　　〔三顿〕吃不了

表示动作或行为的数量，还可以用以下两种方法：

(1)借用同动作有关的事物名称来表示动量。如：画一笔、砍一刀、看一眼、踢一脚。

(2)借用同动作或行为有关的时间名词来表示动量。如：工作一天、讨论一下午、讲了两小时。

(二)量词的语法特点

1. 量词一般不能单独使用，经常同数词一起组成数量短语，用在名词的前面，指出人或事物的量，如"一件衣服、三双鞋"；用在动词的后面或前面，指出行为或动作的量，如"去了两趟、喊了三次、一拳打倒"。

2. 量词还可以同指示代词连用，组成指量短语，对人或事物起指示作用。例如"这件衣服、那本书"；此外，数量短语也可用在指示代词之后组成指量短语，例如：这一回、那两次。

3. 数量短语属于名词性的，经常在句子中做定语、状语和补语，有时也可以做主语和宾语，还有时能够单独做谓语。例如：

①他拿出(一张)照片。(修饰名词做定语)

②他〔一把〕拉住我。(修饰动词做状语)

③我已经去了〈两次〉。(用在动词后面做补语)

④十元能买多少？(数量短语做主语)

⑤桌子上的书有三本。(数量短语做宾语)

⑥这些饼我们分开吃，每人‖三个。(数量短语做谓语)

4. 单音节量词(度量衡单位除外)和数量短语都可以重叠使用，表示不同的语法意义。其中单音节量词重叠表示“每一”的意思。例如：

⑦我们组这几个人,个个都很能干。(表示“每一个”的意思)

⑧这些话句句都说在我心里。(表示“每一句”的意思)

数量短语重叠使用,用在名词前面可以表示数量多的意思,如“一包一包的棉花,一栋一栋的房子”;用在动词前边可以表示“轮番”或“逐次”的意思,如“一趟一趟地来,两个两个地往里走”。

(三)使用量词的注意事项

1. 要注意物量词同事物的配合习惯。汉语的量词相当丰富,这是汉语的一大特点。不同的事物要使用不同的量词,都已形成一定的语言习惯,不能随便乱用。例如,可以说“一条鱼”或“一尾鱼”,不能说“一只鱼”;“一匹马”不能说成“一头马”,同样“两头牛”也不能说成“两匹牛”;再如“一支步枪”“一挺机枪”“一门大炮”,其中的“支”“挺”“门”都不能互换。

2. 要注意动量词所表示的意义。如“看一下”是稍微看看,“看一番”是看得较多,“看一遍”是从头到尾地看完。使用动量词的时候,要注意分辨它们的意义。

3. 当数量短语里的数词是“一”时,有时可以省去不用。这分两种情况:一是动词后面的“一”可省去不用,如“来个人、想个办法、对面是块稻田”;二是数量短语重叠使用时,后面的“一”可省去不用,如“一队队的人、一页页地往下看”。

4. 数量短语修饰名词时,一般都放在名词前边,但在下列情况下通常放在后边:一是被说明的词语比较复杂,如“母女二人”;二是量词本身比较复杂,如“出动车辆五十台次”;三是数目比较复杂,如“每天消耗原煤三十至五十吨”。此外,记账或列举时,数量短语也都放在名词后边,如“白面二十斤,荞面十斤,小米五斤”。

七、代词

（一）代词的意义和分类

对人或事物具有代替或指示作用的词叫代词。

按照作用的不同，代词分为人称代词、指示代词、疑问代词三类。

1. 人称代词

能够代替人或事物的名称的词叫人称代词。常用的人称代词有：

我　你　他　她　它　您　咱

我们　你们　他们　她们　它们　咱们

自己　自个儿　人家　别人　旁人　大家　大伙儿

人称代词的基础称谓是“我”“你”“他”。其中“我”指的是说话的人，叫第一人称；“你”指的是听话的人，叫第二人称；“他”指的是其他的人，叫第三人称。在此基础上又产生了其他一些表示方法：“她”用来指女性，或代称所敬爱的事物（如祖国、国旗等）；“它”用来代指人以外的事物；“您”是“你”的敬称；“咱”兼指说话的人和听话的人。人称代词后面可以加“们”表示复数：如“我们”“你们”“他们”“咱们”；“您”一般用于表示个体，近年来在书面语中开始出现“您们”（这在口语中较少使用，一般都说成“您二位”或“您几位”“您诸位”等）；也可以用“它们”称不止一个的事物。其他人称代词还有“自己”“人家”“大家”“大伙儿”等，有的可以同“你”“我”“他”“咱”等连在一起使用，组成复指短语，如“我们大家”“你自个儿”“他自己”“咱们大伙儿”。

2. 指示代词

用来指示和区别人或事物的词叫指示代词。

指示代词主要是“这”和“那”两个。其中“这”为近指，“那”为远指。如指身边的桌子说“这张桌子”，指远一点的桌子说“那张桌子”；指现在的时间说“这会儿”，指以前或以后的时间说“那会儿”。

由“这”和“那”构成的指示代词主要有：

指代人或事物的：这个　那个

指代处所的：这里　那里　这儿　那儿

指代时间的：这会儿　那会儿　这阵儿　那阵儿

指代性质、状态、方式、动作、程度等：这么　那么　这样　那样　这么样　那么样　这么着　那么着

指代较多的数量：这些　那些　这么些　那么些

指代较少的数量：这点儿　那点儿　这么点儿　那么点儿

此外，还有几个特殊的指示代词，如：每、各、某、另、别的、旁的、有的、其他、首先、其次等。其中“每”和“各”是逐指，指所有的或全体里的任何一个；“某”“有的”是不定指；“另”“别的”“旁的”是旁指；“其他”是泛指，指特定范围以外的所有人或事物；“首先”和“其次”用于列举事项，相当于“第一”和“第二”。

另外还有一个值得一提的代词——“其”。它在文言虚词里就是代词，现仍在使用，且用途比较广泛：既可以作为人称代词使用，如“取消其资格”（相当于“他”“她”或“他们”）；又可以作为指示代词使用，如“其后果非常严重”（相当于“这件事”或“这种行为”）。

3. 疑问代词

用来提出问题或表示未知事物的词叫疑问代词。常用的疑问代词如下：

问人或事物的：谁　什么　哪　哪个　哪些

问处所的：哪　哪儿　哪里

问时间的：几时　几儿　多会儿　哪会儿

问数量的：几　多少

问性质、状态、动作、方式等：怎　怎么　怎样　怎么样

怎的　怎么着　啥　啥样
咋　咋样　哪样

（二）代词的作用和用法

1. 人称代词的主要作用是代替。它可以在句子中代替名词所表示的各种人或事物，此外还可用于复指、泛指和虚指。例如：

①我过几天一定去看你。（“我”代替说话的人，“你”代替听话的人）

②我自己去。（“自己”用于复指说话的人“我”）

③你这样做，既伤害自己，又伤害别人。（“自己”用于复指听话的人“你”，“别人”是泛指对话双方以外的人）

④大家你看看我，我看看你，谁都不说话。（“大家”是泛指，“你”和“我”都不明确指哪一个人，是虚指）

2. 指示代词的主要作用是指点。此外，还可用于代替或虚指。例如：

①这个孩子是放羊的。（用于指点）

②这可是全村最富裕的人家。（用于代替）

③村主任不图这，不图那，就为了把大伙儿的事办好。（“这”和“那”都是虚指）

3. 疑问代词的主要作用是表示疑问（包括反问和设问）。此外，还可用来表示任指和虚指。例如：

①你要买什么？（表示疑问，要求对方回答）

②世界上哪里会有这样的事？（表示反问，不需要回答）

③真正的铜墙铁壁是什么？是群众，是千百万真心实意地拥护革命的群众。（表示设问，自问自答）

④有了群众的支持和帮助，什么也难不倒我们。（“什么”表示任指，指任何事情）

⑤这个项目很好，谁干谁发财。（“谁”为虚指，指不确定的人）

（三）代词的语法特点

1. 代词一般不能受别的词类修饰，这是代词的突出特点

各类代词（少数疑问代词除外），一般都不能受别的词类修饰，即代词的前面一般都不能带其他修饰、限制成分。例如：

①我有了三次失败的经验，已经知道错在哪里了。

②（有了三次失败经验的）我‖已经知道错在哪里了。

例①是一个复句，代词“我”做主语，前面不带修饰限制成分，两个分句的主语一致，表达顺畅，语意鲜明；而例②是一个比较长的单句，在主语代词“我”的前面带有较长的定语（修饰成分），虽然所表达的基本意思相同，但让人感到很别扭，因为这是一种欧化句式，不符合汉族人说话的习惯，特别是在口语中一般是不能这样说的。

只有疑问代词中的“怎么”“怎样”“怎么样”等，因其能够代替形容词和动词，所以可受“不”“也”“再”“还”“又”之类的副词修饰。例如：

③你‖〔又〕怎么啦？（疑问代词代替动词做谓语，可以受副词修饰）

④她‖唱得〈不怎么样〉。（疑问代词代替形容词做补语，可以受副词修饰）

2. 代词能够代替名词、动词、形容词等各类实词和短语，因而具有多方面的语法功能

代词的语法功能，跟它所代替的语法单位大体相当。也就是说，它所代替的词语能够做什么句法成分，这个代词就能做什么句法成分。例如：

①他‖热情地招待我们。（代替名词或短语，做主语和宾语）

②这里‖靠着山。（代替名词，做主语）

③你‖都买了什么？（代替名词，做宾语）

④这件事‖就这样吧。（代替动词，做谓语中心）

⑤这篇小说的内容‖怎么样?(代替形容词,单独做谓语)
⑥(那里)的景色‖很美。(代替名词,做定语)
⑦他‖〔那会儿〕来过了。(代替时间名词,做状语)
⑧我们‖〔怎么〕去呢?(代替动词或短语,做状语)
⑨今天‖〔这么〕冷!(代替副词,做状语)
⑩你‖读了〈几篇〉?(代替数词,做补语)

八、拟声词

(一)拟声词的意义和分类

摹拟自然声音的词叫拟声词。

拟声词又叫"象声词",经常在口语和文学作品中使用,能够给人一种如闻其声的感觉。拟声词是以现实中的自然声音为造词基础的。根据拟声词的语音结构方式,大致可以分为以下四种类型:

1. 单音拟声词

只由一个音节构成,表示某一种单纯的声音,显示声音的短促和突然。现代汉语里的单音拟声词非常丰富,较常用的有:

哧 咣 哐 当 嘡 嘣 乒 乓 刺 砰 啪 嗡 呲
咚 轰 哄 哗 噔 噌 吱 哧 嘟 咔 叭 唰 哇
汪 咩 哞 喵 喔 呜 呀 嗖 嗵 嘎 嘭 噗 嚓
呱 喀 忒儿

2. 叠音拟声词(AA式)

由两个相同的音节构成,表示同样的声音相连。这种叠音拟声词有两种形式:

一种是由两个相同的音节构成,一般不能拆开单用的。例如:淙淙、潺潺、汩汩、飒飒、沙沙、瑟瑟、淅淅、啾啾、嘿嘿、喃喃、哑哑、隆隆、嘚嘚、锵锵、嘤嘤、咯咯、喳喳。

另一种是由一个单音拟声词重叠而成,对此仍应看作是一个叠音形式的拟声词。例如：嗡嗡、呜呜、唰唰、哗哗、哧哧、吱吱、哇哇、汪汪、喔喔、呱呱、咴儿咴儿。这样的拟声词可以拆开单独使用一个音节，这个音节仍然是一个单音拟声词。

3. 双音拟声词（AB 式）

由两个不同的音节构成，表示两个短促而不同的声音紧密相连，形成声音的一个自然段落。受汉语词的双音化趋势影响，现代汉语里的双音拟声词也比较多。根据两个音节之间的声韵关系，双音拟声词又可分为以下三种形式：

一是双声的（两个音节的声母相同）。例如：噼啪、嘀嗒、咿呀、哼儿哈儿、叮当、叮咚、乒乓。

二是叠韵的（两个音节的韵母或韵尾相同）。例如：丁零、唧唧、当啷、噹啷、哐当、哐啷、咣当、啪啦、啪嚓、哇啦、咵喳、呱哒、吧嗒、嘎巴、嘎啦、咔吧、咔嚓、咔嗒、喳啦、咕嘟、咕噜、轰隆、淅沥。

三是既不双声，也不叠韵的。例如：咯噔、嘎吱、嘎嘣、咕咚、咕隆、扑通、扑棱、噗嗤、刺棱、刺啦、刺溜、呱唧、呼哧、呼啦、咿唔。

4. 多音拟声词

由三个或三个以上的音节构成，表示不同的声音和节奏，还有的表示连续不断的声音。它们有的是双音拟声词（AB 式）的变体，有的是一种新的固定组合。多音拟声词大致有以下几种形式：

AAB 式：叮叮当、叮叮咚、咚咚呛、噼噼啪、嘀嘀嗒
（AB 式拟声词的第一个音节重叠）

ABB 式：哗啦啦、丁零零、轰隆隆、扑簌簌、呼啦啦
（AB 式拟声词的第二个音节重叠）

ABBB 式：哗啦啦啦、轰隆隆隆、咕噜噜噜、扑棱棱棱
（AB 式拟声词的第二个音节重叠两次）

AABB 式：噼噼啪啪、嘀嘀嗒嗒、咿咿呀呀、吱吱嘎嘎
（AB 式拟声词的两个音节分别重叠）

叽叽喳喳、嘁嘁嚓嚓、唧唧嘎嘎、哜哜嘈嘈
（与 AB 式拟声词无关，是一种新的固定组合）

A 里 AB 式：哇里哇啦、咣里咣啷、咕里咕咚、嘎里嘎啦
（AB 式拟声词的第一个音节重叠，后面加中缀“里”）

C 里 AB 式：稀里哗啦、噼里啪啦、叽里咕噜、劈里扑棱
（在 AB 式拟声词的前边加中缀“里”，同时再增加一个新的音节）

CBAB 式：叽啦喳啦、劈嗒啪嗒、噼通扑通、咭吱咯吱
（最后两个音节是一个 AB 式拟声词，在其前边增加一个新的音节，再将第二个音节重叠使用）

ABCD 式：丁零当啷、乒零乓啷、丁零咚隆、嘁哧咔嚓
（这是一种由四个不同音节构成的拟声词，它在音节组合上最有特点：前两个音节与后两个音节都分别是叠韵的。这种双叠相配的语音形式，读起来朗朗上口，有一种音乐的美感，同时也把某种自然声音摹绘得美妙动人）

需要说明的是，拟声词在使用中和进行结构分析时，不管是单音的、叠音的，还是双音的、多音的，都应整体看作一个拟声词，而不能当作两个或几个拟声词的连用。

（二）拟声词的语法特点

1. 拟声词最常见的是修饰动词做状语，有时要靠结构助词“地”的帮助，有时要在后面加“一声”等。此外，还可充当各种句法成分。例如：

①那位主儿〔呸〕地射出一口唾沫。

②用铁板从中间一抽，就会〔刺啦一声〕发出带点颤巍的金属声响。

③沉雷似乎已经冲出了乌云的重重包围，〔克啦啦啦〕像爆炸似

的响着，从西北方向滚动过来。

以上三例，拟声词在句子中都做状语。拟声词做其他句子成分的例子如：

④调动骆驼的口号，“色……”‖是表示跪下。（拟声词单独做主语）

⑤她们轻轻划着船，船两边的水‖哗，哗，哗。（在第二个分句中，拟声词单独做谓语）

⑥铜铁铺里发出使人焦躁的一些单调的叮叮当当。（拟声词做宾语中心）

⑦忽而挺身屹立，按箭引弓，使人几乎听得见（铮铮）的弦响。（拟声词做定语）

⑧一行说，一行哭得〈呜呜咽咽〉。（拟声词做补语）

2. 拟声词还可用作独立成分——拟声语，并能单独构成拟声词句。例如：

①咯喳，车把断了。（单独做句子的独立成分——拟声语）

②咕哒！咕哒！母鸡生蛋啦！（前边是两个拟声词句）

要注意区分拟声语和拟声词句，前者属于句子里的独立成分，而后者是一个在结构上完全独立的句子。它们的共同特点是：不同其他成分或其他句子发生结构关系，只是在语义和语用上有一定联系。二者的区别主要在于语音停顿的长短：当拟声词的后边用逗号、语音停顿的时间较短时，一般应看作句子的独立成分——拟声语；当拟声词后边用叹号且语音停顿的时间较长时，这是独立成句的标志，就应看作一个独立的句子——拟声词句。

有时为了强调某种音响效果，在拟声词的两端使用双引号，同时又在引号里面使用叹号，这种情况不应视为成句的标志，还应看作拟声语，而不应看作拟声词句。例如：

③马上房门訇的一声响，“喳达！”——上了闩。（拟声语：使用

双引号加叹号,是为了表示声音的突然和短促)

(三)关于拟声词的写法和读音

1. 拟声词的写法有时不统一

拟声词的构成方法是:利用音节来摹拟声音,再通过音同或音近的汉字书写出来。所以,有些拟声词在创造和使用中,会因用字不一致而造成书写形式的不统一。例如:哧—梆、叽—唧—咭、扑通—噗通、呱哒—呱嗒、叮咚—丁冬—丁东、叮当—丁当—叮噹、咔吧—喀吧、噼里啪啦—劈里啪啦等。

通过这些不同书写形式的拟声词可以看出,构成拟声词的物质材料是音节而不是语素,是靠构成它的一个、两个或多个音节来摹拟自然声音的,这与其他实词通过构成它的语素来表示意义完全不同。因此,拟声词是语言体系中的一种特异成分,它虽然在一定程度上受到词法和句法的调整,但仍同其他词类有着本质的区别,是实词中的一个特类。

2. 拟声词的读音具有统一性,一般都读作阴平

现代汉语中,构成一个拟声词的单个音节或两个及两个以上的音节,其声调都是一致的,一般都读作阴平,这是拟声词在读音上的突出特点。这是因为,普通话的阴平声调高而平,便于摹拟各种自然声音,人们在发音时也比较方便。所以我们在使用和阅读拟声词时,较少担心发音的错误,一般都读作阴平就可以了。只有个别拟声词不能读成阴平,如"簌簌"和"扑簌簌"都应该读作"sù","呜咽"和"呜呜咽咽"都应读作"yè",但这样发音不一致的拟声词很少。

拟声词也是新分立出来的一个词类,过去的语法著作和教材多将其归入形容词之内。《系统提要》(1984)十分重视它的突出特点,将其从形容词中单独分立出来,定名为"拟声词"。随之,一些大学汉语教材也都单独设立了拟声词,只是有归入实词或虚词的不同。我们认为,将拟声词单独列为一个词类很有必要,将其归入实词更

为妥当，因其能够做各种句子成分，所以更加符合现代汉语的实际。

九、副词

（一）副词的意义、分类和用法

用在动词或形容词前面，用来表示程度、范围、时间、频率、语气、情状、肯定与否定等的词叫副词。

副词的构成比较复杂。可分为以下几类：

1. 程度副词

程度副词主要用来修饰形容词，有时也修饰动词，表示性质、状态或动态的程度。常用的有：

很　挺　顶　够　好　最　太　更　极　越　愈　较　稍　略　多　多么　非常　极其　极为　极端　相当　特别　尤其　尤为　十分　万分　更加　最为　越发　格外　分外　何等　何其　过分　过于　比较　较为　较比　不够　稍稍　稍微　略略　略微　有点儿　几乎

例如：非常艰苦　　十分勇敢　　稍微放松　　几乎崩溃

2. 范围副词

这类副词多用在动词之前，表示行为动作的范围；也有的能够用在名词短语之前，表示限制人或事物的范围。常用的有：

都　全　全都　全部　总　共　总共　一共　统共　统统　一并　一律　一齐　一概　凡　凡是　仅　仅仅　只　只是　就　光　各　各自　独　独自　单独　单　单单　互相　到处　从中　无不　无非　无从　无由

例如：都走了　　只去一次　　全部消灭　　只是他来了

3. 时间副词

这类副词用在动词之前，表示行为动作进行的时间。常用的有：

正　正在　刚　刚刚　刚好　初　乍　才　方　方才　先
预先　曾　曾经　既　已　已经　业经　业已　将　将要
快　快要　就　就要　立刻　立即　立时　马上　连忙
赶紧　赶快　赶忙　赶早　趁早　迟迟　迟早　顿时　随后
随即　随时　随机　随口　暂时　暂且　姑且　不时　不日
从此　从来　历来　向来　从头　从小　早　早早　早晚
早已　终于　终归　到底　总归　总算　永远　始终

例如：正在办理　立刻出发　刚来　才走　永远前进

4. 频率副词

这类副词用在动词之前，表示行为动作出现的频率。常用的有：

又　再　还　总　总是　屡　屡屡　屡次　净　老　依然
老是　偶尔　时而　一再　再三　一向　一直　常　常常
经常　时常　时时　往往　连连　不断　反复　连续　陆续
继续　重(chóng)　重新

例如：再来　还去　屡次失误　偶尔参加　重新计算

5. 然否副词

这类副词用在动词或形容词之前，对动作行为或性质状态表示肯定、否定或估量等意思。常用的有：

表示肯定的：定　一定　必定　势必　准　的确　确实
当然　实在　就是

表示否定的：不　莫　勿　未　别　甭　没　没有　不必
不用　无须　不要　莫要　不曾　未曾　未免
未必　何必

表示估量的：也许　兴许　或许　大概　大约　似乎　约略
约莫

例如：一定参加　确实走了　准去(表示肯定)

不要相信　　没有回来　　甭管(表示否定)
也许到了　　未必能来　　大概很难(表示估量)

6. 情态副词

这类副词多用在动词或动词短语之前,表示行为动作的某种情态或方式;也有的可以用在形容词或形容词短语之前,表示性质状态的情势。常用的有:

恰　恰恰　恰好　恰巧　刚巧　正好　正巧　可巧　果然
果真　忽然　陡然　决然　断然　猛然　蓦然　公然　特地
特意　顺便　顺势　乘机　照常　照样　照例　渐渐　逐渐
逐步　仿佛　好像　只顾　只管　只好　只得　分别　幸而
幸亏　幸好　不妨　难怪　怪不得　不由得　不禁　不免
不觉　不住　暗自　暗暗　悄悄　径自　亲自　擅自　私下
暗中　一味　仍然　仍旧　依旧　依然　依次　依法　无故
无端　无非　厉声　当面　当场

情态副词所表达的意思接近于形容词,可以达到笔触细腻的效果。它所表示的意义,虽然不如形容词那样直接和实在,但仔细体味仍能感悟得到,用不用这个副词,表达效果明显不同。例如:

①读到精彩之处,他不禁大声叫好。(表示控制不住的情态)

②一想起孩子的遭遇,她就暗自流泪。(表示私下进行的方式)

③部队在夜里悄悄地出了村。(表示压低声音的方式)

④别人都走了,他依旧坐在那里。(表示久久不愿离开的情态)

⑤山色在晨光中渐渐清晰起来。(表示状态的变化情况)

⑥他的表现果然很出色(表示事实与所说或所料的相符)

7. 语气副词

这种副词经常用在动词或形容词之前,有时也用在句首,表示强调、反问、转折等语气。常用的有:

决　绝　绝对　是　只是　可　却　倒　反倒　反而　反正

竟 岂 偏 偏偏 难道 简直 索性 毕竟 究竟 居然
竟然 莫非 何必 何不 何曾 何尝 何苦 何妨 其实

例如：

①这本书可好啦！（用在形容词前，表示强调的语气）

②他们做得到，难道我们就做不到吗？（用在句首，表示反问的语气）

③他是来了，你却不来。（用在动词之前，“是”表示强调的语气，“却”有转折的作用）

④你何必自讨苦吃呢？（用在动词短语前面，表示强调和反问的语气）

⑤这个问题从表面上看似乎很难，〔其实〕并不难。（副词“其实”在后面的分句中做状语，同时表示转折语气）

8. 关联副词

这种副词有关联作用，有的可以单独使用，有的可以配合使用，有的需要重复使用，能够把动词、形容词或者短语、句子组合在一起。常用的有：

也 便 就 又 再 还 才 既 越 愈

例如：

①我‖吃了饭就走。（一个副词单独使用，把前面的动词短语同后边的动词组合在一起）

②赵太爷‖愈看愈生气了。（一个副词重复使用，把两个动词组合在一起）

③那个孩子‖既聪明又活泼。（两个副词配合使用，把两个形容词组合在一起）

还有的副词，如“也、就、才、都”等，可以同连词配合使用，把两个分句组织成一个复句，并表示分句之间的语意关系。常用的有：“虽然……也……”“如果……就……”“只有……才……”

“无论……都……”等(前面的是连词,后面的是副词)。例如:

④虽然病情好转了,也不能大意。(表示转折关系)

⑤如果再不接受教训,就要犯大错误。(表示假设关系)

⑥只有你亲自去,才有希望把这件事办成。(表示条件关系)

(二)副词的语法特点

1. 副词的主要语法功能是修饰动词和形容词做状语,其中程度副词主要用于修饰形容词,其他副词一般都用于修饰动词。此外,还有个别副词(“很”和“极”)能够用在形容词后面做补语。例如:

①这里的条件‖〔非常〕艰苦。(修饰形容词做状语)

②所有的人‖〔都〕参加了会议。(修饰动词做状语)

③农民的举动,完全是对的,他们的举动‖好得〈很〉!(“很”做补语,前面一定要加“得”)

④也有解散辫子,盘得平的,除下帽来,油光可鉴,宛如小姑娘的发髻一般,还要将脖子扭几扭。实在标致〈极〉了。(“极”做补语,后面要加“了”)

2. 有一些副词,既可用来做状语修饰动词或形容词,又可用来做定语修饰名词性成分。这主要有两种情况:

一是用来修饰名词、代词或名词短语。这样的副词不多,只有“就、仅、仅仅、只、光、单、单单”等,表示限制人或事物的范围,或表示说话人对事物的某种感受。例如:

①别人都来了,就他‖没有来。(修饰做主语的代词,限制没来人员的范围)

②只陈伟光‖参加了会议。(修饰做主语的名词,限制参会人员的范围)

③仅仅毒死的羊‖就有几十只。(修饰做主语的名词短语,限制被毒死的羊的范围)

④明天‖都中秋了。(修饰做谓语的名词,表示说话人对时间

的感受)

二是有些副词可以修饰数量短语,用来表明说话人对数量的种看法。这样的副词有“才、就、好、仅、只、光、大概、大约、已经、不过、将近、恰好、刚、刚刚、又、再”等。这种受副词修饰的数量短语,可以做多种句法成分。例如:

⑤将近二十户‖住在山坳里。(受副词修饰的数量短语做主语)

⑥他‖才二十岁。(受副词修饰的数量短语做谓语)

⑦买电脑‖花了大约五千元。(受副词修饰的数量短语做宾语)

⑧妈妈‖做了(好几个)菜。(受副词修饰的数量短语做定语)

⑨我‖去了〈刚三天〉。(受副词修饰的数量短语做补语)

⑩他的实验‖〔又一次〕失败了。(受副词修饰的数量短语做状语)

3. 副词只有做修饰语的功能,一般不能单独充当主、谓、宾语和中心语,这一点使它有别于其他各类实词,成为实词中的一个特类。因此,多数副词一般都不能单说、单用,只有少数表示肯定、否定、估量和时间的副词,如“一定、的确、当然、不、别、没有、不用、不必、未必、何必、也许、兴许、大概、马上、立刻、赶快、赶紧、刚好、方才”等,在省略句中可以单说、单用。例如:

①——你可要来呀!

——一定。(答话是单用肯定副词的省略句)

②——我们什么时候走?

——马上!(答话是单用时间副词的省略句)

(三)副词与其他有关词类的区别

1. 注意区分副词和形容词。这有三种情况:

一要注意分辨做状语的副词和形容词。这可以从两个方面进行判别：能否用“V不V”式表示提问；能否充当谓语或谓语中心、定语、补语等其他句法成分。具备以上两项功能的是形容词，否则是副词。例如：

①他‖〔突然〕来了。（“突然”是形容词）

②他‖〔忽然〕来了。（“忽然”是副词）

“突然”既能做状语，又能做谓语中心，还能做宾语和定语，说“这件事‖很突然”（做谓语中心），同时也能问“突然不突然？”还能说“这件事他并不感到突然”（做宾语），还能说“（突然）变故”和“（突然）的变化”等（做定语），所以它是形容词；而“忽然”只能做状语，不能再做别的成分，也不能说“忽然不忽然”，所以它是副词。

二要注意分辨副词与形容词、动词等的兼类。这主要根据这个词在不同语境中的功能和意义来判别。例如：“茄子老了。”和“他老找我毛病。”前面句子中的“老”是形容词，因为能单独充当谓语；后面句子中的“老”是副词，修饰动词做状语。再如“没有书”和“没有输”，前面的“没有”是动词，能够带宾语；后面的“没有”是副词，修饰动词做状语。而在“有点儿意思”和“有点儿悬”中，情况更复杂一些：前一个是动宾结构，其中的“有”是动词，“点儿”是量词（表示少量，修饰名词做定语）；而后一个是偏正结构，其中的“有点儿”是副词（表示程度），修饰形容词做状语。以上各例中两个相关的词在意义上都有联系，因而是词的兼类。

三要注意分辨不是兼类的形容词和副词。汉语中有一些同音词，它们只是同形、同音，而用在不同语境中所表示的意义完全不同，而且没有任何联系，这种同音词不属于词的兼类。因此，对于这种同形、同音的形容词和副词，尤其要注意区别。例如：（白）背心—〔白〕跑一趟、（怪）事情—〔怪〕难看的、一盆（净）水—地上〔净〕水、他是（好）人—我〔好〕累，这里每组前面加点的词都是修饰名词的，因而是形容词，做定语；而后面加点的词都是修饰动词或形容词的，因而是副词，做状语。需要特别注意的是："地上净水"中的副词"净"，并不是修饰它后边的名词"水"的，而是修饰它后面省去未用的动词"是"的，这样使表达更加简洁明快，因而这种用法的使用频率很高。

2. 注意区分时间副词和时间名词

时间名词与时间副词，有的词形相近、意义接近，同时又有一个共同的语法功能：都能直接修饰动词做状语。这时候，到底是时间名词还是时间副词，需要认真加以区别。区别的原则和方法是：时间名词所表示的是一种确切的时间，其意义实在；而时间副词所表示的只是一个时间范畴，其意义虚化。例如：

①他‖〔刚才〕走的。（时间名词，指刚过去不久的时间）

②他‖〔刚刚〕走。（时间副词，指走的时间不长）

③我们‖〔现在〕干。（时间名词，指说话这个时候）

④我们‖〔正在〕干。（时间副词，指已经在干着）

还有的词本身就兼属时间名词和时间副词，对此更要根据其功能和意义仔细分辨。例如：

①（方才）的情形‖他都知道了。（时间名词，修饰名词做定语）

②等到天黑，他‖〔方才〕回来。（时间副词，修饰动词做状语）

③早晚‖都要坚持锻炼。（时间名词做主语）

④别人‖〔早晚〕都会知道。（时间副词，修饰动词做状语）

思考与练习一

1. 什么是词类？划分词类的基本依据和标准是什么？掌握词类对于学习语法有何重要意义？

2. 什么是词的语法功能？它主要表现在哪两个方面？

3. 本书对实词和虚词是根据什么划分的？实词和虚词各包括哪几类词？

4. 实词与虚词在称谓功能和造句功能方面有哪些不同？为什么说实词是汉语词汇的主体？

5. 什么叫名词？名词分为哪几种类型？举例说明。

6. 名词的语法特点是什么？为什么说时间名词、处所名词、方位词是名词中的三种特殊类型？

7. 什么叫动词？动词有哪几种类型？举例说明。

8. 动词的语法特点是什么？能愿动词、趋向动词、判断词的主要功能和用法各是什么？举例说明。

9. 什么叫形容词？形容词有哪几种类型？举例说明。

10. 形容词的语法特点是什么？在表示人或事物的状态的形容词中有哪四种特殊形式？它们的共同特点是什么？举例说明。

11. 名词、动词、形容词的主要语法功能有什么不同？区别名词、动词、形容词除了依据功能外，还可以从哪些方面进行区别？举例说明。

12. 什么叫区别词？区别词可分为哪三类？举例说明。

13. 区别词有哪些语法特点？举例说明区别词的指称化和名词化发展倾向。

14. 什么叫数词？用数词表示数目的方法是什么？表示序数、分数、小数、倍数、概数的方法各是什么？举例说明。

15. 什么叫量词？量词分为哪两大类？举例说明。

16. 数词和量词有什么共同的语法特点？数量短语有哪些语法功能？举例说明。

17. 什么叫代词？代词分为哪三类？它们的主要作用各是什么？举例说明。

18. 代词的突出语法特点是什么？代词都可以代替哪些词类或短语、具有怎样的语法功能？举例说明。

19. 什么叫拟声词？拟声词分为哪几种类型？举例说明。

20. 拟声词的构成方法是什么？它具有哪些语法功能？举例说明。

21. 为什么说拟声词是语言体系中的一种特异成分？它在读音和写法上有什么特点？

22. 什么叫副词？副词分为哪几类？每一类都有哪些常用的副词？

23. 副词的主要语法功能是什么？为什么说副词是实词中的一个特类？举例说明。

24. 怎样区别副词与形容词？怎样区别时间副词与时间名词？分别举例说明。

25. 指出下面的词都属于哪个词类。

兴趣　兴致　兴奋　行为　行动　猛然　猛烈　热烈

热爱　热潮　干脆　索性　气概　气愤　大概　居然

竟然　忽然　突然　正派　流派　强大　强迫　向导

引导　初一　之后　特殊　特点　特别　永远　永久

26. 找出下面句子中的区别词，并指出其修饰哪个词、充当什么句法成分。

①他从来不穿西式服装。

②小明患了急性肺炎，需要住院治疗。

③我们开始栽树，男同学挖树坑，女同学栽树苗。

④玉米、小麦等是草本植物，而牡丹、玫瑰等属于木本植物。

⑤这条路是单行线，不能双向行驶。

⑥案件侦查工作不能多头领导，只能专门负责。

27. 在下面括号里填上适当的量词。

一(　)马　一(　)轮船　一(　)刀　一(　)门

一(　)国旗　一(　)信　一(　)诗　一(　)草鞋

一(　)河　一(　)笔　一(　)帽子　一(　)戏

28. 指出下面句子里的代词，并说明各是哪一种代词，在句子里的作用是什么。

①成渝这孩子大约是生长在成渝铁路工地，那个叫宝成的小女孩，也许就出生在此处。

②无论哪一首激动人心的歌，最初在哪里听过，哪里的情景就会深深地留在记忆里。

③我低声问小姑娘："你家里还有什么人？"

④朋友！你是这么爱我们的祖国、爱我们的领袖，你一定会深深地爱我们的战士，他们确实是我们最可爱的人！

29. 找出下列句子中的拟声词，并指出在句子中做什么成分，是拟声语（独立成分）还是拟声词句。

①外面忽然刮起一阵大风，"呜——呜——"地绞着，没关得严实的房门突地被刮开了，炕桌上的煤油灯火苗也晃了两下……

（康濯《我的两家房东》）

②马蹄声得得，脚步声咚咚，车轮声呀呀，谱出一首有节奏的车夫进行曲。（彭兴国《这车好炭》）

③只听咯吧一声，一丈青大娘折断了一棵茶碗口粗细的河柳，带着呼呼风声挥舞起来，把这几个纤夫扫下河去，……

（刘绍棠《蒲柳人家》）

④房子里的五个女孩子唧唧喳喳，大惊小怪，弄不清世界上发生了什么事情。（杜鹏程《年青的朋友》）

⑤当当当，钟声响了，毕业典礼就要开始。

（林海音《爸爸的花儿落了》）

⑥到半夜，果然来了，沙沙沙！

（鲁迅《从百草园到三味书屋》）

30. 找出下边句子里的副词，并说明是哪一类副词，所修饰的是哪一个词，做什么句法成分。

①船里装载的是新米,把船身压得很低。

(叶圣陶《多收了三五斗》)

②这就是白杨树,西北极普通的一种树,然而决不是平凡的树。

(茅盾《白杨礼赞》)

③不过这一次还好,他没让我撂得太远,但也不让我走近,总和我保持着丈把远的距离。(茹志鹃《百合花》)

④那火接近了,果然是渔火;我才记得先前望见的也不是赵庄。

(鲁迅《社戏》)

⑤云还没铺满了天,地上已经很黑,极亮极热的晴午忽然变成黑夜了似的。(老舍《骆驼祥子》)

第二节　虚词

虚词虽然不能表示具体的词汇意义，也不能单独充当句法成分，但在汉语中的地位和作用却非常重要。由于汉语缺乏严格意义上的形态变化，所以虚词成为造句的重要手段，许多语法意义和语法关系，都要靠使用虚词表示出来。虚词的基本作用是连接和附着，被连接或附着的可以是各类实词，有时也可以是一个短语或一个句子，甚至是一个段落。

虚词在语言交际中的作用主要表现在两个方面：一是把各类实词按照一定的语法关系组织起来（有时还同时利用语序），起到组织语句的结构作用；二是可以表示不同的语法意义和语气，使句子表达的意思更加丰富，语义也更富于变化。例如：

①你不上学。	②我们看电影。
你不上学吗？	我们看了电影。
你不上学吧？	我们看着电影。
你不上学啊！	我们看过电影。
噢，你不上学。	我们看的电影。

以上例①和例②，都是全部由实词利用语序的语法手段组合而成的句子。它们下边的几个句子，都在此基础上分别使用了不同的虚词，因而能够表达不同的意思。此外，我们还可以利用虚词再把例①和例②两个句子连接在一起，使它们发生特定的语义关系，例如"如果你不上学，我们看电影。"这是一个复句，能够表达比单句更加丰富复杂的内容。

现代汉语中，虚词的数目虽然不多，但是出现的频率很大。要掌握和使用虚词，必须了解各类虚词的语法特点，弄清它们都同哪些实词(包括短语和句子)发生关系,发生什么样的关系,此外还需要了解每一类虚词的具体用法。下面,分类介绍各种虚词。

一、介词

(一)介词的意义和分类

用在名词、代词等前面组成介宾短语,表示行为动作的时间、处所、方向、对象等的词叫介词。常用的介词可分为以下几类:

1. 表示时间的:从　自　自从　打　到　在　当　于　乘　趁　赶　临
2. 表示处所、方向的:从　自　打　往　朝　向　到　在　于　由　沿　顺
3. 表示依据、方式的:以　按　照　据　依　按照　依照　依据　根据　本着　借　借着　通过　凭　靠　用
4. 表示对象、关联的:为　替　给　拿　与　同　跟　和　向　对　冲　当　连　论　对于　关于　至于　随着
5. 表示原因、目的的:因　因为　由于　为　为了　为着
6. 表示比较的:比　同　跟　和　与
7. 表示排除的:除　除了　除去　除非
8. 表示施事、受事的:被　叫　让　给　把　将　归　由　管

(二)介词的语法特点

1. 介词不能单独使用,必须同它后面的名词、代词或其他名词性成分组成介宾短语,才能整体进入句法结构,表达一个相对完整的意思。例如在“部队〔向大别山〕挺进”这个句子里,介词“向”不能单用,只有同后边的名词组成“向大别山”这个介宾短语,才能表达出“挺进”的方向和位置,整体在句子中修饰动词做状语。

2. 介宾短语的主要功能是修饰动词做状语，还可以用在动词后面做补语。此外，表示比较的介宾短语可以修饰形容词做状语，表示处所或对象的介宾短语还可以修饰名词做定语。例如：

①他‖〔从北京〕来。（修饰动词做状语）

②战士们‖隐蔽〈在树林里〉。（用在动词后面做补语）

③你‖〔比她〕苗条。（修饰形容词做状语）

④我国‖有很多（关于月亮、风、雨）的童话。（修饰名词做定语）

（三）介词同动词的区别

现代汉语中，只有“以、为、与、于”等少数几个，是从古代沿用至今的介词，而其他介词绝大多数是从古代的动词演变而来的。其中有的已虚化得比较彻底，如“从、由、自、打、把、被、将、由于、对于、关于”等；有的还处于虚化的过渡状态，还带有动词的痕迹和特点，兼属于动词和介词，如“往、朝、向、到、在、沿、顺、乘、按、照、依、凭、靠、用、拿、冲、当、借、对、替、给、叫、让、归、管、比、跟、通过、依照、除去”等。因此，我们在分析和使用介词时，一定要注意其同动词的区别。

区别动词与介词的方法是：根据其在不同语境中的语法功能来确定，能够单独做谓语或充当谓语中心，或者能够组成动宾式动词短语做谓语的，是动词；没有以上功能，只能同后面的名词性成分组成介宾短语做状语或补语的，是介词。例如：

①你‖往东，我‖往西。（“往”是动词，能够带宾语）

②咱们‖〔往山上〕走。（“往”是介词，组成介宾短语做状语）

③他家的大门口‖朝北。（“朝”是动词，能够带宾语）

④他家的大门‖〔朝北〕开。（“朝”是介词，组成介宾短语做状语）

⑤他‖在。（“在”是动词，单独做谓语）

⑥他‖住〈在北京〉。（“在”是介词，组成介宾短语做补语）

二、连词

（一）连词的意义、分类和用法

能够连接词、短语或句子的词叫连词。

根据连词所连接成分的不同，连词大体可以分为两类：

1. 词语连词

这类连词，一般只在词语之间起连接作用。

常用来连接名词、代词或名词短语的有：和　跟　同　与　及　以及

常用于连接动词、形容词或者动词短语、形容词短语的有：并　并且　而　而且

能够连接各类词或短语的有：与　或　或者

例如：我和你　　整理并分类　　崇高而伟大

批评与自我批评　　全体代表及列席人员

2. 句间连词

这类连词，主要在分句之间起连接作用。有些连词还可用来连接句子，表示句子之间的语意关系。

经常在复句的分句之间成对使用的有：

不但……而且……　虽然……但是……　因为……所以……

与其……不如……　尚且……何况……　或者……或者……

要么……要么……

经常在某个分句中单独使用，或者在句群后边的句子里单独使用，有时还同有关联作用的副词配合使用的有：

既然　即使　如果　假如　倘若　要是　要不　只要　只有

除非　尽管　不管　不论　无论　任凭　不然　不仅　不光

不意　不过　那么　然而　从而　进而　况且　因此　因而

哪怕　可是　于是　以致　以至　以至于　乃至　乃至于

免得　省得　以免　以便　否则　此外　同时　相反　总之

例如：

①他虽然没有经验，但是工作很认真。（在前后两个分句中成对使用连词）

②你如果有困难，我可以帮助你。（在前面的分句单用连词）

③要注意看路标，免得走错路。（在后面的分句单用连词）

④无论做什么工作，都要坚持高标准、严要求。（连词“无论”同副词“都”配合使用）

⑤便是七斤嫂，那时不也说，没有辫子倒也没有什么丑么？况且衙门里的大老爷也还没有告示。（用连词来连接句子，单独用在后边的句子之前）

（二）连词的语法特点

1. 连词只具有连接性，没有修饰性

连词仅能把词、短语或句子连接在一起，同它所连接的成分之间没有修饰关系，这是连词区别于副词和其他虚词的突出特点。例如“少而精”“继承并发扬”，其中的连词“而”和“并”，只是把它前后的两个形容词和动词连接在一起，构成一种并列关系，而对其前后的两个词没有任何修饰作用。

2. 连词能够表示所连接成分之间的语义关系

连词在使用时，可以在一定程度上反映出相关事物之间的联系，因而能够表示出各种不同的语义关系。例如“和、跟、同、与”等能够表示并列关系；“及”和“以及”连接的前后两个成分常常有主次或先后之分，一般都将次要的、从属的放在后面；“并”“并且”和“而且”能够表示递进关系；“而”除了表示并列关系外，有时还有转折的作用；“或”和“或者”能够表示选择关系；“如果”和“即使”等能够表示假设关系；“只有、只要、无论”等能够表示条件关系；“因为”和“所以”等能够表示因果关系；“但是、可是、不过、然而”等能够表示转折关系;"与其……不如……"能够表示取舍关系;等等。对于分句之间的意义关系,具体见后面复句一章。

3. 连词同其他虚词一样,不能单独做句法成分,必须同它所连接的成分一起,整体进入句法结构。

(三)连词同介词的区别

现代汉语中的"和""跟""同""与"等,兼属连词和介词。区别的方法是:当它们所连接的词或短语是并列关系,并共同做一个句法成分时,这个词是连词;当它们同后边的名词性成分组成介宾短语,并对其后面的动词(有时是形容词)起修饰作用时,这个词是介词。例如:

①老师和学生‖都走了。("和"是连词)

②老师‖〔和学生〕谈话。("和"是介词)

③化学与物理学‖都是自然科学。("与"是连词)

④有事‖要〔与群众〕商量。("与"是介词)

⑤这头牛‖〔跟牛郎〕很亲密。("跟"是介词,介宾短语用在形容词中心语之前)

三、助词

(一)助词的意义和分类

附着在实词或短语的上面,表示一定的附加意义的词叫助词。助词可分为以下几类:

1. 结构助词:的　地　得　之　者

2. 动态助词:着　了　过

3. 比况助词:似的　一样　一般　般

4. 约数助词:来　把　多

5. 其他助词:所　给　等　看

（二）各类助词的作用和用法

1. 结构助词的用法

结构助词的作用是表示附加成分与中心语之间的结构关系。“的”“地”“得”是最常用的结构助词，在口语里都念“·de”（读轻声）。它们的用法是：“的”附着在词或短语之后，表示它前面的词或短语是定语，如“（伟大）的母亲、（聪明伶俐）的孩子”；“地”附着在词或短语之后，表示它前面的词或短语是状语，如“〔高兴〕地笑了、〔异乎寻常〕地安静”；“得”附着在动词或形容词之后，表示它后面的词或短语是补语，如“走得〈很快〉、紧张得〈说不出话来〉”。换言之，名词中心语之前要用“的”，它是定语的标志；动词或形容词中心语之前要用“地”，它是状语的标志；动词或形容词中心语之后要用“得”，它是补语的标志。这是三者的明确分工。

“之”和“者”是从古代汉语中遗留下来的两个文言虚词，在现代汉语中仍作为结构助词使用。“之”有两种用法：一是用在定语和中心语之间组成偏正结构，如“赤子之心、光荣之家”；二是用在主谓结构之间，取消它的独立性，使之变成偏正结构，如“战斗之激烈，简直难以形容”。“者”主要有三种用法：一是用在动词、形容词或短语后面，表示有此属性或做此动作的人或事物，如“强者、弱者、胜利者、盗窃战备物资者”；二是用在“二、三”等数词和“前、后”等方位词后面，指上文所说的事物，如“前者、后者、二者必居其一”；三是用在句尾，表示希望或命令的语气，如“凡私自猎捕珍贵稀有野生动物者，必须依法惩办”。

2. 动态助词“着”“了”“过”的用法

它们的主要作用是附着在动词之后，表示动作进行的状态。其中“着”表示进行态，指明动作正在进行，如“他咳嗽着”，或指明动作的结果在持续，如“房顶上冒着烟”；“了”表示完成态，指明动作已经完成,如“他打了孩子”;“**过**”表示经验态,指明动作曾经有过,如“我看过这本书”。此外,有些形容词的后面也可以附着“着”“了”“过”,表示性状的变化情况:如“屋里的灯亮着”,表示“亮”的状态正在持续;“这台车坏了”,表示“坏”的状态已经出现;“他也软弱过”,表示“软弱”的状态曾经有过。

3. 比况助词的用法

比况助词经常附着在名词、动词或短语的后面,构成比况短语,表示一种比喻义,并具有描写作用。比况短语的主要语法功能是修饰名词、动词和形容词,在句法结构中做定语、状语或补语。例如:(花园似的)城市、〔审讯一般〕盘问、〔花儿一样〕美丽、(梦幻般)的生活、被雨浇得〈落汤鸡似的〉。

4. 约数助词的用法

“**来**”“**把**”“**多**”这三个助词,都用在数词、量词或数量短语后面表示概数,或表示有零头,如“十来天、三百来人、三斤来重、个把月、千把块钱、五十多岁、三年多”。要注意:“把”除了可用在“里、丈、顷、斤、个”等量词的后头外,用在数词后头时前面必须是“百、千、万”等;“十”的后边不能用“把”,数量短语后头也不能用“把”;“来”和“多”既可用在十进位以上的数词后头,也可用在数量短语的后头。此外,“来”还可用在“一、二、三”等数词后面,表示列举,如“这次到超市,一来是购买蔬菜,二来是退换货物,三来是陪朋友散心”。

5. 其他助词的用法

现代汉语中,除了以上几类助词外,还有几个其他的零散助词,也各有各的用法:

“**所**”经常附着在单音节动词前边,组成“所”字短语,相当于一个名词,如“所说、所做、所得、所爱”。“所”字短语的主要语法功能是修饰别的名词做定语,其中这个名词在意念上是前边动词支配的对象。如“(所学)的文件、(所爱)的人”。此外,它也经常同介词“为”“被”等配合,构成“为(被)……所……”格式表被动,如“大家都为他的精神所感动。/我们不要被表面现象所迷惑”。

“**给**”多用在表示被动、处置等意思的句子里,紧靠在谓语动词前面,表示被动态,并有加强语气的作用。例如:饭被我哥给吃光了。/衣服叫雨水给湿透了。这种“给”也可省去不用,不影响句子的基本意思,但用上以后语气更强烈些。

助词“**等**”有三种用法:一是用在人称代词或指人的名词后面,表示复数,如“我等、你等、师生员工等”;二是表示列举未尽,还可以叠用,如“北京、天津、上海等一线城市,动物园有老虎、狮子、熊猫等等”;三是用于列举完毕后的煞尾,如“《三国演义》《水浒传》《西游记》《红楼梦》等明清小说”。

助词“**看**”读轻声,用在重叠动词或动词短语后面表示尝试态。例如:试试看、找找看、想想看、等一等看、先干几天看。这里的“看”都是助词(不能当作动词),都表示“试一试”的意思。

(三)助词的语法特点

1. 助词不能单独使用。它是独立性最差、附着性最强的一种虚词,单用不能表示任何意义,必须附着在一个词或短语的后面(或前面),才能表示一定的结构关系或附加意义。如结构助词“的”“地”“得”表示附加成分与中心语之间的结构关系;动态助词“着”“了”“过”表示动作或状态在时间上的变化;比况助词“似的”“一样”“一般”等表示一种比喻义;其他助词“所”“给”等用在动词之前,表示修饰、被动等语法意义。

2. 结构助词“的”“地”“得”和动态助词“着”“了”“过”,因其表义的特点和需要,在普通话里一律读轻声。其他助词除了前附的“所”“给”等不读轻声外,后附的助词一般也读轻声。

四、语气词

(一)语气词的分类

附着在句子末尾或句中停顿的地方,表示说话的各种语气的词叫语气词。现代汉语中,常用的语气词可大致分为以下几类:

1. 基本语气词:的　了　吗　呢　吧　啊

2. 基本语气词“啊”的变音:呀　哇　哪

3. 其他语气词:啦　嘛　呗　喽　嘞　哟　呃　哩

4. 双音节语气词:罢了　着呢　来着　的话

(二)语气词的意义和用法

1. 基本语气词的意义和用法

句子的语气,可分为陈述、疑问、祈使、感叹四种。表达语气的主要手段是语调,其次是使用语气词。**语调就是说话的腔调,它是一句话里语音高低轻重快慢的配置,表示一定的语气和情感。**一般说来,陈述句用平调,或平而略降,疑问句用升调,祈使句和感叹句用不同的降调,其中祈使句的降调略为短促,感叹句的降调略为舒缓而较长。不同的语调,在书面上分别用句号、问号、叹号等表示出来。语气词能够帮助语气的表达,同时能够在语调的基础上增加色彩,表示更加丰富的语法意义。普通话里最基本的语气词,只有“的”“了”“吗”“呢”“吧”“啊”这六个,它们使用的频率最高,各自表示不同的语法意义,有着不同的用法。具体见下页的《普通话基本语气词的意义和用法表》。

通过表中这些例句可以看出,不论是单句还是复句,都有统贯全句的语气,在书面语里用句号、问号或叹号来表示,其中陈述语气用句号,疑问语气用问号,感叹语气用叹号,祈使语气根据语气强弱分别用叹号或句号。所以,句末使用的标点符号,不仅可以表示语音的停顿,还同时表示不同的语气和语调。

表 4－1　普通话基本语气词的意义和用法表

语气词	读音	语法意义	表示语气	例　句
的	·de	表示确实如此	陈述语气	①我会牢牢记住的。
了	·le	表示已经如此，或出现新情况	陈述语气 祈使语气	②天气冷了。 ③雨停了，不用带雨衣了。
吗	·ma	表示疑问或反问	疑问语气	④你今天上班吗？ ⑤你这样做对得起父母吗？
呢	·ne	表示不容置疑，或提醒和深究	陈述语气 疑问语气	⑥雨还在下呢。 ⑦你想去哪里呢？
吧	·ba	表示半信半疑，或祈使、猜测、认可	疑问语气 祈使语气 陈述语气	⑧他来了吧？ ⑨咱们快走吧！ ⑩他不来就不来吧，反正已经完事了。
啊	·a	增加感情色彩	感叹语气 陈述语气 祈使语气 疑问语气	⑪他的行为多么高尚啊！ ⑫这话说得对啊，我们应该这样做。 ⑬快走啊！晚了就发车了。 ⑭你什么时候去北京啊？

一个句子，必须要有成句的语调，而语气词则可用可不用，如“你知道吗？”和“你知道不知道？”两个句子都能够表达疑问语气，其中表示疑问语调的“？”是不可少的，而使用语气词只是为了帮助表达某种语气，如前边这个句子用“吗”表示疑问，显得语气更委婉些，表达也更简洁些。此外，有些语气词用在句末，还同时具有成句煞尾的作用，如“杏花开了。”这个句子，如果去掉语气词“了”就不能成句，可见语气词“了”不仅能够表示陈述语气和已经如此的语法意义，而且对保持句子的完整性也有作用。

2. 语气词“啊”的变音

在《现代汉语词典》里，将“呀”“哇”“哪”（还有 nga）列为语气词“啊”的变音。这是因为，基本语气词“啊”用在句末或句中，常受到前一字尾音的影响而发生不同的变音。如：

买梨啊（mai li a）→mai li ia（呀）

别哭啊（bie ku a）→bie ku ua（哇）

多冤啊（duo yuan a）→duo yuan na（哪）

因此，书面上就有了“呀”“哇”“哪”之类的写法，这就是想分别表示 ya、wa、na 的音。它们的用法，同基本语气词“啊”相同。例如：

①这马跑得真快呀！（用于感叹句末，表示感叹语气）

②才几天工夫哇，就瘦了这么多！（用于陈述句中，兼表感叹）

③同志们加油干哪！（用在祈使句末，表示敦促的口气）

3. 其他语气词的意义和用法

现代汉语中，除了几个基本语气词外，有时还使用一些其他的语气词，如“啦、嘛、呗、喽、嘞、哟、呃、哩”等。这些语气词在普通话中都有应用，均被吸收到现代汉语词汇之内，在《现代汉语词典》里都可查到。它们有的来源于方言词，具有独特的表达效果；有的发音不同，表达效果也多种多样；还有的是两个语气词的合音（如：啦 = 了 + 啊，嘛 = 么 + 啊，喽 = 了 + 呕，等等），具有语气词连用的表达效果。使用这些语气词，是对基本语气词的丰富和补充，能够表示更加多样化的语法意义，因而也具有不可替代的作用。这些语气词的发音、意义和作用，见下页的《其他语气词的读音、意义和用法表》。

4. 双音节语气词的意义和用法

双音节语气词，并不是两个单音节语气词的连用，而是一个固定的语气词。在现代汉语中，双音节语气词很少，只有“罢了”“着呢”“来着”“的话”等。下边分别介绍它们的用法和作用。

表 4-2　其他语气词的读音、意义和用法表

语气词	读音	语法意义和用法	例　句
啦	·la	用于句末。是“了”和“啊”的合音,兼有二者的作用	①他真来啦! ②太好啦! (啦=了+啊)
嘛	·ma	用于句末或句中停顿处,表示理所当然或期望、劝阻等语气	③这是明摆着的事嘛! ④既然不让你去,你就别去嘛! ⑤党员嘛,就应该带这个头。 注:嘛=么+啊,吗=么+啊,表示疑问时用“吗”不用“嘛”
呗	·bei	用于句末,表示理所当然或勉强同意等语气	⑥没有听懂,就问老师呗。 ⑦去就去呗。
喽	·lou	用法如“了”:用于句中或句末,表示提醒注意或确定等语气	⑧你先走,我吃喽饭就去。 ⑨水开喽! (喽=了+呕)
嘞	·lei	用在句中停顿处或句末,表示愉快地答应或同意	⑩雨不下了,走嘞! ⑪好嘞,我这就去。
哟	·yo	用在句末,表示祈使语气	⑫快点儿来哟! ⑬大家一齐用力哟!
呃	·e	用在句末,表示赞叹或惊异语气	⑭红霞映山崖呃! ⑮怎么是你呃?
哩	·li	方言语气词,用法跟普通话的“呢”相似,但只用于非疑问句的句末	⑯山上的雪还没有化哩。 ⑰请你帮个忙哩! ⑱这种衣服可时髦哩!

“**罢了**”(bà · le):用在陈述句的末尾,表示仅此而已的语气,有把事情往小里说的意味。常跟“不过”“无非”“只是”等连词或副词前后呼应。例如:

①屋里不过二十人罢了。

②别当真,我只是开个玩笑罢了。

③他无非是先走一会儿罢了。

“**着呢**”(· zhe · ne):用在陈述句或感叹句的末尾,表示程度深,并带有夸张的语气和说服对方的意味。例如:

①这个瓜甜着呢。(用于陈述句的末尾)

②可别以为他笨,他聪明着呢!(用于感叹句的末尾)

③你快去看看吧,街上热闹着呢!(用于感叹句的末尾)

“**来着**”(lái · zhe):用在陈述句或疑问句末尾,表示不久前发生过的事情,兼有回忆或提醒的语气。例如:

①他去年冬天还回家来着。(用在陈述句末,表示回忆的语气)

②你刚才说什么来着?(用在疑问句末,表示疑问语气)

③你想想,爸爸怎么交代咱们来着?(用在疑问句末,表示提醒的语气)

“**的话**”(· dehuà):用在假设情况的分句后面,表示假设的语气,并带有让步和说明的意味。例如:

①你有事的话,就不要来了。

②明天我肯定去,如果天气好的话。

5. 语气词的连用

语气词不仅能单独使用,还能将两个以上的语气词连用,表示更加复杂的语气。我们来看下面的例句,体会语气词连用的表达效果:

①这个问题不就清楚了吗?(表示肯定、反问两种语气)

②是他先来的吧?(表示肯定、疑问、猜测等语气)

③你可真够辛苦的了！（表示陈述、肯定、感叹等语气）

④这样会造成损失的啊！（表示陈述、感叹、劝阻等语气）

需要说明的是：连用的两个语气词并非直接组合，而是处在句法结构的不同层次上。如上边的例②，不应该分析为“是他先来/的吧”，而应该分析为“是他先来的/吧”，前边的语气词“的”表示陈述语气，后边的语气词“吧”表示疑问和猜测的语气。

（三）语气词的语法特点

1. 语气词不能单独使用，必须附着在一个句子的末尾，或者句中停顿的地方，帮助表达一定的语气和语法意义。

2. 语气词在普通话中一般都读轻声。其中单音节语气词全部读轻声。双音节语气词有的后一个音节读轻声，如“罢了”“来着”；有的前一个音节读轻声，如“的话”；有的两个音节都读轻声，如“着呢”。

（四）“的”和“了”做语气词与做助词的区别

“的”和“了”这两个词都读轻声，既能作为助词使用，又能作为语气词使用，它们虽然同形、同音，但分属于两个词类，在句子中具有不同的作用。例如：

①他是报社的。（“的”是结构助词，同前面的名词组成“的”字短语，在句子中做宾语）

②他刚回来的。（“的”是语气词，表示全句的陈述语气）

③我已经去了三次了。（前边的“了”是动态助词，后面的“了”是语气词——表示全句的陈述语气）

通过以上例子的分析可以看出，**区别“的”和“了”是语气词，还是助词的基本方法是**：看其是附着于全句的，还是附着于某个句法成分的，附着于全句的是语气词，附着于某个句法成分的是助词。如上边例①中的“的”是附着于宾语的，例③中前面的“了”是附着于谓语动词的，因而它们都是助词；而例②中的“的”和例③中后边的

“了”,都是附着于全句的,所以都是语气词。

动态助词“了”用在句末时,有时会同句末语气词“了”重合,这就出现了词的兼类情况,即句末的“了”同时具有动态助词和语气词两种功能。例如:

④哦,秋色更浓了。

“了”的这种用法,属于词的兼类:既用在形容词之后,表示性状的实现,具有动态助词的功能;又用在句末,具有语气词的作用,表示已经如此的语法意义和全句的陈述语气。

语气词是一种比较特殊的虚词,它虽然不能像介词、连词、助词那样,同别的词语组合在一起进入句法成分,但它能够附着在句子末尾(也有时出现在句中停顿的地方),帮助表达贯穿全句的各种语气,同时还能够表示本身所特有的语法意义。一般情况下,只要在句末使用了语调和语气词,就标志着已经组词成句了。因此,我们要更好地掌握各种语气词的特征和用法,以便在书面语和口语中正确、灵活地运用。

五、叹词

(一)叹词的分类

表示感叹或呼唤应答声音的词叫叹词。现代汉语中,常用的叹词有以下两类:

1. 表示感叹的:啊 哈 哼 呸 唉 欸 哎 嗳 咳 嗨
嗐 嗬 咦 哟 呦 嗯 噢 喔 嚄 嗄
呃 哈哈 哎呀 哎哟 嗨哟 哼唷

2. 表示呼唤应答的:喂 咳 哎 嘿 嗨
唉 嗳 噢 啊 嗯

(二)叹词的意义和作用

叹词是一种特殊的虚词。它一般单独用在句子的前面(有时也用在句中停顿处），不同其他词语发生组合关系，只用于表示说话人的某种强烈情感或呼唤应答的声音。叹词的作用和所表示的意义，归纳起来大致有以下几种：

1. 表示喜悦、感叹或赞叹的。例如：

①哈哈！我终于成功了！（读 hā，叠用，表示喜悦和得意）

②嗬！这小伙子真棒！（读 hē，表示赞叹）

③嚄！好大的鱼！（此处读 huō，表示惊讶和赞叹）

2. 表示悲伤、悔恨或痛苦的。例如：

①唉！以前的日子可真难过呀！（此处读 ài，表示伤感和叹息）

②哎，早知这样我就不去了。（此处读 ài，表示悔恨、懊恼）

③哎哟！疼死我啦！（读 āiyō，表示痛苦）

3. 表示不满、愤怒或鄙视的。例如：

①哼！这是什么世道！（一般读作 hèng，表示不满或气愤）

②哎呀，你可真不怕丢人！（读 āiyā，表示鄙视）

③呸！他怎么这样卑鄙！（一般读作 pèi，表示鄙视或斥责）

4. 表示惊讶、疑问或意外的。例如：

①啊？怎么会有这种事？（此处读 ǎ，表示惊讶或疑惑）

②呦！怎么你也来了？（读 yōu，表示惊讶）

③嗯？你说什么？（此处读 ńg，表示疑问）

5. 表示知道、领会或醒悟的。例如：

①噢，原来是他！（读 ō，表示知道）

②嗯，我明白了。（此处读 ǹg，表示领会）

③啊，是这么回事。（此处读 à，表示醒悟）

6. 表示呼唤的。例如：

①喂，你上哪去？（读 wèi）

②嘿，老张，快走吧！（读 hēi）

③咳！你来一趟。（此处读 hāi）

7. 表示应答的。例如：

①哎！这就走。（此处读 ài）

②唉，我在这儿。（此处读 āi）

③噢，我这就来！（读 ō）

叹词是在表示说话人强烈的感情或呼唤应答的声音时使用的，说完了常常有个较长的语音停顿，书面上一般用叹号来表示；有时停顿较小或感叹语气较和缓的，后面也可以用逗号。对于叹词后面标点符号的使用方法，我们可以从以上这些例句中认真体会。

（三）叹词的语法特点

叹词同其他虚词相比，有以下突出特点：

1. 叹词总是单独使用的，不同句子里的其他词语发生组合关系。在这一点上，它既有别于可以相互组合的各类实词，又有别于必须依附于实词才能表示语法意义的其他各类虚词。

2. 叹词的主要语法功能是在句子中做感叹语或呼应语（独立成分），有时还能够单独构成叹词句。例如：

①嚄，他真来了！（感叹语，用在句首）

②他这种人，哼，世界少有！（感叹语，插在句中）

③咳，该你去了。（呼应语，表示呼唤）

④唉，我这就去。（呼应语，表示应答）

⑤唉！这可怎么活啊！（独立构成叹词句，表示悲痛和愁苦的情感）

⑥哎呀！这么多年没见，你还能认得出我？（独立构成叹词句，表示惊讶）

要注意区分由叹词构成的独立成分（感叹语、呼应语）和叹词句。它们都单独用在句子的前面，表示感叹或应答，但二者又有着本质的区别：感叹语和呼应语只是句子的独立成分，后面一般用逗号，不能独立成句，语音停顿的时间比较短暂；而叹词句却是一个独立的句子,它一般都在后面使用叹号,这是独立成句的标志,既表示一种较长的语音停顿,又表示一种较强烈的情感。可见,独立成分和叹词句所使用的不同标点,是进行区分的重要形式标志,这在上边的例④和例⑤中最为明显:使用的是同一个叹词“唉”,一个是应答语,一个是叹词句。

(四)叹词同拟声词的联系与区别

叹词是摹拟人的感情呼声的,拟声词是摹拟人与自然的声音的,两者有着共同的意义和功能,因此,有的学者将它们合称为“声词”[①]。同时,叹词、拟声词的写法和意义都不很固定,这也是这两类词的共同特点。特别是叹词和拟声词的语法功能相近,都能做句子的独立成分,有时还能够单独构成叹词句或拟声词句,因此对二者要认真加以区别。区别的方法主要看其所表示的意义和作用:表示说话人的某种强烈情感或呼唤应答声音的,是叹词;摹拟各种自然声音(包括人和自然界发出的声音)、重在增强语音效果的,是拟声词。例如:

①唉,我这就去!(叹词,做独立成分——应答语)

②哎呀!你还敢回来?(叹词,单独构成叹词句)

③咔嚓,车把断了。(拟声词,做独立成分——拟声语)

④咕哒!咕哒!母鸡生蛋啦!(拟声词,重叠使用,单独构成两个拟声词句)

(五)关于叹词的读音与使用

1.叹词的读音

叹词大多是多音字,在读音上大体有以下三种情况:

第一,有的叹词本身就是多音多义的。

---

① 黄伯荣、廖旭东主编:《现代汉语(增订五版)下册》,高等教育出版社,2011,第24页。

例如:“咳”做动词时读 ké(咳嗽),做叹词时读 hāi(表示招呼、提醒或惊异);“嚄”在文言词语中读作 huò(嚄唶:大声呼叫),做叹词时表示惊讶,既可读作 huō,又可读作 ǒ。

第二,有的叹词可以读几个不同的声调。

例如“嗯”在表示疑问时读 ńg,表示不以为然和出乎意料时读 ňg,表示应诺时读 ǹg;再如叹词“啊”“哎”等,都可读作阴平、阳平、上声、去声四个声调,并分别表示不同的情感和意义。

第三,还有几个叹词共同读一个音的。

感情强烈的时候,每个人发出的感叹和应答的声音可能并不完全相同,但是表示同样的情感和呼唤应答的声音大致是一样的。过去记录这些感叹应答声音的字有多种写法,现在仍不能完全统一。例如:

a:啊　呵　阿　嗄

o:哦　噢　喔　嚄

ai:唉　欸　嗳　哎

hai:咳　嗨　嗐

hei:嘿　嗨

从以上三种情况可以看出,在现代汉语里,叹词的写法还不十分固定,同一声音,往往可以用不同的汉字来表示;同一汉字表示的叹词,也可以有不同的读音,而且各自表示不同的意义。面对这种情况,我们在学习和使用叹词时,要特别注意叹词的读音和写法,分不清时要认真查阅字典、词典和《通用规范汉字表》(国务院 2013 年 6 月 5 日发布)等,不要用错字、读错音,这样使用和读得多了,自然会记住记准。

2. 使用叹词的注意事项

第一,要遵照汉语的语言习惯来使用叹词。

用什么叹词表示什么样的感情是有一定的语言习惯的。如表示喜悦和兴奋的感情,常用“哈”“啊”“嗬”“哈哈”等;表示悲伤、痛苦、叹息等感情,常用“唉”“咳”“哎”“哎哟”等;表示惊讶、赞叹,常用“啊”“咦”“嗬”“嚄”等;表示愤怒、鄙视,常用“哼”“呸”等。我们必须按照这种语言习惯来使用叹词,如果乱用或生造叹词,就会使人难以理解所要表达的思想感情。

第二,最好使用一般的、常用的叹词,少使用特殊的、生僻的叹词。

表达同一种思想感情或应答的声音,可使用的叹词有时不止一个,最好从中选择那些一般的、常用的叹词来使用。如“嗄”和“啊”通用时最好用“啊”,“嗳”和“哎”通用时最好用“哎”,“欸”和“唉”通用时最好用“唉”,“嗨”与“嘿”通用时最好用“嘿”,等等。因为后面这些叹词使用频率较高,大家比较熟悉,这样会更方便别人阅读和理解。

思考与练习二

1. 虚词在汉语里有何重要地位?虚词的作用主要表现在哪两个方面?

2. 什么叫介词?介词有哪几类,各有哪些常用介词?

3. 介词的语法特点是什么?介词同动词有什么联系和区别?举例说明。

4. 什么叫连词?连词可分为哪两类,各有哪些常用连词?

5. 连词的语法特点是什么?“和”“跟”“同”“与”用作连词和用作介词时有什么区别?举例说明。

6. 什么叫助词?助词分为哪几类?各有哪些常用助词?

7. 助词的语法特点是什么?举例说明各类助词的作用和用法。

8. 什么叫语气词?语气词有哪几类,各有哪些常用的语气词?

9. 普通话有哪几个基本语气词?它们的意义和用法各是什么?

举例说明。

10. 语气词的语法特点是什么？“的”和“了”做语气词与做助词时如何进行区别？举例说明。

11. 什么叫叹词？叹词有哪两类,各有哪些常用的叹词？

12. 叹词的语法特点是什么？叹词可以表示哪些意义？举例说明。

13. 叹词在读音和写法上有什么特点？叹词同拟声词有哪些共同的意义和功能？应该如何进行区别？

14. 选择一个适当的介词填入句子中的括号内,并说明所组成的介宾短语是什么、所修饰的是哪个词、在句子中做什么成分。

①她(　)科学有很大兴趣。

②火车(　)祖国的大地上奔驰着。

③阳光(　)车外照进来。

④科学技术要(　)人类服务。

⑤你真(　)它看得(　)自己的生命还宝贵啊！

15. 选择合适的连词填入下边句子的括号内,并说明所组成的是什么短语或什么复句。

①他(　)老实(　)能干。

②你叫他明天上午(　)下午到我这儿来一趟。

③他的态度严肃(　)诚恳。

④困难(　)不少,(　)我们一定能想办法克服。

⑤广场上洋溢着青年人的热情(　)活力。

⑥村民们坚决拥护(　)认真落实村委会的决定。

16. 在下边句子中的括号内填上适当的结构助词,并说明其前面或后面的成分是修饰或补充说明哪个词的、在句子中做什么成分。

①他起(　)特别早。

②地图端端正正(　)挂在墙上。

③图书馆里(　)书都保护(　)很好。

④连长毫不犹豫(　)下达了进攻(　)命令。

⑤他(　)腿被打(　)流了血,但仍不停(　)叫骂。

17.在下列句子中的括号内,填上一个适当的动态助词,并说明是表示什么语法意义的。

①这件事你没告诉(　)我,怎么倒怪我忘记(　)呢?

②那天太阳晒得厉害,马路上干巴巴地发(　)白光。

③听说他回来(　),我当天就跑去看他。

④他拿(　)找回来的驾驶证,心里轻松(　)好多。

⑤他们各挑(　)一副担子,盛着鲜嫩玉色(　)藕。

⑥太阳快落山的时候,起(　)风,重重叠叠的黑云在天上奔跑(　)。

18.辨别下列句子中带点的词各属于哪个词类。

①他在教室。

②他在地里劳动。

③向日葵总是向着太阳。

④小船向岸边驶去。

⑤我学会了画画儿。

⑥你拿把锁把门锁上。

⑦请在重点词语下边点上一个点儿。

⑧我跟蜜蜂比勤劳。

⑨我跟着他上了山。

⑩你比他有经验。

19.在下边句子的括号里填上适当的语气词,并说明表示什么语气。

①你们一个月能生产多少(　)?

②好多天没见面了,你的腿好些(　)?

③延安是革命圣地,是毛主席居住的地方,能够去那里学习,是多么幸福(　)!

④不管什么事情,只要肯钻研,总会弄明白(　)。

⑤这是一本新出版的小说,你读过(　)?

⑥我现在能看俄文书(　)。

⑦这个坑恐怕有十几丈深(　)?

⑧他的身体好多(　)?

20. 指出下面句子里的叹词,并说明表示什么意义,哪一个是独立成分,哪一个是叹词句。

①阿! 闰土的心里有无穷无尽稀奇的事,都是我往常的朋友所不知道的。

②"咳,你这个人!"杨行敏着急起来,"喂,你快把实在情形跟他们说一说呀!"

③哎呀! 你怎么才来呀!

④哼! 你们叫我"小鬼",我已经十三岁啦。

⑤唉,我知道了。

⑥男同志笑她们说:"嘿,你们演'白毛女'都不用化装了!"

第三节 词类小结

前面两节介绍了各类实词和虚词的定义、类别和语法特点，这是词类的基本知识。但是，汉语的词类比较复杂，相互交叉的地方和容易混淆的问题也比较多。所以在本章最后一节里，再对与词类相关的问题做一个综合性的小结，主要讲以下三个问题。

一、词类和词性

在语法学中，除了讲“词类”以外，还会经常遇到“词性”这个概念，二者是什么关系呢？

词类和词性，是两个完全不同的概念，是由语法研究对象的不同而产生的：词类是从词的分类角度说的，它以全体词为对象，根据一定的原则和标准，把词分成若干类别；而词性是从给词归类的角度说的，它以个别词为对象，根据每个词在语法类别上显示出来的特性，把它们分别归入已有的类别之中。简言之，词类是指词的语法功能分类，是针对全体词而言的；而词性是指词的语法性质（包括语法功能、形态特征和所表示的意义等几个方面），是针对个别词而言的。

例如：我们以现代汉语中所有的词为对象，以能否单独充当句法成分为标准，可以把词分为实词、虚词两大类；还可再根据各种具体类别的不同语法特点，将实词分为名词、动词、形容词、区别词、数词、量词、代词、拟声词、副词九类，将虚词分为介词、连词、助词、语气词、叹词五类。这就是给全体词进行分类，讲的是词类。反过来，我们再从词的个体着眼，比如以“思想”“打击”“高尚”“他们”“格外”“对于”“呢”“唉”这几个具体的词为对象，根据每个词的特点来判定其语法性质:“思想”是名词、“打击”是动词、“高尚”是形容词、“他们”是代词、“格外”是副词、“对于”是介词、“呢”是语气词、“唉”是叹词。这就是给个别词进行归类,讲的是词性。

在语法上讲词类,是为了分类掌握各类词的语法特点,增强对汉语词汇的运用能力;而讲词性,则是为了判定每个词的语法性质和语法功能,以确保正确使用。因此,我们平时在使用词类和词性这两个概念时,要注意加以区别。而有的人对这两个概念混淆不清,在一些语法练习题中,经常看到这样的题目——“指出下列各词的词类”,我们认为这种说法不妥,应将“词类”改为“词性”更为准确。

二、词的兼类

同一个词在不同的语言环境中,表现出两类或两类以上词的语法功能,这种语法现象叫作词的兼类。

一个词同时具有两类或两类以上词的语法功能,这种词叫作兼类词。

词的兼类,是由词的多义性引起的。现代汉语中的实词,特别是名词、动词、形容词,在静态时有很多都能够表示两种或两种以上的词汇意义,在交际使用中也能表现出不同的意义。所使用的语言环境不同,所表示的意义也不同,因而所具有的词性就会不同。

下面是一些较为常见的兼类词。

兼属动词、名词的:报告　代表　翻译　工作　领导　企图
希望　建筑　影响　生活　经历　劳动
锻炼　战斗　病　刺　锁　画

兼属名词、形容词的:精神　道德　经济　科学　系统
困难　礼貌　自由　民主　标准
关键　左　圆　锈　酸

兼属动词、形容词的:端正　确定　明确　严肃　平整

开阔　丰富　繁荣　忠诚　严明
坚定　方便　明白　忙　低　破　直

兼属名词、动词、形容词的：麻烦　方便　便宜　规范
白　热　肥　光

兼属名词、量词的：盒　根　线　眼

兼属动词、副词的：没有　仿佛　好像

兼属形容词、副词的：确实　特别　老　好　多　全　光　准

兼属区别词、副词的：非常　一定　根本(又是名词)

兼属名词、动词、介词的：根据　依据

兼属动词、介词的：通过　经过　依照　到　用　叫　让
比　拿　替　凭　靠　借　打　按　依

兼属动词、介词、副词的：在

兼属动词、介词、连词的：跟

兼属动词、介词、助词的：给

兼属介词、连词的：和　跟　同　与　因为

兼类词的特点是：同一个词，能够当作两类以上的词来使用，而且在意义上有一定的联系。

所以在分析时要特别注意，一个词的不同用法在意义上是否有联系，这是判定它们是否属于词的兼类的根本依据。在意义上仍然有一定联系的，是词的兼类；而在意义上已经没有任何联系的，则不属于词的兼类。例如：

①这件衣服很便宜，谁买谁便宜，你为什么不占这个便宜？

②这件事比较麻烦，麻烦你帮忙办一下，给你添麻烦了。

以上两例的三个“便宜”、三个“麻烦”，都分别是形容词、动词、名词，三者在意义上有联系，所以都属于词的兼类。

③大家选我当代表，我就代表他们说几句话。

这里的前一个“代表”是名词，后一个“代表”是动词，两者在意

义上有密切的联系，所以属于词的兼类。

④我哥哥不在，他在学校上课。

这里前边分句中的“在”是动词，后边分句中的“在”是介词，二者在意义上仍然有联系，所以属于词的兼类。

以下两种语言现象不属于词的兼类，要注意分辨：

第一，同形同音词不属于词的兼类。

现代汉语中，有些同形同音词，它们只是字形和声音相同，但所表示的意义完全不同。这些词在意义上没有任何联系，完全是另外的一个词，因而不属于词的兼类。例如：

①他的钱全输光了，光着两只手，光喘粗气不说话。

这里前面的两个“光”，一个是形容词，一个是动词，二者在意义上有联系，是词的兼类；后面的“光”是副词，与前面的两个“光”只是同形、同音，而在意义上没有任何联系，因此完全是另外一个词，不属于词的兼类。

②二宝卖花挣了钱，但是心也花了，经常在外面乱花钱。

以上的三个“花”，分别是名词、形容词、动词，只是同形、同音，相互间在意义上没有任何联系，因此也不属于词的兼类。

第二，词类活用现象不属于词的兼类。

为了修辞需要，在特定的语言条件下，有意将甲类词临时当作乙类词来使用，这种语言现象叫作词类活用。例如：

①老栓，就是运气了你。　（鲁迅《药》）

②友邦人士，莫名惊诧，长此以往，国将不国了。

（鲁迅《“友邦惊诧”论》）

③不是兵，他们偏要上战场……北方是冷的，他们偏只穿件夹袄；打仗的时候，兵器是顶要紧的，他们偏只着重精神。这一切等等，确是十分“堂·吉诃德”的了。

（鲁迅《中华民国的新“堂·吉诃德”们》）

以上三例中加点的词，都是词类活用：例①和例②是将名词“运气”和“国”活用为动词，例③是将名词“堂·吉诃德”（西班牙作家塞万提斯的小说《堂吉诃德》中的主人公，是一个十六世纪时的游侠和骑士形象）活用为形容词，以增加讽刺性。这些都属于一种特殊的修辞手法，不应看作词的兼类。

三、把握词类的语法特征要分清主次

前面两节所讲的各类词的特点，指的是它的主要特点，并不是它的全部特点。就每一个具体的词而言，并不一定具备某类词的全部特点，一般地说，它只具备该类词的某些主要特点。词的语法特点，是指词在全部活动范围内的特点，而不是指它在某一具体句子中所体现出来的特点；事实上，在具体句子中的词只能体现它的部分特点。例如名词经常在句子中做主语和宾语，而在“气温降低了”这个句子里，只能体现出名词做主语的特点，在“我买钢笔”这个句子里，又只能体现出名词做宾语的特点，不可能在一个句子中将名词所有的特点都体现出来。

词类是根据词的语法特点划分的。由于汉语的词缺少严格意义的形态变化，缺乏明显的形态标志；又因为汉语的句法成分同词类之间没有一一对应的关系，一类词往往能够充当多种句法成分；再加上汉语的词（特别是名词、动词、形容词）的多义性，使有些词经常具备两类或两类以上词的语法功能，这就造成了词的兼类。所有这些，都为我们划分词类和给词归类带来一定难度。

因此，我们要把握各类词的特点和规律，就要善于在纷繁复杂的语言现象中分清主次，认清什么是一般规律，什么是有条件的特殊规律，什么是个别现象。例如：名词经常做主语和宾语（居于主位和宾位）、动词和形容词经常充当谓语（居于述位）、区别词不能直接做谓语、数词和量词经常结合在一起使用、副词经常修饰动词和形容词做状语、介词经常同名词或名词性成分组成介宾短语整体做句法成分、结构助词经常用于组成偏正结构（使用“的”和“地”）和补充结构（使用“得”）、动态助词（“着”“了”“过”）经常黏附在动词后面表示动作行为的变化情况、连词经常在单句中形成并列结构做句法成分、叹词经常在句子前头充当独立成分而不同其他词语发生结构关系，等等，这些都是词类和语法经常性的一般规律。而名词在一定条件下可以直接做谓语（如在说明时间的句子“今天‖星期六”里）、名词修饰名词时必须要靠结构助词“的”的帮助（如：学校的桌子）、数量短语所修饰的名词比较复杂时可以放在后边（如“母女二人”）、少数副词在省略句中可以单说（如：不、没有、也许、当然、马上、何必、的确），等等，这些都属于有条件的特殊规律。语气词一般都用在句末，但有时也可以出现在句中（如：他呀，也想去），这只是个别现象，而不是普遍的用法；量词一般不能单独做句法成分，而在“馒头论个，油条论根”这样的句子里能够单独充当宾语，这也只是个别现象。所以，我们在进行语法分析时一定要分清主次，既不能拿特殊规律和个别现象来否定一般规律，也不能把它们看得同等重要或混淆起来，否则就无法看清语法规律，词类和其他语法单位也就不好划分了。

我们学习词类，不能简单地把各类词的语法特点绝对化，以为异类词的语法特点一定全异、同类词的语法特点一定全同。事实上，异类词往往异中有同，同类词也往往同中有异，这就是词类的共性与个性的辩证法。同时我们学习词类，又必须强调“词有定类，类有定词”的原则。从分类的角度看，各种词类都有着自己的特点，类和类之间都有明显的界限，在这种特点和界限的划分下，各种词类都有着自己固定的一些词，这叫作“类有定词”；从归类的角度看，每个词都要归属于一定的词类，并具备所属词类的主要语法特点，能够与其他不同类别的词区别开来，这叫作“词有定类”。这虽然是一种理想的词类划分，但也应该是语法学所追求的目标之一，否则我们又会回到“词无定类”和“依句辨品，离句无品”的老路上去，这就谈不上有多少语法规律可遵循了，词类也就永远无法划分清楚。

为了便于掌握各类词的语法特点，方便区别和应用，最后再分别整理出《现代汉语实词分类简表》和《现代汉语虚词分类简表》附后。

思考与练习三

1. 什么是词性？词性与词类是什么关系？对这两个概念应该如何使用？

2. 什么叫词的兼类？什么叫兼类词？词的兼类是怎样形成的？举例说明。

3. 兼类词的特点是什么？为什么说同形同音词和词类活用现象不属于词的兼类？举例说明。

4. 把握词类的语法特征应该如何分清主次？为什么必须强调“词有定类，类有定词”的原则？

5. 分别从上一行和下一行各选出一个实词，组合成一个短语。

洗　　学　　步伐　　锻炼　　参观　　保卫　　仔细

身体　　汽车厂　　手　　研究　　科学　　整齐　　祖国

6. 从下一行中选择一个虚词，同上一行的两个实词结合在一起，分别组成一个短语。

操场　初升　焦急　打　太阳　上　等待　导演　粉碎　演员

的　　在　　地　　和　　得

7. 将上一行和下一行的词分别组成一个句子，并指出其中哪些词是实词，哪些词是虚词。

这　　考试　　好　　次　　成绩　　很　　不

晚会　　太　　的　　昨天　　了　　精彩

8. 判断下边各词的词性，填入后面的括号内，再将它们分别归入下方的不同词类。

洗(　　)　步伐(　　)　学习(　　)　锻炼(　　)

手(　　)　整齐(　　)　科学(　　)　身体(　　)

老(　　)　老实(　　)　新(　　)　仔细(　　)

牛(　　)　人(　　)　红领巾(　　)　研究(　　)

属于名词的有:______________________________

属于动词的有:______________________________

属于形容词的有:____________________________

9. 用下边的兼类词各造两个不同的句子,并说明这两个兼类词在意义上有什么联系、在句子里各是什么词性、各充当什么成分。

锻炼　翻译　精神　困难　坚定　明白

病　忙　锈　直　热　给　到　根

附录一　现代汉语实词分类简表

词类名称	定　义	具体类型	举　例
名　词	表示人或事物名称的词叫名词	1. 人物名词 2. 事物名词 3. 时间名词 4. 处所名词 5. 方位词	工人、作家、鲁迅、雷锋 国家、火车、意义、船只 明天、下午、今后、星期日 北京、西安、郊区、边境 东、西、左、右、前、后、南边
动　词	表示人或事物的动作、行为、心理活动、发展变化等的词叫动词	1. 动作行为动词 2. 心理活动动词 3. 发展变化动词 4. 存现动词 5. 使令动词 6. 比拟动词 7. 处置动词 8. 行止动词 9. 能愿动词 10. 趋向动词 11. 判断词	走、跑、跳、监督、选举、保卫 想、爱、恨、怕、喜欢、希望 加强、提高、扩大、降低、削弱 有、没有、出现、消失、产生 使、叫、让、请、派、要求 像、似、如、好像、好似、宛如 给予、加以、予以、致以 开始、结束、进行、继续 能、要、该、能够、应该、愿意 上、下、来、去、上来、下去 是
形容词	表示人或事物的性质或状态的词叫形容词	1. 性质形容词 2. 状态形容词 3. 特殊状态词	好、坏、软、伟大、优秀、恶劣 高、红、快、流利、认真、活泼 雪白、毛茸茸、干干净净、黑咕隆咚
区别词	表示人或事物的属性特征、具有区别或分类作用的词叫区别词	1. 成对的区别词 2. 成组的区别词 3. 单个的区别词	男—女　正—负(副) 轻型—重型　阴性—阳性 单向—双向—多向 大型—中型—小型—微型 日用、新兴、无记名、多年生
数　词	表示数目的词叫数词	1. 基本数词 2. 特殊数词	零、一、二、十、百、千、万、亿 半、两

续表

词类名称	定　义	具体类型	举　例
量　词	表示人或事物、行为动作的单位的词叫量词	1. 物量词 2. 动量词	个、只、件、块、条、副、套、双 次、回、遍、趟、阵、顿、下、场
代　词	对人或事物具有代替或指示作用的词叫代词	1. 人称代词 2. 指示代词 3. 疑问代词	我、你、他、我们、你们、大家 这、那、这里、那里、这会儿 谁、什么、哪里、几、多少、怎么
拟声词	摹拟自然声音的词叫拟声词	1. 单音拟声词 2. 叠音拟声词 3. 双音拟声词 4. 多音拟声词	咚、哐、当、砰、啪、叭、唰 哗哗、沙沙、隆隆、唰唰 叮当、乒乓、啪嚓、嘎巴 轰隆隆、咿咿呀呀、稀里哗啦
副　词	用在动词或形容词前面，用来表示程度、范围、时间、频率、语气、情状、肯定与否定等的词叫副词	1. 表示程度的 2. 表示范围的 3. 表示时间的 4. 表示频率的 5. 表示肯定、否定或估量的 6. 表示情态方式的 7. 表示强调、转折等语气 8. 表示关联的	〔非常〕艰苦、〔十分〕勇敢、〔太〕好了 〔都〕来了、〔全部〕参加、〔互相〕攻击 〔正在〕办理、〔立刻〕出发、〔才〕来 〔再〕去一趟、〔还〕来、〔屡次〕侵犯 〔一定〕参加、〔不〕走、〔也许〕到了、〔大概〕去了 〔暗自〕盘算、〔悄悄〕走、〔私下〕串通 〔可〕好啦！ 他是来了，你却不来。 吃了饭就走。既聪明又活泼

附录二 现代汉语虚词分类简表

词类名称	定 义	具体类型	举 例
介 词	用在名词、代词等前边组成介宾短语，表示行为动作的时间、处所、方式、对象等的词叫介词	1. 表示时间的 2. 表示处所方向的 3. 表示依据方式的 4. 表示对象关联的 5. 表示原因目的的 6. 表示比较的 7. 表示排除的 8. 表示施事受事的	从、自从、打、于、趁 在、向、到、往、朝、顺 以、靠、用、按照、依据 为、与、和、对于、关于 因、因为、由于、为了 比、同、跟、和、与 除、除去、除了、除非 被、叫、让、给、把、将
连 词	能够连接词、短语或句子的词叫连词	1. 词语连词 2. 句间连词	和、与、而、并且、或者 然而、不但……而且……
助 词	附着在实词或短语的上边，表示一定的附加意义的词叫助词	1. 结构助词 2. 动态助词 3. 比况助词 4. 约数助词 5. 其他助词	的、地、得、之、者 着、了、过 似的、一样、一般、般 来、把、多 所、给、等、看
语气词	附着在句子末尾或句中停顿的地方，表示说话的各种语气的词叫语气词	1. 基本语气词 2. 语气词“啊”的变音 3. 其他语气词 4. 双音节语气词	的、了、吗、呢、吧、啊 呀、哇、哪 啦、嘛、呗、喽、嘞、哟 罢了、着呢、来着、的话
叹 词	表示感叹或呼唤应答声音的词叫叹词	1. 表示感叹的 2. 表示呼唤应答的	啊、唉、呸、哈哈、哎哟 喂、嘿、咳；唉、噢、嗯

第五章　短　语

短语以前多称为词组。词组这一概念是吕叔湘先生在《中国文法要略》(1941)中最早提出来的,《暂拟系统》(1956)也使用了“词组”的名称,使词组这一概念在语法教科书中通行开来。《系统提要》(1984)将词组的名称改为短语,并正式确立了“语素—词—短语—句子—句群”五级语言单位体系。“词组”改为“短语”,并不是简单的名称改变。以前所说的词组只包括实词与实词的组合(如联合词组、偏正词组、动宾词组、主谓词组等),不包括实词与虚词的组合(另外称为“结构”,如介词结构、“的”字结构等),改为短语以后则将二者都包含进来。

短语这一级语言单位,在汉语语法体系中的地位十分重要。吕叔湘先生曾说:“把短语定为词(或者语素)和句子之间的中间站,对于汉语好像特别合适。……从语素到句子,如果说有一个中间站,那决不是一般所说的词,而是一般所说的短语。”① 短语是一种枢纽性的语法单位,它下连着词,上连着句子,具有承上启下的重要作用。语法单位由小到大的组合到了短语这一级,已经涉及各种句法结构和句法成分,因而它属于句法范畴;大多数短语加上语调(有时

① 吕叔湘:《汉语语法分析问题》,商务印书馆,1979,第64、65页。

还需要加上语气词等）就可以成为句子，同时短语还可以整体作为句子的结构成分，因此短语在语法体系中处于中心地位。

为了深刻认识短语的特点和作用，并从加强短语的组织和应用能力出发，建立科学完善的短语体系，我们首先综合介绍句法结构和句法成分，短语的特点、分析方法和系统分类，然后再分三节对三大类、十六种短语做具体说明。

第一节　短语综述

一、汉语的基本句法结构

传统语法学一般都把语法体系分为词法和句法两个部分：**词法指的是词的构造方法**，构词法和词的分类等属于词法的范畴；**句法指的是句子的构造方法**，短语和句子的组成，都属于句法范畴。因此，我们要学习和研究短语，就必须先了解句法结构。

句法结构指的是词与词之间相互联系、相互作用的方式。汉语共有主谓、动宾、偏正、补充、并列五种基本句法结构，任何短语和句子，都是由这几种句法结构组成的。下面分别予以介绍。

（一）主谓结构

所谓主谓结构，是指由主语在前、谓语在后所形成的结构。

主谓结构具有主语和谓语两个结构成分：**前面的部分指明所要说的是什么人或什么事物，叫作主语；后面的部分陈述或说明主语做什么或怎么样，叫作谓语。**主语和谓语之间的结构关系，是陈述与被陈述的关系，即主语是谓语的陈述对象，谓语对主语加以陈述或说明。例如：

①我们的生活‖很幸福。

②天气‖晴朗

③小明‖上学

上边的句子和短语，都是利用主谓结构组成的，主语与谓语之间用双竖线“‖”划开，表示前面的部分是主语，后面的部分是谓语。

主谓结构主要用于构成主谓短语和主谓句。如上边的例②，加上成句的语调（句号）就可以构成陈述句；而例③必须同时加上成句的语调（句号）和语气词“了”（表示陈述语气并兼有煞尾作用），形成“小明上学了。”这个陈述句才能立得住。

（二）动宾结构

所谓动宾结构，是指由动词后面带宾语所形成的结构。

汉语里的动词，分为及物和不及物两类：**能够带宾语的动词叫及物动词；不能带宾语的动词叫不及物动词。**如“拿”和“保卫”之类是及物动词，而“笑”和“出发”之类则是不及物动词。动宾结构中的动词必须是及物动词，它有时还要带有修饰成分或补充说明成分；它后面所带的宾语，一般由名词、代词或名词短语来充当。

动宾结构具有动语和宾语两个结构成分：**前面的动词或动词短语表示动作、行为或发展变化，叫作动语；后面是这个动词或动词短语所支配或涉及的对象，叫作宾语。**动语和宾语之间的结构关系，是支配与被支配的关系。例如：

拉｜货　找｜我　热爱｜祖国　热情招待｜来访的客人

欣赏｜文学作品　努力改造｜世界观　打了一会儿｜网球

以上都是用动宾结构组成的动词短语，动语与宾语之间用单竖线“｜”划开，表示前面的部分是动语，后面的部分是宾语，二者构成动宾关系。做动语的既可以是一个动词，也可以是一个动词短语，表示一种动作或行为；做宾语的一般是名词或代词，也有时是名词短语或其他名词性成分，是其前边的动作行为所涉及的对象。宾语是动语的连带成分，二者必须共现并存，才能把意思表达得清楚完整。

动宾结构主要用于构成动宾式动词短语，经常在句子中做谓语，有时还能构成动宾结构的单句。例如：

①我们‖学习语法。（动宾结构做谓语）

②出|太阳了。（动宾结构的单句）

（三）偏正结构

所谓偏正结构，是指在中心语前面附加修饰或限制成分所形成的结构。

偏正结构具有中心语和修饰语两个结构成分。其中**由名词充当中心语时，其前面的修饰语叫作定语；由动词或形容词充当中心语时，其前面的修饰语叫作状语**。定语的作用是把人或事物说得更清楚、更具体；状语的作用是把动作、性状说得更准确、更贴切。

定语、状语同中心语之间的结构关系，是修饰与被修饰的关系。名词中心语的前面经常使用结构助词“的”，因此“的”是定语的标志；动词中心语和形容词中心语的前面经常使用结构助词“地”，因此“地”是状语的标志。定语或状语的后面有时也不用“的”或“地”，而是直接附加在所修饰的中心语之前。例如：

（伟大）的祖国　（中国）人民　（一片）草地

〔飞快〕地跑　〔积极而慎重〕地对待　〔热烈〕欢迎

〔异乎寻常〕地安静　〔最〕先进　〔非常〕谦虚

上边的第一排是用偏正结构组成的名词短语，用圆括号“（　）”来表示定语；第二排是用偏正结构组成的动词短语，第三排是用偏正结构组成的形容词短语，都用方括号“〔　〕”来表示状语。

偏正结构主要用于构成偏正式名词短语、动词短语和形容词短语，此外还能构成偏正结构的单句。例如：

①（多么可爱）的秋色啊！（以名词为中心语的单句）

②〔马上〕出发！（以动词为中心语的单句）

③〔太〕好了！（以形容词为中心语的单句）

（四）补充结构

所谓补充结构，是指在中心语后面附加补充说明成分所形成的结构。

补充结构具有中心语和补语两个结构成分：**前面的动词或形容词叫作中心语；后面的补充说明成分叫作补语。**补语的作用，是使前面的动词或形容词在意义上得到补足和说明。补充结构可分为动补结构、形补结构两种。

中心语与补语之间的结构关系，是补充说明与被补充说明的关系。经常用来做补语的是形容词、趋向动词、程度副词、数量短语和介宾短语，其他短语也可以用来做补语。动词中心语和形容词中心语的后面经常使用结构助词“得”，因此“得”是补语的标志；也有的词语做补语时，直接用在动词中心语或形容词中心语之后，不需要结构助词“得”的帮助。例如：

描写得〈细致〉　抓得〈紧〉　来〈一趟〉　跳〈下来〉

好得〈很〉　亮得〈刺眼〉　深刻〈极〉了　甜〈在心里〉

上面一排是用补充结构组成的动词短语，下面一排是用补充结构组成的形容词短语，都用尖括号“〈　〉”来表示补语。

补充结构主要用于构成补充式动词短语和形容词短语，有时还能构成补充结构的单句。例如：

①说得〈有道理〉。（补充结构的动词句）

②高兴得〈又唱又跳〉。（补充结构的形容词句）

（五）并列结构

所谓并列结构，是指将两个或两个以上相关成分并列在一起所形成的结构。

并列结构的各个成分之间，是平等并列的关系。所并列的成分，必须语法功能相同、结构方式相同、在意义上有联系并属于同等概念，符合这些能够并列的基本要求，才能按照一定的语序直接进行组合，或使用连词、标点进行连接，把两个或几个相关的成分组合在一起。例如：

山、水、田、林、路（五个单音节名词并列）

说、学、逗、唱（四个单音节动词并列，相声的四项基本功）

多快好省（四个单音节形容词并列）

艰苦朴素（两个双音节形容词并列，构词方式都是并列式）

植树造林（两个双音节动词并列，构词方式都是动宾式）

战争与和平（两个双音节名词并列，使用连词连接）

讨论并通过（两个双音节动词并列，使用连词连接）

光荣而艰巨（两个双音节形容词并列，使用连词连接）

金星、木星和海王星（名词并列，有时音节数量可不一致）

利用并列结构，不仅可以把词与词并列在一起，还可以把结构相同、意义相关的短语或句子并列在一起。例如：

百花齐放、百家争鸣　　讲普通话、写规范字

身体好、学习好、工作好　　兵来将挡，水来土掩

①容不得束缚，容不得羁绊，容不得闭塞。（刘成章《安塞腰鼓》）

②他，是口的巨人。他，是行的高标。（臧克家《说和做——记闻一多先生言行片段》）

上边的两行是短语的并列，通过使用顿号或逗号来连接，表示并列关系。下边的例①是三个分句的并列，构成一个并列复句；例②是两个句子的并列，构成一个并列句群。分句和句子的并列，主要靠语意的联系和相同、相近的结构形式。

并列结构的句法功能：在句子里，一个并列结构不管有几个并列成分，其句法功能只相当于其中的一个成分。因此，并列结构不

能表示其他语法关系，也不能产生其他结构成分。例如：

③上海、南京、武汉、重庆‖平均气温都超过了37℃。

④我们‖要提倡讲普通话、写规范字。

例③的主语是一个并列结构的名词短语，其句法功能只相当于其中的一个名词；例④的宾语是两个动词短语的并列，其句法功能也只相当于其中的一个动词短语。但是，这种并列结构的运用，扩大了主语和宾语的容量，使句子所表达的内容更加丰富了。

二、句法结构的层次性和结构成分的对应性

句法结构具有结构成分、结构关系、结构层次**三个基本要素：组成句法结构的两个直接成分叫作结构成分；结构成分及其词语之间的语法关系叫作结构关系；结构成分及其词语按照一定的语法关系进行组合所形成的不同平面叫作结构层次**。任何一个句法结构，总是由两个相互对应的结构成分所组成，这两个结构成分及其词语之间总是有一定的结构关系，它们在组合过程中总会形成不同的结构层次。因此，这三个基本要素是任何句法结构都不可缺少的。

汉语的主要语法手段是语序和虚词。在句法结构里，语序是指词语组合的先后次序，虚词（主要是介词、连词和助词）能够表示实词和短语之间的语法关系。句法结构里的词语通过采用语序、虚词两种语法手段进行组合，就会因为组合的先后次序不同、语法关系不同而形成不同的结构层次。例如：

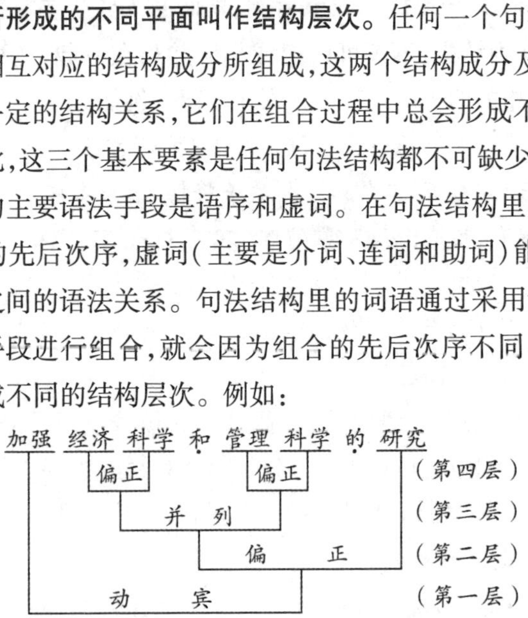

上边这个短语，第四层（由小到大进行组合时，首先组合的词语

为最后一个层次，最后组合的句法成分为第一个层次，下同）运用语序进行组合，分别构成两个偏正关系；第三层使用连词"和"进行组合，构成并列关系；第二层使用结构助词"的"进行组合，构成偏正关系；第一层利用语序进行组合，构成动宾关系。整个短语具有动语（"加强"）和宾语（"经济科学和管理科学的研究"）两个结构成分，各个结构成分和词语之间具有动宾、偏正、并列三种结构关系，在组合的过程中形成了四个结构层次。

由于句法结构的三个基本要素，就使句法结构具有**两个根本特点**：一是句法结构的层次性；二是结构成分的对应性。抓住了这两个特点，也就掌握了短语和句子的内部构造和结构规律，就能够为我们学习汉语的句法，提高话语的读写听说能力，打下坚实的基础。

（一）句法结构的层次性

与西方语言（如英语、俄语等）相比，汉语的特点是缺乏严格意义上的形态变化，语法手段主要靠语序和虚词，语法范畴主要依靠大小语言单位互相结合的次序和层次来表达。因此，层次对于汉语非常重要。

什么是句法结构的层次性？**所谓句法结构的层次性，就是指语法单位之间由于组合次序的先后而造成的层层包容关系**。这种层层包容关系，一方面是指上一层语言单位必须由下一层语言单位所组成，离开下一层单位的组合，上一层单位就不复存在；另一方面是指最大的结构体必须能够包容自己的全部结构成分，而被包容的结构成分又能作为一个结构体去包容更小的结构成分，这样层层包容就造成了句法结构的层次性。例如：

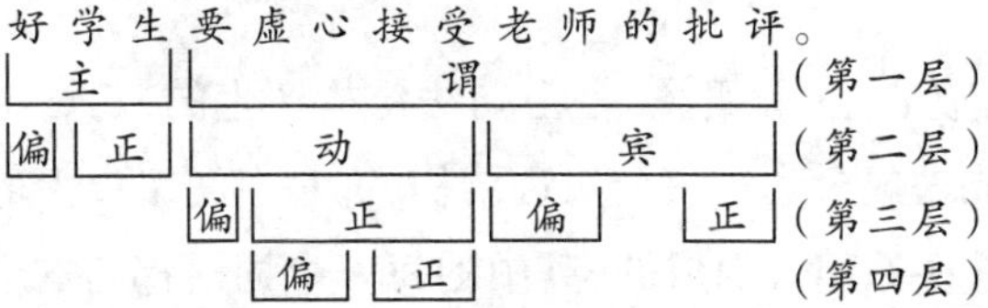

这个句子由主语和谓语两个部分构成，第一个层次是主谓关系；在第二个层次里，主语部分又包含着偏正关系，谓语部分又包含着动宾关系；在第三个层次里，动语部分和宾语部分又各包含着一层偏正关系；在第四个层次里，又构成一层偏正关系。

②热情歌颂了人民群众创造历史的伟大功绩

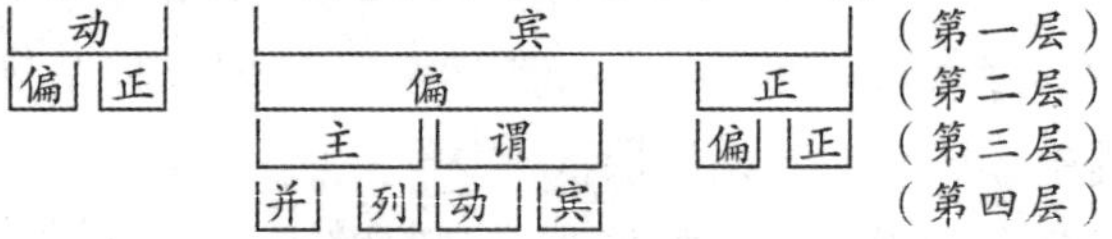

这是一个比较复杂的动宾式动词短语，由动语和宾语两个结构成分组成，第一个层次的两个结构成分之间是动宾关系；在第二个层次里，动语部分和宾语部分又各包含着一个偏正结构；在第三个层次里，宾语部分又包含着一个主谓结构和一个偏正结构；在第四个层次里，定语部分又包含着一个并列结构和一个动宾结构。

通过对以上两个句子和短语的分析可以看出，从句法结构内部的组合关系上看，上一级结构总是以下一级结构为存在的前提和条件，离开了下一级结构的组合，上一级结构就不复存在；同时，下一级结构又总是包含在上一级结构之中，是上一级结构的两个相互对应的组成部分。因此，句法结构虽然只有五种基本形式，但是它们可以被反复使用，又能够互相包容，因而使句法结构能够容纳更多的结构成分，表达更加丰富复杂的内容。

（二）结构成分的对应性

在讲结构成分的对应性之前，首先需要明确两组相关的概念：一是句法成分、句子成分、短语成分，二是结构成分、直接成分、间接成分。

“句法成分”这个概念，是由句法结构产生的，**句法结构的组成成分叫作句法成分**。每一个句法结构，都是由两个以上的词语按照一定的语法关系组合而成的，其中的每一个词语都是这个句法结构的组成成分。因为句法结构既可以用来构成短语，又可以用来构成句子，所以句法成分是一个综合性概念，它既包括短语成分，又包括句子成分。其中，**短语的组成成分叫作短语成分，句子的组成成分叫作句子成分**。在分析句子时，一般都使用"句子成分"这个概念，因为它可以包含不能进入句法结构的独立成分；在分析短语时，一般都使用"句法成分"这个概念，因为短语本身就是一个句法结构，讲句法成分可以包含组成短语的全部成分；而"短语成分"这个概念，一般很少使用。

"结构成分"这个概念，是对句法结构（包括短语和句子）进行结构分析而产生的，**构成句法结构的两个直接成分叫作结构成分**。在一个句法结构的组成成分中，有的能够发生直接的语法关系，有的则没有直接的语法关系。其中，**有直接语法关系的两个相互对应的结构成分叫作直接成分，没有直接语法关系的其他组成成分以及两个直接成分的下位成分统称为间接成分**。一般情况下，使用"结构成分"这个概念时，只指两个相互对应的直接成分，不包括其他间接成分；而使用"句法成分"这个概念时，既包括直接成分，也包括间接成分。

充当短语和句子的结构成分或句法成分的，既可以是一个词，也可以是一个短语。例如：

我 们 的 生 活 很 幸 福。
|　　　主　　　|　|　　谓　　|（第一层）
|定|　　|中|　|状|　|中|（第二层）

这是一个主谓句，第一个层次的主语和谓语是构成句子的两个直接成分，分别由一个名词短语和一个形容词短语来充当；而其中的"我们"与"幸福"之间没有直接的语法关系，只是间接成分。第二个层次分析出来的"定—中"和"状—中"又分别是一对直接成分，前者是构成主语的两个直接成分，后者是构成谓语的两个直接成分，它们都分别是主语和谓语的下位成分，因而相对于句子而言也都是

间接成分,而不是直接成分。

讲清这几个相关的概念以后,我们再来探讨结构成分的对应性就方便多了。那么,什么是结构成分的对应性呢? **任何一种句法结构(并列结构除外)都是由两个相互对应的结构成分组成的,这种普遍的语法现象叫作结构成分的对应性**。所谓"相互对应",是指组成一个句法结构的两个结构成分,相互以对方为组合对象和存在条件,离开了其中的一方,另一方也不复存在。

结构成分的对应性,是句法结构中词语组合的基本方法和根本规律。语言学中广泛应用的层次分析法(又称为"直接成分分析法"或"二分法"),就是建立在这一理论基础之上的。我们来看下面这个句子:

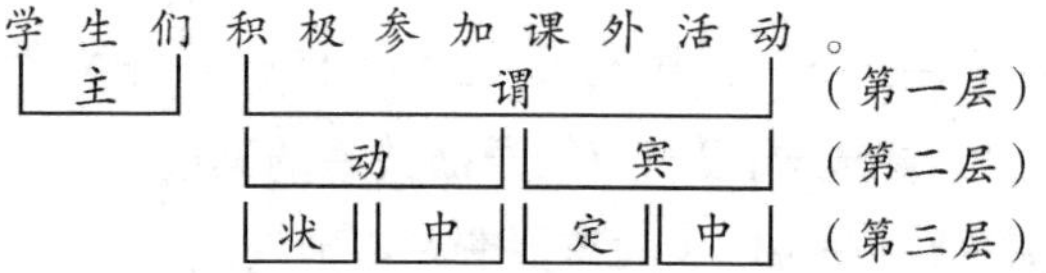

第一个层次的主语和谓语相对应,是组成这个句子的两个结构成分;第二个层次的动语和宾语相对应,是动词短语"积极参加课外活动"的两个结构成分;在第三个层次中,前面的状语同动词中心语相对应,是偏正式动词短语"积极参加"的两个结构成分,后面的定语同名词中心语相对应,是偏正式名词短语"课外活动"的两个结构成分。

由此可见,在汉语的句子或短语中,这种结构成分的对应性是非常严格的。每一个大的句法结构或小的结构体,都必须有自己相互对应的两个结构成分,二者缺一不可。如果缺少其中某一个结构成分,另一个结构成分就会失去组合对象而无法单独存在,其上一级语法单位也就不能成立了。正因为如此,层次分析法(直接成分分析法)能够采用"二分法"来逐层分析句法结构的结构成分,这有助于揭示短语和句子的结构层次和结构关系,有助于理解短语和句子的准确含义。

(三)结构成分对应性原则的应用

结构成分的对应性,是我们按照句法结构组织运用语言的一条重要原则,也是我们分析研究短语和句子的内部构造和组成成分的根本依据。这就引出两个重要问题,需要进一步探讨。

1. 句子和短语到底应该有哪些结构成分

传统的语法学著作和教材,从《新著国语文法》(黎锦熙,1924)到《暂拟系统》(1956),再到《系统提要》(1984),都一直说句子有主语、谓语、宾语、定语、状语、补语六种成分。这一句子成分体系,是以主谓句为模式,采用中心词分析法,将各种句子成分放在一个平面上进行分析所得出来的结果,其理论基础是认为句子是由词构成的,因而让每一个词同各种句子成分相对应,而不承认短语可以做句子成分。20世纪80年代以后,国内引入结构语言学的层次分析法,学界开始注意到汉语的层次性特点,在分析句子成分时出现了"述语"和"中心语"两个概念,但也只是在进行层次分析(框式图解法)时使用一下,一直未能同原来的六大成分相提并论,没有正式取得句子成分的资格。只有少数大学现代汉语教材,如黄伯荣、廖序东主编的《现代汉语》(1991增订版),才将"述语"的名称改为"动语",并将动语和中心语同原来的六大成分平等并列,开始正式提出八大句法成分说。

我们认为,八大句法成分说符合汉语的实际,它来源于主谓、动宾、偏正、补充四种基本句法结构,符合结构成分的对应性原则:其中的主语同谓语相对应,动语同宾语相对应,定、状、补语分别同它们所修饰或补充的中心语相对应。汉语中的句子或短语,都是由一种基本句法结构构成的,所以除了并列结构(不能产生新的结构成分)以外,其他几种句法结构里都包含着哪些结构成分,各种类型的句子或短语里就应该有哪些结构成分,因而八大句法成分说就是理所当然的了。各种句法结构、结构成分同各类句子或短语的对应情况见下表:

表 5－1　句法结构与句子、短语对应情况表

句法结构名称	构成句子或短语的类别	两个相互对应的结构成分		结构成分之间的语法关系	举　例
		在前	在后		
主谓结构	主谓句 主谓短语	主语	谓语	陈述与被陈述	生活‖很富裕。 身体‖健康
动宾结构	动宾句 动宾式动词短语	动语	宾语	支配与被支配	一定完成｜任务！ 吃｜水果
偏正结构	名词偏正句 偏正式名词短语	定语	中心语（名词）	修饰限制与被修饰限制	（一群茂腾腾的）后生。 （祖国的）首都
	动词偏正句 偏正式动词短语	状语	中心语（动词）	修饰与被修饰	〔到广场上〕集合！ 〔热烈〕欢迎
	形容词偏正句 偏正式形容词短语	状语	中心语（形容词）	修饰与被修饰	〔真〕快啊！ 〔十分〕灵敏
补充结构	动词补充句 补充式动词短语	中心语（动词）	补语	补充说明与被补充说明	听〈明白〉了。 交代得〈清清楚楚〉
	形容词补充句 补充式形容词短语	中心语（形容词）	补语	补充说明与被补充说明	疼得〈很厉害〉。 紧张〈一点儿〉

从表中可以看出，除了并列结构外，由其他四种句法结构所构

成的各种类型的句子和短语，一共有主语、谓语、动语、宾语、定语、状语、补语、中心语八种结构成分。换句话说，这八种结构成分的对应配合，就可以构成汉语各种类型的句子和短语。所以，说句子或短语只有主、谓、宾、定、状、补六种成分，这显然不符合汉语的实际，八大句法成分说才能更加具有说服力。

2. 关于动语和中心语的名称及增加这两种结构成分的必要性

我国语法学界早就感到六种句子成分的不足，开始探讨增加相应的结构成分，并先后使用了不同的名称。新中国成立初期，中国科学院语言研究所语法小组编写的《语法讲话》，在国内语法著作中最早采用层次分析法来分析汉语，其中在偏正结构里首次使用了“中心语”这个概念，使其与修饰语相对应；朱德熙先生在《语法讲义》中，又引进了“述语”这一概念，使其与宾语和补语相对应，并有述宾结构和述补结构之说；黄伯荣、廖序东主编的《现代汉语》修订本，也使用了“述语”这一概念，但仅与宾语相对应。述语原是谓语的别名，最早用“谓语”的是刘复的《英文汉诂》(1904)，最早用“述语”的是黎锦熙的《新著国语文法》(1924)，在同一部语法著作或教材中同时使用这两个概念并给以不同的定义，过去是没有过的。而《暂拟系统》和《系统提要》，都一直使用“动词”和“中心词”这两个概念，让宾语同“动词”相对应，让定、状、补语分别同“中心词”相对应，这从句子成分的名称角度看，显然是不太相符的。

首次提出“动语”这个名称的，是黄伯荣先生的《12 年来汉语析句法的发展变化》；而后在他和廖序东主编的《现代汉语》中，将原来“述语”的名称改为“动语”，又增加了“中心语”这一结构成分并做了详细分析，明确确定了八种句子成分(后改称“句法成分”)。此后，应雨田、宋仲鑫、陈庆武主编的《现代汉语教程》、唐朝阔、王群生主编的《现代汉语》等大学汉语教材，也都采用了以上的八大成分说。张万有教授对句子的结构成分以及增加“动语”和“中心语”问题，曾经在《句子成分质疑》中有专门论述："本文对传统语法通行多年的'句子成分'这一术语提出了疑义，认为改称'结构成分'比较合理。'结构成分'一般有8种：主语、谓语、动语、宾语、定语、状语、补语、中心语。'动语'比'述语'更易接受，比'动词'（成分）更为科学。'中心语'的设立十分必要，'中心词'这一术语应予取消。"[①]这些处在教学一线的专家教授们，深知对句法成分进行补充和完善的必要性，并在教学实践中不断深化对语法规律的认识。

吕叔湘先生在《汉语语法分析问题》一书中曾经说过，"一般都说句子有六种成分：主，谓，宾，补，定，状。是不是只许有六种？可不可以有七种八种？或者五种四种？这个问题大可讨论。"[②]根据吕先生的意见和众多专家学者的探索和实践，我们也认为应该确立八大成分的格局，在原来六大成分基础上增加动语、中心语两个结构成分，用"中心语"这个名称代替"中心词"，用"动语"这个名称代替"述语"，同时取消"动词"这个非句子成分名称。这样，才能使主语同谓语相对应，动语同宾语相对应，定、状、补语分别同其所修饰或补充的中心语相对应，满足对短语和句子进行结构分析的需要，让句法分析更加符合汉语的实际，并使句法成分的名称更为妥帖和统一。

三、短语的特点、分析方法和系统分类

上面介绍了句法结构的基本原理和有关知识，这是我们学习短语和句子的理论基础，可以帮助我们了解短语和句子的内部构造，掌握词语之间的组合规律。下面在此基础上，介绍短语的特点、分析方法和系统分类。

---

① 张万有：《句子成分质疑》，《营口师专学报》，1992年第3期。

② 吕叔湘：《汉语语法分析问题》，商务印书馆，1979，第80页。

(一)短语的特点

由词和词按照一定的语法手段组合而成的语言单位叫短语。 短语同词和句子相比,有以下三个重要特点:

1. 短语的本质是一种句法结构

每个短语,都是由两个或两个以上的词按照一定的语法关系,利用语序或虚词的语法手段组合而成的。例如:“身体健康”是主谓结构,“热爱祖国”是动宾结构,它们是利用语序直接进行组合的;“伟大的祖国”是偏正结构,“亮得刺眼”是补充结构,“崇高而伟大”是并列结构,它们是通过使用虚词“的”“得”“而”进行组合,并表示词语之间的语法关系的。因此,这种词和词的组合就构成一种句法结构,使短语开始进入句法范畴。

2. 短语是大于词而小于句子的语言单位

说短语大于词而小于句子,这主要是从语言单位由小到大进行组合的角度上说的。短语是由两个或两个以上的词组合而成的,因而短语在容量上要大于词;而短语又经常做句子的结构成分,从这个角度来说短语又小于句子。需要指出的是,短语之“短”的含义,并不是指语言形式的长短(结构复杂的短语可以比句子还要长),而是指短语同句子相比总要短缺点儿什么,如缺少语调、语气词以及称呼语、感叹语等语用成分。

3. 短语同词一样,都是一种未进入句子进行交际使用的静态单位、备用单位

吕叔湘先生在《汉语语法分析问题》中说,“句子跟词和短语又有一个重要的分别:词,短语,包括主谓短语,都是语言的静态单位,备用单位;而句子则是语言的动态单位,使用单位。”这一重要观点抓住了不同语言单位的实质,最能说明词和短语跟句子的本质区别。词是能够独立运用的最小造句单位,短语虽然是由两个或两个以上的词组成的,但仍然是一种造句单位,短语可以充当句子的结

构成分,简单短语还可以充当复杂短语的句法成分。因此,短语在未进入句子之前同词一样,都是语言的静态单位、备用单位;只有当一个短语加上成句的语调(有时还要加上语气词等)构成句子以后,或者进入句子成为其中的一个结构成分以后,才能够在交际中变成语言的动态单位、使用单位。

(二)短语的分析方法

短语分析的目的是:通过对短语进行结构层次、结构关系和句法成分的分析,确定短语的基本类型,准确理解短语的含义,并正确地使用短语。

分析短语,通常采用层次分析法(直接成分分析法)。这种分析方法源于美国语言学家布龙菲尔德的结构主义语言学,我国赵元任、丁声树、朱德熙、吕叔湘等语言学大师都率先并成功采用层次分析法来分析汉语,特别是 20 世纪 80 年代以后,层次分析法在我国语法学界得到了广泛应用。其基本方法是把每个层次或结构体都切分成两个部分,找出有语法关系的两个直接成分,所以这种析句法又叫作"直接成分分析法",也简称为"二分法"。

层次分析采用框式图解法,有从大到小和由小到大两种方法:从大到小是从短语的整体开始分析,层层二分,每个结构体二分,一直分析到都是词为止;由小到大是从每一个词开始分析,两两组合,层层组合,直至组合成这个短语为止。**在层次分析的基础上,确定短语的基本类型**:从大到小进行分析时,以开始分析的第一个层次为准;由小到大进行分析时,以最后组合的层次(仍然是第一个层次)为准。例如:

①我 们 学 校最 近 举 行 了 一 次 篮 球 比 赛

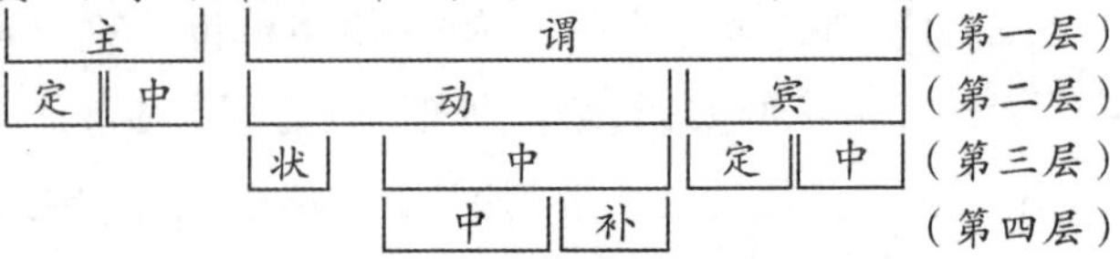

短语的基本类型:主谓短语

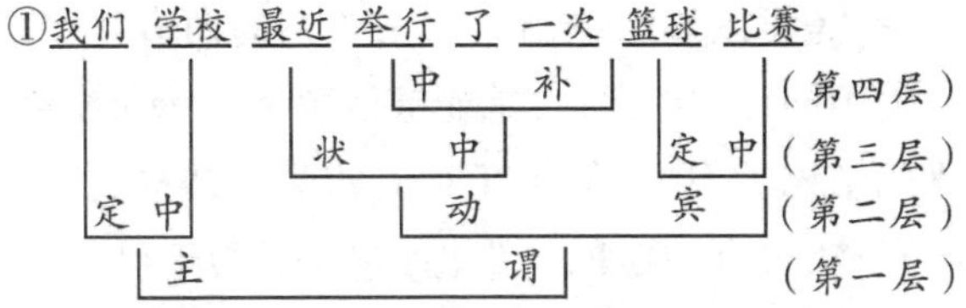

短语的基本类型：主谓短语

以上的例①是按照从大到小、由小到大两种方法进行分析的，分析的结果相同。从大到小进行分析的好处是便于把握短语的总体结构，由小到大进行分析的好处是容易看清词与词之间的组合关系。

层次分析法有两种标注形式：当需要分析短语的结构成分时，就在框线内标注结构成分的名称，如上边所举的例子；当需要分析词语之间的结构关系时，就在框线内标注结构关系的名称，例如：

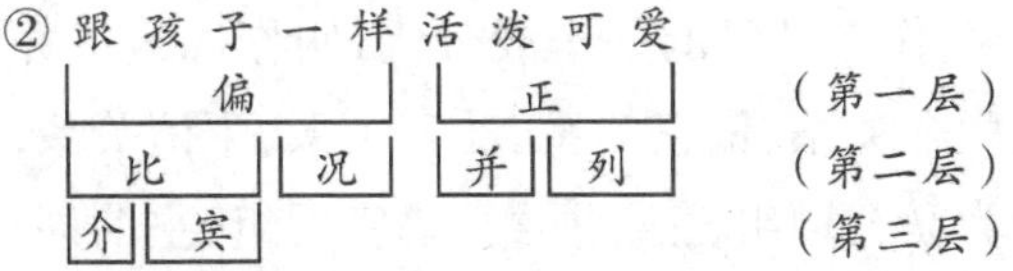

短语的句法结构类型：偏正结构

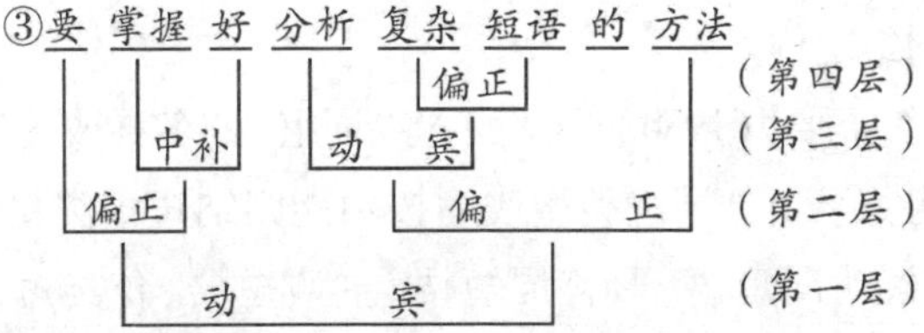

短语的句法结构类型：动宾结构

例②和例③分别采用从大到小、由小到大两种方法进行分析，在框线内标注的都不是句法成分，而是词语之间的结构关系。标注结构关系，更方便确定短语的句法结构类型。

这两种标注形式相比较，标注结构关系显得更直接一些，而标注结构成分则更进一步，因为它是根据结构关系来确定结构成分的。

层次分析法是目前我国语法学界比较通行的一种析句法，主要有两个优点:一是可以逐层找出有语法关系的两个直接成分,由此划分出短语的不同结构层次;二是能够清楚地显示每个结构层次和结构体之间的结构关系,并使相互对应的两个结构成分一目了然。但是,层次分析法也有一定的局限性,它只适用于可以二分的句法结构,对于多项并列、兼语结构、双宾结构等就难以处理。此外,需要特别指出的是,这种层层二分、一直分析到词为止的方法,只适合于分析短语,而不能用来分析句子。因为这样分析句子,会对句子中的短语成分进行不必要的切分,破坏了短语做句子成分的完整性,甚至容易把句子中的短语成分也都误认为句子成分。

（三）短语的系统分类

《暂拟系统》(1956)给词组的定义是:"实词和实词按照一定的方式组织起来,作句子里的一个成分的,叫作词组。"并说明了词组里词和词的联合关系、偏正关系、动宾关系、主谓关系,这就按照结构将词组分为联合词组、偏正词组、动宾词组、主谓词组四种类型,而对实词与虚词的组合则另称为"结构",如介词结构、"的"字结构,不包括在词组之内。

在《系统提要》(1984)中,除了将"词组"的名称改为"短语"外,还把按结构关系划分词组类型改为按功能归纳短语类型,将短语分为名词短语、动词短语、形容词短语、主谓短语、介宾短语、复指短语、固定短语七种类型。但这仍然执行了双重标准:实际上只有名词短语、动词短语、形容词短语是按照功能划分的类别;而对于主谓短语、介宾短语、复指短语,因其结构特点明显、不便于按功能划分,所以仍按结构进行分类;同时又把词语的固定组合与临时组合区别开来,单独分出固定短语这一类型。

对于短语,学界一般都从结构和功能两个角度进行分类。如胡裕树主编的《现代汉语》(重订本,2011),按照结构将词组(专指实词与实词的组合)分为偏正词组、后补词组、动宾词组、主谓词组、联合词组、同位词组、连动词组、兼语词组八种类型(此外还有数量词组和方位词组等),而词组的功能类别只分为名词性词组、非名词性词组两大类;黄伯荣、廖序东主编的《现代汉语》(增订五版,2011),将短语的结构类型分为主谓短语、动宾短语、偏正短语、中补短语、联合短语、连谓短语、兼语短语、同位短语、方位短语、量词短语、介词短语、助词短语十二种类型,将短语的功能类型分为名词性短语、动词性短语、形容词性短语、加词性短语四种类型。**而只按功能一个角度分类就显得很难**:有的采用以功能统结构的方法,比如对主谓短语再分为三类,根据谓语或谓语中心的词性,分别归入名词性短语、动词性短语、形容词性短语之中;还有的过分强调功能,参照着短语与其他词语的关系和作用,对部分短语强行二次分类,如把数量短语表物量的(两张、三瓶)归入名词性短语、表动量的(两遍、一趟)归入形容词性短语,甚至把介宾短语(因其常修饰或补充说明动词)也纳入形容词性短语之内。

我们认为,短语分类的目的是建立更加科学完善的知识体系,以指导人们在语言实践中更好地学习和使用短语。短语的结构分类和功能分类都各有用处,没有必要强行以功能统结构,把短语的分类搞得很复杂,使人们无所适从、难以掌握。出于这种想法,本书试以组成成分和方法对短语进行系统分类。从组成成分和方法的角度来考察短语的构成,整合了功能和结构两个标准,避免了以功能统结构或以结构代功能两种弊端,更加符合语言实际,同时也注意到知识的连续性(语素、词和短语一般都以实虚划分类别),便于人们掌握和应用。具体分类方法是:首先将短语分为实词式短语、虚词式短语、固定短语三大类,其中**实词同实词的组合叫作实词式短语,实词同虚词各为一方的组合叫作虚词式短语,词和词的固定组合叫作固定短语**。这里前两大类都是词的临时组合,第三大类则是词的固定组合,这样就能把词与词的所有组合方式都包括进来。

然后再将名词短语、动词短语、形容词短语、主谓短语、复指短语、方位短语、数量短语、指量短语归入实词式短语之内，将介宾短语、“的”字短语、“所”字短语、比况短语归入虚词式短语之内，将成语、惯用语、习惯语、专名归入固定短语之内，这就避免了将一种短语再进行二次分类的麻烦。这样分类以后，就建立起一个三大类、十六种的短语体系（见后附《短语系统分类表》），倘有其他未包含进来的短语类型，还可根据其特点分别补入三个大类之中。

我们在对短语做此系统分类的基础上，再分三节，对三大类、十六种短语进行具体介绍和说明。

思考与练习一

1. “词组”这个概念最早是由谁提出来的？《暂拟系统》对词组的定义是什么？“短语”这个概念同“词组”有什么区别？短语在整个语法体系中处于怎样的重要地位？

2. 什么叫句法结构？汉语有哪几种基本句法结构？举例说明。

3. 句法结构有哪三个基本要素？由此产生哪两个根本特点？掌握这些对于学习汉语的句法有何重要意义？

4. 什么叫句法结构的层次性？什么叫结构成分的对应性？举例说明。

5. 什么叫句法成分？什么叫句子成分、短语成分？三者之间有什么联系和区别？

6. 什么叫结构成分？什么叫直接成分、间接成分？二者同结构成分是什么关系？

7. 为什么说各种类型的句子和短语至少应该有八种结构成分？确立八大句法成分说对于进行句法分析有什么重要意义？

8. 什么叫短语？短语同词和句子相比有哪些本质特点？举例说明。

9. 短语分析的目的是什么？分析短语通常采用层次分析法，其具体方法步骤是什么？这种分析方法有什么优点和局限性？

10. 对短语一般都从哪两个角度进行分类？本书是从什么角度对短语进行分类的？这样分类有什么好处？

11. 指出下列短语各是由什么句法结构组成的，属于哪种类型的短语。

喝茶　看报　最好　搞好　请他　刚走　来过　吃透

种麦子　洗干净　工农兵　去一趟　爱祖国　看得远

广大师生　主要因素　批评建议　讨论一下　联系实际

懂得道理　懂得很多　坚持原则　马上执行　贯彻执行

政治和业务　政治和业务的关系　学习文件　学的文件

12. 在下面短语分析的框线内标注结构关系，说明短语的句法结构类型，并指出共有哪几对直接成分。

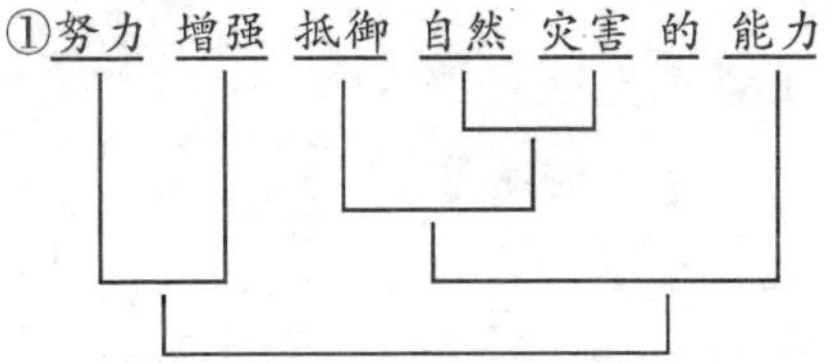

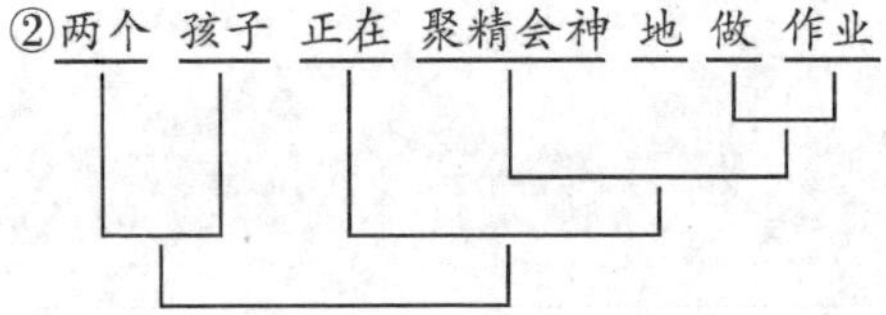

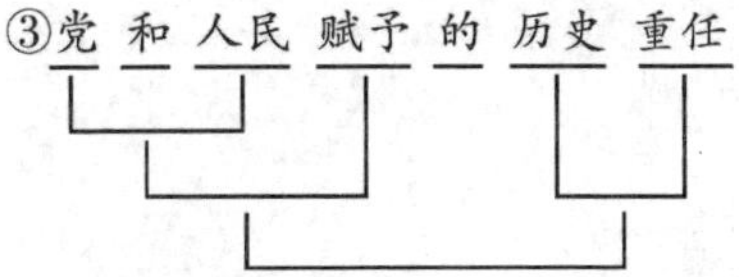

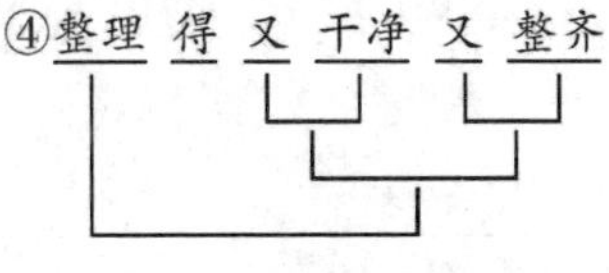

⑤以 向 人民 高度 负责 的 精神 做 好 本职 工作

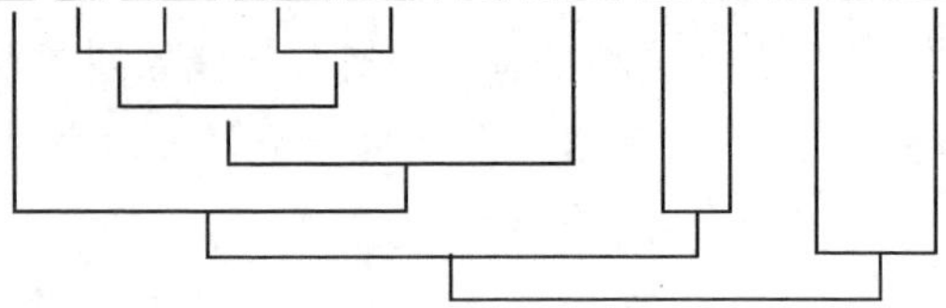

13. 用层次分析法的从大到小和由小到大两种方法，分别分析下列短语，并说明每个短语的基本类型。

①他继续写去工厂的调查报告

②村子北面的山坡上

③往黄河以北撤退

④列车开往上海

⑤大力加强物质文明建设和精神文明建设

⑥在田野里劳动的农民

⑦趁着人们不注意的时候

⑧关心群众的生产生活问题

⑨牛郎织女的故事我很熟悉

⑩热得头上直冒汗

附录　短语系统分类表

大类	小类	组成成分和方法	具体形式	举　例
实词式短语	名词短语	以名词为主体	并列式 偏正式	经验教训、政策和策略 伟大的祖国、草原风光
	动词短语	以动词为主体	动宾式 补充式 偏正式 并列式 双宾式 连动式 兼语式	学习文化、争取自由 气得直跺脚、跑两趟 热烈欢迎、经常出现 调查研究、吃喝穿戴 告诉你 一件事 喝(点)水〔慢慢〕说 叫我参加会议
	形容词短语	以形容词为主体	并列式 偏正式 补充式	机智勇敢、又快又好 十分慎重、比过去胖 好得很、忙一阵儿
	主谓短语	具有主语和谓语两个结构成分	—	会议结束、精力很充沛
	复指短语	两个以上词语共指同一事物	—	音乐家聂耳、你们两位
	方位短语	在名词或短语后面加方位词	表示处所 表示时间 表示范围	广场上、小河旁边 一年前、毕业之后 党员队伍里、群众中间
	数量短语	由数词和量词组合而成	表示物量 表示动量	一个、两只、十五件 一下、两回、三遍
	指量短语	由指示代词同量词或数量短语组合而成	表示物量 表示动量	这件、那套、这一块 这次、那趟、这一回

续表

大类	小类	组成成分和方法	具体形式	举　例
虚词式短语	介宾短语	由介词同它所带的宾语组成	—	〔从北京〕来 〔对他〕说
	“的”字短　语	结构助词“的”附着在实词或短语之后	—	国家的、吃的、先进的 拉车的、大家喜欢的
	“所”字短　语	结构助词“所”附着在能够带宾语的单音节动词之前	—	所说、所做、所想 所得、所用、所赐
	比况短语	比况助词附着在名词、动词或短语之后	—	花园一样、发疯一般 猛虎下山似的
固定短语	成　语	多为四字格的固定组合	—	卧薪尝胆、叶公好龙
	惯用语	多为三字格的固定组合	—	穿小鞋、马后炮
	习惯语	五个音节以上的多字格、杂言体	—	无风不起浪 深一脚浅一脚
	专　名	其中的全称视为固定短语	—	共产主义青年团

第二节　实词式短语

实词式短语，是由实词同实词组合而成的。组合的语法手段，一是利用语序，二是使用虚词。这里虽然也使用虚词，但它只是实词与实词中间的媒介，这与实词同虚词各为一方的组合——虚词式短语有着本质的区别。实词同实词组合而成的短语，包括名词短语、动词短语、形容词短语、主谓短语、复指短语、方位短语、数量短语、指量短语等基本类型，下面分别进行介绍。

一、名词短语

以名词为主体的短语叫作名词短语。

（一）名词短语的结构类型

名词短语根据其内部词语之间的结构关系，可以分为以下两种形式：

1. 并列式名词短语

并列式名词短语，是将两个以上意义相互联系、语法功能相同的名词，利用语序、连词或标点（主要是顿号）组合在一起的，词和词之间是平等并列的关系。例如：

语序组合：经验教训　思想感情　战略战术　柴米油盐

连词组合：个人与集体　政策和策略　生或死　医院及诊所

标点组合：政治、经济、文化　　春、夏、秋、冬

北京、上海、天津和重庆

并列式名词短语的语法功能相当于其中的一个名词，共同做一个句法成分。例如：

①今天和明天‖都是晴天。（做主语）

②我们‖要认真研究战略战术。（做宾语）

③（个人与集体）的利益‖都要保护。（做定语）

2. 偏正式名词短语

偏正式名词短语，是在名词的前面加上修饰或限制成分组合而成的。其中**名词前边的修饰限制成分叫作定语，定语后边的名词叫作中心语**。定语与名词中心语之间，是修饰（限制）与被修饰（限制）的关系。

定语与中心语组合的方式有两种：一是在定语的后面（名词中心语之前）使用结构助词“的”，因此“的”是定语的标志；二是利用语序将定语与中心语直接组合在一起，仍能表示出修饰或限制的关系。例如：

（红红）的脸　（美妙）的歌声　（伟大）的事业

（大）风　（高）楼　（紧急）任务　（高尚）品德

（我们）的理想　（祖国）的首都　（海滨）的夜景

（呢子）大衣　（草原）风光　（明天）早晨　（这个）问题

偏正式名词短语有定语和中心语两个结构成分。**定语按其作用可分为两类**：一类是**修饰性定语**，多由形容词来充当，描写或说明事物的性质或状态；另一类是**限制性定语**，多由名词或代词来充当，从领属、质料、数量、处所、时间、范围等方面，对后面的中心语进行限制。如上面这些偏正式名词短语，上面的两排都是修饰性定语，下面的两排都是限制性定语。

（二）复杂定语和多项定语

名词中心语前面的定语有时不止一个，有时是一个词，有时是一个短语，这就有了复杂定语与多项定语的区别。复杂定语是相对于简单定语而言的。**由一个词充当的定语叫作简单定语；由一个短语充当的定语叫作复杂定语**。例如：

名词短语做定语：（伟大祖国）的明天　（人与自然）的关系

动词短语做定语：（看电影）的人　（飞快奔驰）的列车

形容词短语做定语：（很好）的姑娘　（光荣而艰巨）的任务

主谓短语做定语：（桃花盛开）的季节　（鲁迅写）的杂文

上边这些名词短语的前边，都是复杂定语。其共同特点是：做定语的词语之间有结构关系，首先组合成一个结构体，然后再整体修饰或限制它后面的名词中心语。因此，在整体分析短语或句子的结构成分时，不能将一个复杂定语分开。

名词的前面有两个以上的修饰或限制成分，它们由近及远逐个递加在中心语的前面，这样的定语叫作多项定语。有的也称之为“多层定语”。例如：

(一台)(新)电脑　　　(一棵)(娇嫩)的(小)草

(东北平原)(那片)(养育关东儿女)的(肥沃)土地

(我们县)的(一位)(有经验)的(优秀)的(农业)专家

多项定语的结构特点是：两个或两个以上的定语之间没有结构关系，它们在多数情况下，都是由近及远、逐层修饰其后边的中心语或偏正式短语的。如上面前两例的结构关系是：

多项定语有一定的排列次序，既有规律性，也有一定的灵活性。根据定语的作用、语义关系和说话习惯，多项定语由前至后的一般排列次序是：

(1)表示领属的名词、代词或名词短语；

(2)指示代词或数量短语；

(3)动词或动词短语(有时可与第2项的位置互换)；

(4)形容词或形容词短语；

(5)表示类别的名词或形容词。

例如，上边各例多项定语的排列情况是：

①(一台)(新)电脑　　　②(一棵)(娇嫩)的(小)草
　(2)　(4)　　　　　　　(2)　(4)　　(5)

③(东北平原)(那片)(养育关东儿女)的(肥沃)土地
　(1)　　(2)　　(3)　　　(4)

④(我们县)的(一位)(有经验)的(优秀)的(农业)专家
　(1)　　(2)　(3)　　(4)　　(5)

通过以上例子可以看出,多项定语的排列也有一些总的规律可循:表示领属的定语总是排在最前边,表示类别的定语总是排在最后边;指示代词和数量短语做定语时一般排在其他定语的前边,并有一定的灵活性;带"的"的定语一般都排在不带"的"的定语之前。

(三)结构助词"的"的用法

定语的后面(名词中心语之前)有的需要使用结构助词"的",有的不需要使用。是否使用"的",也有一定的规律,大体上有以下几点:

1. 动词、代词、各类短语做定语时,后面一般要用"的"。例如:

动词做定语:(学习)的文件　(买)的书　(吃)的东西

——如果当中不用"的",就会变成动宾关系。

代词做定语:(我们)的工作　(怎样)的结果　(这样)的人

短语做定语:(惊心动魄)的场面　(新落成)的体育场

2. 数量短语、指示代词或指量短语做定语时,后面一般不用"的"。例如:

(三份)文件　(这个)同志　(这种)精神　(那几本)书

3. 形容词做定语时:单音节的一般不用"的";重叠形式的一般要用"的";双音节的可用可不用。例如:

(大)河　(黄)花　(热)炕　(红)太阳　(好)房子

(干干净净)的院子　(绿油油)的麦田　(黑沉沉)的天空

(精密)的仪器——(精密)仪器

(特殊)的环境——(特殊)环境

4. 名词做定语时:表示领属的一般要用"的";表示类别的一般不用"的";表示其他限制关系的可用可不用。例如:

表示领属的定语:(我们学校)的老师　(儿童)的兴趣

(中国妇女)的形象　(王大爷)的手

表示类别的定语:(数学)老师　(农业)专家　(语文)教案

表示限制关系的定语:(社会)的财富——(社会)财富

(国家)的利益——(国家)利益

(四)名词短语的语法功能

名词短语的语法功能与名词相同,在句子中经常做主语、宾语和定语,有时还可单独做谓语。例如:

①北京、上海、天津和重庆‖是我国的直辖市。

(并列式名词短语做主语)

②我们‖要依靠勇气和智慧。(并列式名词短语做宾语)

③(医院及诊所)的医生‖都要持证上岗。

(并列式名词短语做定语)

④纷纷扬扬的大雪‖下个不停。(偏正式名词短语做主语)

⑤每一个人‖都有自己的理想。(偏正式名词短语做宾语)

⑥祖国繁荣昌盛‖是(各族人民)的愿望。

(偏正式名词短语做定语)

⑦这个小伙子‖高高的个儿。(名词短语直接做谓语)

⑧鲁迅‖浙江绍兴人。(名词短语直接做谓语)

此外,偏正式名词短语的后面加上成句的语调(有时还要加上语气词等),就可以构成名词偏正句,有中心语(名词)和定语两个结构成分。例如:

⑨(一辆白色)的轿车。

⑩(多么可爱)的孩子啊!

⑪(他)的书包呢?

二、动词短语

以动词为主体的短语叫作动词短语。

(一)动词短语的结构类型

现代汉语中,动词短语是一种结构关系最复杂、结构类型最多的短语。动词后面可以有宾语、补语，动词前面又可以有状语。根据动词短语内部词语之间的结构关系，动词短语可分为动宾式、补充式、偏正式、并列式、双宾式、连动式、兼语式等几种形式。

1. 动宾式动词短语

动宾式动词短语，由动词和它所带的宾语组成。现代汉语中有许多及物动词，它们在表示一种动作或行为时，会经常带着所支配或涉及的对象。**动宾结构中起支配作用的动词或动词短语叫作动语，动语所支配或涉及的对象叫作宾语**。动语和宾语之间，是支配与被支配的关系。

(1)宾语的构成

在动宾式动词短语中，经常做宾语的是名词或代词，动词、形容词等也可以充当宾语。例如：

名词做宾语：看电影　写文章　热爱祖国　完成任务

代词做宾语：回答我　喜欢他　需要什么　告诉大家

动词做宾语：想睡觉　爱学习　排除干扰　欢迎参观

形容词做宾语：找麻烦　图清静　争取自由　充满欢乐

(2)宾语的语义类型

支配与被支配的关系，这只是动语与宾语之间一种总的结构关系。宾语对于动语所表示的意义，主要有以下几种类型。

①**受事宾语**：表示动作、行为的对象。例如：

砍树　切菜　擦玻璃　踢足球　学习技术　保卫祖国

②**结果宾语**：表示动作、行为的结果。例如：

织毛衣　挖地道　写文章　制造机器　建设体育场

③**处所宾语**：表示动作、行为所涉及的处所。例如：

登泰山　上学校　住旅馆　到了哈尔滨　参观人民大会堂

④**凭借宾语**：表示动作、行为所凭借的工具或手段。例如：

拔罐子　刻钢板　抽烟斗　洗淋浴　打游击

⑤**存现宾语**:表示存在、出现、消失的事物。例如:

挂着地图 传来枪声 来了客人 丢了钢笔 少了几个人

⑥**判断宾语**:表示和主语有同一关系或隶属关系的人或事物。例如:

北京‖是中国的首都。(宾语与主语是同一关系)

杨树‖是落叶乔木。(宾语与主语有隶属关系)

⑦**施事宾语**:表示动作、行为的发出者。例如:

看医生 晒太阳 冲热水 站着一个人 出来个老者

2. 补充式动词短语

补充式动词短语,是在动词后面加上补充说明的成分组合而成的。其中**动词后面的补充说明成分叫作补语,补语前面的动词叫作中心语**。补语与动词中心语之间,是补充说明与被补充说明的关系。

(1)补语的语义类型

在补充式动词短语中,补语对动词中心语进行补充说明,这只是一种总的结构关系。补语对动词中心语所表示的语义关系是多种多样的,主要有以下几种类型。

①**结果补语**:表示动作、行为的结果。多数由形容词来充当,少数由动词或动词短语来充当。结果补语的前面,一般不用结构助词“得”。例如:

带〈走〉 打〈死〉 吃〈饱〉 长〈高〉 赶〈跑了两次〉

听〈明白〉 擦〈干净〉 想〈歪了〉 变〈坏了〉

②**情态补语**:表示动作、行为呈现出来的具体情态。一般由形容词或形容词短语来充当,有时也由动词短语或其他短语来充当。情态补语的前面,一般都要使用结构助词“得”。例如:

交代得〈清清楚楚〉 写得〈很生动〉 说得〈既准确又流利〉

笑得〈合不拢嘴〉 气得〈直跺脚〉 吓得〈魂飞魄散〉

情态补语的前面，有时还用“个”或“得个”，有加重语气或强调的作用。例如：他磨蹭个没完。/闹得个四邻不安。此外，用“得”的补语在一定的语境里有时可省去后边的内容，表示无须或无法形容的意味，例如：看把你吓得！/你这屋乱得！这样的句子，“得”的后面都省去了补语。

③**时地补语**：表示动作、行为的时间或地点。这类补语，多由表示时间或处所的介宾短语、数量短语等来充当。例如：

表示发生或结束的时间：生〈于1898年〉、建成〈于两年前〉

表示延续的时间：讲了〈两小时〉 休息〈一会儿〉

表示动作的处所或方向：躺〈在医院里〉 送〈往南方〉

④**数量补语**：表示动作或行为的数量。一般由表示动量的数量短语来充当，还可以用其他短语来表示动量。数量补语的前面一般不用“得”，但有时要用动态助词“了”或“过”。例如：

踢〈一脚〉 跑〈两趟〉 去了〈三次〉 来过〈一回〉

演出了〈好几场〉 走了〈几个来回〉 看过〈两三遍〉

(2)结构助词“得”的用法

补语与动词中心语之间经常使用结构助词“得”来组合，有时也直接组合而不用“得”。这其中也有一定的规律，总结起来有以下几点：

第一，重叠形式的形容词、形容词短语、动词短语、主谓短语等做补语时，前面要用“得”。例如：

①院子‖打扫得〈干干净净〉。（重叠形式的形容词做补语）

②他的活儿‖做得〈非常细致〉。（形容词短语做补语）

③小姑娘‖吓得〈直哭〉。（动词短语做补语）

④大炮‖震得〈地都动起来了〉。（主谓短语做补语）

第二，疑问代词、指示代词做补语时，前面要用“得”。例如：

⑤昨天的期中考试‖考得〈怎么样〉？（疑问代词做补语）

⑥一句话‖就把你气得〈这样〉。(指示代词做补语)

第三,数量短语、介宾短语做补语时,前面不用“得”,但有时要靠动态助词“了”或“过”的帮助。例如:

⑦你‖再去〈一趟〉。(数量短语做补语)

⑧张大爷‖一直躺〈在医院里〉。(介宾短语做补语)

⑨他‖休息了〈十五天〉。(数量短语做补语,前面用“了”)

⑩我‖已经来过〈三次〉了。(数量短语做补语,前面用“过”)

第四,趋向动词、单音节动词和形容词、部分双音节形容词做补语时,因为与中心语结合得比较紧密,中间一般不用“得”;而在表示可能性或确定性时,中间一般要用“得”。例如:

⑪中国运动员的队伍‖走〈过来〉了。(趋向动词做补语)

⑫血‖把衣服都浸〈透〉了。(单音节形容词做补语)

⑬我‖要带〈走〉这些东西。(单音节动词做补语)

⑭大家‖都听〈明白〉了。(双音节形容词做补语)

⑮他的话‖你听得〈懂〉吗?(补语“懂”表示可能性)

⑯这篇文章‖写得〈好〉。(补语“好”表示确定性)

3. 偏正式动词短语

偏正式动词短语,是在动词的前面加上修饰成分组合而成的。其中**动词前面的修饰成分叫作状语,状语后面的动词叫作中心语**。状语与动词中心语之间,是修饰与被修饰的关系。

(1)状语的语义类型

动词前面的状语,所表示的意义比较复杂,归纳起来大致有以下几类:

①状态情态类状语

这类状语,表示动作行为的状态、情态或方式等意义,多由表示状态的形容词和表示情态或方式的副词来充当。此外,形容词短语、比况短语、主谓短语、固定短语等也可以表示状态,代词或数量短语等也可以表示情态或方式。例如：

表示状态的:〔快〕走　〔积极〕参加　〔热烈〕欢迎

〔积极而热情〕地帮助　〔蜜蜂一般〕劳作

〔态度严肃〕地说　〔义正辞严〕地斥责

表示情态或方式的:〔悄悄〕溜了　〔忽然〕发现

〔这样〕写　〔一脚〕踢开

②时间处所类状语

这类状语,表示动作行为的时间、频率和处所、方向等意义。多由表示时间和频率的副词、时间名词、处所名词、方位词、方位短语、介宾短语、代词等来充当。例如：

表示时间或频率的:〔刚〕走　〔明天〕来　〔再三〕要求

〔经常〕出现　〔两个小时以后〕出发

表示处所或方向的:〔北京〕见　〔屋里〕坐　〔向东〕走

〔在教室里〕学习　〔那里〕等着

③对象范围类状语

这类状语,表示动作行为的对象、范围等意义。多由表示对象的介宾短语和表示范围的副词来充当。例如：

表示对象的:〔对他〕说　〔向我〕道歉

〔同农民〕交谈　〔把这件事〕办好

表示范围的:〔都〕去　〔一律〕作废

〔单独〕行动　〔全部〕消灭

④然否类状语

这类状语,表示对动作行为的肯定、否定或推测等意思,多由表示肯定、否定、估量的副词来充当。例如：

表示肯定:〔准〕去　〔确实〕好　〔必定〕胜利

表示否定:〔不〕赞成　〔没有〕来　〔不用〕去　〔别〕担心

表示推测:〔也许〕失败　〔大概〕走了

〔约莫〕等了一个小时

⑤意愿语气类状语

这类状语用在动词中心语前面，表示说话者的意愿、语气、口气等意思。表示意愿的状语，一般由能愿动词来充当。例如：

〔能够〕做到　〔应该〕报答　〔必须〕去　〔愿意〕参加

表示语气和口气类状语，一般都用在动词中心语前面，有时也用在句首，多由语气副词来充当，表示强调、反问等语气。例如：

表示强调的语气：①他〔可〕是个好同志。

②我〔是〕做得不对。

表示反问的语气：③你〔究竟〕去不去？

④〔难道〕你放弃了？

含有转折口气：⑤这样偏僻的山区，〔竟然〕发展得这么快！

⑥别人都同意，你〔却〕反对。

(2)复杂状语与多项状语

同定语有复杂定语和多项定语一样，状语也有复杂状语和多项状语。**由一个词做状语的叫作简单状语；由一个短语做状语的叫作复杂状语；动词前面有两个以上的修饰成分，它们由近及远逐个递加在中心语的前头，这样的状语叫作多项状语**。例如：

〔细心〕地寻找　（简单状语）

〔十分细心〕地寻找　（复杂状语）

〔立即〕〔十分细心〕地寻找　（多项状语）

复杂状语与多项状语的区别是：构成复杂状语的词首先组合成一个短语，然后再整体修饰它后面的动词中心语，也就是说，复杂状语不管多么复杂，也只是一个状语；而多项状语中的词或短语之间，本身并没有结构关系，都是分别修饰它后面的中心语或偏正式短语的，也就是说，多项状语是两个或两个以上的状语。如上面两例复杂状语和多项状语，其组合次序和结构关系如下图所示：

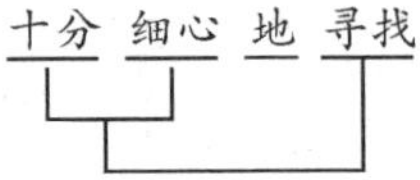

（复杂状语）

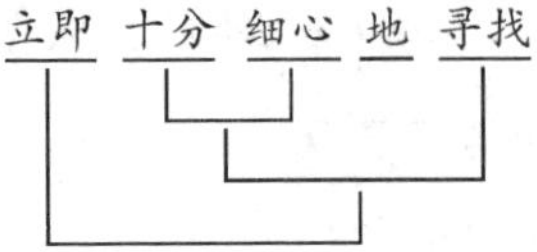

（多项状语）

当动词中心语前面的状语不止一个时，其排列次序也有一定的规律。多项状语由前至后的大致排列次序是：

（1）表示时间的名词、方位短语或介宾短语；

（2）表示处所的方位短语或介宾短语；

（3）副词（位置有一定的灵活性）；

（4）形容词或形容词短语；

（5）表示对象的介宾短语。

例如：

①许多代表‖〔昨天〕〔在休息室里〕〔都〕〔热情〕地〔同他〕交谈。
（1）（2）（3）（4）（5）

②我‖〔上午〕〔在家里〕〔又〕〔特别仔细〕地校对了一遍。
（1）（2）（3）（4）

③我‖〔上午〕〔又〕〔在家里〕〔特别仔细〕地校对了一遍。
（1）（3）（2）（4）

通过以上例子可以看出，多项状语的排列次序也有总的规律可循：表示时间和处所的总是排在最前面；副词状语的位置有一定的灵活性；带“地”的状语一般都排在不带“地”的后面；表示对象的状语总是排在最后面。

（3）结构助词“地”的用法

状语的后面（动词中心语之前）经常使用结构助词“地”进行组合，因此“地”是状语的标志。状语和动词中心语有时也直接组合在一起，中间不用“地”。是否使用结构助词“地”，也有一定的规律，主要有以下三点：

第一，副词、单音节形容词、能愿动词、时间名词、代词、数量短语、方位短语、介宾短语等做状语时，后面不用“地”。例如：

副词做状语：〔终于〕完成　〔正在〕办理　〔一定〕到

单音节形容词做状语：〔多〕拉　〔快〕跑　〔猛〕跳

能愿动词做状语：〔能〕来　〔愿意〕去　〔应该〕参加

时间名词做状语：〔明天〕走　〔中午〕到　〔星期日〕休息

代词做状语：〔这样〕安装　〔这么〕做　〔那样〕学

数量短语做状语：〔一拳〕打倒　〔两次〕完成

方位短语做状语：〔楼上〕坐　〔两天以后〕出发

介宾短语做状语：〔从北京〕来　〔在院子里〕徘徊

第二，普通动词、形容词短语、主谓短语、固定短语做状语时，后面一般要用“地”。例如：

普通动词做别的动词的状语：〔关心〕地问　〔微笑〕地看着

形容词短语做状语：〔非常热情〕地帮助他

主谓短语做状语：〔态度严肃〕地站在讲台上

固定短语做状语：他〔深一脚浅一脚〕地走到后院

第三，双音节形容词、比况短语做状语时，“地”可用可不用。例如：

〔郑重〕地宣布——〔郑重〕宣布

〔认真〕地对待——〔认真〕对待

他〔像老大哥一般〕地关心我——他〔像老大哥一般〕关心我——他〔老大哥似的〕关心我

4. 并列式动词短语

并列式动词短语，是将两个以上意义相互联系、语法功能相同的动词组合在一起而形成的。组合方式有利用语序直接组合、使用连词或副词关联组合、使用标点（一般用顿号）进行组合三种形式。

例如：

直接组合：互助合作　植树造林　调查研究　听说读写

关联组合：继承和发扬　研究并解决　又说又笑　边说边干

标点组合：吃、喝、穿、戴　　学习、贯彻、落实

组成并列式动词短语，所并列的动词必须符合以下基本要求：一是要尽量做到音节相同、形式对称；二是要属于同等的概念，意义相近或相连；三是语法功能相同，都能够与有直接语法关系的同一个词或短语进行搭配。例如：

①我们‖不能讲究吃、喝、穿、戴。

②县委‖研究并解决了群众提出的问题。

例①的宾语是四个单音节动词的并列，"吃""喝""穿""戴"都是同等的概念，意义相近、相连，而且都能分别与谓语动词"讲究"进行搭配；例②的两个双音节动词"研究"和"解决"并列，都能与共同的宾语"群众提出的问题"进行搭配。

5. 双宾式动词短语

有的及物动词（如"给、送、告诉"之类）能够带两个宾语，其中**离动词较近的宾语一般指人，叫作近宾语；离动词较远的宾语一般指物，叫作远宾语**。两个宾语分别同它前面的动语（起支配作用的动词）发生动宾关系，而两个宾语之间没有任何结构关系。例如：

给我 一杯水　　送你 两本书　　告诉你 一件事

双宾式动词短语的主要语法功能是在句子中做谓语，此外还能单独构成双宾句。例如：

①妈妈‖给了我（很大）的鼓励。（双宾式动词短语做谓语）

②告诉|你（一个）（好）消息！（单独构成双宾句）

双宾式动词短语采用层次分析法进行分析时，可以用下面的方法表示出来：

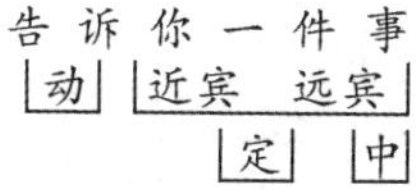

6. 连动式动词短语

连用两个以上的动词，表示连续的动作或行为，它们都是同一施事（未出现）发出的，其中有的动词可以带宾语，有的动词可以不带宾语。例如：

喝（点）水〔慢慢〕说　　有事情去北京

坐〈在那里〉眯着眼睛盘算着

连动式动词短语的主要语法功能是在句子中做谓语，此外也可充当其他句子成分，有时还能单独构成连动句。例如：

①（坐飞机去上海）的人‖陆续来到机场。（连动式动词短语做定语）

②我们‖决定去天安门广场看升旗。（连动式动词短语做宾语）

③拖住敌人争取时间‖是我们的作战目标。（连动式动词短语做主语）

④开（个）会讨论（这件）事。（由连动式动词短语单独构成连动句）

连动式动词短语采用层次分析法进行分析时，可以用下面的方法表示出来：

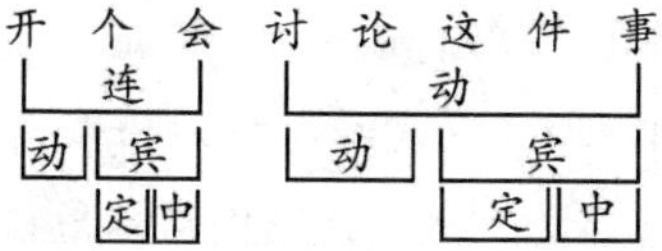

7. 兼语式动词短语

由一个动宾结构与一个主谓结构套叠而成，前面动宾结构的宾语兼做后面主谓结构的主语。这虽然也是连用两个动词，但动作的发出者不同：前面动词的动作是施事（未出现）发出的，后面动词的

动作是受事(已出现)发出的。例如:

叫我写一篇论文　　命令一班冲〈上去〉

兼语式动词短语还有一个明显特点:前面的动词都必须是使令动词,如“使、叫、让、请、派、命令、禁止、要求、选举”之类;而后面则是一般的动词,可以带宾语,也可以不带宾语。

兼语式动词短语的主要语法功能是在句子中做谓语,此外,也可充当其他句子成分,有时还能单独构成兼语句。例如:

①(派他去开会)的事情‖〔已经〕定了。(兼语式动词短语做定语)

②领导‖决定请求上级支援。(兼语式动词短语做宾语)

③选他当村主任‖是(全体村民)的心愿。(兼语式动词短语做主语)

④派刘明去北京。(由兼语式动词短语单独构成兼语句)

兼语式动词短语采用层次分析法进行分析时,可以用下面的方法表示出来:

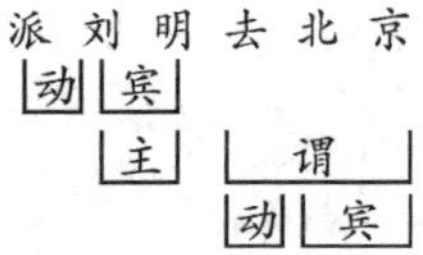

(三)动词短语的语法功能

动词短语的语法功能与动词相同,在句子中主要做谓语,还可以做主语、宾语和定语。例如:

①我‖买了一本书。(动宾式动词短语做谓语)

②这本书‖写得〈很好〉。(补充式动词短语做谓语)

③他‖〔忽然〕醒了。(偏正式动词短语做谓语)

④同学们‖又说又笑。(并列式动词短语做谓语)

⑤改造设备‖才能增加产量。(动宾式动词短语做主语)

⑥我‖喜欢在大海里游泳。(偏正式动词短语做宾语)

⑦(接待我们)的人‖很热情。(动宾式动词短语做定语)

此外,一个动词短语加上成句的语调(有时还需要加上语气词等),就可以构成句子。这样的句子一般都是省略了主语的,通常统称为“无主句”。例如:

⑧马上开车了。(动词偏正句)

⑨当心油漆!(一般动宾句)

⑩讲得好!(动词补充句)

⑪吃了饭就走。(连动句)

⑫让我去上海。(兼语句)

三、形容词短语

以形容词为主体的短语叫作形容词短语。

(一)形容词短语的结构类型

形容词短语,根据其内部词语之间的结构关系,可分为并列式、偏正式、补充式三种形式。

1. 并列式形容词短语

并列式形容词短语,是将两个以上意义上相互联系、语法功能相同的形容词组合在一起而形成的。组合方式有利用语序直接组合、使用连词或有关联作用的副词进行组合、利用标点(一般用顿号)进行组合三种形式。例如:

直接组合:雄伟壮丽　　机智勇敢　　谦虚谨慎　　庄严肃穆

关联组合:光荣而艰巨　　纯洁和高尚　　又快又好

标点组合:伟大、光荣、正确　　准确、鲜明、生动

并列式形容词短语,词和词之间的关系是平等并列的。其语法功能相当于一个形容词,共同做一个句法成分。其作用是增加描述的容量,能够把人或事物的性质或状态表现得更加具体、形象。例如:

①(伟大、光荣、正确)的中国共产党‖万岁!

②保卫祖国的任务‖光荣而艰巨。

例①中的并列式形容词短语在句子中做定语,例②中的并列式形容词短语在句子中做谓语,虽然它们的语法功能只相当于一个形容词,但描述的容量却加大了,从多个角度表现出人或事物的性质和特点。

2. 偏正式形容词短语

偏正式形容词短语,是在形容词的前面加上修饰成分组合而成的。其中**形容词前边的修饰成分叫作状语,状语后边的形容词叫作中心语**。状语与形容词中心语之间,是修饰与被修饰的关系。经常给形容词做状语的,主要是程度副词、代词和介宾短语等。例如:

程度副词做状语,表示性质或状态的程度:〔十分〕灵敏、〔异常〕精美、〔很〕高兴、〔最〕先进

代词做状语,指代性质或状态的程度:〔那样〕善良、〔这么〕聪明、〔多么〕可爱、〔这样〕用心

介宾短语做状语,表示比较的对象:〔比过去〕胖、〔跟他〕亲近、〔和山一样〕高、〔比我〕强

形容词同前面的状语,多数情况下都是直接组合,中间一般不使用结构助词。形容词前如果需要使用结构助词,也要使用“地”。例如:

〔相当〕地壮观　〔孩子般〕地天真　〔那样〕地软弱

3. 补充式形容词短语

补充式形容词短语,是在形容词后面加上补充说明成分组合而成的。其中**形容词后边的补充说明成分叫作补语,补语前边的形容词叫作中心语**。补语与形容词中心语之间,是补充说明与被补充说明的关系。经常给形容词做补语的是程度副词、单音节形容词、趋向动词或数量短语,动词短语和主谓短语等也可以做补语。

补语的前面(动词或形容词之后)经常使用结构助词“得”进行组合,因此“得”是补语的标志。**形容词后面“得”的用法是**:动词短语、主谓短语等做补语时,必须要用“得”;趋向动词和数量短语做补语时,一般不用“得”;程度副词和单音节形容词做补语时,有时要用“得”,有时可不用,但要靠结构助词“了”等的帮助。具体见下面各例。

形容词之后补语的语义类型:

形容词之后的补语所表示的意义,要比动词之后的补语简单一些,主要有以下几种语义类型。

(1)**程度补语**:表示事物的性质、状态所达到的程度。

能够做程度补语的词并不多:程度副词中只有“极”和“很”可以做补语;此外,有几个虚化的形容词“透、慌、死、坏、多”等,可以表示达到极点或很高的程度;用数量短语“一些”和“一点儿”等,也可以表示很轻的程度。例如:

程度副词做补语:好得〈很〉　　漂亮〈极〉了

形容词做程度补语:累〈死〉　　差得〈远〉　　坏〈透〉了

用数量短语表示程度较轻:疼〈一点儿〉　　好〈一些〉

(2)**情态补语**:表示人或事物的具体情态,具有描写的作用。这类补语多由动词短语、主谓短语等来充当。例如:

动词短语做情态补语:高兴得〈跳起来〉

激动得〈流下热泪〉

主谓短语做情态补语:饿得〈肚子咕咕叫〉

急得〈两眼发直〉

(3)**数量补语**:表示与状态有关的数量或延续的时间。这类形容词的补语,多由数量短语来充当。例如:

表示有关数量的:高〈半头〉　　大〈三岁〉　　少了〈十斤〉

表示延续时间的:忙〈一阵儿〉　　疼了〈一会儿〉

(4)**趋向补语**:表示状态的某种趋向。这类形容词的补语,多由双音节趋向动词来充当。例如:

热〈起来〉　冷〈下去〉　明白〈过来〉　糊涂〈过去〉

(二)形容词短语的语法功能

形容词短语的语法功能与形容词相同,在句子中主要做谓语,还经常做定语、状语和补语,有时还能够做宾语和主语。例如:

①这个孩子‖既聪明又活泼。(并列式形容词短语做谓语)

②他的动作‖十分灵敏。(偏正式形容词短语做谓语)

③王大妈‖激动得流下热泪。(补充式形容词短语做谓语)

④(这么聪明)的孩子‖肯定学习好。(形容词短语做定语)

⑤我们‖〔又快又好〕地完成了任务。(形容词短语做状语)

⑥这篇论文‖写得〈简明而深刻〉。(形容词短语做补语)

⑦过分的谦虚‖就是虚伪。(形容词短语做主语)

⑧修辞的基本要求‖是准确、鲜明、生动。(并列式形容词短语做宾语)

此外,一个形容词短语加上成句的语调(有时还需要加上语气词等),就可以构成句子。这种句子,一般都是省略了主语的"无主句"。例如:

⑨太好了!(形容词偏正句)

⑩快一点儿!(形容词补充句)

四、主谓短语

由主语和谓语两个部分构成的短语叫作主谓短语。其中主语是谓语的陈述对象,谓语对主语加以陈述或说明。谓语与主语之间的关系,是陈述与被陈述的关系。

(一)主谓短语的构成

主谓短语具有主语和谓语两个结构成分,一般语序是主语在

前、谓语在后。其中主语多由名词、代词或名词短语来充当;谓语多由动词或动词短语、形容词或形容词短语来充当。例如:

名词—动词:会议‖结束　　学生‖放假
任务‖完成　　春天‖来了

名词短语—动词短语:两个孩子‖正在读书
我的母亲‖已经到了
小芹和小二黑‖各自回家
咱们工人‖有力量

名词—形容词:精力‖充沛　　态度‖和蔼
工业‖发达　　环境‖幽雅

名词短语—形容词短语:晚会的气氛‖非常热烈
这次任务‖光荣而艰巨
商业和服务业‖比较发达
屋里的灯‖亮得刺眼

代词—动词:我‖参加　　我们‖休息　　他们‖走了

代词—动词短语:我们‖往山里撤　　大家‖都支持你
谁‖参加会议　　那里‖储存着许多货物

代词—形容词:我‖紧张　　他‖轻松
那里‖肃静　　谁‖辛辛苦苦

代词—形容词短语:他们‖特别兴奋　大家‖都非常着急
这里‖十分幽静　你‖怎么这样不冷静

除了以上这些基本构成形式外,**主语和谓语还有以下几种情况**:

一是动词或动词短语、形容词或形容词短语,有时也可以做主语。例如:

<u>游泳</u>‖很累　　(动词做主语)

<u>写文章</u>‖是艰苦的脑力劳动　　(动词短语做主语)

勤俭‖是一种美德　　（形容词做主语）

封建王朝的腐败‖不得人心　　（形容词短语做主语）

二是名词或名词短语，有时也可以直接做谓语。例如：

明天‖星期日　　（名词做谓语）

那个姑娘‖细高身材（名词短语做谓语）

三是主谓短语，可以直接做谓语或主语。例如：

十月的北京‖阳光灿烂（主谓短语做谓语）

无霜期短‖是高寒山区的重要特征（主谓短语做主语）

四是有的代词能够代替动词和形容词，这样的代词有时也可以用来做谓语。例如：

你‖怎么啦？（疑问代词做谓语）

这件事‖就这样吧！（指示代词做谓语中心）

五是因为方位短语、“的”字短语、“所”字短语、数量短语、指量短语等都是名词性的，所以它们有时也可以做主语或谓语（包括谓语部分的宾语）。例如：

院子里‖停着一辆黑色轿车（方位短语做主语）

开会的‖都来了（“的”字短语做主语）

那条裤子‖毛料的（“的”字短语做谓语）

所说‖不错（“所”字短语做主语）

所答‖非所问（“所”字短语分别做主语、宾语）

哥哥‖十八岁（数量短语做谓语）

一吨‖一千公斤（数量短语分别做主语、谓语）

这一次‖唱得好（指量短语做主语）

穿上这两件大衣，你‖这件，我‖那件。（指量短语做谓语）

（二）主语的语义类型

主语的语义类型，指的是主语对于谓语所表示的不同语义关系。具体地说，就是主语对做谓语（或谓语中心）的动词、形容词等所表示的语义关系。主语的语义类型可分为以下三种：

1. 施事主语

所谓施事主语，是指主语是谓语动词所表示的动作、行为的发出者。例如：

老师‖批改作业　　同学们‖踢足球　　北风‖呼呼地刮着

2. 受事主语

所谓受事主语，是指主语是谓语动词所表示的动作、行为的承受者。例如：

自行车‖修好了　敌人‖被全部消灭　任务‖完成得很好

3. 中性主语

所谓中性主语，是指主语既不是施事，也不是受事，而是被谓语描写、判断或说明的对象。例如：

主语是描写的对象：这泉水‖真甜　　小伙子‖高高的个子

主语是判断的对象：重庆‖是新设立的直辖市

牛‖是哺乳动物

主语是说明的对象：湖边‖有一条船　　书架上‖少了几本书

（三）谓语的语义类型

根据谓语对主语的作用，可以将谓语的语义类型分为以下三大类：

1. 叙述类谓语

主要叙述主语“做什么”或与主语有关的事情。这类谓语，多由动词、动词短语和主谓短语等来充当。例如：

老师‖讲课　　同学们‖学习英语　　北京‖交通方便

2. 描写类谓语

主要描写主语的性质或状态，表示主语“什么样”。这类谓语，多由形容词、形容词短语和具有描写作用的主谓短语等来充当。

例如：

成绩‖优秀　　这个箱子‖太笨重　　今天‖阳光明媚

3. 判断说明类谓语

主要是判断说明主语的类属或有关情况，表示主语“是什么”。这类谓语，多使用判断词“是”，表示主语与谓语之间的同一关系或隶属关系；有时还用“有”和“没有”等，表示存在、出现或消失了什么。例如：

①土地‖是国家的。（主语与谓语是隶属关系）

②《西游记》的作者‖是吴承恩。（主语与谓语是同一关系）

③门前‖有一条河。（谓语表示存在）

④广场上的人‖没有了。（谓语表示消失）

（四）主谓短语的语法功能

主谓短语在汉语里，具有特殊的地位和作用。其语法功能主要有以下两个方面：

1. 主谓短语带上一定的语调（有时还要加上语气词等），就可以构成主谓句。这是汉语的典型句型和常用句型。例如：

①我们‖热爱祖国。

②缺水的问题‖顺利解决了。

③这盆米兰‖真香啊！

④苦日子‖会过去的。

⑤你‖来了吗？

2. 主谓短语还可以做主、谓、宾、定、状、补语等句子成分。例如：

⑥人们破坏自然环境‖也是造成山体滑坡的一个重要原因。（主谓短语做主语）

⑦气候潮湿‖是海滨城市的共同特点。（主谓短语做主语）

⑧沙漠地区‖空气干燥。（主谓短语做谓语）

⑨我的爷爷‖脾气有点儿古怪。(主谓短语做谓语)

⑩他‖知道我一定会来。(主谓短语做宾语)

⑪我‖看见摩托车走远了。(主谓短语做宾语)

⑫(村主任住院)的消息‖很快传开了。(主谓短语做定语)

⑬他‖是一个(意志坚定)的人。(主谓短语做定语)

⑭突击队长‖〔精神抖擞〕地走在前面。(主谓短语做状语)

⑮匪徒们‖都〔神色慌张〕地望着山下。(主谓短语做状语)

⑯大娘‖被雨浇得〈衣服全湿透〉了。(主谓短语做补语)

⑰他‖疼得〈头上直冒汗〉。(主谓短语做补语)

五、复指短语

用两个以上的词或短语共指同一人或事物,各项之间有相互说明的复指关系,这种短语叫作复指短语。因其并列各项的语法位置相同且做同一个句法成分,所以又叫作“同位短语”。

(一)复指短语的构成

复指短语是名词性的,因此通常由名词或名词短语、代词、数量短语等构成。构成方式主要有以下几种:

1. 把两个以上的名词或名词短语连用在一起,由人或事物的名称和注释两个部分构成。

注释性部分常常是表示称谓、职衔、身份之类的意思,对名称起到强调和说明的作用。这种注释性成分经常出现在名称之前,有时也出现在名称之后。当名称之前出现两个以上的注释性成分时,中间一般用顿号隔开;当名称之后出现注释性成分时,其前后一般都用逗号隔开。例如:

他姐姐 刘芳　　劳动模范 王强　　革命圣地 井冈山

我们的厂长、全国劳动模范 刘宏涛同志

北京，我们的首都，‖是一个历史悠久的城市。

2. 把两个代词连用在一起，前面的代词指代范围，后面的代词指代对象。例如：

我们 大家　　咱们 大伙儿　　你 自己　　我 自个儿

3. 代词在前，名词或名词短语在后。前面的代词指代范围，后面的名词或名词短语表示人或事物的名称。例如：

你们 年轻人　　人家 老陈　　他 这个人

我们 农民　　咱们 全班同学

4. 名词或名词短语、代词在前，数量短语或指量短语在后。前面的名词或名词短语表示人或事物的名称，或用代词代替人或事物的名称；后面用数量短语说明数量，或用指量短语复指数量。例如：

父子 二人　　我们 三个　　你们 几位　　他们 五组

志明和建国 两个　　中秋节 那一天　　去年 这一年

春天 那阵儿　　一年一度的高考 这两天

（二）复指短语的语法功能

复指短语都是名词性的，因而具有名词短语的特点。其语法功能有以下两个方面：

1. 复指短语在特定的语言环境下可以独立成句，这也是一种省略句式。例如：

①——你们几个谁去？

——我们两个。

②——他是谁？

——我的表哥王建华。

③——台上讲话的是谁？

——全国劳动模范、市人大代表李健。

④这是什么地方？首都北京！

⑤是谁毁了你们这个家？你自己！

上边的例①～③答话的内容，都是由一个复指短语独立成句的；例④和例⑤是自问自答，后面的句子也是由一个复指短语加上成句的语调构成的。

2. 复指短语同名词短语一样，经常在句子中充当主语、宾语和定语。例如：

①“两弹一星”功勋奖章获得者 邓稼先‖是中华民族核武器事业的奠基人和开拓者。（复指短语做主语）

②我们 大家‖一起来到工地。（复指短语做主语）

③战士们‖想念他们的老班长欧阳海。（复指短语做宾语）

④为国歌作曲的‖是作曲家聂耳。（复指短语做宾语）

⑤我‖要同他谈谈（我们农民）的事。（复指短语做定语）

⑥（你们老人家）的经历‖都很丰富。（复指短语做定语）

此外，表示时间的复指短语，还可以在句子中做状语。例如：

⑦我‖〔国庆节那天〕到了北京。

⑧河边‖〔夏秋两季〕长满了蒿草。

六、方位短语

在一个名词、名词短语或其他短语的后面加上方位词，用来表示处所、时间、范围等意义，这种短语叫作方位短语。

方位短语包括以下三类：

第一类，表示处所的。例如：

广场上　　树林内　　村外　　黄河以北　　主席台前

村子东头　　小河旁边　　大山里面　　长城内外

第二类，表示时间的。例如：

一年前　　饭后　　半个世纪中　　两个星期以上

毕业之后　　两个回合之内　　学习结束以后

春节前后　　十天左右

第三类，表示范围等意义的。例如：

阳光照耀下　　客观层面上　　学习过程中

党员队伍里　　课堂之外　　老师和学生中间

方位短语的语法功能：

第一，方位短语属于名词性短语，在句子中经常做主语或宾语，有时也做定语。例如：

①主席台前‖竖起一面国旗。（方位短语做主语）

②集合地点‖是村子东头。（方位短语做宾语）

③（广场上）的群众‖欢腾起来。（方位短语做定语）

第二，方位短语还可以同介词组成介宾短语，在句子中做状语或补语。例如：

④美帝国主义‖已经把战火烧〈到鸭绿江边〉。（方位短语同介词“到”组成介宾短语，在句子中做补语）

⑤同学们‖〔在教室里〕听报告。（方位短语同介词“在”组成介宾短语，在句子中做状语）

七、数量短语

由数词与量词组合而成的短语叫作数量短语。

现代汉语中，数词和量词一般都不能单独使用，经常结合在一起组成数量短语，用来表示人或事物的数量（物量），或表示动作、行为的数量（动量）。例如：

表示物量的：一个　　两只　　三副　　十五件　　一千套

十斤　　八吨　　三百公里　　七十八平方米

表示动量的：一下　　两顿　　三遍　　四回　　一阵

五趟　　几场　　三十二次

数量短语的语法功能：

第一,表示物量的数量短语,经常用在名词前面做定语;表示动量的数量短语,经常用在动词后面做补语,也有时用在动词前面做状语。例如:

①他‖买了(十斤)猪肉。(表示物量,用在名词前做定语)

②他‖已经去了〈三次〉。(表示动量,用在动词后做补语)

③这些货‖〈五趟〉拉完。(表示动量,用在动词前做状语)

第二,表示物量的数量短语属于名词性的,因此可以做主语和宾语;在一定的语言条件下还可以单独做谓语。例如:

④这块电线‖是三米。(表示物量,做宾语)

⑤一公顷‖等于十五亩。(土地面积单位,分别做主语和宾语)

⑥西红柿‖三元。(表示物品的价格,单独做谓语)

八、指量短语

在量词或数量短语前面加上指示代词,用以指示或区别人和事物,这种短语叫作指量短语。

现代汉语中,基本的指示代词只有"这"和"那"两个。它们同量词或数量短语结合使用,就可以构成指量短语,用以指示或区别人和事物。例如:

指示或区别物量的:这件　那只　这副　那套

这一条　那一块　这一群　那几个

指示或区别动量的:这次　那趟　这回　那顿

这一下　那两遍　这一遭　那几场

指量短语的语法功能:

第一,用以指示或区别物量的指量短语,经常用在名词前面做定语;用来指示或区别动量的指量短语,经常用在动词后面做补语,有时也用在动词前面做状语。例如:

①小吴‖还拿着(那件)衣服。(表示物量的指量短语,修饰名词做定语)

②话剧团‖只演出了〈那几场〉。(表示动量的指量短语,用在动词后面做补语)

③王大爷‖〔这次〕吃了亏。(表示动量的指量短语,用在动词前面做状语)

第二,因为使用了指示代词“这”或“那”,使指量短语具有复指作用,并具有名词性的特点。所以在语法功能上,指量短语还可以在句子中做主语或宾语。例如:

④这两遍‖擦得最细致。(指量短语做主语)

⑤他要的书‖就是这一本。(指量短语做宾语)

思考与练习二

1. 什么叫实词式短语?实词式短语包括哪几种类型?

2. 什么叫名词短语?名词短语分为哪两种形式?举例说明。

3. 名词中心语的定语可分为哪两类?什么是复杂定语、多项定语?分别举例说明。

4. 什么叫动词短语?动词短语分为哪几种形式?分别举例说明。

5. 现代汉语中的动词可分为哪两类、各有怎样的语法功能?动语(做谓语的动词或动词短语)所支配的宾语有哪些语义类型、各表示什么意义?举例说明。

6. 在偏正式动词短语中,状语有哪些语义类型?什么是复杂状语、多项状语?分别举例说明。

7. 什么叫形容词短语?形容词短语有哪几种形式?举例说明。

8. 动词中心语和形容词中心语后面的补语各有哪些语义类型?各表示什么意义?分别举例说明。

9. 结构助词“的”“地”“得”的用法各是什么?举例说明。

10. 名词短语、动词短语、形容词短语的主要语法功能是什么？分别举例说明。

11. 什么叫主谓短语？主语和谓语各有哪三种语义类型？主谓短语具有哪些语法功能？分别举例说明。

12. 什么叫复指短语？它有哪几种构成形式？其语法功能是什么？举例说明。

13. 什么叫方位短语？它包括哪三类？具有什么语法功能？举例说明。

14. 什么叫数量短语、指量短语？各分为哪两种？语法功能各是什么？分别举例说明。

15. 指出下面短语的基本类型，并说明其结构形式和组合方法。

柴米油盐　　太和殿、中和殿、保和殿　　光明的前途

语文教师　　报刊书籍　　农业技术　　严肃认真地讨论

制订计划　　这一场球赛　　一块黑板　　闪着灯光

等待你的消息　　往外跑　　积极因素　　打得遍体鳞伤

怎么做　拿上来　忽然发现　调查研究　研究并解决

16. 把下面的短语用“‖”分为主语、谓语两个部分，并说明主语和谓语的语义类型。

战士们出发　　他们背起背包　　人们的眼睛含着热泪

馒头蒸好了　　报纸分完了　　地图挂在墙上

交通不方便　　她脸色红润　　村东边走过来很多人

雪地上有敌人的脚印　　他是山东人

《红楼梦》的作者是曹雪芹

17. 用“|”划分开下边动宾式动词短语中的动语和宾语，指出它们各是由什么词或短语充当的，并说明宾语的语义类型。

告诉大家　　喜欢钓鱼　　贪图安逸　　认真了解情况

努力提高文化水平　　喝大碗茶　　吃馆子　　做裤子

去太原　住帐篷　停着一辆车　来了两位客人　刮风

造船　　下大雨　　很快洗完衣服　　是新的　　冲淋浴

18. 用“〈　〉”标出下边动词短语和形容词短语中的补语，指出它们各是由哪类词或短语充当的，并说明其语义类型。

迸发出来　　热得烫手　　急得大哭　　穿破　　唱得好

记得清清楚楚　　迟疑了一下　　说得大家都笑起来

守在电话机旁　　走向光明　　成立于2022年

舒服极了　　好起来　　大意不得　　认不出来

19. 用“〔　〕”标出下列偏正式动词短语中的状语，指出是由什么词或短语充当的，并说明其语义类型。

簌簌地响　　细心照料　　已经完成　　不赞成　　能参加

明天早晨出发　　在屋里开会　　朝操场里跑　　正在吃饭

屡次发生　　把外衣脱掉　　对大家说　　一把拉住

20. 分别用“(　)”和“〔　〕”标出下边短语中的多项定语和多项状语，并说明它们是按照怎样的次序进行排列的。

一片广阔的平原　　这盘旧石磨　　一颗颗红玛瑙似的果实

四个红鱼细瓷茶碗　　我们自己的高素质的科技人才队伍

和大家亲切交谈　　独自在院子里徘徊　　立即往回跑

在灯光下慢慢地把纸条打开　　兴奋地争先恐后和他握手

21. 划出下边句子中的复指短语，并说明每个复指项各表示什么意义，在句子中充当什么成分。

①你们年轻人朝气蓬勃。

②车上跳下一个人，这就是我的同学李华。

③那位队长走出去了，其余的人也一个一个跟着出去了，屋里只剩下我和李春生两个。

④语文、数学、英语这三门是高考的必考学科。

⑤吕叔湘，著名语言学家，在国内外享有盛誉。

⑥饲养员王世德同志津津有味地讲着每头牲口的习性和特点。

22. 划出下面句子中的方位短语,并说明它是表示什么意义的,在句子中做什么成分。

①树林内长满蒿草。

②八路军的主力部队在黄河以北。

③村子东头的小河已经没有水了。

④我学习结束以后回家。

⑤我们中间有人没有完成任务。

⑥这是十几年以前的事了。

23. 划出下面句子中的数量短语和指量短语,并说明它们各自表示什么意义,在句子中做什么成分。

①一斤猪肉十二元。

②她已经搬走几十年了。

③这一盒是月饼。

④我买了两双鞋,一双是皮鞋,一双是布鞋。

⑤这件衣服很漂亮。

⑥有两条毛巾,这一条是你的,那一条是我的。

⑦他这次摔得很厉害。

⑧那两趟都白跑了。

第三节　虚词式短语

虚词式短语，是由实词同虚词组合而成的。需要特别指出和加以区别的是：实词与实词的组合有时也使用虚词，但它只是一种语法手段，有时可以省去不用，有时还可以用标点符号来代替；而在实词同虚词的组合中，虚词则是必不可少的，既不能不用，也不能以其他形式来代替。因此，虚词短语有两个明显特点：

第一，虚词短语是以实词和虚词各为一方的组合形式，其中虚词是不可缺少的组成部分。例如：介词"从"与名词"北京"组合成"从北京"（介宾短语），名词"石头"与助词"的"组合成"石头的"（"的"字短语），助词"所"同动词"说"组合成"所说"（"所"字短语），名词"花园"同比况助词"似的"组合成"花园似的"（比况短语），这几种虚词式短语，在分析其组成结构时，都必须把实词和虚词各自作为一个组成部分。

第二，虚词在虚词式短语中有固定的位置，并形成了一种固定的格式。例如：介宾短语中的介词，必须用在名词性成分之前，后边的词语是它所涉及的对象，形成一种"介＋名"的格式；"所"字短语中的助词"所"，必须用在单音节动词之前，构成"所×"的格式；而"的"字短语中的结构助词"的"，必须用在词或短语的后面，构成"×的""××的"或"……的"格式；比况短语中的比况助词，也必须用在有形象描绘作用的词语后边，构成"……似的（般、一般、一样）"的格式。以上这些虚词的使用位置和所形成的固定格式，都是由语法规则和人们说话的习惯所约定俗成的，一般不能随意改变。

汉语在长期使用中，形成了几种实词与虚词各为一方的组合形式，这就是我们所说的虚词式短语。现代汉语中的虚词式短语，主要有介宾短语、“的”字短语、“所”字短语、比况短语等形式，下面分别进行介绍。

一、介宾短语

由介词同它所带的宾语组成的短语，叫作介宾短语。

（一）介宾短语的构成

介词的宾语，是介词所涉及的对象。经常充当介词的宾语的，主要是名词、代词或名词短语、方位短语等。此外，有些主谓短语、动词短语和形容词短语等，能够说明一种现象或一种行为的，也可以成为介词的宾语。介词不能单独使用，需要同它后边的宾语合起来组成一种固定的结构，用以表示动作行为的方向、处所、时间、对象、原因、目的等意义。例如：

表示方向的：往东　向山顶上　顺着这条弯弯的小路

表示处所的：在教室　从根据地　到天安门广场（看看）

表示时间的：于明天上午　在出发之前　自从你走以后

表示对象的：把你　被敌人　对于城内守敌的这份防御计划

表示原因的：因为气温太低　由于过于自信

表示目的的：为了实现理想　为争取自由

（二）介宾短语的语法功能

1. 介宾短语的基本用途是做动词的修饰成分，经常用在动词前面做状语，或用在动词后面做补语。例如：

①哥哥‖〔在灯下〕读书。（修饰动词做状语）

②燕子‖又〔从南方〕飞回来了。（修饰动词做状语）

③小明‖〔把哥哥的书〕撕坏了。（修饰动词做状语）

④王大妈‖躺〈在病床上〉。（补充说明动词做补语）

⑤这批物资‖送〈往灾区〉。（补充说明动词做补语）

⑥他‖毕业〈于一九六八年〉。（补充说明动词做补语）

2. 介宾短语还可以限制名词做定语，或修饰形容词做状语。例如：

⑦（往东）的路‖很难走。（限制名词做定语）

⑧站台上停的‖是（到北京）的列车。（限制名词做定语）

⑨这个人‖〔跟我哥哥〕很亲密。（修饰形容词做状语）

⑩今天‖〔比昨天〕暖和。（修饰形容词做状语）

3. 介宾短语不能充当主语和谓语，但少数几个表示目的的介词（“为”和“为了”等）所构成的介宾短语能够充当宾语。例如：

⑪改革‖是为了解放和发展生产力。（介宾短语做宾语）

⑫这‖都是为你。（介宾短语做宾语）

二、“的”字短语

结构助词“的”附着在实词或短语之后，用以指称人或事物，这种短语叫作“的”字短语。

“的”字短语在结构上，由前面的词或短语跟后面的结构助词“的”两部分组成。不管是一个词还是一个短语，后面附着上结构助词“的”以后，只要能够表示一种名词性的意义，就可以构成“的”字短语。例如：

名词后面附着“的”：铁的　塑料的　群众的　国家的

动词后面附着“的”：吃的　用的　支持的　反对的

形容词后面附着“的”：红的　好的　先进的　软弱的

代词后面附着“的”：我的　你的　大家的　这里的

短语后面附着“的”：我们单位的　大家喜欢的

修理电器的　从战场上撤下来的

（一）“的”字短语的来源

定语后面用结构助词“的”的名词短语，在使用中有时可以省去后面的中心语，这就构成了“的”字短语。例如：

(塑料的)玩具——塑料的　　(国家的)财产——国家的

(吃的)东西——吃的　　(穿的)衣服——穿的

(甜的)味道——甜的　　(先进的)技术——先进的

(我哥哥的)书——我哥哥的

(从远方来的)客人——从远方来的

这种“的”字短语,人们为了表达上的方便而不断使用,其结构形式也就逐渐被固定下来。其特点是:后边带上中心语,它就是定语;后边省去中心语,它就是“的”字短语。

“的”字短语的作用主要是用来代替名词。在一定的语言环境下,省略了名词中心语,仍能把意思表达得很清楚。例如:

①我们外出旅游,要带上吃的、穿的、用的。(三个“的”字短语组成并列结构做宾语,代替吃、穿、用的物品)

②男的‖挖树坑,女的‖埋树苗。(“的”字短语做主语,分别代替男同志和女同志)

(二)“的”字短语的语法功能

“的”字短语属于名词性短语,经常在句子中做主语和宾语,此外还可单独做谓语。例如:

①摇船的‖都说很疲乏。(做主语)

②公园里的桌子‖是石头的。(做宾语)

③从战场上撤下来的‖是一营三连。(做主语)

④这里的螃蟹‖比不得西湖的。(做宾语)

⑤先进的‖帮助落后的。(分别做主语和宾语)

⑥这种玩具‖塑料的。(单独做谓语)

三、“所”字短语

结构助词“所”附着在能够带宾语的单音节动词之前,用以指称动作所支配或关涉的对象,这种短语叫作“所”字短语。

在现代汉语里，有些能够带宾语的单音节动词前面经常附着结构助词“所”，用以指称某种概括性的事物，这就是通常所说的“所”字短语。例如：

所说　所做　所想　所论　所写　所学
所爱　所恨　所赐　所赠　所杀　所抢
所害　所赚　所得　所用　所托　所管

以上这些“所”字短语，后面的动词都是单音节的，而且都能带宾语，同时又与前面的“所”字结合紧密，组合成一种名词性结构，可以用来指称这个动词所支配或关涉的人或事物。如“所说”可以代替说过的话，“所做”可以代替做过的事。

（一）“所”字短语的来源

“所”是专门用在动词（特别是能够带宾语的单音节动词）之前的一个助词，它同动词组成的固定结构，一般都是用来修饰其后面的名词或名词短语的，这个名词或名词短语，在意念上是前面的动词所支配或涉及的对象。例如：

（所请）的人　（所说）的话　（所做）的事
（所赚）的钱　（所提）的问题　（所学）的知识
（所用）的卑鄙手段　（所写）的小说和诗歌

对上面这种单音节动词做定语并使用“所”字的名词性短语，人们在使用中为了表达方便，有时就将后面的中心语和结构助词“的”都省去，只使用前面的定语，如“所说的话→所说”，“所做的事→所做”，等等，这就形成了“所”字短语。其结构结合紧密，很像一个双音节名词，使用方便，而且仍能指称这个动词所涉及的人或事物。所以，人们都习惯于这种用法，用得多了自然约定俗成，因而形成了这种固定结构的“所”字短语。

（二）“所”字短语的语法功能

“所”字短语的语法性质属于名词性的，因此其语法功能也大体相当于一个名词。它主要用于修饰或限制其后面的名词做定语；此外，还可以在句子中单独做主语或宾语。例如：

①中午十二点前，(所请)的人‖都到了。(修饰名词做定语)

②(所学)的文件‖都放在这里。(修饰名词做定语)

③不重视教育事业，所误‖必是孩子。(单独做主语)

④所得‖要合法，所赚‖要合规。(在两个分句中都做主语)

⑤先要有所舍，才能有所取。(在两个分句中都做宾语)

(三)“所”字短语与带“所”字的双音词的区别

现代汉语中，有几个由“所”字构成的双音词，如“所部”“所属”“所谓”“所以”“所有”“所在”等，它们都是一种固定组合，其中的“所”只是一个语素，而不再是一个独立的助词。而“所”字短语，是结构助词“所”同能够带宾语的单音节动词的临时组合，用来代替这个动词所涉及的对象，还没有取得词的定型化资格，只能作为一种短语来对待和使用。具体地说，“所说”“所做”之类的“所”字短语，是由两个词构成的；而“所有”“所在”之类的双音词，是由两个语素构成的，它们在整体上是一个词。所以，我们不能将“所”字短语同带“所”字的双音词混同起来。

需要说明的是，“所”有时也可附着在能够带宾语的双音节动词之前，如“所需要”“所佩服”等，这虽然对人或事物也有一定的指称作用，但指称功能却大为减弱，所以在单独使用时一般还需要在后面加“的”，组成“的”字短语，如：所需要的‖是粮食。此外，结构助词“所”还经常同介词“为”配合使用表被动，如“为广大群众所欢迎”，这里的“所”仍然附着在双音节动词之前。

四、比况短语

比况助词附着在名词、动词或短语的后面，使之具有描绘和比喻的作用，这种短语叫作比况短语。

在现代汉语里，比况助词只有“似的”“一样”“一般”“般”这几个，所以比况短语也都以后面带这几个比况助词为标志。例如：

花儿一样　鹅毛般　花园似的　钢浇铁铸一般

仙境一般　大海一样　踊跃的铁的兽脊似的　触电般

抽风一样　野马一般　落汤鸡似的　离弦的箭一般

紫茄子一样　猛虎下山一般　蚂蚁搬家一样　潮水似的

（一）比况短语的构成及作用

比况短语，由前面的名词、动词或短语同后面的比况助词两部分构成。其中前面的词或短语能够给人一种具体的形象，后面的比况助词使之具有一种描绘和比喻的作用，由此对其后面或前面的中心语进行修饰或补充。例如：

（花园似的）城市　（神仙般）的生活

〔钢浇铁铸一般〕站立着　〔花儿一样〕美丽

被雨浇得〈落汤鸡似的〉　脸红得〈紫茄子一样〉

在比况短语的前面，有时使用动词“像”和“好像”，使比喻意义更加明显，例如：像｜泄了气的皮球似的、好像｜白昼一般。需要说明的是，这里的“像”和“好像”，不是比况短语的组成部分，这是一个动宾结构，前面的“像”和“好像”是动语，后面的比况短语是宾语。

（二）比况短语的语法功能

比况短语属于形容词性短语。其基本用途是修饰名词、动词或形容词，在句子中做定语、状语或补语。例如：

①厦门‖是一座（花园似的）城市。（修饰名词做定语）

②壮汉‖〔钢浇铁铸一般〕站立着。（修饰动词做状语）

③姑娘们‖都打扮得〈花儿一样〉。（补充前面的动词做补语）

④她那说话的声音‖〔银铃儿似的〕美妙动听。（修饰形容词短语做状语）

⑤那家伙‖凶得〈老虎似的〉。（补充前面的形容词做补语）

此外，因比况短语所表示的都是比喻意义，所以在其前面很容易用上动词“像”“好像”等，有时还用介词“跟”“和”等引入比喻的对象。在这种情况下，比况短语在句子中，既可以做谓语动词的宾语，又可以同其前边的动词或介词一起做状语或补语。例如：

⑥他的性子‖好像野马一般。（比况短语做宾语）

⑦我军的气势‖如同猛虎下山一样。（比况短语做宾语）

⑧猎狗‖〔像箭一般〕跑过去。（同前边的动词一起做状语）

⑨我的腿‖〔和铅块一样〕沉重。（同前边的介词一起做状语）

⑩沙漠里‖热得〈跟蒸笼似的〉。（同前边的介词一起做补语）

思考与练习三

1. 什么叫虚词式短语？它有哪两个明显特点？虚词式短语包括哪几种类型？

2. 什么叫介宾短语？经常做介词的宾语的有哪些词语？介宾短语都能够表示哪些意义？举例说明。

3. 介宾短语的基本用途是什么？此外它还有哪些语法功能？举例说明。

4. 什么叫“的”字短语？“的”字短语的来源是什么？举例说明。

5. “的”字短语的语法功能是什么？举例说明。

6. 什么叫“所”字短语？“所”字短语是怎样形成的？举例说明。

7. “所”字短语同带“所”字的双音词有什么区别？“所”字短语的语法功能是什么？举例说明。

8. 什么叫比况短语？它由哪两个部分组成？每个组成部分各起什么作用？

9. 比况短语的主要语法功能是什么？它还有哪些特殊用法？举例说明。

10. 划出下列句子中的介宾短语，并说明它们是修饰或补充说明哪个词语的，表示什么意义，做什么句子成分。

①金色的太阳从东方升起。

②他把脸上的汗擦了擦，就急忙扛起行李往工地上走。

③成熟的荔枝生在枝头，从远处看不清它壳面的构造。

④立春过后，大地渐渐从沉睡中苏醒过来。

⑤这小姑娘让我坐在炉前的小凳子上，她自己就蹲在我旁边，不住地打量我。

⑥他一下就把我们的心思猜中了。

⑦我们要为祖国做出更大的贡献。

⑧今年的庄稼比去年长得好。

11. 划出下列句子中的“的”字短语，并说明它在句子中做什么成分。

①桃树、杏树、梨树，你不让我，我不让你，都开满了花赶趟儿。红的像火，粉的像霞，白的像雪。

②看大门的是一个中年男子。

③一九三二年秋天，我在上海英商汽车公司当卖票的。

④你们的都拿走了，我们的还在这儿。

⑤这些桌子都是从教室里搬出来的。

⑥这台电视机我买的。

⑦这个灶台面大理石的。

12. 划出下列句子中的“所”字短语，并说明它指称什么事物、在句子中做什么成分。

①先要有所作，才能有所为。

②记者们的所见、所闻，都是对老村长的肯定和赞誉。

③心为民所系，权为民所用，利为民所谋。

④所留的人都在屋里。

13. 划出下列句子中的比况短语，并说明它们在句子中做什么成分。

①村主任的热心肠像一盆火一样。

②村外山坡上的谷垛堆得小山似的。

③淡黑的起伏的连山，仿佛是踊跃的铁的兽脊似的，都远远地向船尾跑去了，但我却还以为船慢。

④人们潮水一般从四面八方涌向广场。

⑤风一吹，鹅毛般的苇絮就飘飘悠悠地飞起来。

⑥你真的跟孩子一样天真！

第四节　固定短语

前两节讲的实词式短语和虚词式短语，都是词与词的临时组合。短语是由词构成的，我们讲短语，讲词的组合形式，不能只讲词的临时组合，还需要讲词的固定组合。

现代汉语中的短语，除了大部分是词与词的临时组合外，还有相当数量的短语是词与词的固定组合，它们在人们的长期使用中定型定义、约定俗成，不能随意改变其结构和成分。**固定短语具有词和短语的双重性**：一方面，它在功能上相当于一个词，可以当作一个词来使用，从这个角度来说可以算作一种词汇的单位；但另一方面，它又是由几个词组成的，在容量上大于词而在结构上比词更为复杂，因而从本质上看是比词大一级的语言单位，故称之为“固定短语”。因为我们不能把固定短语中的词看作语素，所以就不能把固定短语放在构词法中去讲，只能将其放在短语中来讲，作为词的一种组合形式来讲，这样才能充分认识固定短语的形式、意义和特点，帮助人们更好地学习和使用固定短语。

那么，什么是固定短语呢？**固定短语是词与词的固定组合，是**

在容量上大于词，而在功能上相当于词的语言单位。现代汉语中的固定短语，主要包括成语、惯用语、习惯语、专名等形式。下面分别进行介绍。

一、成语

成语是一种在长期使用中逐渐凝结而成的意义概括、形式固定、具有书面语色彩的固定短语。

成语的典型特征是：定型定义，言简意赅，四言成语，风格文雅。例如：

万紫千红　莺歌燕舞　叶公好龙　卧薪尝胆　调虎离山

（一）成语的来源

现代汉语中的成语，数量相当可观。王涛等编著的《中国成语大辞典》收录成语 18 000 余条；朱祖延主编的《汉语成语辞海》收录成语 25 000 条；李行健主编的《现代汉语成语规范大词典》汇集成语 8 800 余条，除了一般四字格常用成语之外，也酌情收录了部分非四字格成语及谚语、格言、不易区分的固定语，基本囊括了现代汉语书面上所能见到的成语。

这数以万计的成语，主要来源于以下几个方面：

第一，神话和寓言故事。我国古代有许多生动感人、寓意深刻的神话故事和寓言故事，很多成语都是由这些故事凝缩而成的。比如：画龙点睛、南柯一梦、叶公好龙、掩耳盗铃等。

第二，历史故事。我国历史悠久，古代文献中记载有许多著名的历史事件和历史故事，有很多成语就是由这些历史事件和历史故事凝缩而成的。例如：卧薪尝胆、毛遂自荐、完璧归赵、望梅止渴等。

第三，古诗文名句。我国古代文史典籍异常丰富，里面有很多脍炙人口的名句，由于人们常常引用而逐渐凝结为成语。例如：一鼓作气、土崩瓦解、杯水车薪、老骥伏枥等。

第四，四字习惯语。习惯语是人民群众口头创造的，用普通的生活现象来说明一般事理或表现某种状态，因在口语中习用已久而形成了一种固定形式。这种习惯语古已有之，其中四个音节的习惯语多被作为成语来使用，并被收入成语词典之中。例如：三心二意、鸡飞蛋打、理直气壮、娇生惯养、装腔作势等。

从以上来源可以看出，现代汉语中的成语，大都是千百年来沿袭下来的，并在相当程度上保留了它的原形或原意。这也充分说明，成语具有很强的历史稳定性和继承性。

（二）成语的特点

成语同其他一般短语相比，有其固有的特点，主要表现在三个方面：

1. 意义的整体性

成语的意义一般不是各个词义的简单相加，而是将各个构成成分融为一体，表示一个特定的整体意义。这个整体意义有时是词汇的本义，如“德才兼备”“奋发图强”之类；而更多的则是比喻义、引申义或特指某种意义。如“胸有成竹”并不是“胸中有长成的竹子”的字面意义，而是用画竹子要脑子里先有竹子的整体形象才能画得好的道理，来比喻做事情之前已有周密妥善的考虑而信心十足；“一团和气”则引申为无原则的团结；而“四面楚歌”则特指楚汉相争、决战垓下的历史故事，比喻四面受敌、处于孤立危急的困境。因此，我们使用成语时，必须首先弄清它的出处和意义，特别是要透过字面上的表层意义来领会其隐含的深层意义，这样才能正确、恰当地使用。

2. 结构的稳固性

成语是一种稳固的定型结构，一般不能任意变动语序，也不能增减或抽换其组成成分。这是因为，成语的沿袭和使用也是社会约定俗成的结果，改变了成语的结构和成分，不但破坏了成语的整体意义，也为社会语言习惯所不许。例如“指鹿为马”来源于一个历史故事，自然不能说成“指鹿为羊”；“拍案叫绝”也不能改为“拍桌叫绝”。所以我们在使用成语时，要注意成语的定型性特点，不能随意改动。

3. 音节四音化

四音节是成语的语音形式特点。成语绝大多数都是由四个音节组成的，也称“四字格”。少数的非四音节成语也有四音化趋势。如“士别三日，当刮目相看”，后来也被压缩为“刮目相看”。成语的四音化特点，是成语内容和形式的完美统一，音节太少很难表达出比词更丰富更深刻的意义，音节太多又不够凝练概括，使用起来也不方便。所以一般认为四音节组合才是最适宜的，不仅意义丰富深刻，而且形式也整齐匀称，声韵也易搭配得和谐悦耳。

（三）成语的结构

四字成语，其结构形式多为二二结构，即前面的两个字为一个部分，后面的两个字为一个部分。前后两部分之间，主要有以下几种结构关系：

1. 并列关系：前后两个部分在意义上是平等并列的，在结构上是对称的。例如：

眉来—眼去　眉清—目秀　名正—言顺　千锤—百炼

胡言—乱语　心直—口快　心平—气和　龙飞—凤舞

年富—力强　花好—月圆　枪林—弹雨　风调—雨顺

莺歌—燕舞　装腔—作势　理直—气壮　卧薪—尝胆

2. 偏正关系：在意义上以后一部分为主体，前一部分起修饰或限制作用。例如：

八面—玲珑　刮目—相看　肺腑—之言　一孔—之见

世外—桃源　纨绔—子弟　雨后—春笋　豁然—开朗

孜孜—不倦　郁郁—寡欢　摇摇—欲坠　振振—有词

百年—大计　掌上—明珠　空中—楼阁　汗马—功劳

3. 主谓关系：前一部分表示人或事物，后一部分对前一部分加以陈述或说明。例如：

世态—炎凉　玉石—俱焚　本末—倒置　目中—无人

叶公—好龙　杞人—忧天　塞翁—失马　唇齿—相依

黔驴—技穷　枯木—逢春　文人—相轻　闻鸡—起舞

骑虎—难下　老马—识途　光阴—似箭　危机—四伏

4. 动宾关系：前一部分表示动作或行为，后一部分是动作或行为所涉及的对象。例如：

胸有—成竹　明察—秋毫　火烧—眉毛　另起—炉灶

饱经—风霜　别开—生面　顾全—大局　固执—己见

自投—罗网　初出—茅庐　退避—三舍　不动—声色

不识—时务　铸成—大错　装潢—门面　暗送—秋波

四字成语除了二二结构的以外，还有少数是一三结构的。例如：

文—如其人　力—不从心　打—退堂鼓　天—各一方

傍—人门户　近—在咫尺　熟—能生巧　攻—其不备

穷—则思变　坐—以待毙　忍—无可忍　取—而代之

四字成语中，三一结构的是极少数。例如：

东窗事—发　旁观者—清　近朱者—赤，近墨者—黑

需要说明的是，这种三一结构和一三结构的成语，在读音上也都要读成二二结构，如“旁观/者清、攻其/不备”，这样才能符合汉语音顿律的要求。

通过以上例子可以看出，成语作为一种固定短语，也是利用并列、偏正、主谓、动宾等几种基本句法结构组成的。了解成语的结构，有助于理解成语的意义，对于我们学好用好成语具有重要作用。

（四）成语的语法功能类别和使用方法

1. 成语的语法功能类别

成语是一种词的固定组合，经常作为一个词来使用，因而也需要划分其语法功能类别，才能够正确地理解和使用。成语根据其构成成分和结构关系，特别是根据所表示的整体意义和语法功能，绝大多数都属于动词性、形容词性和名词性的，只有极少数属于数词性或代词性的。例如：

动词性成语：歌功颂德　远走高飞　跋山涉水
救死扶伤　发号施令　置之不理

形容词性成语：汹涌澎湃　正大光明　短小精悍
心惊胆战　毛骨悚然　装腔作势

名词性成语：豪言壮语　清规戒律　丰功伟绩
南柯一梦　良师益友　世外桃源

数词性成语：三三两两　三番五次

代词性成语：诸如此类

2. 成语的语法功能和使用方法

成语与其他词语相比更富有表现力，而且言简意赅，具有文雅的书面语色彩。在日常说话和写作中，正确、恰当地选用成语，对于提高语言表达效果，增强语言的生动性和形象性具有重要作用。对于选用的每一个成语，我们都要首先弄清其语法功能，即它相当于哪一类词、在句子里能够做什么成分、能够同哪些词语进行搭配等，这样才能保证正确恰当地使用。

成语定型、定义的特征与词相同，它的意义又属于词汇意义的范畴，因而成语的语法功能大体同实词相当，即凡是实词能够充当的各种句法成分（主语、谓语、动语、宾语、定语、状语、补语、中心语），成语都可以充当。

成语的造句功能，与其所属的功能类别有基本一致的关系。如动词性成语同动词一样，在句子中经常做谓语；形容词性成语同形容词一样，在句子中经常做谓语或定语、状语、补语；名词性成语同

名词一样,在句子中经常做主语和宾语。例如:

①老师‖旁征博引了很多历史资料。(动词性成语带宾语)

②部队‖跋山涉水。(动词性成语单独做谓语)

③他的文章‖短小精悍。(形容词性成语单独做谓语)

④这场(旷日持久)的战争‖终于结束了。(形容词性成语做定语)

⑤小王‖〔只言片语〕地说了几句。(形容词性成语做状语)

⑥孩子们‖吃得〈津津有味〉。(形容词性成语做补语)

⑦豪言壮语‖往往靠不住。(名词性成语做主语)

⑧这里‖简直是世外桃源。(名词性成语做宾语)

但是,因为成语在结构和意义上较一般词语更为复杂,在表情达意上又有一定的完整性和独立性,所以在使用成语造句时,又有不同于一般词语的特点。成语的使用方法,归纳起来主要有以下几个方面:

第一,成语做定语、状语和补语时,一般都要带结构助词“的”“地”“得”,或者靠介词“到”“向”等的帮助。例如:

⑨我们‖在山顶上看(喷薄欲出)的朝日。(形容词性成语做定语,后边要用“的”)

⑩他‖总是〔自以为是〕地发号施令。(形容词性成语做状语,后边要用“地”)

⑪王老汉‖高兴得〈眉飞色舞〉。(形容词性成语做补语,前边要用“得”)

⑫我‖早已〔把这件事〕抛〈到九霄云外〉。(名词性成语做补语,要同介词“到”组成介宾短语)

第二,动词性成语带有意念上的宾语时,一般都需要用介词“把”“对”“对于”等,将宾语提到动词性成语之前做状语,或者提到句首做状语。例如:

⑬共产党员‖早已〔把生死〕置之度外。(利用介词“把”将宾语提到动词性成语之前做状语)

⑭厂长‖〔对这件事〕置之不理。(利用介词“对”将宾语提到动词性成语之前做状语)

⑮〔对于思想落后的群众〕,我们‖不能漠不关心。(利用介词“对于”将宾语提到句首做状语)

第三,使用动词性成语、形容词性成语做主语或宾语时,一般都需要使用判断词“是”。例如:

⑯声东击西‖是造成敌人错觉的好办法。(动词性成语做主语)

⑰我们的策略‖是 按兵不动。(动词性成语做宾语)

⑱八面玲珑‖是他办事的一贯作风。(形容词性成语做主语)

⑲这样做‖是 堂堂正正的。(形容词性成语做宾语)

第四,数词性成语和代词性成语做句子成分时,一般都要靠结构助词“的”“地”“得”的帮助,或使用判断词“是”。例如:

⑳开会的人‖〔三三两两〕地来到会场。(数词性成语做状语)

㉑这个辅导老师‖请得〈三番五次〉。(数词性成语做补语)

㉒亡国论,速胜论,诸如此类‖都是错误的。(代词性成语做主语)

二、惯用语

惯用语是一种群众习用的具有特定含义、形式短小、口语性极强的固定短语。

惯用语同成语一样,也是一种现成的固定短语。它同成语有相似之处,形式也比较固定,也表达一个整体意义,也作为一个词来使用。只是惯用语临时组合的意味更浓些,在结构上更像一个短语。例如:

碰钉子　钻空子　找岔子　挖墙脚　耍花招　穿小鞋

后悔药　软刀子　硬骨头　铁饭碗　乱弹琴　眼皮子薄

（一）惯用语的构成

惯用语的基本语言形式是三字格。都是由一个单音词同一个双音词或短语组合而成的。其结构形式主要有两种：

1. 动宾式：前面是一个单音节动词，后面是一个双音节名词或短语，它是这个动词所支配或涉及的对象。多数惯用语，都是由动宾关系构成的。例如：

扣→帽子　抓→辫子　打→棍子　放→空炮

开→绿灯　背→黑锅　泼→冷水　和→稀泥

穿→小鞋　灌→米汤　挤→牙膏　吹→牛皮

唱→高调　打→秋风　敲→边鼓　翘→尾巴

扯→后腿　敲→竹杠　打→埋伏　捞→稻草

走→后门　开→小差　踢→皮球　摆→架子

戴→高帽　抱→粗腿　抓→大头　走→过场

泡→蘑菇　发→神经　唱→双簧　跑→龙套

打→游击　甩→包袱　炒→冷饭　吃→偏饭

装→门面　拍→马屁　露→马脚　吊→胃口

打→水漂儿　开→倒车　炒→鱿鱼　走→钢丝

2. 偏正式：前面是一个双音词或短语，对其后面的单音节名词起修饰或限制作用。例如：

（墙头）草　（马后）炮　（传声）筒　（半瓶）醋

（绊脚）石　（定心）丸　（下马）威　（耳旁）风

（变色）龙　（地头）蛇　（笑面）虎　（应声）虫

（敲门）砖　（眼中）钉　（夹生）饭　（门外）汉

这种偏正结构的惯用语，多为二一结构，也有少数一二结构的。例如：

(软)骨头　(纸)老虎　(铁)公鸡　(金)钥匙

需要指出的是,由偏正结构组成的三字格惯用语,具有名词化的发展倾向。因其后面的中心语都是名词,且与前面的修饰成分结合比较紧密,在形式上很像一个三音词,因此在人们的长期使用中,有的被逐渐固定下来,发展成为名词。如上边所举的这些例子,在1978年12月第1版《现代汉语词典》中,还有4个(墙头草、夹生饭、铁公鸡、金钥匙)未被录入,其余16个虽已被收录进去,但没有明确区分是短语还是名词;而在2012年12月第6版《现代汉语词典》中,这20个偏正结构的惯用语全部被收录进去,并全部被标注为名词。

主谓结构的惯用语很少,如:天‖知道、驴‖打滚儿、鬼‖画符。并列结构的惯用语更少,如:假大空。

四个音节的惯用语不多,也是由动宾结构和偏正结构构成的。动宾式四音节惯用语,多为一三结构,前边的单音节动词支配后边的三音节名词或短语。例如:

捏→一把汗　钻→牛角尖　捅→马蜂窝　打→退堂鼓

吃→回头草　打→翻身仗　唱→对台戏　念→紧箍咒

偏正式四音节惯用语,多为二二结构,前边的词或短语修饰后边的双音节名词。例如:

(过河)卒子　(光杆)司令　(空头)支票　(绣花)枕头

(缩头)乌龟　(过路)财神　(事后)诸葛　(空心)萝卜

对于五个音节以上的惯用语,我们列入多音节的"习惯语"之内,这里不做分析。

(二)惯用语的特点

惯用语同其他词和短语以及成语相比,有其自身固有的特点。这主要表现在以下几个方面:

1. 语音形式多为三音节,使用比较方便

惯用语多为三字格,形式短小,方便使用。如“戴高帽”“跑龙套”“眼中钉”“马后炮”等,相当于一个三音词,很方便作为一个词来使用。四个音节的较少,如“吃回头草”“捅马蜂窝”“光杆司令”等,也相当于一个四音节成语,使用起来也比较方便。

2. 所表示的意义都不是字面意义,而是另外一种比喻义或引申义

惯用语所表示的意义,都已完全超脱了原构成词语的字面意义,通过比喻或引申的手法升华为新的整体意义,这是惯用语的显著特点,几乎无一例外。例如“挖墙脚”,表示的是“用坏手段让某个集体或个人垮台”的意义,而不是用铁锹或其他工具来挖墙脚的意思;再比如“背黑锅”是比喻“代人受过、受冤枉”,而绝不是字面上背着一口黑锅的意思。惯用语的意义这种凝练和概括的程度,连有些成语都做不到,如“理直气壮”“豪言壮语”“精明强干”之类,仍没有超脱其字面的意义。

3. 在构成材料和结构上,有一定的灵活性

一是有的惯用语的构成成分能够变动。如“泼冷水”又可以说成“浇冷水”,“挖墙脚”又可以说成“拆墙脚”。二是在结构上,有些由动宾关系构成的惯用语,在使用时可以在中间临时插入其他成分,甚至可以颠倒其构成成分的次序。例如“浇冷水”可以说成“浇了一瓢冷水”,“碰钉子”可以用作“给他个钉子碰”,这样变动使用后仍不影响原意,这种结构关系上的灵活性和伸缩性,也是成语所不及的。

4. 语言风格上的口语化

惯用语都是人民群众在丰富多彩的生活中创造的,它所使用的词都是活生生的口语词,因而具有通俗、平易、生动的口语化特点。相比之下,成语显得风格文雅,书面语色彩更浓些;而惯用语则浅显

易懂,口语色彩更浓些。因此,后者更容易被广大人民群众广泛使用。

5. 具有鲜明而强烈的感情色彩

惯用语的感情色彩比较强烈,而且多数是贬义的,这也是惯用语的突出特点。例如“吹牛皮”“唱高调”“穿小鞋”“钻空子”“和稀泥”“半瓶醋”“可怜虫”“绊脚石”等,都含有贬斥、鄙夷的情态。只有少数惯用语是中性的,如“开绿灯”“门外汉”“定心丸”等;而表示褒义的惯用语则更少,如“硬骨头”“金钥匙”“打翻身仗”之类。对惯用语这种感情色彩上的特点,我们在使用中要特别注意。

(三)惯用语的使用

惯用语也是词的一种固定组合,是现代汉语词汇中一种现成的固定短语,人们随时可以拿它来作为造句的材料。

1. 惯用语的语法功能类别

惯用语也表示一种词汇意义,经常作为一个词来使用,因而也需要划分其功能类别,才能正确地理解和运用。惯用语的语法功能类别比较容易判定:一般情况下,**动宾式惯用语都是动词性的,偏正式惯用语都是名词性的,主谓结构和并列结构的惯用语大都是形容词性的**。确定惯用语的词性主要依据结构,只有少数形容词性的惯用语依据意义和功能。例如:

动词性惯用语:钻空子、开小差、泼冷水、敲边鼓、吹牛皮、跑龙套(可看作一个动宾结构的动词短语)

名词性惯用语:墙头草、闭门羹、传声筒、绊脚石、定心丸、软骨头(是偏正结构的名词短语,有很多已逐渐成为一个固定的名词)

形容词性惯用语:驴打滚儿(主谓结构的)、假大空(并列结构的)、翘尾巴(动宾结构的)

惯用语的语法功能是:可以作为一个相同词性的词或短语来使

用，做相应的句法成分。只是要注意一点：动词性惯用语一般不能再带宾语，因其本身的动词就已经带有宾语了。

2. 惯用语的使用方法

惯用语的用法，通常有原型用法、变型用法两种。

原型用法：是指不变动其组成成分和结构关系，也不插入其他成分，完全按其原型来使用。例如：

①他‖就是一个传声筒。（名词性惯用语作宾语中心）

②我‖不能为他背黑锅。（动词性惯用语作谓语中心）

变型用法：动宾式惯用语在使用时有一定的灵活性，有的可以更换成分或变动语序，还有的可以在中间插入其他成分。这种用法会使其与具体语境结合得更加紧密，所表达的意义也更丰富具体，同时还能够增强语言的幽默性、趣味性或讽刺意味。例如：

③这个人‖高调唱着，牛皮吹着，就是不办实事。

④我‖绝对不会扯（他的）后腿。

例③通过改变两个惯用语的语序和结构关系，增加了语言的幽默感和讽刺意味；例④在惯用语中间插入“他的”做定语，使语义更加鲜明。

3. 使用惯用语的注意事项

惯用语具有简明通俗、生动有趣的特点，是人们喜闻乐见的一种语言形式。但在使用时要注意以下几点：

（1）要准确理解惯用语的含义。对不能确切理解含义和用法的惯用语，一般不要使用，防止用错。

（2）要特别注意惯用语的感情色彩。因大多数惯用语都带有贬义色彩，表示贬斥或否定的情态，所以在表达赞赏歌颂的意思时，一般不宜运用惯用语。

（3）运用惯用语要注意语言的规范化。对地方色彩浓厚或带有庸俗、低级趣味的惯用语，尽量少用或不用。

三、习惯语

“习惯语”这个概念，是在《系统提要》(1984)中提出来的。在现代汉语特别是口语中，人民群众创造了很多“现成话”，由于它们在日常生活中被经常地、广泛地使用，使它们由最初的词语临时组合，而逐渐演变为约定俗成的固定组合，这就形成了一种多字格的语言形式——“习惯语”。我们来看下面的例子：

水火不相容　　深一脚浅一脚　　三天打鱼，两天晒网

按下葫芦浮起瓢　　活人不能让尿憋死　　听着风，就是雨

类似上面这种习惯语，在群众生活中使用很多，却一直没有一个适当的名称。过去，一般都将其中的一部分作为经典熟语收入成语词典之中；还有的教材称其为“俗语”。相比之下，《系统提要》称其为“习惯语”还是比较恰当的。习惯语就是人民群众都喜欢这样说，因而形成一种固定短语。它既有别于成语那种四字格，又有别于惯用语那种三字格，是五个音节以上的多字格、杂言体，这的确是一种普遍存在的语言现象，应该将其作为固定短语系统中一个不可缺少的组成部分，单独加以论述和说明。

(一)习惯语的定义和特点

《系统提要》只在固定短语里提到“结构对称的习惯语”，并举出“你一言我一语”等几个例子，说明习惯语的语法功能，而没有给出习惯语的定义。为了说明什么是习惯语，我们可以暂且把它定义为：**人民群众在口语中习用的、组合成分固定的多音节形容词性固定短语叫作习惯语。**

习惯语主要有两个特点：

第一，从语言材料、构成方法和所表示的意义上看，习惯语都是用普通的生活现象来说明一般事理或表现某种状态的，因而大都采用比喻的手法。所以，习惯语的意义大都是比喻义，一般都属于形

容词性短语。

第二，从语音形式上看，习惯语都是五个音节以上的多字格、杂言体。群众口头创造的习惯语很多，其中三个音节的一般都称为“惯用语”，四个音节的一般都归入成语之内。所以我们这里所说的习惯语，是专门针对五个音节以上的固定短语而言的，这就是习惯语定义中“多音节”的含义。

（二）习惯语的结构和分类

习惯语在结构上，都可分为前、后两个部分。根据前、后两部分之间的结构关系，习惯语可分为并列式、主谓式、动宾式和偏正式四种形式。其中并列式和主谓式是习惯语的两种主要结构形式，而动宾式和偏正式则比较少。

1. 并列式习惯语

所谓并列式，是指前、后两个部分形式对称、意义对等。并列式习惯语，多由六个音节、八个音节、十个音节或更多音节组成，使前、后两个部分的音节对称或基本对称；并列的两个部分有时直接组合在一起，有时中间带有语音停顿（一般用逗号）。例如：

你一言我一语　　神不知鬼不觉　　深一脚浅一脚

前怕狼，后怕虎　　挂羊头，卖狗肉　　拆东墙，补西墙

成事不足，败事有余　　睁一只眼，闭一只眼

公说公有理，婆说婆有理　　吃着碗里的，看着锅里的

只许州官放火，不许百姓点灯

又要马儿跑，又要马儿不吃草

2. 主谓式习惯语

所谓主谓式，是指前面的部分说出一种事物或现象，后面的部分说明前面的部分“怎么样”。主谓式习惯语都由五个以上的音节构成，前后两个部分的字数和结构比较自由灵活。例如：

秋风‖扫落叶　　快刀‖斩乱麻　　狗眼‖看人低

杀人‖不见血　　无风‖不起浪　　有病‖乱投医

一棍子‖打死　　一碗水‖端平　　一个鼻孔‖出气

井水‖不犯河水　　生米‖煮成熟饭　　有眼‖不识泰山

狗咬狗‖两嘴毛　打破砂锅‖问到底　打开天窗‖说亮话

不到黄河‖不死心　　上梁不正‖下梁歪

无事‖不登三宝殿　　远水‖解不了近渴

一着不慎,‖满盘皆输　　老鼠过街,‖人人喊打

八仙过海,‖各显其能　　千里送鹅毛,‖礼轻情意重

留得青山在,‖不怕没柴烧　　姜太公钓鱼,‖愿者上钩

狗嘴里‖吐不出象牙来　　当一天和尚‖撞一天钟

搬起石头‖砸自己的脚　　一个巴掌‖拍不响

3. 动宾式习惯语

所谓动宾式,是指前面的部分是一个动词或动词短语,后面的部分是前面的部分所支配或涉及的对象。动宾结构的习惯语并不多,例如:

脚踏→两只船　　自扫→门前雪　　枪打→出头鸟

不费→吹灰之力　　不管→三七二十一　　碰→一鼻子灰

4. 偏正式习惯语

所谓偏正式,是指用前面的部分修饰后面的部分。偏正结构的习惯语也不多,例如:

(断线的)风筝　　(五分钟)热度　　(一锤子)买卖

(花岗岩)脑袋　　(十八层)地狱　　(九牛二虎)之力

(三)习惯语的语法性质和语法功能

语法性质:习惯语一般都能够表示人或事物的某种状态,因此多属于形容词性的固定短语。

语法功能:习惯语可以当作一个形容词或形容词短语来使用,能够单独充当句子的结构成分或其他句法成分。其具体语法功能

有以下几个方面：

1. 习惯语经常在句子中单独做谓语，还可以受其他词语修饰做谓语中心。例如：

①他们俩‖水火不相容。（单独做谓语）

②这件事‖〔已经〕生米煮成熟饭。（做谓语中心）

2. 习惯语可以修饰动词做状语。例如：

③大家‖〔你一言我一语〕地争论起来。

④他‖〔皮笑肉不笑〕地打量着我。

3. 习惯语可以修饰名词（或名词短语）做定语。例如：

⑤这种（自扫门前雪）的做法‖是错误的。

⑥我们‖要改变（当一天和尚撞一天钟）的工作态度。

4. 习惯语可以补充说明动词做补语。例如：

⑦我‖对这件事判断得〈八九不离十〉。

⑧他要求不那么严格了，开始变得〈睁一只眼，闭一只眼〉。

5. 习惯语有时还能单独做主语或宾语。例如：

⑨快刀斩乱麻‖是解决问题的最好方法。（单独做主语）

⑩我‖就喜欢 当面锣，对面鼓。（单独做宾语）

四、专名

专名是指特定事物的专有名称。固定短语中的专名，是就事物的全称而言的，它们多由两个以上的词组合而成，也是一种词的固定组合，除可使用规范的简称外，自己不能随意简化。

专名包括人名、地名、国家和地区名称、机关团体名称、社会组织名称、书籍作品和法律法规名称等。其中人名、地名都视为一个名词，事物名称的规范简称也演变为一个名词，所以，只有事物的全称才被视为一个名词性固定短语。例如：

国家和地区名称：中华人民共和国　　美利坚合众国

西藏自治区　　新疆维吾尔自治区

机关团体名称：中国共产党中央委员会　　共产主义青年团

中华人民共和国外交部　　少年先锋队

人民代表大会　　政治协商会议

社会组织名称：北京师范大学　　长春电影制片厂

文学艺术界联合会　　中国作家协会

中国修辞学会　　中国石油化工股份有限公司

书籍作品和法律法规名称（书写中一般都要使用书名号）：

《诗经》　《毛泽东选集》　《语言学概论》

《史记·项羽本纪》　《越调·天净沙·秋思》

《中华人民共和国宪法》　《中华人民共和国物业管理条例》

《内蒙古自治区促进民族团结进步条例》

（一）专名的语法性质和语法功能：

专名都是表示特定事物的专有名称的，因此都属于名词性的固定短语。

专名可作为一个名词或名词短语来使用，在句子中经常做主语或宾语，也可以用来修饰限制名词做定语。例如：

①广西壮族自治区‖这几年发展很快。（专名在句中做主语）

②我‖在学校加入了共产主义青年团。（专名在句中做宾语）

③（中华人民共和国）的首都‖是北京。（专名修饰限制后面的名词做定语）

（二）使用专名的注意事项

1. 专名是对特定事物的一种固定称谓，一般都要使用全称，不能随意简化或改变。

2. 在社会约定俗成的情况下，对音节较长的专名，可以使用统一规范的简称。例如：

中华人民共和国——中国　　美利坚合众国——美国

西藏自治区——西藏　　新疆维吾尔自治区——新疆

共产主义青年团——共青团　　少年先锋队——少先队

人民代表大会——人大　　政治协商会议——政协

文学艺术界联合会——文联　　作家协会——作协

北京师范大学——北师大　　长春电影制片厂——长影

中国共产党中央委员会——中共中央——党中央——中央

中国石油化工股份有限公司——中石化

3.要注意简称能否转化为词的问题

简称是全称的简缩形式,因此简称必定出现在全称之后。简称能否转化成一个规范的词,大致有三种情况:

一是有些简称在人们长期运用中,逐渐失去自己的特性,不再与全称有对照关系,即不必对照全称也能使人们知道它是表示什么事物的,这样的简称就已经取得了词的属性而转化为一个词。例如上面举例的"中国""美国""西藏""新疆"都已经由简称转化成词,"共青团""少先队""人大""政协"在《现代汉语词典》等工具书中也都可以查到。

二是有些简称正处于向词转化的过渡时期,词的属性体现得尚不充分,还没有转化成词。如上面举例的"文联""作协"这样的简称,词典还未能作为一个词收入,只能临时当作一个词来使用,有时还需加上双引号来表示其特定的含义。

三是有些简称与词有严格的界限,不易转化为词。它们大都是一些学校、机关、团体或会议等的名称,如上面举例的"北师大""长影""中石化",还有像"十一届三中全会""二十大"等,这样的简称本身就是一个短语,不具备词的属性,一般不能转化成词,只能作为一个固定短语来使用。

思考与练习四

1.什么叫固定短语?固定短语有哪几种?为什么要把固定短

语列为短语中的一个大类？

2. 什么叫成语？成语的来源有哪几个方面？成语同一般的短语相比有哪些特点？

3. 成语有哪几种结构形式？成语可划分为哪几种功能类别、有哪些语法功能和用法？举例说明。

4. 什么叫惯用语？其基本语言形式是什么？是由哪几种结构关系构成的？举例说明。

5. 惯用语有哪些特点？如何划分惯用语的语法功能类别？它有哪两种使用方法？举例说明。

6. 什么叫习惯语？习惯语的特点是什么？举例说明。

7. 习惯语在结构上可分为哪几类？其语法性质和语法功能是什么？举例说明。

8. 什么叫专名？固定短语中的专名是特指什么而言的？专名主要包括哪几个方面的名称？举例说明。

9. 专名的语法性质和语法功能是什么？使用专名应该注意哪些问题？

10. 说明下列成语的结构形式和结构关系，并说明其语法功能类别，再用它们各造一个句子。

卧薪尝胆　深谋远虑　水落石出　萧规曹随　珠联璧合

世外桃源　一丘之貉　沾沾自喜　中流砥柱　狼子野心

愚公移山　门庭若市　琳琅满目　夜郎自大　众志成城

初出茅庐　胸有成竹　名落孙山　明察秋毫　不得要领

11. 说明下面惯用语的结构形式和语法功能类别，并用它们各造一个句子。

打折扣　上贼船　一言堂　可怜虫　乌鸦嘴　背包袱

不倒翁　擦边球　兜圈子　掉链子　挡风墙　吃挂落

无底洞　领头羊　落汤鸡　磨洋工　栽跟头　赶潮流

打落水狗　坐冷板凳　吃闭门羹　没头苍蝇　烫手山芋

12. 将下面的习惯语分为前后两个部分，说明是哪一种结构形式，并说明其语法性质和功能，再分别用它们造一个句子。

坐山观虎斗　　更上一层楼　　照葫芦画瓢　　充大尾巴鹰

真金不怕火炼　　一步一个脚印　　横挑鼻子竖挑眼

眉毛胡子一把抓　　初生牛犊不怕虎　　巧妇难为无米之炊

百花齐放，百家争鸣　　路遥知马力，日久见人心

13. 写出下面专名的规范简称，并说明它是一个词，还是一个固定短语。

朝鲜民主主义人民共和国　　法兰西共和国　　辽宁大学

中国左翼作家联盟　　马克思列宁主义　　支部委员会

宁夏回族自治区　　残疾人联合会　　奥林匹克运动会

安全理事会　　欧洲联盟　　妇女联合会

第六章　单　句

句子是语言交际中的基本运用单位。人们运用语言进行交际，包括说话和写作，都是以句子作为基本单位，通过一个个的句子来交流信息和表达思想的。句子在结构上分为单句和复句两大类：**由一个词或一个短语构成的句子是单句；由两个或两个以上的单句构成的句子是复句，单句成为复句的组成成分以后失去独立性，称为分句。**

句子具有以下几个基本特征：

第一，句子具有交际功能，能够表达一个相对完整的意思；

第二，句子都有一种特定的语调，能够表示陈述、疑问、祈使、感叹等不同语气，各种语气的句子在交际中有着不同的用途；

第三，句子末尾都有一个较大的语音停顿，书面上用句号、问号或叹号来表示，用以兼表语音停顿和语气，这是句子的外在标志。

从交际功能和作用上看，句子同词和短语有着本质的区别：词和短语只是造句的材料，在未进入句子之前都是语言的一种静态单位和备用单位；而句子则是语言的一种动态单位和使用单位。这是吕叔湘先生在《汉语语法分析问题》一书中提出来的重要观点，已被我国语法学界普遍接受。

本章先介绍单句，下一章再介绍复句。关于句法结构的内容，已经在上一章“短语”里讲过了；本章在此基础上，再介绍句子成分、特殊句式、句型、句类、语法分析的三个平面理论等几方面内容。

第一节　句子成分

句子的组成成分叫作句子成分。句子成分这一概念，有广义的和狭义的两种理解。广义的句子成分包括结构成分和独立成分两大类：结构成分是指组成句法结构的两个直接成分，两个结构成分之间具有一定的结构关系；独立成分是指附加在句法结构之上的其他附属成分，它们同句法结构内部的词语之间没有结构关系，但是能够帮助表达句子的意思。狭义的句子成分，一般都是指结构成分而言的，有时也称为句法成分。

本书讲句子成分，既吸收了近年来我国语法学界新的研究成果，又保留了传统句法观和析句法中的有价值因素，在此基础上论述和说明本书提出的新型句法观和新的析句法，对如何建立"词组本位的语法体系"，在句子的结构分析方面做一些有益的探索；同时再介绍句子的独立成分，为加强句子的语义分析和语用分析打下基础；此外，还专门探讨句子主干的分析方法和作用，以增强句子成分分析的实用性。

一、新型句法观与新的析句法

句子的组成成分和分析方法，历来是汉语语法学研究的重点内容。20 世纪 50 年代以来，我国语法学界普遍认为句子有主语、谓语、宾语、定语、状语、补语六种成分，特别是《暂拟系统》的推行和据此编写的中学《汉语》课本的使用，使这种语法体系通行开来，至今没有多大改变。这六种句子成分，是"词本位"的语法体系（马建忠《马氏文通》）和"句本位"的语法体系（黎锦熙《新著国语文法》）相结合的产物，其理论基础是认为句子是由词构成的，因而分析句子采用中心词分析法（又称为“句子成分分析法”），一直分析到词为止，让每一个词（实词）同各种句子成分一一对应。20 世纪 80 年代以后引进层次分析法（直接成分分析法），但分析句子仍然层层二分，一直分析到词为止，对于句子中的短语也进行切分，这就破坏了短语做句子成分的完整性，把句子中短语的成分也都当作句子成分了。下面，我们以同一个句子为例，看一下这两种方法的分析结果：

A. 我‖〔刚〕做〈完〉（数学）作业。

B. 我 刚 做 完 数 学 作 业。

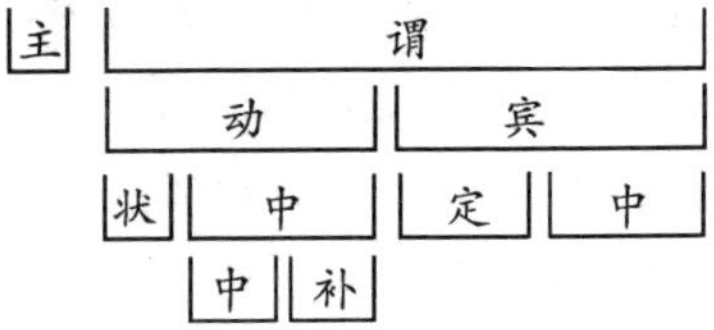

上边的 A 采用的是中心词分析法，分析的结果是：这个句子具有主语（“我”）、谓语（“做”）、宾语（“作业”）、定语（“数学”）、状语（“刚”）、补语（“完”）六种成分。这样在一个平面上进行分析，最多也只能分析出这六种成分。

B 采用的是层次分析法，分析的结果是：这个句子分为四个结构层次，具有主语、谓语、动语、宾语、状语、定语、补语、中心语八种句法成分。

这两种分析方法相比较，前者只承认词可以做句子成分，不承认短语可以做句子成分，因而分析句子成分一直分析到词为止；后者虽然承认第一个层次的主语和谓语是句子的两个直接成分，但仍对做谓语的短语进行切分，也一直分析到词为止，又回到“多分法”的老路上去。可见，完全利用分析短语的方法来分析句子，也是不妥当的，正如吕冀平先生所说：“词组和句子是具有两种性质、属于两个平面上的语法单位，对它们的分析不应当采用同样的方法。”（《句法分析和句法教学》，1982）

我国语法学界对汉语句子成分和分析方法的认识，也是不断发展和深化的。吕叔湘先生在《汉语语法分析问题》一书中说,“单就句子本身而论,它的直接成分也只有主语和谓语这两样。宾、补、定、状不是句子的成分,只是句子的成分的成分”。又说“传统语法以词为句法单位,因此才不得不把宾、补、定、状都作为句子成分。但是一个句子成分常常是,甚至可以说是更多的是短语,这个事实也没法儿视而不见”。到了《系统提要》,详细描述了各类短语的内部结构和语法功能,许多句法问题都放到短语部分来讲,短语被提到了语法中心的地位。接着,朱德熙先生在《语法答问》一书中又进一步提出:“由于汉语的句子的构造原则跟词组的构造原则基本一致,我们就有可能在词组的基础上来描写句法,建立一种以词组为基点的语法体系。……如果我们把各类词组的结构和功能都足够详细地描写清楚了,那么句子的结构实际上也就描写清楚了,因为句子不过是独立的词组而已。”这就是近年来颇为有名的“词组本位的语法体系”。

我们认为,建立“词组本位的语法体系”是一个十分重要的观点,它将会引起汉语语法体系的根本变革。这是因为,词组本位的语法体系更加符合汉语的实际,汉语中的许多句子都是在短语的基础上构成的,很多短语加上成句的语调(有时还需要加上语气词等)就可以构成句子;同时短语还能够做句子的结构成分,简单短语又能够做复杂短语的句法成分。所以,以短语为基础来探讨句子的组成成分和分析方法,能够解决多年来困扰语法分析的许多分歧问题。我们同时还认为,要建立词组本位的语法体系,就要突破传统句法观的束缚,确立新型句法观——一个句子只有两个相互对应的结构成分,并采用与此相适应的新的析句法——对应成分分析法。这是因为,除了独词句以外,一个句子的结构无论是简单还是复杂,都是由一种基本句法结构所构成的,除并列结构的句子外,其他各种句法结构所构成的句子,只能有两个相互对应的结构成分,这才是构成句子的两个直接成分。其中由主谓结构构成的句子,只有主语和谓语;由动宾结构构成的句子,只有动语和宾语;由偏正结构构成的句子,只有定语和中心语(名词)、状语和中心语(动词或形容词);由补充结构构成的句子,只有中心语和补语。因此,我们分析句子成分并由此确定句型,只要分析出这两个相互对应的结构成分(直接成分)就够了,没有必要再对其下面的组合层次进行分析。

对应成分分析法是本书创立的一种新的析句法。它利用句法结构来分析句子,只分析直接成分,不分析间接成分,完全承认短语做句子成分的资格,并最大限度地保持短语做句子成分的完整性,使句子的结构分析更加简便快捷。**其基本方法是:**先从句子的整体着眼,确定是哪一种句法结构,然后再找出相互对应的两个结构成分,采用符号法标示出来:对于主谓结构的句子,主语和谓语之间用双竖线"‖"分开,表示前边的词或短语是主语,后边的词或短语是谓语;对于动宾结构的句子,动语和宾语之间用单竖线"|"分开,表示前边的词或短语是动语,后边的词或短语是宾语;对于偏正结构的句子,在名词中心语的下方使用双横线"＝"表示,在动词中心语或形容词中心语的下方使用单横线"_"表示,在定语的两端使用圆括号"( )"表示,在状语的两端使用方括号"〔 〕"表示;对于补充结构的句子,在动词或形容词中心语的下方使用单横线"_"表示,在补语的两端使用尖括号"〈 〉"表示。例如:

① 方言区的人‖也应该学习普通话。(主谓结构,具有主语、谓语两个结构成分,都由短语来充当)

② 必须坚持|"百花齐放、百家争鸣"的方针。(动宾结构,具有动语、宾语两个结构成分,都由短语来充当)

③(多么可爱)的秋色啊!(偏正结构,具有定语、名词中心语两个结构成分,定语是一个短语)

④〔非常难堪〕地走了。(偏正结构,具有状语、动词中心语两

个结构成分,状语是一个短语)

⑤〔比别的孩子〕聪明。(偏正结构,具有状语、形容词中心语两个结构成分,状语是一个短语)

⑥ 做得〈很好〉。(补充结构,具有动词中心语、补语两个结构成分,补语是一个短语)

⑦ 胖得〈走道儿都费劲〉。(补充结构,具有形容词中心语、补语两个结构成分,补语是一个短语)

此外,遇有多项定语或多项状语时,可以把它们看作一个整体划在一起,也可以在中心语前保留必要的修饰成分,让偏正式短语做中心语;对“状 + 中 + 补”的结构形式(这是对偏正和补充两种结构的并用),可将后边的补充式短语作为中心语,使其同前边的状语相对应。例如:

⑧(一张张充满怨气的阴沉的)脸。(将三个定语划在一起,同名词中心语相对应)

⑨〔一直在家里〕躲着。(将两个状语划在一起,同动词中心语相对应)

⑩(一台)旧电视。(中心语是一个偏正式名词短语)

⑪〔比一般孩子〕成熟得早。(中心语是一个补充式形容词短语)

通过以上的例句分析可以看出,对应成分分析法至少有两个好处:第一,根据句法结构来分析句子,只分析直接成分,不分析间接成分,使分析句子成分和确定句型更加简便快捷;第二,能够使充当句子结构成分的词或短语一目了然,承认短语做句子成分的资格,并保持短语做句子成分的完整性。所以,我们提倡在分析句子成分时使用对应成分分析法。如果需要分析句子里复杂的短语成分,还可以结合层次分析法做进一步的句法分析。例如:

⑫ 我的爷爷‖又去了两次郊外的别墅。(主谓句)

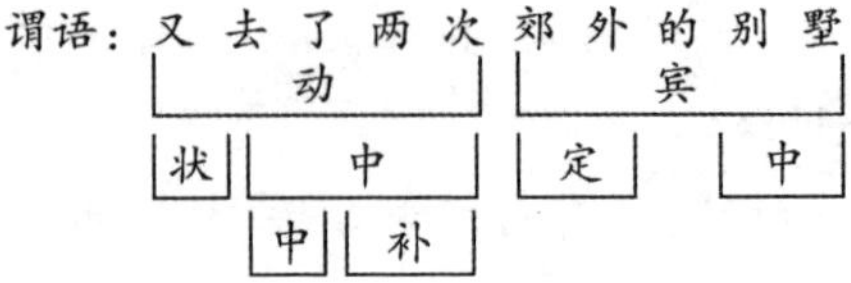

通过以上三种析句法的比较可以看出,不同的析句法反映不同的句法观:坚持传统的句法观,认为句子是由词构成的,不承认短语做句子成分的资格,分析句子成分就必然采用“多分法”(中心词分析法),一直分析到词为止;同样,采用分析短语的方法来分析句子,即使运用层次分析法也一直分析到词为止,其实质还是未能摆脱“中心词分析法”的束缚,所以仍不能完全承认短语做句子成分的资格,以致破坏了短语做句子成分的完整性;建立“词组本位的语法体系”和新型句法观,特别是承认短语可以做句子成分以后,就会使句子成分由多元结构变为二元结构,即一个句子(独词句和并列句除外)只有两个相互对应的结构成分,这两个结构成分既可以是一个词,也可以是一个短语。要真正建立起这种新型句法观,分析句子成分的方法也应该相应地改变,以使用对应成分分析法为宜,这完全符合结构成分的对应性原则,也更加符合汉语的实际。

二、句子的独立成分

汉语中的句子(独词句除外)虽然都是在短语的基础上构成的,句子的构造方法和结构成分也与短语基本一致,但是句子与短语仍然有着本质的区别。句子的内容要比短语丰富得多,除了带有一定的语调外,有时还带有语气词和其他独立成分,吕叔湘先生称它们为“挂在句子身上的‘零碎’”[1]。因此,我们不能用短语的分析来代

① 吕叔湘:《汉语语法分析问题》,商务印书馆,1979,第62页。

替句子的分析,必须先将这些独立成分剥离出去,才能进行句子的结构成分分析。这样,就需要了解句子的独立成分,掌握其构成类型、特点和作用。

在句子里临时插入一个成分,它不同句子的其他成分发生结构关系,只是在意义和表达上起些作用,这种语用成分叫作句子的独立成分。句子的独立成分,包括提示语、称呼语、感叹语、呼应语、拟声语、评注语等几种类型。

独立成分在句子中的位置比较灵活,多数在句子的前面,有时在句子的末尾,有时插入句子中间。独立成分的后面一般都带有语音停顿(用逗号表示),有时没有语音停顿,直接同其他词语连接在一起。我们在分析句子的结构成分时,首先需要将独立成分划分出去,一般在字下加点来表示。下面,简要介绍句子的各种独立成分。

(一)提示语

提示语处于主谓结构外层的句首位置,对全句的内容起提示作用。提示语都由名词性词语来充当,它同其他句子成分没有结构关系。例如:

① 鸡,我不吃了。

② 青春,这是多么美好的时光啊!

③ 这个问题我们有不同看法。

④ 车票我有办法。

(二)称呼语

在句子里临时插入称呼对方的话语,用来引起听话人的注意。称呼语一般都由名词来充当,经常用在句子前面,有时也插在句中或用在句尾。例如:

① 先生,我打听个事儿。(称呼语用在句首)

② 这件事,小王,没那么简单。(称呼语插在句中)

③ 咱们走吧,妈妈。(称呼语用在句尾)

(三)感叹语

感叹语都由叹词来充当,一般都单独用在句子的前面,有时也

插入句子中间,表示某种强烈的情感。例如:

① 唉,这可怎么办啊!(感叹语用在句首)

② 这个人,哎呀,太难缠啦!(感叹语插在句中)

(四)呼应语

呼应语也由叹词来充当,多用在句子的前面,表示呼唤或应答的声音。例如:

① 喂,该你上场了!(表示招呼)

② 哦,我知道了。(表示应答)

(五)拟声语

在句子里临时插入摹拟自然声音的词语,使表达更加真切和生动。拟声语都由拟声词来充当,经常用在句子的前面,也有时出现在句中或句尾。例如:

① 轰隆,轰隆,远处传来了一阵阵炮声。(拟声语用在句首)

② 钟声响起来了,铛,铛,铛。(拟声语用在句尾)

③ 门口的敲门声,咚咚咚咚,越响越急。(拟声语插在句中)

(六)评注语

由于表达的需要,在句子里临时插入表示评论、注释、推测、说明或强调等意思的词语。例如:

① 依我看,他说得有道理。(用在句子前面,表示评论)

② 据说老于昨天晚上就赶回去了。(用在句首,说明消息来源)

③ 数词和量词经常配合使用,如"一个""三斤""两趟"。(用在句尾,举例说明)

④ 这场雪看来今天晚上不会停了。(插在句中,表示推测)

⑤ 那边山坳里的枫树,你看,叶子全都红了。(插在句中,引起对方的注意)

⑥ 各级干部,特别是党的领导干部,都要以身作则。(插在句中,用以强调特殊的内容)

了解句子的独立成分很有必要,它不仅可以帮助我们准确理解句子所表达的意思,还能够帮助我们正确分析句子的结构成分。当句子带有独立成分时,只有先将独立成分剥离出去,结构成分才能清楚地显现出来,如果不知道哪些词语是独立成分,不能正确地区分和剥离,就无法进行句法分析。

三、句子的主干

(一)什么是句子的主干

对于什么是句子的主干,《系统提要》(1984)里论述得十分清楚:“所有的单句,不论多么复杂,如果把它逐层压缩,就越来越简单,最后剩下的是这个句子的主干。一般地说,主干就是把所有的定语、状语、补语都压缩下来之后余下的部分。”句子的主干,是中心词分析法所产生的一个概念。这种析句法认为,句子的主语、谓语、宾语是句子的主要成分,由它们的中心词构成句子的主干;而依附于它们的定语、状语、补语是句子的次要成分,是句子主干上的“枝叶”,只对主干起修饰、限制或补充说明作用。这一观点,说明了句子成分的不同作用,对于我们组织使用语句具有指导意义。

各种类型的句子,句子主干的构成是不一样的。在主谓句中,主语和谓语两个中心词构成句子的主干;当谓语是一个动宾式动词短语时,起支配作用的动词和宾语中心词共同进入句子的主干。例如:

①(这个)方案‖〔已经〕〔被上级〕批准了。

句子主干:方案批准

②(刚来到的)队员们‖忙得〈顾不上吃饭〉。

句子主干:队员们忙

③我‖〔在书店〕买了(三本)书。

句子主干:我买书

在其他类型的句子中,动宾句要保留动语和宾语两个中心词组成句子的主干;偏正句和补充句,只保留中心语作为句子主干。例如:

④〔认真〕解决‖(群众提出)的问题。

句子主干:解决问题

⑤(多么美妙)的歌声啊!

句子主干:歌声

⑥〔在屋里〕开会。

句子主干:开会

⑦ 紧张得〈半天说不出话来〉。

句子主干:紧张

还有一点需要特别说明:并列结构和主谓短语、复指短语、方位短语、"的"字短语、"所"字短语等,因为它们的语法功能都相当于一个词,所以它们都能够充当句子主干的中心词,一般不再进行压缩,可以整体作为句子主干中的一个结构成分。例如:

⑧(厂)领导‖〔认真〕研究解决(工人们提出的)问题。

句子主干:领导研究解决问题(谓语动词是并列结构)

⑨(这些新设计的)服装‖〔的确〕式样很新颖。

句子主干:服装式样很新颖(主谓短语做谓语中心词)

⑩(站台上的)人群中‖〔一阵〕骚乱。

句子主干:人群中骚乱(方位短语做主语中心词)

⑪ 我们大家‖〔一起〕走〈到工地〉。

句子主干:我们大家走(复指短语做主语)

⑫(这种)车‖是 最新研发和生产的。

句子主干:车是最新研发和生产的("的"字短语做宾语)

⑬(表上)所列‖〔都〕是(禁止出口)的商品。

句子主干:所列是商品("所"字短语做主语中心词)

（二）句子主干的分析方法

分析句子的主干，一般采用中心词分析法（又叫“句子成分分析法”）。这种析句法，是现代汉语语法学的奠基人黎锦熙在其《新著国语文法》（1924）中所创造的，一直沿用了几十年，特别是在20世纪50年代以后日趋完善，在学校语法教学中影响很大。尽管在20世纪80年代以后引进了层次分析法，但在分析词与词之间的结构关系和确定句型时，有些人仍习惯于使用中心词分析法。

这种传统的析句法认为，句子是由词构成的，词进入句子就转变为句子的成分，分析句子主要是分析句子成分，所以称之为“句子成分分析法”。由于这种析句法认为句子成分是由词来充当的，所以根据词与词之间的不同结构关系，确定不同的句子成分名称——主语、谓语、宾语、定语、状语、补语，使句子里的词与这六种成分一一对应；同时还认为，句子成分有主要成分和次要成分的区别，分析句子首先要找出主要成分——主、谓、宾语的中心词，然后再找出依附于它们的次要成分——定、状、补语，因而这种析句法又叫作“中心词分析法”。它在分析句子的时候，总是在一个平面上把各种句子成分都划分出来，所以这种析句法又被称为“多分法”。

句子成分分析法（中心词分析法）是以典型的主谓句为模式的，采用符号标记法（又叫简易加线法，具体见前面对应成分分析法中所使用的一套符号）来表示各种句子成分。以上的例①～例⑬，都是采用中心词分析法进行分析的。我们再来举一个六种成分俱全的例子看一下：

⑭（新任）厂长‖〔已经〕讲〈清楚〉了（改革）的方案。

通过以上这些例子可以看出，中心词分析法（句子成分分析法）有两个突出的优点：一是能够明确地显示句子的格局和词语之间的结构关系，具有提纲挈领的好处；二是分析句子比较简便快捷，特别是对确定句型有很大的帮助。同时也有两个明显的弊端：一是把各种句子成分都放在一个平面上进行分析，不能充分揭示汉语句法结构的层次性；二是只把词看作句子成分，分析句子成分都一直分析到词为止，在原则上不承认短语（词组）做句子成分的资格。

正因为中心词分析法（句子成分分析法）存在以上弊端，在20世纪80年代初终于引发了学界对于句子分析方法问题的大讨论。1981年7月，全国语法和语法教学讨论会在哈尔滨召开，在会议上产生的《〈暂拟汉语教学语法系统〉修订说明和修订要点》中，将分析句子的方法由中心词分析法改为主要采用层次分析法，使现代语言学的层次分析法得到了比较广泛的应用。但是，中心词分析法对于句子的组织和使用，特别是在找出句子主干和句子的简缩与扩展、检查语病和修改病句等方面，仍具有方便快捷的优势。因此，中心词分析法在语言实践中仍然有一定的应用价值，不应该完全抛弃，还应在适当的情况下使用其合理的成分。

（三）找出句子主干的意义和作用

找出句子的主干，对于组织和使用句子具有重要作用。其意义和用途主要有三个方面：

1. 可以应用于句子的简缩

所谓句子的简缩，是指去掉不必要的修饰、限制或补充说明成分，把长句简缩为短句。采用中心词分析法分析出各种句子成分以后，句子的主干便显现出来，其他修饰、限制或补充说明成分也一目了然。此时，就可根据表达内容的需要，或者在句子主干的某一个结构成分前后，保留必要的修饰、限制或补充说明成分；或者将修饰、限制和补充说明成分全部去掉，只保留句子的主干。以上两种方法，都可以达到简缩句子的目的。例如：

①（进攻根据地的）日伪军‖〔已经〕撤〈往铁路以西〉了。

可以分别简缩为：进攻根据地的日伪军已经撤了。

日伪军已经撤了。

日伪军撤了。

② 山楂树上‖缀〈满〉了(一颗颗)(玛瑙似的)红果。

可以分别简缩为:山楂树上缀满了玛瑙似的红果。

山楂树上缀满了红果。

上边的例①,最后可以去掉全部定、状、补语,只使用句子的主干;例②最后可以去掉两层定语,但应保留必要的补语。

句子简缩的原则是不能改变原来的意思。因此在简缩时有两点需要特别注意:一是在否定句中要注意保留否定副词(如“不”“没有”等);二是在中心词之前要注意保留必要的修饰限制成分,以保证简缩以后的句子不改变原意。例如:

③ 他‖〔最〕〔不〕喜欢(别人的)阿谀奉承。

可以分别简缩为:他最不喜欢阿谀奉承。

他不喜欢阿谀奉承。

④(这个)老太太‖〔刚才〕〔在街上〕〔被别人〕抢〈走〉了金项链。

可以分别简缩为:老太太在街上被别人抢走了金项链。

老太太被别人抢走了金项链。

老太太被别人抢了金项链。

不管怎样简缩,例③谓语动词之前的否定副词“不”必须保留,例④中的限制性状语“被别人”必须保留,否则都会表达与原句完全相反的意思。

2. 可以应用于句子的扩展

所谓句子的扩展,是指给句子主干适当增加一些修饰、限制或补充说明成分,把短句扩展为长句。句子扩展以后,能够表达更加丰富具体的内容,增强语言的表达效果。句子的扩展有均衡扩展和局部扩展两种形式:

(1)均衡扩展

所谓均衡扩展,就是注意保持句子结构的匀称,适当地给句子主干增加修饰或补充成分,使句子的各个部分大体均衡。从表达的角度看,均衡扩展的句子,表达的重点一般都在句子的主干上面。例如:

① (苍黄的)天底下,‖〔远近〕横着(几个)(萧索的)荒村。

句子主干:天底下横着荒村

② (深蓝的)天空中‖挂着(一轮)(金黄的)圆月。

句子主干:天空中挂着圆月

③ (闰土的)心里‖有(无穷无尽的)(希奇的)事。

句子主干:心里有事

④ (两岸的)青山‖〔在黄昏中〕,〔都〕装〈成〉了(深黛)颜色。

句子主干:青山装成颜色

以上四个句子,都是鲁迅在小说《故乡》中所使用的句子,描写得生动形象,并能够给人一种对称的形式美,这就是对句子的主干进行均衡扩展的结果。从表达重点上分析,这几个句子的表达重点都在句子主干上面,即句子主干是整个句子要表达的基本意思。

(2)局部扩展

所谓局部扩展,就是只扩展句子的某一个结构成分,使句子的某个部分膨胀起来,让其承载和表达更多特有的内容。因此,有的语法书称其为“局部发达式”。在多数情况下,这种局部扩展的句子,其表达重心往往不在于句子的主干,而是放在修饰或限制的成分上。例如:

① 鲁迅‖是(在文化战线上),(代表全民族的大多数),(向着敌人冲锋陷阵的)(最正确)、(最勇敢)、(最坚决)、(最忠实)、(最热忱的)(空前的)民族英雄。

(毛泽东《新民主主义论》)

这个句子是局部扩展的范例,在宾语中心“民族英雄”的前面,连续递加了九个定语,用以说明鲁迅是怎样一个民族英雄,表现出毛主席对鲁迅先生的高度评价。这个句子的表达重心，完全在于所递加的几个定语之上，而不在句子主干本身。

② 他‖〔生来就被选定〕从事（这件）（借助他在命运的法则和自然的法则中最高尚的愿望所完成的）事业

（雨果《纪念伏尔泰逝世一百周年的演说》）

这个句子，一方面在谓语动词前面使用了“生来就被选定”这个复杂状语，说明“他”与这项事业之间的密切关系；另一方面又对宾语进行扩展，在宾语中心词的前面增加了两个定语，特别是“借助他在命运的法则和自然的法则中最高尚的愿望所完成的”这个长定语，深刻而具体地说明了伏尔泰作为法国启蒙思想家和哲学家的艰难和伟大之处。所以这个句子的表达重心，完全在于前面的复杂状语和后面的长定语之上，否则，句子的主干“他从事事业”就不能表达出什么明确具体的内容。

3. 可以应用于修改病句

句子的主干，是句子组织结构的基本框架。分析句子的整体结构，找出句子主干，就可以在此基础上理清枝叶，弄清词语之间的结构关系，这样就容易分析出句子在语法方面有没有错误，帮助找出语病，并进行正确恰当的修改。

人们在语言运用中的句子，常见的语法错误主要有以下几种：

（1）结构不完整，缺少必要的对应成分

现代汉语中的句子，都是由一种句法结构构成的，一般都具有相互对应的两个结构成分，如果缺少其中一个必要的成分，就会造成句子结构的不完整，这是最大的语病。句子结构不完整又叫成分残缺，常见的有主语残缺、谓语残缺、宾语残缺、定状补语残缺等。

检查和纠正方法：分析句子的整体结构，找出相互对应的两个结构成分，如果无法构成对应，补出缺少的那个必要成分，以形成一种完整的句法结构。

例如:

＊① 荣获(诺贝尔物理学奖)的殊荣。

＊② 他们‖〔时刻准备着〕祖国的召唤。

＊③不相信手,只相信书,‖〔自然〕〔也〕〔就〕养成(脱离群众和拘于教条)。

＊④ 院子中间‖是(一个)(废弃的)花坛,变成了停车场。

例①的句子主干是“荣获殊荣”,可见前边缺少主语,不知说的是谁,应该在前面补出主语,如“德国的伦琴”;例②是谓语残缺,状语之后和宾语之前,缺少谓语中心词“听从”,改为“时刻准备着听从祖国的召唤”,谓语的结构就完整了;例③的谓语动词“养成”后面缺少宾语中心词,误将定语当宾语,应该在定语的后面加上“的习惯”,才能构成“养成习惯”的动宾关系;例④两个分句的主干都很完整,只是缺少必要的状语,应该在谓语动词“是”的前面增加状语“原来”,在“变成”前面增加状语“现在”或“经过治理”等,表述就更加周密严谨了。

(2)搭配不得当,致使语句不通顺

所谓搭配不得当,是指在句子两个相互对应的结构成分中,词语之间在语义上不能搭配,不符合语法规范或人们的语言习惯,造成语句不通顺。常见的有主谓搭配不当、动宾搭配不当、定状补语与中心语搭配不当、并列成分与所对应的词语不能完全搭配等。

检查和纠正方法:找出句子主干,并理清枝叶,分析中心词之间、中心语与修饰语之间的结构关系,看其在意义上是否搭配得当,把搭配不当的词语改正过来。

例如:

＊⑤〔在烈火中〕,(一个瘦弱的)身材‖〔正在〕〔奋力〕扑打着(熊熊燃烧的)火焰。

＊⑥ 德国队中场队员积极抢断,破坏了(巴西队的)一传到位率。

＊⑦（西边山头上）（那最后一缕）夕阳‖〔也〕〔渐渐〕消失了。

＊⑧（科技界的）同志‖〔对这一问题〕表示 极大的关心和浓厚的兴趣。

例⑤的句子主干是"身材扑打火焰"，主语中心词"身材"与谓语中心词"扑打火焰"在语义上不能搭配，将"身材"改为"身影"，在语义上就说得通了；例⑥后边分句的主干，动词"破坏"用得不当，应改为"降低"；例⑦中"那最后一缕夕阳"，属于定语与中心语搭配不当，如果用"一缕"，后面就应改为"夕阳的余晖"，如果用"夕阳"，可改为"那红红的夕阳"；例⑧的宾语是一个并列结构的短语，其中"极大的关心"能够同前面的动词"表示"进行搭配，而"浓厚的兴趣"却不能同"表示"进行搭配（"表示"只能带动词性宾语或形容词性宾语，不能带名词性宾语），所以只能分开说，改为"表示极大的关心，并有浓厚的兴趣。"

（3）成分多余，造成啰唆冗赘

成分多余是指在句子中多出某个成分，造成语句不通或啰唆重复。成分多余是由对句法结构把握不准确造成的，老怕说不清楚，老是节外生枝，在句子的主语、谓语、宾语和定语、状语、补语中都容易出现多余成分。

检查和纠正方法：把握句子的整体结构，找出句子主干及其附加成分，只保留有说明、支配、修饰、补充等对应关系的词语，坚决删除重复和多余的成分。

例如：

＊⑨ 目前正值印度旅游黄金季节，全国游客纷至沓来，这种盛况‖为"黑市"生意提供了机会。

＊⑩ 天气太热，中午上街，〔容易〕发生 中暑。

＊⑪ 郭沫若在病中写出了《科学的春天》，表达了（在进入新时期以后）（那种）（心情舒畅、信心满怀）的（喜悦）心情。

＊⑫ 我们‖〔要〕〔为建设现代化的社会主义强国的美丽前程〕贡献(自己的)(一份)力量。

＊⑬ (同学们)(在果园)(最后一天)的劳动‖是(最紧张、最愉快、最有意义)的一天。

例⑨后面的分句是主语多余，去掉“这种盛况”以后，语意与前边的分句仍紧密相连，既简洁又通顺；例⑩后面的分句是谓语多余，可删掉谓语动词“发生”，让原来的宾语“中暑”充当谓语中心词(仍为动词)；例⑪是定语多余，删除“那种”(不需要复指)和“心情舒畅、信心满怀”(语义重复)这两层定语，仍不影响语意的表达；例⑫的句子主干是“我们贡献力量”，没有问题，只是“贡献”前面的长状语中有多余的成分，将后面“的美丽前程”删掉即可；例⑬的句子主干是“劳动是一天”，全句语义不通，这是由宾语多余造成的，应将后面的宾语中心词“一天”删掉，把前面的定语“最紧张、最愉快、最有意义的”变成宾语(“的”字短语)，表义就更加准确了。

(4)语序不当，表义不顺畅

句子中的语序不当，是指词语的排列次序不正确，造成语序混乱，影响表义的准确性。常见的语序不当有：将主语错放在定语的位置上，定语与中心语的位置颠倒，定语与状语错位，多层定语或多层状语排列次序不对，等等。

检查和纠正方法：首先要确定主语和中心语的位置是否正确，在此基础上安排好定语或状语的位置；中心语前边有多层定语或多层状语的，要按照一定的次序进行排列(见第五章第二节实词式短语)。

例如：

＊⑭〔入夏以来〕，遭受(八个乡镇的)雹灾，受灾农田六千多亩。

＊⑮〔由于原料好、工艺好〕，我国棉布的出口‖深受各国顾客

的欢迎。

＊⑯ 他奋力刨开泥土，(几层)(用厚塑料布严密包裹着的)小铁箱‖〔终于〕出现了。

＊⑰ “心连心”艺术团到来的消息传出后，(街道里的)妇女、老人和孩子‖许多〔都〕跑了〈出来〉。

＊⑱ 这‖是(被鲜血染红了的)(那件)(他的)(新)衬衣。

例⑭中的“八个乡镇”应该做主语，放在“遭受”之前，改为“八个乡镇遭受雹灾”；例⑮中加点的地方是定语与中心语的位置颠倒，应该改为“出口的棉布”；例⑯中的定语“几层”位置不对，应该放在“厚塑料布”之前；例⑰中的“许多”本来是定语，应该放在“妇女、老人和孩子”之前，不该放在后面状语的位置上；例⑱的多层定语排列次序不对，应该将表示领属的定语“他的”放在最前面，将表示指示的短语“那件”放在第二位，改为“他的那件被鲜血染红了的新衬衣”，表达就顺畅了。

(5)句式杂糅，表达不清晰

在表达时拿不定主意，既想用这种说法，又想用那种说法，结果就将两种说法糅合在一起，导致句式杂糅，表达混乱。句式杂糅主要表现为两种句式的混杂、两种语气的混用、两句内容的混合等不同形式。

检查和纠正方法：表达一个意思，要选择最直接、最准确的一种说法，采用最恰当的一种句式、一种语气，去掉其他含混的词语和无关的成分；当感到一个句子说不清时，就使用两个或两个以上的分句，使表意更加清晰。

例如：

＊⑲ 考试场设在一间古色的大厅里举行的。

＊⑳ 社员们认为，这么多粮食为什么不应该分。

＊㉑ 只有认识教育规律，才能改革教育适应四个现代化的要求。

例⑲是把两种说法、两种句子格式糅合在一起:一种是“考试是在一间古色的大厅里举行的”,另一种是“考场设在一间古色的大厅里”,应该修改为其中一种说法和句式;例⑳是两种语气的混用,既然用了“为什么”和“不”,就应该使用疑问语气,变成反问句“这么多粮食为什么不应该分?”如果使用陈述语气,就该改为“这么多粮食就应该分”。例㉑后边的分句,是把两个分句的内容混合在一起说了,应该改为“才能改革教育,使之适应四个现代化的要求”。

思考与练习一

1. 什么叫句子?句子在结构上可以分为哪两大类?什么是单句、复句与分句?

2. 句子具有哪些基本特征?从交际功能和作用上看,句子同词和短语有什么本质区别?

3. 什么叫句子成分?广义的句子成分包括哪两大类?通常在单句里所说的句子成分指的是什么?

4. 传统句法观的主要观点是什么?分析句子采用什么方法?这种析句法有什么突出优点和弊端?举例说明。

5. 运用分析短语的方法(层层二分、一直分析到词为止)来分析句子有什么不妥之处?为什么说分析句子和短语不应该采用同样的方法?

6. “词组本位的语法体系”是由谁在哪部著作中提出来的?这一重要观点对于树立短语的语法中心地位以及语法体系的变革有什么重要意义?

7. 为什么要确立新型句法观和采用新的析句法?本书创立的“对应成分分析法”的基本方法是什么?采用这种方法来分析句子有什么好处?举例说明。

8. 什么叫句子的独立成分?句子的独立成分有哪几种?各自

的作用是什么？分别举例说明。

9. 什么是句子的主干？各种类型的句子主干是怎样构成的？分析和找出句子主干的意义和用途有哪些？举例说明。

10. 用对应成分分析法来分析下列句子，并说明每个句子有哪两个相互对应的结构成分，分别是由哪个词或哪个短语来充当的。

① 这个孩子很有礼貌。

② 时间过得真快！

③ 村民组长和几户村民分头准备。

④ 要认真研究解决群众提出的问题。

⑤ 几个采蘑菇的人。

⑥ 说得既形象又生动。

11. 标出下列句子中的独立成分，并说明是哪一种类型、在句子里起什么作用。

① 书，我不要了。

② 你去哪儿啦，老王？

③ 哦！好一派迷人的秋色啊！

④ 咳！你去不去？

⑤ 这车煤多说着三千斤。

⑥“当啷！”她手里的脸盆掉在地上。

12. 用中心词分析法（符号标记法）分析下列句子，并找出句子的主干。

① 苞米和高粱的确青的叶子上，抹上了金子的颜色。

② 要认真对待这个问题。

③ 那个青年累得一点儿力气也没有了。

④ 老师和学生都要遵守学校的规章制度。

⑤ 唱得真好！

⑥ 多么令人兴奋的欣欣向荣的景象啊！

13. 按照括号里的要求，压缩句子或扩展句子。

① 那些在工作岗位上忙碌了一天的人们，傍晚都三五成群地来到海边的沙滩上。（压缩句子，只保留句子主干）

② 这温柔的、带来一阵阵果林和田野的香味、令人心旷神怡的初夏的晚风，轻轻地吹拂着他的脸颊。（压缩句子，可保留必要的修饰成分）

③ 这一盒是月饼。（局部扩展宾语）

④ 田野，星光，月亮，一幅秋夜图。（均衡扩展各个分句）

14. 指出下面的句子在语法上有什么错误，并加以改正。

① 敌人已经发现我们了，这里不能久住，今晚六点出发瓦窑堡。

② 文字字数最多不得超过3 000。

③ 不仅这样，他们还把小岛建成花园一样美丽。

④ 县政府严肃处理了水泥厂擅自提价。

⑤ 全场所有人的眼睛都集中到大会主席台上。

⑥ 驰名中外的雄伟的我国万里长城，凡是来到这里的游客都赞叹不已。

第二节　特殊句式

在语言学里，**抽象的句子构造模式叫句式**。汉语的典型句式是主谓句。根据表达的需要，主谓句在介词“把”和“被”等的帮助下，可以调整变化句子中施事和受事的位置，使其做不同的句子成分，这就形成了“把”字句和“被”字句。此外，双宾式动词短语、连动式动词短语、兼语式动词短语做谓语或者单独成句时，又可形成双宾句、连动句和兼语句。这些都是现代汉语中常见的特殊句式，都具有不同于一般句式的结构形式，都有着特殊的表达效果。了解和掌握这些特殊句式,对于语法分析、确定句型和句子使用等都具有重要的意义和作用。下面,对这几种特殊句式分别进行介绍。

一、"把"字句

句子的主语是施事,利用介词"把"将受事引到谓语动词之前做状语,用以强调对受事的处置结果,这种句式叫作"把"字句。

"把"字句是动词谓语句的一种特殊形式。当动宾式动词短语做谓语时,受事都在动词之后做宾语;而"把"字句能够利用介词"把"(或"将"等)将受事引到动词之前做状语,从而对受事表示一种处置意味。例如:

① A. 妈妈‖做〈好〉了衣服。(动宾式动词短语做谓语)

B. 妈妈‖〔把衣服〕做〈好〉了。(变为"把"字句)

② A. 我们‖解决了(缺水)问题。(动宾式动词短语做谓语)

B. 我们‖〔把缺水问题〕解决了。(变为"把"字句)

③ A. 她‖寄〈出〉了(那封)信。(动宾式动词短语做谓语)

B. 她‖〔将那封信〕寄〈出去〉了。(变为"把"字句)

(一)"把"字句的特点

"把"字句是汉语中的一种很有特点的句式,它能够把动宾结构中的宾语提到动词之前做状语,从而改变谓语的结构,并对受事具有一种处置的作用,因而具有特殊的表达效果。"把"字句主要有以下几个特点:

1. 句子中的谓语动词,都是带有处置意味的及物动词

所谓"处置意味",是指这个动词所表示的动作或行为能够对受事产生一种处置作用,使受事或者发生某种变化,或者产生某种结果,或者处于某种状态。例如:

① 她‖很快〔把屋子〕收拾得〈干干净净〉。

② 我们‖〔把火灾隐患〕消除了。

③ 屋子里的铺位都满了,我‖就〔把这位重伤员〕安排〈在屋檐下的那块门板上〉。

在以上三个“把”字句中,谓语中的动词“收拾”“消除”“安排”都是及物动词,而且都能够将“把”的宾语作为受动对象,同时又能够对其表示一种处置的意味。它们虽然都能够表示把受事怎么样了的共同意义,但仔细分析又有着细微的差别:例①表示的是使受动对象发生了什么变化;例②表示的是对受动对象产生了什么结果;例③表示的是使受动对象处于什么状态。

2. 介词“把”所引进的受事,多是有定的事物,一般都是在叙述已经发生的事实

所谓有定的事物,是指特定的某一个或某一些事物,而不是任何一个或任何一些事物,即受动对象是定指而不是泛指。受动对象可能是具体的事物,也可能是抽象的事物,但都是定指的,因而通过引进受事,能使句子更好地叙述已经发生的事实。例如:

④ 李大爷‖〔把烟袋〕丢了。

⑤ 他‖〔把脱下的外套〕挂在衣架上。

⑥ 厂长‖已经〔把责任〕承担过去了。

例④中的“烟袋”是指特定的某一支烟袋,例⑤中“脱下的外套”也是指特定的某一件外套,这两个受动对象都是一种具体的事物;而例⑥的受动对象“责任”是一种抽象事物,但也是特指对某一件事的责任。所以,这三个句子有一个共同点:叙述的都是已经发生的事实。

“把”字句的受事是有定的事物,这是就大多数情况来说的,有时其受事也可以是无定的事物。例如:

⑦ 这样看来,〔把一种思想〕用文章的形式表达出来,就好像一块生铁经过反复的锤炼,结果成了熟铁。

⑧ 我们不应该〔把自己应负的责任〕推到别人身上。

例⑦中的“一种思想”表示的是无定的事物；例⑧中的“自己应负的责任”只是一种原则性的说法，到底哪些是自己应负的责任，哪些不是，都不能说清楚，所以这个受动对象仍然是无定的。通过以上两个例句可以看出，无定的受动对象而用“把”字句，常常是用来说明一般道理的，而不是用来叙述已经发生的事实的。

3. 在结构上，谓语动词的前面或后面一般都要有其他成分或动态助词

“把”字句在结构上，谓语动词的前面，都有介词“把”引入的受事做状语，此外有时还要有其他状语。谓语动词的后面，最常见的是补语；当动词带双宾语时，一般要将指物的宾语（远宾语）用“把”引到动词前面，将指人的宾语（近宾语）留在动词的后面；动词后面再没有其他成分时，至少也要带动态助词“了”“着”等。例如：

⑨ 夕阳‖〔把草原〕映得〈更加绚丽多彩〉。

⑩ 她‖〔很快〕〔把衣服〕缝〈好〉。

⑪ 他说明情况，交警‖〔才〕〔把驾驶证〕给 他。

⑫ 我‖〔把这本书〕丢 了。

⑬ 我的妹妹‖〔一直〕〔把毕业的照片〕保存着。

这几个“把”字句，谓语动词的前面，除了都有用“把”引进的受事做状语外，例⑩、例⑪、例⑬还有其他状语“很快”“才”“一直”；谓语动词的后面，例⑨和例⑩带有补语，例⑪带有近宾语“他”（远宾语“驾驶证”用“把”引到动词前面做状语），例⑫和例⑬的动词后面再没有其他成分，但也都分别带着动态助词“了”和“着”，表示动作的完成和持续。

4. 如果谓语动词的后面没有其他词语，要求动词本身必须是动补式的，或者是重叠式的。例如：

⑭ 我们‖要〔把敌人的阴谋〕彻底揭穿。

⑮ 我们汇报工作要实事求是，既不能〔把成绩〕夸大，也不能

〔把问题〕缩小。

⑯ 你‖〔把下乡工作的情况〕谈谈。

⑰ 你‖〔把皮鞋〕擦一擦。

⑱ 我们‖〔把修路的事〕研究研究。

例⑭和例⑮,做谓语的动词“揭穿”“夸大”“缩小”都是动补式的,即后面的语素对前面的语素有补充说明作用,这也相当于单音节动词带补语,所以这种动词在“把”字句中做谓语时,后面可以没有其他补语;例⑯、例⑰和例⑱,做谓语的动词都是重叠式的,分别相当于“谈一下”“擦一下”“研究一下”,这样重叠使用后,等于谓语动词的后面也有了补语,所以可以不再带有其他成分。

如果动词本身既不是动补式的,又不是动词的重叠式,一般不能用“把”字句。如“我看书”不能说“我把书看”,“我做饭”也不能说“我把饭做”。在某些诗歌或戏曲的唱词中偶尔出现这种说法,那只是为了词语的押韵或对称,属于例外的用法。

(二)使用“把”字句的语言条件

通过以上的分析和举例可以看出,“把”字句是汉语中一种很有特点的句式,其作用是突出受事及受动结果,使语义更加鲜明。但在什么情况下使用“把”字句,也是有一定的语言条件的,这大概有以下三种情况:

1. 当动词后面有比较复杂的补语时,不允许受事放在动词后面做宾语,需要将其引到动词之前做状语,此时必须使用“把”字句。例如:

① 队长‖已经〔把任务〕交代得〈清清楚楚〉。

② 有关部门‖立刻〔把救援物资〕运〈往地震灾区〉。

例①和例②的谓语动词“交代”和“运”的后面,都带有较长的补语,因而不能再带宾语,此时应该使用“把”字句。利用介词“把”将受事“任务”和“救灾物资”引到动词之前做状语,使动词的后面只剩下补语,这样既表达顺畅,又语义鲜明。在这种语言条件下,如果不使用“把”字句,就无法达到这样的表达效果。

2. 当受事是一个比较复杂的短语时,也以使用“把”字句为宜。例如:

③ A. 张老师‖拿〈出〉在北京新买的几本书〈来〉。

B. 张老师‖〔把在北京新买的几本书〕拿〈出来〉。

上边两个句子表达的基本意思相同,但 A 句使用了一般的动词谓语句,B 句使用了“把”字句。通过比较可以看出,还是使用“把”字句更好一些,因为这样可以将受动对象这个比较复杂的名词短语提到动词之前做状语,对其增加了处置意味,使语义更加鲜明。

3. 动词后边的补语很简单,或者动词本身就是动补式或重叠式的,受事既可放在动词之后做宾语,也可用“把”提到动词之前做状语,此时可以使用“把”字句,也可以不用“把”字句。例如:

④ A. 我‖〔把这本书〕看〈完〉了。(使用“把”字句)

B. 我‖看〈完〉了(这本)书。(不用“把”字句)

⑤ A. 我们‖要〔把这件事〕调查〈清楚〉。(使用“把”字句)

B. 我们‖要调查〈清楚〉(这件)事。(不用“把”字句)

⑥ A. 你‖〔把衣服〕洗洗。(使用“把”字句)

B. 你‖洗洗 衣服。(不用“把”字句)

⑦ A. 村里‖要〔把各户的困难〕解决了。(使用“把”字句)

B. 村里‖要解决 各户的困难。(不用“把”字句)

总之,用不用“把”字句,要根据表达的需要。想要强调对受事的处置结果,就宜于使用“把”字句,否则就可以不用“把”字句。除此以外,还要看使用哪种句式更有利于上下文语气的连贯和句式的协调,这些都是选用句式的参考因素。

二、“被”字句

句子的主语是受事，利用介词“被”等将施事引到谓语动词之前做状语，或者直接把介词“被”等加在谓语动词之前表示被动关系，这种句式叫作“被”字句。

“被”字句同“把”字句一样，都是动词谓语句中的一种特殊句式。在多数情况下，根据表达的需要，一个带宾语的动词谓语句，既可以转换为“把”字句，又可以转换为“被”字句，“把”字句和“被”字句之间也是可以相互转换的。例如：

A. 我们‖消灭了敌人。（带宾语的动词谓语句：主语是施事，宾语是受事）

B. 我们‖〔把敌人〕消灭了。（“把”字句：主语是施事，利用介词“把”将受事引到动词之前做状语）

C. 敌人‖〔被我们〕消灭了。（“被”字句：主语是受事，利用介词“被”将施事引到动词之前做状语）

D. 敌人‖〔被〕消灭了。（特殊形式的“被”字句：主语是受事，将介词“被”直接加在动词前边，省去施事）

通过这组例句可以看出，使用“把”字句、“被”字句及其转换，是有一些基本方法可以遵循的：

将一个带宾语的动词谓语句变成“把”字句的方法是：利用介词“把”将受事（宾语）提到谓语动词之前做状语。如将 A 句变成 B 句。

将一个带宾语的动词谓语句变成“被”字句的方法是：把受事（宾语）提到句首做主语，同时利用介词“被”将施事（主语）引到谓语动词之前做状语。如将 A 句变成 C 句。

将“把”字句变成“被”字句的方法是：将“把”后的受事提到句首当主语，同时利用介词“被”将施事（主语）引到谓语动词之前做状语。如将 B 句变成 C 句。

将“被”字句变成“把”字句的方法是：将“被”后的施事提到句

首当主语,同时利用介词“把”将受事(主语)引到谓语动词之前做状语。如将C句变成B句。

D句这种直接在谓语动词之前使用介词“被”而省去施事的格式,只是在说不出施事或不必说出施事的时候才使用。这种“被”字句仍将受事提到句首做主语,施事虽然不出现,但同样能表示出被动关系,因而成为“被”字句的一种特殊格式。

(一)“被”字句和“把”字句的异同

“被”字句与“把”字句,在要求上有一些相同之处,如谓语动词都必须是能够表示处置意义的及物动词,受事和施事都必须是有定的人或事物,谓语动词的前面或后面一般都要带有其他成分或动态助词等。例如:

①(一碗)鸡汤‖〔被他〕喝得〈精光〉。

②(你的)建议‖〔已经〕〔被领导〕采纳了。

这两个“被”字句,谓语动词“喝”和“采纳”都是能够表示处置意义的及物动词;“被”所引入的施事“他”和“领导”都是指特定的人;例①的谓语动词前面有状语,后面带补语,例②的谓语动词前面除了引入的施事外,还有其他状语“已经”,后面没有其他成分,但带有动态助词“了”。以上这些,都和“把”字句的要求基本相同。

此外,二者还有一点相同之处:在“把”字句和“被”字句中,如果有否定副词或能愿动词,一定要用在“把”字结构或“被”字结构的前面,而不能用在后面。例如:

③我‖〔不〕〔把这件事〕告诉别人。

④同学们‖〔没有〕〔被困难〕吓倒。

⑤这样好的干部‖〔会〕〔被人〕拉下水吗?

⑥我们‖〔能够〕〔把这件事〕办好。

“被”字句与“把”字句的不同之处主要有两点:**一是所使用的句式不同**:“把”字句以施事为主语,表示主动关系,属于主动句式;而“被”字句以受事为主语,表示被动关系,属于被动句式。**二是所表**

达的侧重点不同："把"字句以施事为陈述对象，说明施事把受事怎么样了，表达的侧重点在施事；而"被"字句以受事为陈述对象，说明受事被施事怎么样了，表达的侧重点在受事。例如：

⑦ 他们‖〔把凶手〕抓〈住〉了。（主动句式，表达的侧重点在施事）

⑧ 凶手‖〔被他们〕抓〈住〉了。（被动句式，表达的侧重点在受事）

通过比较可以看出："把"字句只能将受事（宾语）提到动词之前做状语，而施事（主语）的位置并不改变；"被"字句却能将受事（宾语）提到句首做主语，而将施事（主语）移到动词之前做状语。这两种句式的语法功能不同，表达作用就会不同，相比之下，在对受事的突出和强调作用上，"被"字句要比"把"字句表达得更强烈些。

（二）"被"字句的口头表达方式及其与兼语句的区别

在口语中，介词"被"常常用"叫""让""给"等来代替，形成"被"字句特有的口头表达方式。例如：

① 这匹烈马‖终于〔叫我〕制服了。

② 这个孩子‖〔让别人〕打伤了。

③ 他的自行车‖〔给孩子〕骑走了。

这三个句子中的"叫""让""给"，都是在口语中表示对象的介词，其作用都相当于"被"，都是以受事为主语，用"叫""让""给"将施事引到动词之前做状语，表示一种被动关系，因此也都是"被"字句，只是所使用的介词不同。

这种"被"字句的口头表达方式，容易同兼语句混淆，特别是容易把"叫"和"让"当成使令动词。**区分的方法是**：句子的主语是受事，并能够同谓语动词构成动宾关系时，"叫"和"让"是介词，这个句子就是"被"字句；句子的主语是施事，"叫"和"让"的后面是兼语，并能够同其后面的动词（或动词短语）构成主谓关系时，"叫"和"让"是使令动词，这个句子就是兼语句。例如：

④（这本）书‖〔让他〕拿〈走〉了。

主语"书"是受事，能够受谓语动词"拿"的支配，构成动宾结构

“拿书”。所以“让”在这里是介词,这个句子是“被”字句。

⑤ 连长‖让他休息。

主语“连长”是施事,“让”的宾语“他”是兼语,能够同后边的动词“休息”构成主谓关系,形成主谓结构“他休息”。所以“让”在这里是使令动词,这个句子是兼语句。

⑥(新买的)手机‖〔叫我〕丢了。

主语“手机”是受事,能够受谓语动词“丢”的支配,构成动宾结构“丢手机”。所以“叫”在这里是介词,这个句子是“被”字句。

⑦ 局长‖叫我参加会议。

主语“局长”是施事,“叫”的宾语“我”是兼语,能够同后面的动词短语“参加会议”构成主谓关系,形成主谓结构“我参加会议”。所以“叫”在这里是使令动词,这个句子是兼语句。

(三)使用“被”字句的语言条件

从表达的角度看,以下三种情况宜于使用“被”字句:一是为了突出受事,就以受事作为陈述对象,让受事充当主语,这样就要使用“被”字句;二是为了表示受事对施事的动作行为处于被动接受的状态,此时适宜使用“被”字句;三是当说不出施事或不必说出施事时,适宜使用省去施事的“被”字句(只在谓语动词之前加介词“被”)。例如:

① 抛锚的汽车‖〔被司机〕修〈好〉了。

② 堵塞的车辆‖〔被交警〕疏导〈开〉了。

以上两个句子,都是为了突出受事而使用“被”字句,让受事做主语,使之成为全句的陈述对象。

③ 可惜正月过去了,闰土须回家里去,我急得大哭,他也躲到厨房里,哭着不肯出门,但终于〔被他父亲〕带〈走〉了。

④ 祥子和光头的矮子‖连车带人都〔被十来个兵〕捉了〈去〉!

以上两个句子,都是为了表现受事的不情愿、被强迫,即对施事的动作行为处于被动接受的状态,因而使用了“被”字句,同时也能够以受事作为句子的陈述对象。

⑤ 五个有为的青年‖〔被〕暗杀了。

⑥ 新兵训练结束以后，他‖〔被〕分配到连部当通信员。

这两个句子，是在说不出施事或不必说出施事的情况下，而使用"被"字句。直接在谓语动词之前加介词"被"，施事并不出现，仍能表示出被动关系，并使语句更加简洁。

（四）"被"字句与"把"字句的合用句式

"被"字句与"把"字句的合用句式有两个特点：一是除了主语受事以外，在谓语部分又出现一个受事，两个受事之间有领属关系；二是介词"被"所带的宾语是施事，介词"把"所带的宾语是受事。例如：

① 他‖〔被树枝〕〔把脸〕划〈破〉了。（"被"在"把"前）

② 他‖〔把脸〕〔被树枝〕划〈破〉了。（"把"在"被"前）

以上两个句子表达的意思基本相同，谓语部分的表达重心都是"脸"（第二个受事），但从表达效果上看，"把"字结构在前显得更突出些，"被"字结构在前则次之。从使用频率上看，"被"字结构在前使用较多，而"把"字结构在前则使用少些。

应该指出，这种"被"字句与"把"字句合用的句式，是一种比较古老又日趋衰落的表达形式，用得不好，容易造成表达障碍甚至病句（特别是"把"字结构在前时）。

我们认为，语言表达以简明为要。如果单用"被"字句或"把"字句一种句式就能表达清楚时，就尽量不用"被把"或"把被"合用的句式，因为选用单一句式更加符合现代人说话的习惯，也更加言明意显。如上边的例①和例②，都可以变为以下两个句子：

③（他）的脸‖〔被树枝〕划〈破〉了。

④ 树枝‖〔把他的脸〕划〈破〉了。

例③以受事作为陈述对象，所以用受事做主语（两个受事之间有领属关系，分别做定语与中心语），使用"被"字句（用"被"将施事引到谓语动词之前做状语)。

例④以施事作为陈述对象,所以用施事做主语,使用"把"字句(用"把"将有领属关系的两个受事引到谓语动词之前做状语)。

通过比较可以看出,表达相同的意思,既可以选择"被"字句,也可以选择"把"字句。这要根据表达的需要:要突出受事,就用受事做主语,使用"被"字句;要突出施事,就用施事做主语,使用"把"字句。

三、双宾句

句子中的及物动词能够带两个宾语,既涉及人,又涉及物,这种句式叫作双宾句。

在能带宾语的及物动词中,能够带双宾语的并不多,常见的有"给、送、赠、教、交、还、问、求、拿、借、欠、奖、罚、输、赢、赚、赔、请教、告诉、通知、奖励"等。它们所带的两个宾语,**离动词较近的一般指人(有时也指社会组织),称为"近宾语";离动词较远的一般指物,称为"远宾语"**。这两个宾语分别同它前面的动词发生动宾关系,而两个宾语之间只有意义联系、没有结构关系。

双宾句有两种形式:一种是主谓句,由双宾式动词短语做谓语;另一种是动宾句,它没有主语,只由一个双宾式动词短语构成。例如:

① 理想‖给 我们(无穷)的力量。

② 老师‖教 同学们(一支)歌。

③ 伯父‖送 我(两本)书。

④ 我‖问 老师(几道)题。

⑤ 我‖请教 你(一个)问题。

⑥ 罚了｜他(两杯)酒。

⑦ 告诉｜你(一个)(好)消息!

⑧ 奖励｜他(一台)摩托车。

以上这些句子都是双宾句，其中例①～⑤是主谓句，由双宾式动词短语做谓语；例⑥～⑧是动宾句，只由一个双宾式动词短语构成。它们的共同特点是：句子中的动词都是及物动词，而且都需要带两个宾语，前一个指人，后一个指物，才能够把某种动作或行为说清楚。

这种"动词＋近宾＋远宾"的格式，有时也可换用别的形式表达出来，如上面这些例句中：

例③：伯父‖送 我（两本）书。（双宾句）

可换成：伯父‖〔把两本书〕送给我。（"把"字句）

例④：我‖问 老师（几道）题。（双宾句）

可换成：我‖〔向老师〕问（几道）题。（一般的主谓句）

例⑤：我‖请教 你（一个）问题。（双宾句）

可换成：我‖〔向你〕请教（一个）问题。（一般的主谓句）

例⑥：罚了｜他（两杯）酒。（没有主语的双宾句）

可换成：他‖被罚了（两杯）酒。（有主语的"被"字句）

例⑦：告诉｜你（一个）（好）消息！（双宾句）

可换成：有（一个）（好）消息 告诉 你！（连动句）

例⑧：奖励｜他（一台）摩托车。（双宾句）

可换成：〔把一台摩托车〕奖励给他。（"把"字句）

这就告诉我们一种语言现象：有的双宾句可以改成"把"字句、"被"字句、连动句或一般的主谓句；同样，有的"把"字句、"被"字句、连动句和一般的主谓句也可以改成双宾句。使用哪一种句式好，要根据表达的需要而定，还要考虑到句子之间的协调配合等问题。

四、连动句

谓语部分或整个句子连用两个以上的动词，表示施事的连续动作，这种句式叫作连动句。

连动句有两种形式：一是主谓句，由连动式动词短语做谓语；二

是动宾句,由一个连动式动词短语单独构成。例如:

① 我们‖吃了晚饭〔就〕出发。(连动式动词短语做谓语)

② 吃〈完〉晚饭〔立刻〕出发!(由连动式动词短语单独构成连动句)

连动句有以下三个特点:

第一,多数连动句的谓语部分都是连用两个动词,这两个动词所表示的动作都是同一主语(施事)发出的。

第二,两个动作之间,存在着发生的先后、方式与目的、原因与结果等意义关系。在一般情况下,前边的动作发生在先,后边的动作发生在后;前边的动作是方式或原因,后边的动作是目的或结果。因此,其语序一般不能随意改变。

第三,表示连续动作的动词,有的需要带宾语,有的不需带宾语。例如:

③ 祥子‖喝了(瓢)凉水〔就〕走〈出去〉。(两个连续的动作有先后次序)

④ 你‖喝(点)水〔慢慢〕说。(前一动作是后一动作的方式)

⑤ 王大爷‖上 山 砍 柴。(后一动作是前一动作的目的)

⑥ 人‖靠 劳动 获得 食物。(前一动作是后一动作的方式)

⑦ 刘刚‖有 事情 去 北京了。(前一动作是后一动作的原因)

⑧ 她‖流着泪〔使劲〕点着头。(两个动作同时进行,前一 动作是后一动作的方式)

⑨ 他‖倒(杯)茶 喝。(后边的动词以前一个动词的宾语为对象,同时又表明前一个动作的目的)

还有的连动句,谓语部分可以连用三个以上的动词,仍具有连动句的共同特点。例如:

⑩ 他‖站〈起来〉走〈到窗前〉〔向外〕望着。(谓语部分的三个动作依次发生)

⑪ 哥哥‖搬了(把)椅子 坐〈下〉吃 饭。(最后一个动作是前两个动作的目的)

连动句是汉语中的一种很有特色的句式,它所表达的意思动感强烈,同时又简洁洗练、内容丰富。所以,我们要注意掌握它的结构特点,认真学习、分析和使用这种句式。

在动词短语做谓语的句子中,除了动词连用以外,还有动词与形容词连用的情况,例如:他‖说〈出来〉轻松〈多〉了。这里“说”是动词,“轻松”是形容词,二者连用构成谓语的连续。有的语法教材和著作,将谓语部分动词连用、动词与形容词连用的句子统称为“连谓句”。而我们这里所说的“连动句”,不包括动词与形容词连用这种类型。

五、兼语句

谓语部分或整个句子是动宾结构与主谓结构的套叠形式,其中前面动宾结构的宾语兼做后面主谓结构的主语,这种句式叫作兼语句。

将一个动宾结构与一个主谓结构套叠在一起,可以形成兼语式动词短语。因此,兼语句也有两种形式:一种是主谓句,由兼语式动词短语做谓语;另一种是动宾句,由一个兼语式动词短语单独构成。例如:

①他‖叫 我去〈一趟〉。(兼语式动词短语做谓语)

②让 他参加 会议。(由兼语式动词短语单独构成兼语句)

这里所说的“兼语”,是指它能身兼二职,既是前面动宾结构的宾语,又是后面主谓结构的主语,由此将这两种句法结构套叠在一起。如上面例①中“我”是兼语,例②中“他”是兼语。兼语多是表示受事或施事的对象的,所以一般都由名词或代词来充当。在分析兼语句的组成成分时,兼语可以用“＿＿”来表示。

兼语句有以下三个特点：

第一，前面动宾结构中的动词（前一个动词），一般都是使令动词。常用的有：使、叫、让、请、派、逼、求、劝、托、选、命令、禁止、要求、请求、动员、号召、逼迫、迫使、驱使、选举、任命、委托、推选、选派、允许、批准、发动、鼓励等。

第二，两个动词所表示的动作发出者不同：前一个动词的动作是施事（主语）发出的；后一个动词的动作是受事（兼语）发出的。

第三，前后两个动词所表示的意义关系是：后面的动作是前面的动作所要达到的目的或所要产生的结果。

例如：

③ 爸爸的话，‖使 全家人〔非常〕高兴。

④ 指导员‖让 战士们发表 意见。

⑤ 连长‖派 郭军担任（士兵委员会）的工作。

⑥ 老师‖叫 我〔到办公室〕去〈一趟〉。

⑦ 我们‖〔不〕〔能〕逼 别人干（不愿意做）的事。

⑧ 他‖托 我〔把衣服〕带〈来〉。

⑨ 村民们‖〔都〕选举（退伍军人）杨树军当 村长。

⑩ 日久天长，王母娘娘也拗不过她，〔就〕允许 她〔每年七月七日〕〔跟牛郎〕会〈一次〉面。

在以上这些句子中，前一个动词的动作都是主语（施事）发出的，而后一个动词的动作都是兼语（受事）发出的，使谓语部分形成一个兼语式动词短语，因而都是兼语句。

除了使令动词能够构成兼语句以外，还有两个存现动词“有”和“没有”（“没”），有时也可以构成兼语句。其特点是：句子的主语多是表示处所的，“有”或“没有”（“没”）用在前面的动宾结构中，同后边套叠的主谓结构一起，表示这个处所存在、出现或消失了什么。

例如：

⑪ 后面‖有（一辆）车追〈上来〉。

⑫ 码头上‖有（一艘）船停〈在那里〉。

⑬ 他‖有（一个）哥哥〔在外地〕工作。

⑭ 海里‖〔再〕〔也〕没有 渔民捕 鱼了。

⑮ 工地上‖〔已经〕没 工人干活儿了。

在上边几个句子中，动词“有”和“没有（没）”的宾语都是兼语，它们既能够同前面的动词构成动宾结构，如“有车”“有船”“有哥哥”“没有渔民”“没工人”，又能同后边的成分构成主谓结构，如“车追上来”“船停在那里”“哥哥在外地工作”“渔民捕鱼”“工人干活儿”，所以谓语部分也都能构成兼语式动词短语，因而也都应视为兼语句。

要特别注意兼语句同连动句的区别。二者的共同点是，在谓语部分（或整个句子）都连用两个以上的动词，但是又有两点根本区别。

第一，兼语句的前一个动词一般都是使令动词，有时也用存现动词“有”“没有”等，如上边的例①～例⑮都是这样；而连动句的前一个动词多是普通的动词。

第二，连动句的两个或两个以上的动词所表示的动作都是同一主语（施事）发出的；而兼语句的两个动词所表示的动作发出者不同：其中前一个动词所表示的动作是施事（主语）发出的，后一个动词所表示的动作是受事（兼语）发出的。例如：

① 王大爷‖坐〈在门口〉看 报纸。（连动句）

② 老师‖鼓励 同学们〔好好〕学习。（兼语句）

③ 我们‖有 信心 做〈好〉（这项）工作。（连动句）

④ 球场上‖有（几个）人打 篮球。（兼语句）

上边的例①，“坐”和“看”两个动作都是同一主语（施事）发出的，所以是连动句；例②中的"鼓励"是施事（主语）发出的，而"学习"是受事（兼语）发出的，所以是兼语句；例③中的"有"和"做"都是同一主语（施事）发出的，因而是连动句；例④中的"有"是主语具有的，而"打"则是兼语发出的，因而是兼语句。

有时，一个句子谓语的结构特别复杂，或者由一个兼语结构同一个连动结构套叠在一起，或者由一个连动结构同一个兼语结构套叠在一起，或者由两个兼语结构套叠在一起，以表达更为复杂的语义关系。这几种情况，更需要我们认真分析、仔细辨别。例如：

① 局长‖派 他去 北京 开会。（兼语套连动）

② 他‖笑着站〈起来〉请我看（他画）的油画。（连动套兼语）

③ 我‖请 你叫 他来〈一趟〉。（两个兼语套用）

思考与练习二

1. 什么叫句式？汉语的典型句式是什么？现代汉语有哪些特殊句式？

2. 什么叫"把"字句？"把"字句主要有哪些特点？举例说明。

3. 在哪两种语言条件下应该使用"把"字句？在什么语言条件下可用可不用"把"字句？举例说明。

4. 什么叫"被"字句？"被"字句与"把"字句有什么不同之处？二者是怎样相互转换的？举例说明。

5. 在哪些情况下宜于使用"被"字句？"被"字句与"把"字句的合用形式是怎样形成的？举例说明。

6. 什么叫双宾句？双宾句有哪两种形式？举例说明。

7. 什么叫连动句？连动句的特点是什么？举例说明。

8. 什么叫兼语句？兼语句的特点是什么？举例说明。

9. 兼语句同连动句有什么共同之处？二者又有哪些根本区别？举例说明。

10. 把下边这几个主谓句分别变成"把"字句和"被"字句，并比较后两种句式在表达作用上有什么不同。

① 他一口气做完了十道练习题。

② 轰隆隆的响声吓坏了他们。

③ 螺旋桨卷起的尘砂迷住了他的眼睛。

④ 老同志这种淡漠的态度激怒了小李。

11. 指出下面的句子哪个是“被”字句(口头表达方式),哪个是兼语句,并说明为什么。

① 老师叫我回答问题。

② 我叫老师批评了一顿。

③ 交警让他下车。

④ 他让交警罚了一百元钱。

12. 请把下面的句子改成双宾句,指出哪个是近宾语、哪个是远宾语,并说明各自表示什么意义。

① 她把一枚纪念币送给我。

② 我跟你请教一个问题。

③ 那个工厂把一些样品给了我们。

④ 车间主任向全体人员通知两件事。

⑤ 学校给每个学生发一套运动服。

13. 指出下列句子哪个是连动句、哪个是兼语句、哪个是连动与兼语套用、哪个是两个兼语套用,并说明为什么。

① 施工队长扛着行李走在前面。

② 风景美丽的西双版纳,吸引了成千上万的有志气的有抱负的知识青年进入橡胶园。

③ 玉生站起来腾出一把椅子让他坐下。

④ 我让你找他办点儿事儿。

第三节　句 型

句型就是句子的句法结构模式，它是根据句子成分的组合情况对句子所划分的类型。语法学里讲的“句型”，一般都是指单句而言的，不包括复句。单句的表现形式和特点是：既可以单独成为一个句子，又可以是复句里的一个分句，但在结构上完全独立，不做其他句子或分句的结构成分。

过去划分现代汉语的句型，一般都是先按照结构划分为主谓句、非主谓句两大类，然后再按照谓语的结构类型将主谓句划分为动词谓语句、形容词谓语句、名词谓语句、主谓谓语句四种下位类型，同时也将非主谓句划分为名词非主谓句、动词非主谓句、形容词非主谓句、叹词非主谓句等几种下位类型（有的还增加了拟声词句）。这种沿用多年的句型系统，是以主谓句为重点来划分的，而对其他句型重视不够，特别是对于几种在结构上没有主语的句型，未能完全按照结构标准划分出来，只是将它们统称为“非主谓句”。

在近年来的语言实践中，人们除了使用主谓句以外，还大量应用各种类型的没有主语或省略主语的句子（即过去所说的“非主谓句”），因而原来只重视主谓句的句型分类系统已经不符合语言发展的需要，也不利于指导人们的语言运用，应该适时改进和完善。为此，本书采用完全按照句法结构来划分句型的方法，建立新的句型分类系统：取消“非主谓句”这个综合性概念，将其包含的几种句型都单独分立出来，把它们同主谓句放在同等位置，完全按照句法结构的类型，将现代汉语的句子划分为主谓句、动宾句、偏正句、补充句、并列句、独词句六种基本句型，然后再按照它们各自的特点划分下位类型。主谓句仍按照谓语的不同结构类型，划分为动词谓语句、形容词谓语句、名词谓语句、主谓谓语句四种类型；动宾句按照结构形式的不同，划分为一般动宾句、双宾句、连动句、兼语句四种类型；偏正句按照中心语的性质不同，划分为名词偏正句、动词偏正句、形容词偏正句三种类型；并列句按照并列成分的不同，划分为名词并列句、形容词并列句、动词并列句三种类型；独词句根据词性的不同，划分为名词句、动词句、形容词句、代词句、拟声词句、副词句、叹词句七种类型。具体见附后的《现代汉语句型分类表》。

下面，我们就按照这个新的句型分类系统，介绍汉语的各种句型。

一、主谓句

由主谓结构构成的单句叫作主谓句。汉语里任何一个句子，都是由一种基本句法结构构成的。利用主谓结构来组织词语，所构成的句子就称为主谓句。因此，主谓句实质上就是由一个主谓短语加上成句的语调（有时还要加上语气词等）所构成的。**主谓句的结构特征是：**具有主语和谓语两个结构成分，其中主语是谓语的陈述对象，谓语对主语加以陈述或说明。做主语和谓语的，既可以是一个词，也可以是一个短语。例如：

① 船‖开了。

② 船‖慢慢地开走了。

③ 停靠在码头里的船‖慢慢地开走了。

这三个句子都是主谓句，例①的主语和谓语都是一个词（“了”是句末语气词，不进入句子的结构成分），例②的谓语是一个动词短语，例③的主语和谓语都由短语来充当。三个句子表达的基本意思相同，但用词来做结构成分表达得简略些，用短语来做结构成分表达得详尽些。

主谓句是汉语的典型句型和常用句型，特别是现代汉语里的单句，多数都是主谓句。

根据谓语的结构类型，主谓句又可分为动词谓语句、形容词谓语句、名词谓语句、主谓谓语句四种下位类型。

(一)动词谓语句

由动词或动词短语做谓语的单句，称为动词谓语句。

单独一个动词做谓语时，情况比较简单；而动词短语做谓语时，情况就比较复杂。在上一章短语中已经讲过，动词短语有动宾式、动补式、偏正式、并列式、双宾式、连动式、兼语式等几种形式，所以动词短语做谓语时，也大致是这几种情形。我们分别举例来看一下：

① 部队‖出发了。(动词做谓语)

② 同学们‖互助合作。(并列式动词短语做谓语)

③ 我‖买了一本字典。(动宾式动词短语做谓语)

④ 屋子‖收拾得〈干干净净〉。(补充式动词短语做谓语)

⑤ 爸爸‖〔欣慰〕地笑了。(偏正式动词短语做谓语)

⑥ 姐姐‖送 我(一条)围巾。(双宾式动词短语做谓语)

⑦ 她‖躺〈下来〉想着心事。(连动式动词短语做谓语)

⑧ 党委‖号召(全体)党员捐款。(兼语式动词短语做谓语)

"把"字句和"被"字句，是动宾式动词短语做谓语的两种特殊形式，其中前者能够用介词"把"将受事提到谓语动词之前做状语，后者能够用介词"被"将施事引到谓语动词之前做状语，并同时将受事提到句首做主语。它们虽然能够引起动宾结构和施受位置的变化，但仍然是动词短语做谓语，所以还属于动词谓语句。例如：

⑨ 他‖〔把茶杯〕打〈碎〉了。("把"字句)

⑩ 茶杯‖〔被他〕打〈碎〉了。("被"字句)

此外，动词谓语句中还有两种特殊句式——判断句和存现句，需要单独介绍一下。

判断句是由判断词“是”和它所带的宾语组成的动词短语做谓语的句子。所以，判断句又叫“是”字句。在判断句里，判断词“是”跟其他动词不同，它不同宾语发生语义搭配关系，其作用是连接主语和宾语，表示主语和宾语之间有同一关系或隶属关系。例如：

①《史记》的作者‖是 司马迁。（表示主语和宾语之间是同一关系）

② 郭沫若‖是 四川乐山人。（表示主语和宾语之间是隶属关系）

存现句是表示某个地方存在、出现或者消失了什么的句子。存现句的特点是：主语都是表示处所的（多由名词或方位短语来充当），谓语陈述这个处所存在、出现或者消失了什么。其中常用动词“有”“是”等表示存在，用动词“没有”等表示消失；使用其他单音节动词表示存在、出现或消失时，后面常常带着趋向动词或动态助词。此外，它还有一个特征：宾语多是不定指的对象，其前面一般都有数量短语做定语。例如：

① 雪地上‖有敌人的脚印。（表示存在）

② 门前 ‖是（一片）树林。（表示存在）

③ 院子里‖停着（一台）汽车。（表示存在）

④ 苇子里‖钻出（一条）小船。（表示出现）

⑤ 远方‖来了（一个）人。（表示出现）

⑥ 屋里屋外‖都没有雨来的踪影。（表示消失）

⑦ 宿舍里‖少了（几个）同学。（表示消失）

有的存现句也可以变成一般的主谓句，其方法是把宾语提到句首充当主语，而让原来表示处所的主语充当状语或补语（有时需要介词或趋向动词的帮助）。例如：

院子里停着一台汽车。→ 一台汽车‖停〈在院子里〉。

→ 一台汽车‖〔在院子里〕停着。

苇子里钻出一条小船。→ 一条小船‖〔从苇子里〕钻〈出来〉。

存现句变成一般的主谓句以后，虽然意思没有多大变化，但是表达的侧重点是不一样的：前者重在表达处所，后者重在表达人或事物。表达重心不同，表达效果就不一样。相比之下，存现句更富有表现力，它多用于环境和景物的描写说明。

（二）形容词谓语句

由形容词或形容词短语做谓语的单句，称为形容词谓语句。

形容词或形容词短语做谓语，情况要比动词或动词短语做谓语简单得多。形容词短语有并列式、偏正式、补充式三种结构形式，此外，有的形容词做中心语时，还可以同时在前面带状语、在后面带补语。例如：

① 天气‖冷了。（形容词做谓语）

② 这项任务‖光荣而艰巨。（并列式形容词短语做谓语）

③ 孩子的动作‖十分敏捷。（偏正式形容词短语做谓语）

④ 路灯‖亮得刺眼。（补充式形容词短语做谓语）

⑤ 他‖〔比我〕大〈三岁〉。

⑥ 小孩儿‖〔比大人〕灵活〈多〉了。

例⑤和例⑥，做谓语的是一个“状＋形＋补”结构的形容词短语。这种结构形式比较特殊，它将偏正结构与补充结构结合使用，一般是用来表示比较的：前面的状语由介宾短语充当，表示比较的对象；后面的补语由数量短语或形容词充当，表示比较的结果。

（三）名词谓语句

由名词或名词短语做谓语的单句，称为名词谓语句。

名词谓语句在汉语中比较少，因为在早期的语法教科书中，名词是不能单独做谓语的。20 世纪 50 年代以后有一个过渡时期，先有中国科学院语言研究所语法小组编写的《语法讲话》（1952—1953），提出了“体词谓语句”的概念（体词与谓词相对应，体词包括名词、代词、数量词等，谓词包括动词、形容词等）；后有《暂拟系统》（1956）确立了

“合成谓语”的名目,规定名词做谓语时前面要加上判断词“是”,组成“合成谓语”。此后,对于名词不能直接做谓语的问题,许多专家学者提出疑义,到《系统提要》(1984)又取消了合成谓语说,名词才取得了单独做谓语的资格。

名词谓语句是一种很有特点的句型。常见的名词谓语句有名词做谓语、名词短语做谓语、其他名词性词语做谓语三种形式。

1. 名词做谓语

由一个名词充当谓语的句子比较简单,多用于说明日期、节日、节气、天气等,而且大都是短句。例如:

① 昨天‖星期六。(说明日期)

② 十月一日‖国庆节。(说明节日)

③ 今天‖阴霾。(说明天气)

④ 再过两天‖立秋。(说明节气)

2. 名词短语做谓语

名词短语做谓语的句子,表达的内容更丰富些。如说明人的籍贯或住址,介绍人或事物的相关情况,还可用于表示存在,或用于对人或事物的描写等。例如:

⑤ 黎锦熙‖湖南湘潭人。(说明籍贯)

⑥ 他的家‖陕西省洛南县。(说明住址)

⑦ 老两口‖一个儿子,一个女儿。(介绍相关情况)

⑧ 院子里‖九棵树。(表示存在)

⑨ 这个姑娘‖长辫子。(对人的描写)

⑩ 这张桌子‖三条腿儿。(对事物的描写)

3. 其他名词性词语做谓语

数量短语、“的”字短语等因为都是名词性的,所以也可以直接做谓语。其中数量短语多用于介绍年龄、数量、价格等;“的”字短语多用于说明质料、产地、来源等。此外,数词和量词在一定的语言环

境下,也可以直接做谓语。例如:

⑪ 他的身高‖一米八五。(数量短语做谓语,介绍高度)

⑫ 这头牛‖八百斤。(数量短语做谓语,介绍重量)

⑬ 小米儿‖六元。(数量短语做谓语,介绍价格)

⑭ 杏杏儿‖十五了。(数词做谓语,单用表年龄)

⑮ 歌声‖阵阵。(量词重叠做谓语,有描写的作用)

⑯ 这张桌子‖石头的。("的"字短语做谓语,说明质料)

⑰ 这种果脯‖北京的。("的"字短语做谓语,说明产地)

⑱ 窖里的东西‖偷来的。("的"字短语做谓语,说明来源)

(四)主谓谓语句

由主谓短语做谓语的单句,称为主谓谓语句。

主谓短语的语法功能很强,不但可以单独构成主谓句,还可以做主、谓、宾、定、状、补各种句子成分。当主谓短语在句子中做谓语时,就使这个句子构成主谓谓语句。主谓谓语句是汉语的一种特有句型,具有特殊的表现力,所以需要详细介绍和说明。主要介绍以下四个方面内容:

1. 主谓谓语句的三种基本形式

根据做谓语的主谓短语的结构特点,以及大主语(全句的主语,下同)同小主语(主谓短语的主语,下同)之间的意义关系,可以把主谓谓语句分为以下三种基本形式:

(1)大主语是受事,小主语是施事

即"受事‖施事—动作"的格式,例如:

① 这件事‖我知道。

② 一部电影‖我也不看。

③ 这本书‖我送你了。

④ 什么‖你也不知道。

以上这种形式的作用是突出受事,因而把受事提到句首充当大主语。如例①的大主语“这件事”是受事，将其作为全句的陈述对象，起到了突出和强调的作用。如果改为一般的主谓句“我知道这件事”，全句的陈述对象就变为“我”，就减少了对“这件事”的强调作用，这两种句式的表达效果是不一样的。

（2）大主语是施事，小主语是受事

即“施事‖受事—动作”的格式，例如：

⑤ 我‖什么书都看。

⑥ 我们小组‖准备工作已经做好了。

⑦ 你‖什么都知道。

⑧ 他‖一本书也不看。

以上这种形式，大主语都是施事，小主语都是受事。按照一般的语序，受事都应该在动词的后面，那就变成了一般的主谓句，如例⑥就会变成“我们小组已经做好了准备工作”；而将这个句子变成主谓谓语句以后，就能够将受事提到动作的前面来，这样也会对受事起到突出和强调的作用，但程度没有第一种形式（将受事提到句首做大主语）那样强烈。

（3）大主语和小主语都既非施事、也非受事，而是大主语与小主语有领属关系

即小主语在意义上是从属于大主语的，例如：

⑨ 这个人‖耳朵软。

⑩ 他‖作风正派。

⑪ 老班长‖性格倔强。

⑫ 你们小组‖谁愿意去？

最后这种格式，大主语和小主语都既不是施事，也不是受事，但二者在意义上仍有紧密联系：大主语与小主语有领属关系，即小主语在意义上是从属于大主语的。如上面例⑨中的大主语“这个人”领有着小主语“耳朵”，即“这个人的耳朵”；同样，例⑩中的“他”领

有着“作风”,是“他的作风”;例⑪中的“老班长”领有着“性格”,是“老班长的性格”;例⑫中的“你们小组”领有着“谁”,指的是“你们小组中的谁”。总之,后边的小主语在意义上都是从属于前面的大主语的,这是这类主谓谓语句的共同特点。

以上,是主谓谓语句常见的三种基本形式。当然,有的主谓谓语句的大主语与小主语之间,或者大主语同主谓短语中的宾语之间,有时在意义上还有其他语义联系,这样的情况并不多见,下面也举出几个例子来看一下:

⑬ 咱们俩‖谁也别忘了谁。(小主语与后面的宾语是同一个词,它们都同属于前边的大主语)

⑭ 这件事‖中国人的经验太多了。(大主语对小主语有限制作用,即大主语可移到小主语前面做定语)

⑮ 这部作品‖各人有各人的评价。(大主语是主谓短语中的宾语所涉及的对象)

⑯ 这个人‖我不认识他。(主谓短语中的宾语与大主语指的是同一个对象,即二者具有复指关系)

2. 一般的主谓句怎样转换成主谓谓语句

主谓谓语句是一种特殊的表达方式,它们都是根据表达的需要,为了突出强调某个结构成分,在一般主谓句的基础上转换而来的。不但带宾语的主谓句可以转换成主谓谓语句(由动宾短语做谓语,转换为主谓短语做谓语),某些带定语或状语的主谓句也可以转换成主谓谓语句(去掉原来的定语或状语,改为主谓短语做谓语)。

一般的主谓句转换为主谓谓语句,主要有以下几种转换方式:

(1)把宾语提到句首充当大主语,将原来的大主语变为小主语。例如:

① A. 我‖永远忘不了这件事。(一般的主谓句)

B. 这件事‖我永远忘不了。(主谓谓语句)

上边的 A 是一般的主谓句，由动宾短语做谓语，施事“我”做主语；B 转换为主谓谓语句，把宾语“这件事”提到句首做大主语，而将“我”移到后面做小主语。这样转换的作用是突出受事，将受事作为全句的陈述对象。

(2)大主语不变，把宾语提到动词之前充当小主语。例如：

② A. 他‖不见任何人。(一般的主谓句)

B. 他‖任何人都不见。(主谓谓语句)

上边的 A 是一般的主谓句，“任何人”在谓语动词之后做宾语；B 转换为主谓谓语句，将宾语“任何人”提到谓语动词之前做小主语。其作用也突出了受事，但程度不如例①的 B 句那样强烈。

(3)将句首表示领属关系的定语直接做大主语(去掉结构助词“的”)，使原来的大主语变为小主语。例如：

③ A. (他)的性格‖直爽。(一般的主谓句)

B. 他‖性格直爽。(主谓谓语句)

上边的 A 是一般的主谓句，“他”在句首做定语，与主语“性格”有领属关系；B 转换为主谓谓语句，原来的定语“他”直接成为大主语(去掉后面的结构助词“的”)，将原来的大主语“性格”变为小主语。其作用是突出句首定语“他”，使之成为全句的陈述对象。

(4)将表示对象的状语(一般为介词短语)提到句首做大主语(去掉介词“对”等)，使原来的大主语变为小主语。例如：

④ A. 领导‖[对这份报告]评价〈很高〉。(一般的主谓句)

B. 这份报告‖领导评价很高。(主谓谓语句)

上边的 A 是一般的主谓句，表示对象的介词短语“对这份报告”在句子中做状语；B 转换为主谓谓语句，将状语所表示的对象“这份报告”(去掉介词“对”)提到句首做大主语，而将原来的大主语“领导”变为小主语。其作用是突出状语所表示的对象，使之成为全句的陈述对象。

(5)并列式名词短语或复指短语做大主语时，增加谓语动词后面的宾语做小主语。例如：

⑤ A. 母女二人‖连着心。（一般的主谓句）

B. 母女二人‖心连心。（主谓谓语句）

上边的A为一般的主谓句，复指短语做主语，动宾式动词短语做谓语；B转换为主谓谓语句，增加谓语动词后面的宾语“心”做小主语。其作用是使谓语由原来的动宾结构变为主谓结构，同时也使语义表达更加准确鲜明。

（6）在大主语后边增加语音停顿，同时在谓语动词前边增加一个指示代词充当小主语，使其与大主语构成复指关系。例如：

⑥ A. 夺取全国胜利‖只是万里长征走完了第一步。

（一般的主谓句）

B. 夺取全国的胜利，‖这只是万里长征走完了第一步。

（主谓谓语句）

上边的A是一般的主谓句，谓语是一个动宾式动词短语。B转换为主谓谓语句，在大主语“夺取全国的胜利”后面增加了语音停顿（一般用逗号），同时在谓语动词“是”前面增加指示代词“这”做小主语，使谓语成为一个主谓短语，并使小主语与大主语构成复指关系。这样转换的作用是：在结构上使一个长句子变为两个语言片断，并进一步突出和强调了大主语的意义。

以上，具体说明了由一般的主谓句转换为主谓谓语句的几种常用方式。由此可以看出，主谓谓语句确实是汉语中一种很有特点的句型，具有特殊的表现力。我们要掌握其特点和转换方法，以便在交际和写作中熟练地运用。

二、动宾句

由动宾结构所构成的单句叫作动宾句。

我们所说的动宾句，是指利用动宾结构所构成的句子。它由一个动宾式动词短语加上成句的语调（有时还要加上语气词等）构成，具有动语和宾语两个结构成分，动语由及物动词或动词短语来充当，宾语多是名词、代词或名词性短语，也有时是其他类型的词或短语，动语与宾语之间，是支配与被支配的关系。形成动宾句的语言条件，主要有以下两个方面：

一是省略主语形成动宾句。这种句子多是同其他主谓句配合使用的，借助上下文的语言环境，承前或蒙后省略了主语，仍不影响语义的表达，由此形成动宾句。例如：

① 打｜他！

② 一定完成｜任务！

③ 要排除｜一切干扰！

④ 有｜枪声！

⑤ 要尽快研究解决｜这个问题。

⑥ 喜欢｜这个地方清静。

以上这几个句子，都由动宾结构构成，句子里只是说出一个动作、一种行为或一种现象，却不出现施动者或处所等，这都是由省略主语而来的，如果将其放在具体的语言环境之内，所表达的意思就会一目了然。这种动宾句，一般都可以补出省去的主语。

二是说不出主语或无须说出主语的动宾句。对于这种句子，过去的语法著作和教材一般都称之为“无主句”。它们大都可以单独使用，用以说明某种自然现象或事实情况，或对公众提出某种要求或禁止事项等。例如：

⑦ 下｜雪了。

⑧ 出｜太阳了。

⑨ 开｜船喽！

⑩ 来｜客人了。

⑪ 爱护｜花草树木！

⑫ 禁止｜吸烟！

上面这几个动宾句，例⑦和例⑧是说明某种自然现象的，例⑨和例⑩是告知某种事项或说明某种事实的，例⑪和例⑫是对公众提出某种要求的。这些动宾句的共同特点是：说不出主语或者不需要说出主语，因而一般都不能补出主语。

按照动宾句的组成成分和结构形式，可以将动宾句分为一般动宾句、双宾句、连动句、兼语句四种下位类型：**由动宾式动词短语所构成的单句为一般动宾句；由双宾式动词短语所构成的单句为双宾句；由连动式动词短语所构成的单句为连动句；由兼语式动词短语所构成的单句为兼语句**。如上边所举的例①～⑫都是一般动宾句，后三种类型已在上一节特殊句式中作过介绍，这里再各举两个例子来看一下：

⑬ 告诉 你 一件事。（双宾句）

⑭ 给 我 一支笔。（双宾句）

⑮ 坐〈在桌上〉〔慢慢〕吃。（连动句）

⑯ 有 事儿 请假了。（连动句）

⑰ 命令 部队出发！（兼语句）

⑱ 让 我去 上海。（兼语句）

三、偏正句

由偏正结构所构成的单句叫作偏正句。

现代汉语里的偏正句，都是由一个偏正结构的短语加上成句的语调（有时还要加上语气词等）构成的。偏正句具有修饰语（定语或状语）和中心语两个结构成分，修饰语与中心语之间，是修饰（限制）与被修饰（限制）的关系。根据中心语的性质，偏正句可分为名词偏正句、动词偏正句、形容词偏正句三种类型。

由名词中心语同其定语所构成的单句叫作名词偏正句。例如：

①（一群茂腾腾）的后生。（刘成章《安塞腰鼓》）

②（好一个）黄土高原！（好一个）安塞腰鼓！（同上）

③ 哦！（好一派迷人）的秋色啊！（峻青《秋色赋》）

④ 啊，（这座发人深思）的社稷坛！（秦牧《社稷坛抒情》）

⑤ 再说，他的身体使他相信，即使不幸赶到“点儿”上，他必定有办法，不至于吃很大的亏，他不是容易欺侮的，那么大的个子，那么宽的肩膀！（老舍《骆驼祥子》）

上边例①～例④几个名词偏正句，在作品中都单独成为一个句子，而且例①～例③都单独构成一个自然段；例⑤后面加点的两个名词偏正句，都是这个复句中的分句，用以夸赞祥子的强壮身体。这种名词偏正句虽然使用频率不高，但是结构独特，富有表现力，宜于表达对人或事物的赞美之情。

由动词中心语同其状语所构成的单句叫作动词偏正句。例如：

①〔到广场上〕集合！

②〔快〕说！

③〔悄悄〕地溜走了。

④〔你一言我一语〕地说起来。

⑤〔一直精力充沛〕地工作着。

上边这几个动词偏正句，都是由前面的状语与后面的动词中心语所构成的，具有状语和中心语两个相互对应的结构成分。其中例③和例④的中心语，都是一个补充式动词短语。

由形容词中心语同其状语所构成的单句叫作形容词偏正句。例如：

①〔太〕好啦！

②〔真〕快啊！

③〔相当〕地壮观！

④〔比他哥哥〕聪明。

⑤〔像孩子一样〕活泼可爱。

上面这几个形容词偏正句，都是由前面的状语与后面的形容词中心语所构成的，具有状语和中心语两个相互对应的结构成分。其中例④的状语是一个介宾短语；例⑤的中心语是一个并列式形容词短语，状语是一个比况短语。

四、补充句

由补充结构所构成的单句叫作补充句。

现代汉语里的补充句，都是由一个补充结构的短语加上成句的语调（有时还要加上语气词等）构成的。补充句具有中心语和补语两个结构成分，补语与中心语之间，是补充说明与被补充说明的关系。根据中心语的性质，补充句可分为动词补充句和形容词补充句两种类型。

由动词中心语同其后面的补语所构成的单句叫作动词补充句。例如：

① 听〈明白〉了。

② 打扫得〈干干净净〉。

③ 笑得〈合不拢嘴〉。

④ 住〈在学校里〉。

⑤ 休息了〈半个月〉。

上边的几个动词补充句，都是由前面的动词中心语同后面的补语所构成的。后边的补语，例①由一个形容词来充当，例②、例③、例④、例⑤分别由一个重叠形式的形容词、动词短语、介宾短语、数量短语来充当。

由形容词中心语同其后面的补语所构成的单句叫作形容词补充句。例如：

① 漂亮〈极〉了！

② 好得〈很〉！

③ 疼得〈很厉害〉。

④ 饿得〈肚子咕咕叫〉。

⑤ 忙得〈不可开交〉。

上面的几个形容词补充句,都是由前边的形容词中心语同后边的补语所构成的,具有中心语和补语两个相互对应的结构成分。后边的补语,例①和例②,由一个副词来充当;例③、例④和例⑤,分别由一个形容词短语、主谓短语、固定短语来充当。

五、并列句

由并列结构所构成的单句叫作并列句。

并列结构主要用于构成并列式的名词短语、动词短语、形容词短语。当一个并列结构的短语加上成句的语调(有时还要加上语气词等)构成句子时,就构成并列句。

现代汉语中的并列句虽然不多,但偶尔也有使用。在一定的语言条件下,并列句仍能表达一个相对完整的意思,而且形式简短,意义直接,也是一种方便快捷的语言形式。因此,这种句型不但在口语(特别是对话)中用得较多,而且在书面语中也时常见到。

单句中的并列句,具有以下三个特点:

第一,在结构上完全独立,不做其他句子的结构成分;

第二,在意义上相对集中,一般不单独使用,多用在复句之中,同其他分句一起,共同表达一个完整的意思;

第三,并列成分之间,有时有语音停顿(一般用顿号),有时用连词或副词连接,也有时直接并列在一起。

较为常见的并列句,有名词并列句、形容词并列句、动词并列句三种形式。

(一)名词并列句

名词并列句,是把两个以上结构相同或相似的名词、名词短语

或其他名词性成分并列在一起所形成的句子。名词并列句是指一个单句而言的，它多为复句中的一个分句，也有时可单独构成一个句子。名词并列句的表达功能，用于在一个句子或分句中同时说出两种以上的事物。例如：

① 青海、新疆，神秘的古罗布泊，马革裹尸的战场，不知道稼先有没有想起过我们在昆明时一起背诵的《吊古战场文》。

（杨振宇《邓稼先》）

② 桃树、杏树、梨树，你不让我，我不让你，都开满了花赶趟儿。

（朱自清《春》）

③ 蓝天、白云、树丛、小径、石级，金银花含苞，红芍药怒放。

（黄宗英《大雁情》）

④ 石拱桥自身的结构就很美：圆的桥洞、方的石块、弧的桥背，方、圆之间相处和谐、得体，力学的规律往往与美感的规律相拍合。

（吴冠中《桥之美》）

以上复句中带点的单句，都是名词并列句，它们都分别是一个分句，其中例①和例②是两个以上名词的并列，例③和例④是几个名词短语的并列，结构相同，并列成分之间用顿号连接，在一个分句中同时说出两种以上的事物，使语言简洁有力。

⑤ 也许为它所感召，纯洁的白桦、挺拔的青杨、秀美的黄菠萝，它们勇敢的种子，都来了，来了。一粒、几十粒、几百粒。

（张抗抗《地下森林断想》）

⑥ 失去了的和没有失去的童年和故乡，责备我吗？欢迎我吗？母亲的坟墓和正在走向坟墓的父亲！（王蒙《春之声》）

上边例⑤前面的“纯洁的白桦、挺拔的青杨、秀美的黄菠萝”是一个名词并列句，由三个偏正式名词短语并列而成，它是复句中的一个分句；后面的“一粒、几十粒、几百粒”又是一个名词并列句，由三个数量短语并列而成，它在结构上自成一个句子。例⑥中加点的并列句，是句群中的一个句子(感叹句)，由两个偏正式名词短语并列而成，中间用连词“和”连接起来。

(二)形容词并列句

形容词并列句，是把两个以上结构相同或相似的形容词或形容词短语并列在一起所构成的句子。形容词并列句也是指一个单句而言的，它多为复句中的一个分句。形容词并列句的表达功能，用于在一个单句中同时描写事物的两种以上的状态，增加句子的表现力。

在形容词并列句中，两个双音节形容词并列时，可以直接并列，也可使用顿号连接；两个单音节形容词并列时，一般要用副词进行关联；多个形容词或形容词短语并列时，中间一般要用顿号或逗号隔开。例如：

① 天若放晴，穿堂风一吹，青石板比泥地干得快，父亲又用竹丝扫把扫了，石板上青幽幽的，宽敞阴凉，由不得人不去坐一坐，躺一躺。(李森祥《台阶》)

② 还有乐园鸟飞翔，有鸾凤和鸣，姣妙、娟丽，变态无穷。

(徐迟《哥德巴赫猜想》)

③ 如果不怕刺，还可以摘到覆盆子，像小珊瑚珠攒成的小球，又酸又甜，色味都比桑椹要好得远。

(鲁迅《从百草园到三味书屋》)

④ 这里溪流缓慢，萦绕着每一个山脚，在轻轻荡漾着的溪流两岸，满是高过马头的野花，红、黄、蓝、白、紫，五彩缤纷，像织不完的织锦那么绵延，像天边的彩霞那么耀眼，像高空的长虹那么绚烂。

(碧野《天山景物记》)

⑤ 脚上是宽双脸千层底青布鞋，干净、利落、神气。

(老舍《骆驼祥子》)

⑥ 然而那幽暗的峡谷，却依然如故。黑黝黝、光秃秃、阴森森、静悄悄。(张抗抗《地下森林断想》)

以上各例中带点的单句，都是形容词并列句，其中例①～⑤中的都是复句里的一个分句，而例⑥的后面则是一个单独的句子。从并列的成分和方法看，例①是两个双音节形容词的直接并列；例②也是两个双音节形容词的并列，但中间用顿号隔开；例③是两个单音节形容词的并列，当中用副词“又”进行关联；例④是五个单音节形容词（五种颜色）的并列，中间用顿号连接；例⑤中的分句，是由三个双音节形容词并列而成的，中间使用顿号；例⑥后面的句子，由四个带叠音语素的形容词并列而成，相当于形容词短语的并列，中间也使用顿号隔开。它们的共同作用是在一个并列句中，描写事物两种以上的性质、状态、颜色、味道等，使这个分句或句子所表达的内容更加丰富多彩。

（三）动词并列句

动词并列句，是把两个结构相同或相似的动词或动词短语并列在一起所构成的句子。动词并列句也是指一个单句而言的，它多为复句中的一个分句，有时也可单独构成一个句子。动词并列句的表达功能，主要用于同时说出两种以上的动作行为，或重复述说同一种动作行为，增加语言表达的动态感和感染力。

因为动词都是表示人或事物的行为动作的，一般都需要在其前面带主语，有的还需要在其后面带宾语，所以动词单独使用的时候较少，两个以上的动词并列使用并形成一个单句就更不多见。但在文学作品中，动词并列句也能见得到。例如：

① 这一年国内比赛频繁。集训、比赛、再集训。

（理由《扬眉剑出鞘》）

② 我们几年前就盼望记者、作家来咱们洛南，好好儿地把老秦的事写一写，表扬表扬。

（黄宗英《大雁情》）

③ 文教练指导她改进手上的动作，击打刺、交叉刺、转移刺、对

抗刺，第一战术意图过渡到第二战术意图。

（理由《扬眉剑出鞘》）

上边各例中加点的句子或分句，都是动词并列句：例①是两个动词同一个动词短语的并列，当中用顿号连接，单独形成一个句子；例②由一个动词重叠使用构成动词并列句，它是复句中的一个分句，对希望“老秦”能够得到“表扬”起到了强调和申说的作用；例③中间的一个分句由结构相同的四个动词短语并列而成，中间用顿号隔开，通过使用这个动词并列句，简洁而具体地描写了教练员所教和运动员所做的各种击剑动作。

六、独词句

只由一个词构成的句子叫作独词句。

实词都表示实在的词汇意义，一般都能够单独回答问题。因此，在一定的语言条件下，有些实词能够单独构成独词句。此外，表示感叹和应答声音的叹词，有时也能单独构成叹词句。

独词句是一种完整而独立的句子。它虽然只由一个词构成，但是加上成句的语调或语气词以后，就能表示一种完整的意思；同时，它在结构上完全独立，不做其他句子的结构成分。

独词句根据词性，可以分为以下几种类型：

（一）名词句

由一个名词加上成句的语调（有时还要加上语气词等）所构成的句子叫作名词句。名词句有时可以单独使用，表示突然发现某种事物或向对方索要某种物品等；用在其他句子的前面时，可以表示呼唤、呵斥、强调、惊异等意义；名词句连用，具有强烈的渲染和描绘色彩。例如：

① 火！（表示突然发现，带有惊异语气）

② 票！（表示向对方索要，带有祈使语气）

③ 哪知道第二天，地保便叫阿Q到赵太爷家里去，太爷一见，满脸溅朱，喝道：

"阿Q！你这浑小子！你说我是你的本家么？"

（鲁迅《阿Q正传》）

④ 在便桥头上，他领了两件救生衣，给我一件。一面吃力地结着背后的那个扣子，一面笑着说："制度！这是制度啊。不穿救生衣，队长也不许上桥，现在不比从前，什么都得有个制度。"

（刘宾雁《在桥梁工地上》）

⑤ "桌子呢？你怎么没有桌子？"

陈景润随手把新床单连同褥子一起翻了起来，露出了床板，指着说："这不是？这样也就可以工作了。"

（徐迟《哥德巴赫猜想》）

⑥ 园地不大，而花木繁多，其间山石错落，草坪起伏。紫荆架，牡丹台，芍药圃，荷花池，然后是石砌梅屋。

（何为《园林城中一个小庭园》）

上边例③~⑥中加点的句子或分句都是独词句，都由一个名词加上成句的语调构成，有的还在后面加了语气词：例③中的"阿Q！"表示呼唤和呵斥；例④中的"制度！"起到强调的作用；例⑤中的"桌子呢？"是独词句，后面加语气词"呢"，加重了疑问语气，表达了新来数学研究所的李书记对陈景润的住处竟然没有桌子的强烈惊异之情；例⑥中加点的四个分句都是名词独词句，与后一分句共同构成一个复句，接连介绍园中的几种景物，既节省了大量笔墨，又具有强烈的铺陈和渲染色彩。

（二）动词句

由一个动词加上成句的语调（有时还要加上语气词等）所构成的句子叫作动词句。动词句单独使用时，大都带有强烈的祈使语气，要求对方做出某种动作或行为，也可用于敬语或谦语；在同其他句子配合使用时，既可以单独成为一个句子，也可以用作一个分句。此外，还可以将两个以上的动词句连续使用，以增强人或事物的动态感。例如：

① 冲啊！（命令语气，并用语气词“啊”加重语气）

② 再见！（敬语，用于分手时表示希望以后再见面）

③ 下午，老太太忽然拖我上她家吃饭去，我骇得拼命推辞，她却硬拖，金锁也帮她拖。我说：

“那么着，我要受批评哟！”

“批评！你挨揍也得去！特地为你的，有个正经事哩！”

（康濯《我的两家房东》）

④ 不知等了多久，始终没人来拉骆驼。他大着胆子坐起来，从骆驼的双峰间望过去，什么也看不见，四外极黑。逃吧！不管是吉是凶，逃！

（老舍《骆驼祥子》）

⑤ 有时候他遇到巉岩前阻，他愤激地奔腾了起来，怒吼着，回旋着，前波后浪地起伏催逼，直到冲倒了这危崖，他才心平气和地一泻千里。

（冰心《谈生命》）

⑥ 我嘀咕来，嘀咕去，仿佛进入了梦乡。我梦见：

大雁飞过我的窗前，盘旋，盘旋。大雁们围在我的书桌前，站成一个半圆，在观看，在议论我写下的草稿。……

（黄宗英《大雁情》）

上边例③～⑥中加点的句子或分句都是独词句，都由一个动词加上成句的语调构成，有的还在后边加了语气词或动态助词：例③中的“批评！”，相当于一个感叹句“别说批评啦！”，表现出房东老太太非要请“我”到家吃饭的着急和恳切心情；例④中的两个动词独词句（前面的加了语气词），简洁有力地表达出祥子要从军营逃跑的决心；例⑤中连用了两个动词独词句（分句），后面都使用了动态助词“着”，进一步增加了动态感；例⑥中重复使用动词独词句“盘旋”，使它们成为一个复句中的两个分句，具有反复的修辞效果。

（三）形容词句

由一个形容词加上成句的语调（有时还要加上语气词等）所构成的句子叫作形容词句。形容词句单独使用时，一般都表示称赞、感叹、责怪等语气，语气比较强烈，后面多用叹号；用在其他句子前面时，也大都表示以上几种意义和语气；当同其他句子配合使用时，既可用作一个句子，也可成为一个分句；形容词独词句连用时，能够减缓节奏，增加描绘和渲染的色彩。例如：

① 好啊！（表示称赞，后附语气词“啊”加重语气）

② 糊涂！（表示责怪的语气）

③ 糟糕！越是担心落雨，雨果然就来了。

（峻青《黎明的河边》）

④ 他身上见了汗，暖和，也轻松了些。（老舍《骆驼祥子》）

⑤ 惊奇，意外，几乎所有的人都感到意外。从上届比赛到这一届比赛，她的步子跨得太大了。人们甚至来不及回顾她，品评她，或进一步预料她……（理由《扬眉剑出鞘》）

⑥ 园子在幽寂的小巷深处，长长的青石板道尽头。粉墙剥落，木门虚掩。推门而入，园地里空寂无人。荒芜，凋零，衰落。在冬日淡淡的阳光下，一个被遗忘的旧日的花园，有如一个依稀的旧梦。

（何为《园林城中一个小庭园》）

上边例③～⑥中加点的句子，都是形容词句：其中例③中的“糟糕！”单独构成一个句子，表示担心下雨的懊恼情感；例④中的“暖和，”是一个分句，用在另外两个分句中间；例⑤中的“惊奇，意外，”是两个形容词独词句（分句）的连用，用在其他句子的前面，使其所表示的意义格外鲜明突出；例⑥中的“荒芜，凋零，衰落。”是连用三个形容词独词句构成的一个复句，它们各自都相当于一个分句，更加突出和细腻地描写出周家花园的破败景象。

（四）代词句

由一个代词加上成句的语调（有时还要加上语气词等）所构成的句子叫作代词句。表示人或事物的人称代词、指示代词，在一定的语言条件下可以成为代词句；采用倒装句法的疑问代词，或单独用在其他句子前后的疑问代词，有时也可以成为代词句。代词句一般都同其他句子配合使用，能够单独表达一个完整的意思。在表现形式上，代词句既可以单独成为一个句子，又可以做复句里的一个分句。例如：

① ……哼，你！小伙子，在这里，懦弱的人是不配活的。

（艾芜《山峡中》）

② 赵慧文问："怎么不去玩？"

"我懒得去。你呢？"

"我该回家了，"赵慧文说，"到我家坐坐好吗？省得一个人在这想心事。"

（王蒙《组织部来了个年轻人》）

③ 这里，我只想讲一个小故事，那就是——伦敦港的友谊。

（柯岩《船长》）

④ 老姜头说，"怎么？今晚上熬不过去？"

（马烽《我的第一个上级》）

⑤ "你听着，老寿，"老韩显得十分乏力地说道，"领导已决定把梨园砍掉，让出地来种麦。"

"啥？"老寿猛地收住了脚。

（茹志鹃《剪辑错了的故事》）

⑥ 水生笑了一下。女人看出他笑的不像平常。

"怎么了，你？"

水生小声说:“明天我就到大部队上去了。”

(孙犁《荷花淀》)

以上例①~⑥中加点的句子都是代词句,具有不同的特点:从代词的具体类型上看,例①、例②和例⑥中的“你”是人称代词,例③中的“这里”是指示代词,例④~⑥中的“怎么”和“啥”是疑问代词;从表现形式上看,例③中的“这里”是一个分句,其他各例中的代词句都是单独成为一个句子;从代词句同其他句子(分句)的配合位置上看,有的用在前面,有的用在后面,有的用在中间;从构成的方法上看,多数都由一个代词加上成句的语调构成(后面使用叹号或问号的是独立成句的标志,后面使用逗号的则是分句),还有的在后面加上语气词“呢”和“了”,用以加重语气。此外,例⑥采用了倒装句法,将说话人急切地想知道的信息先说出来,这样就增加了语音停顿,将“你怎么了?”这个单句,变成现在这样两个代词句,可各自看作一个分句。

(五)拟声词句

由一个拟声词加上成句的语调所构成的句子叫作拟声词句。其作用是摹拟各种自然声音,使所描写的事物具有一种听觉形象色彩。拟声词句一般不能单独使用,多用在其他句子或段落的前后,来配合描写人或事物的声音,增强音响效果。拟声词句的后面多数用叹号,有时还用省略号或破折号等,来表示声音的持续、断歇等特点。例如:

① 汪汪汪!虎子狂怒地咆哮着,好像立刻要冲了过去。

(峻青《黎明的河边》)

② 轰隆隆隆!轰隆隆隆!……

爆炸声浪从天空、地面和地下一阵阵激荡过去,经久不息。

(张扬《第二次握手》)

③ 呜!呜,呜,呜,——

汽笛叫声突然从那边远远的河身的弯曲地方传了来。

（茅盾《春蚕》）

④ 大猩猩也睡着了，它侧着身子，头枕在胳膊上，睡得真香，呼噜呼噜呼噜……

（洪祖年《动物园的晚上》）

上面各例中加点的句子都是拟声词句，各有不同的特点：例①用在另一个句子的前面，表示狗叫声的突然而响亮；例②用在下一个段落的前面，表示原子弹爆炸声的巨大和连续不断；例③中连用了两个拟声词句，前面的“呜！”表示轮船第一声汽笛叫得大而突然，后面的“呜，呜，呜——”用逗号表示声音的间断，用破折号表示声音的持续；例④后边的拟声词句则使用省略号，来表示大猩猩睡觉声音的持续不断。

（六）副词句

由一个副词加上成句的语调所构成的句子叫作副词句。副词一般只能修饰动词或形容词做状语，不能单独使用和独立成句。只有少数表示肯定、否定、估量或时间等意义的副词，在省略句中可以单说单用，这就是通常所说的“副词句”。例如：

① ——他还能来吗？

——兴许。（答话为副词句，表示估量）

② ——我们什么时候去？

——立刻！（答话为副词句，表示时间）

③ 老师说，你们都知道偶数和奇数，也都知道素数和合数。我们小学三年级就教这些了。这不是最容易的吗？不，这道难题是最难的呢。

（徐迟《哥德巴赫猜想》）

④“那么种药能改良土壤、改善农民的生活吗?”

“当然!所以咱们药材公司对老秦同志不是什么个人情谊。老秦和我们一起艰苦创业。……”

(黄宗英《大雁情》)

⑤“可是,琼姐,我还不知道你的名字呢。”不知为什么,他却说出了这么一句话。

“老院长和阿罗没有告诉你吗?”

“没有。”

“你也从来没有问过他们?”

“没有。”

“真有意思!”少女纳闷地笑道:“也可能是他们有意让我们在初次相见时多一点话题吧,我叫丁洁琼。”

(张扬《第二次握手》)

⑥ 赵慧文咬着筷子端想了想,她坚决地说:“不会的,周润祥同志只是不轻易发表意见……”

“也许,”林震半信半疑地说,他低下头,不敢正面接触赵慧文关切的目光。

(王蒙《组织部来了个年轻人》)

上边例③~⑥中加点的句子,都是由一个副词构成的独词句:其中例③中的“不”是一个分句,与后面的分句共同构成一个复句,表示对其前边句子内容的否定;例④中的“当然!”是一个单独的句子,表示对上面问话的肯定,并引出下文;例⑤中答话的两个“没有”都单独构成副词句,可以明确表示出对上面问话的否定意思;例⑥中的“也许”是一个表示估量和可能的副词句,也可看作一个分句。

(七)叹词句

由一个叹词加上成句的语调所构成的句子叫作叹词句。因为叹词都是表示感叹或呼唤应答的词，同时又不同其他句子成分发生结构关系，所以能够成为句子的独立成分（感叹语或呼应语），还能够单独构成叹词句。

叹词句一般不能单独使用，需要用在其他句子的前后或中间，借助一定的语言环境才能理解其中所表示的意义。书面上的叹词句有两种：一种是语气比较强烈、语音停顿时间较长的，后面使用叹号表示，这是独立成句的标志；另一种是语气不太强烈、语音停顿时间较短的，后面使用逗号表示，不能独立成句，可视为一个分句。例如：

① 啊！这简直是一个晴天霹雳，我呆呆地站在那里，惊得半天都说不出话来。（峻青《黎明的河边》）

② 他把日记本交给我看，一眼看见我炕桌上放了一本"秧歌舞剧本"就拿去了：

"哈！正说着没娱乐材料哩！这可好了！"

（康濯《我的两家房东》）

③ 而小陈却什么都不说，老是沉默地然而却异常坚定地在前面走着，偶尔回过头来招呼一声：

"喂！当心前面是小沟！"

"喂！右转弯，左面是据点。"

（峻青《黎明的河边》）

④ 她们都抬起头往远处看了看。

"唉呀！那边过来一只船。"

"唉呀！日本鬼子，你看那衣裳！"

"快摇！"

（孙犁《荷花淀》）

⑤ 第二天，又上课了。几个相当用功的学生兴冲冲地给老师送

上了几个答题的卷子。他们说，他们已经做出来了，能够证明那个德国人的猜想了。可以多方面的证明它呢。没有什么了不起的。哈！哈！

（徐迟《哥德巴赫猜想》）

⑥ 刘二则苦苦哀求说，“好二少爷！我就凭这些家具吃饭咧，拿走全家人都得饿死！唉！求你行行好吧！”

（马烽、西戎《吕梁英雄传》）

⑦ 唉，我迢迢千里而来，怎么回去交账？

（黄宗英《大雁情》）

上面各例中加点的句子，都是由一个叹词构成的独词句：其中例①～④都用在其他句子的前边，例⑤用在其他句子的后边，例⑥用在其他句子的中间，因而能够根据上下文来理解叹词句所表示的意义；例⑦比较特殊，“唉”后面使用逗号，同样表示叹息但语气不太强烈，而且语音停顿的时间较短，可将这个叹词句看作一个分句，与后边的两个分句共同构成一个复句。

以上，介绍了汉语的六种基本句型及其下位类型。其中对主谓句及其下位类型，仍按原来传统的分类方法，没有改动；而动宾句、偏正句、补充句、并列句、独词句这五种基本句型及其下位类型，是过去的语法著作和教材中未明确区分的（只将它们统称为“非主谓句”，其中虽有“独词句”，但还包括偏正结构的短语，不是严格意义上的独词句）。这六种基本句型，是本书创立的新的句型系统，完全按照句法结构来划分句型，将由各种句法结构所构成的句子放在同等位置，克服过去只注重主谓句而对其他句型重视和使用不够的弊端，突出各种句型的结构特点，以加强对人们运用语言的指导作用。这样做是否科学、合理、妥当，还请大家深入研究探讨，提出更好的意见。这里暂且作为一家之言，供大家在学习和使用中参考。

《现代汉语句型分类表》附后。

思考与练习三

1. 什么叫句型？过去的句型系统是怎样划分的、有什么片面性？本书新的句型系统是根据什么来划分的？这样划分有什么好处？

2. 什么叫主谓句？主谓句包括哪四种下位类型？举例说明。

3. 动词谓语句包括哪几种特殊形式？其中什么是判断句、存现句？分别举例说明。

4. 什么叫主谓谓语句？主谓谓语句有哪三种基本形式？将一般的主谓句转换成主谓谓语句有哪几种方法？分别举例说明。

5. 什么叫动宾句？构成动宾句的语言条件是什么？动宾句有哪几种形式？分别举例说明。

6. 什么叫偏正句？它包括哪三种类型？举例说明。

7. 什么叫补充句？它包括哪两种类型？举例说明。

8. 什么叫并列句？并列句有哪三个特点？常见的并列句有哪几种形式？举例说明。

9. 什么叫独词句？独词句分为哪几种类型？各自应该如何使用？举例说明。

10. 指出下面这些句子的谓语是由什么词或短语来充当的，并说明各属于主谓句的哪种下位类型。

① 风吹跑了帽子。

② 大街上一片喧闹声。

③ 我的父亲脾气不太好。

④ 小明比我聪明多了。

⑤ 杜鹃花红得像火一样。

⑥ 西红柿两元一斤。

⑦ 明天元旦。

⑧ 这个大碗细瓷的。

11. 指出下边单句的基本句型和下位类型；指出后边的复句和句群中加点的句子是哪种句型、哪种用法，并说明其作用。

① 流星！

② 着火啦！

③ 好悬哪！

④ 一台旧车。

⑤ 快一点儿！

⑥ 要认真总结经验教训。

⑦ 哭得很伤心。

⑧ 那声音大概是横笛，宛转，悠扬，使我的心也沉静，然而又自失起来，觉得要和他弥散在含有豆麦蕴藻之香的夜气里。

（鲁迅《社戏》）

⑨ 不知哪个深院里，琵琶？琮。若有若无的丝弦声，隔墙飘过来。（何为《园林城中一个小庭园》）

⑩ 走吧，走，走到哪里算哪里，遇见什么说什么，活了呢，赚几条牲口；死了呢，认命！（老舍《骆驼祥子》）

12. 在下列判断句中，判断词“是”各表示主语和宾语之间的什么关系。

① 重庆是我国新设立的直辖市。

② 小说是青年人喜欢的读物。

③ 上海是国际大都市。

④ 松柏是四季常青的植物。

13. 标出下列存现句中的存现动词，并说明每个句子各是表示哪种意义的。

① 山脚下是一片广阔的平原。

② 外面下了厚厚的一层雪。

③ 墙上挂着一幅油画。

④ 球场上罚下了两名队员。

⑤ 路边的庄稼地里走出一个人来。

⑥ 工地上没有了队长的身影。

14. 标出下列主谓谓语句中的大主语和小主语，并说明它们之间的关系（施事、受事、领有、复指等）。

① 这个问题我们已经研究过。

② 革命者任何困难都能克服。

③ 屋里的东西我已经收拾好了。

④ 王老师性格温和。

⑤ 他的发言逻辑性很强。

⑥ 青春，这是多么美好的时光啊！

15. 将下列一般的主谓句转换为主谓谓语句（可以适当地减少和使用虚词）。

① 我们要永远记住这次惨痛的教训。

② 我不想找任何理由。

③ 这批车的质量非常好。

④ 党中央对于“三农”问题历来非常重视。

⑤ 我们两家的地挨着。

⑥ 经常迟到早退，是违反工作纪律的。

附录 现代汉语句型分类表

基本句型	下位类型	结构和功能特点	例句
主谓句	1. 动词谓语句	动词或动词短语做谓语。还包括判断句、存现句、双宾句、连动句、兼语句、“把”字句、“被”字句等	①部队‖出发了。 ②我‖买了一本字典。 ③局长‖让我参加会议。
	2. 形容词谓语句	形容词或形容词短语做谓语	④天气‖冷了。 ⑤他的表情‖十分严肃。
	3. 名词谓语句	名词或名词短语做谓语	⑥明天‖星期日。 ⑦黎锦熙‖湖南湘潭人。
	4. 主谓谓语句	主谓短语做谓语	⑧老班长‖性格倔强。
动宾句	1. 一般动宾句	由动宾式动词短语构成	⑨要认真贯彻｜会议精神。
	2. 双宾句	由双宾式动词短语构成	⑩告诉｜你一件事。
	3. 连动句	由连动式动词短语构成	⑪有事儿请假了。
	4. 兼语句	由兼语式动词短语构成	⑫命令部队出发！
偏正句	1. 名词偏正句	由名词中心语同其定语构成	⑬(一群茂腾腾的)后生。
	2. 动词偏正句	由动词中心语同其状语构成	⑭〔到广场上〕集合！
	3. 形容词偏正句	由形容词中心语同其状语构成	⑮〔太〕好啦！

续表

基本句型	下位类型	结构和功能特点	例句
补充句	1. 动词补充句	由动词中心语同其补语构成	⑯休息了〈半个月〉。
	2. 形容词补充句	由形容词中心语同其补语构成	⑰忙得〈不可开交〉。
并列句	1. 名词并列句	由两个或两个以上的名词或名词短语并列构成	⑱桃树、杏树、梨树,你不让我,我不让你,都开满了花赶趟儿。
	2. 形容词并列句	由两个或两个以上的形容词或形容词短语并列构成	⑲石板上青幽幽的,宽敞阴凉,由不得人不去坐一坐,躺一躺。
	3. 动词并列句	由两个或两个以上的动词或动词短语并列构成	⑳这一年国内的比赛频繁,集训、比赛、再集训。
独词句	1. 名词句	由一个名词加上成句的语调等构成	㉑钢笔呢? ㉒阿Q! 你这浑小子!
	2. 动词句	由一个动词加上成句的语调等构成	㉓再见! ㉔批评! 你挨揍也得去!
	3. 形容词句	由一个形容词加上成句的语调等构成	㉕糟糕! 越是担心落雨,雨果然就来了。 ㉖好啊!
	4. 代词句	由一个代词加上成句的语调等构成	㉗我懒得去,你呢?
	5. 拟声词句	由一个拟声词加上成句的语调构成	㉘汪汪汪! 虎子咆哮着,好像立刻要冲过去。
	6. 副词句	由一个副词加上成句的语调构成	㉙"我们什么时候去?""立刻!"
	7. 叹词句	由一个叹词加上成句的语调构成	㉚哈! 这模样了! 胡子这么长了!

第四节　句 类

根据句子的用途和语气对句子所作的分类叫作句类。

汉语的句子,可以从不同角度进行分类。上一节讲的句型,是根据句法结构对句子所划分的类型;本节讲的句类,是按照用途和语气对句子所划分的类别。句型,主要是指单句而言的;而句类,指的是所有的句子,既包括单句,也包括复句。

《系统提要》中说:"句子的基本的交际职能,也就是平常说的句子的基本用途是:表陈述,表疑问,表祈使,表感叹。"可见,句子的用途和语气,二者是一致的,都有陈述、疑问、祈使、感叹四种类型。

句子是语言的基本交际单位。写说者要在交际中表达自己的思想感情,就要通过使用各种类型的句子来实现:告诉别人一件事,要使用陈述句,表示陈述语气;询问别人一件事,要使用疑问句,表示疑问语气;要求别人一件事,要使用祈使句,表示祈使语气;表达自己的某种强烈感情,要使用感叹句,表示感叹语气。总之,每一种句子,都有不同的用途,也都带有不同的语气,它们在说的时候都有一定的语调,写下来时也要使用一定的句末点号(句号、问号、叹号)。

下面,对这四种类型的句子分别进行介绍。

一、陈述句

用来向别人述说一件事情的句子叫作陈述句。陈述句表示陈述语气,语调是平的,或平中带降的,句末用句号来表示。

陈述句可分为肯定的陈述、否定的陈述、强调的陈述三种形式。

(一)肯定的陈述

句子所陈述的内容,采用肯定句式或判断句来表达。例如:

① 赵兵是我们班的班长。

② 他既然答应了,就一定能带领大家完成任务。

③ 孩子们的身体都很强壮。

④ 学了不到两个月,他已经能驾驶拖拉机了。

以上四个句子,虽然陈述的内容各不相同,但共同点是都采用肯定的说法来表达。其中例①使用判断句来表示肯定;例②使用副词“一定”来表示肯定;例③和例④则靠语意来直接表示肯定。

(二)否定的陈述

句子所陈述的内容,采用否定句式来表达,即在句子的谓语中使用“不”“没”“没有”等表示否定的副词。例如:

⑤ 今天的风并不大。

⑥ 这不是牡丹花。

⑦ 直到现在,他还没有来。

⑧ 他没参加会议,向领导请假了。

以上四个句子,也都是陈述一件事的,但共同点是都采用否定句式来表达,都在句子的谓语中使用了“不”“没”“没有”等表示否定的副词。

(三)强调的陈述

这种强调的陈述,既可以对肯定的陈述加以强调,也可以对否定的陈述加以强调。其强调的方式主要有两种。

一是在谓语中的动词或形容词前面使用副词“是”,来强调某个动作、行为,或强调事物的某种性质、状态。例如:

⑨ 唉! 我是糊涂!(用在形容词之前,强调某种状态)

⑩ 他是走了,我不骗你。(用在动词之前,强调某种行为)

以上两个句子中的“是”,都应该看作表示强调的副词,修饰它后面的动词或形容词。此外,有时还可构成“是……的”格式,用句末的语气词“的”同前边的副词“是”配合,进一步加强强调的口气。例如:

⑪ 环境是可以改变的。(对肯定的陈述表示强调)

⑫ 天上掉馅饼的事儿是没有的。(对否定的陈述表示强调)

二是在句子的谓语前面使用表示强调语气的副词“确实”“实在”“的确”“简直”“明明”等,对整个谓语所表达的内容表示强调。例如:

⑬ 我确实没有见过这个人。

⑭ 咱们的老班长的确已经走了。

此外,有的陈述句表示一种猜测或估计的意思,但仍有肯定或否定的语气。这种陈述句,常常在谓语的前面使用“大概”“也许”等表示估量的副词。例如:

⑮ 老支书大概不能来了。(表示猜测,仍带有否定的语气)

⑯ 荔枝也许是世界上最鲜美的水果。(表示估计,但仍有肯定的语气)

以上,是陈述句的三种基本表达方式。此外,还可以采用一些特殊的表达方式,来陈述事理并增强表达效果。我们在这里举出几个例子,并做简要说明:

⑰ 从前线回来的人说到白求恩,没有一个不佩服,没有一个不为他的精神所感动。

这是采用双重否定句式,来表达肯定的陈述。即“双重否定=肯定”。

⑱ 我这样大年纪的人,难道还不能料理自己吗?

这是用否定的反问句式,来表达肯定的陈述。即“用否定来反问=肯定”。

⑲ 他怎能贪图安逸,反复要求调回城里工作呢?

这是用肯定的反问句式,来表达否定的陈述。即“用肯定来反问=否定”。

从交际的职能看,陈述句是使用频率最高的句子。因为陈述是思维的最一般的表达形式,所以我们平时说话或写作,用得最多的是陈述句。我们要描述清楚一个客观事物,或者要准确表达自己的思想情感,首先要学会熟练地使用陈述句。同时,陈述句也是整个句类的基础,其他三类句子,也大多是在陈述句的基础上发展而来的。

二、疑问句

用来向别人提出问题的句子叫作疑问句。

疑问句表示疑问语气,语调是逐渐上升的,句末用问号表示。

疑问句可分为是非问、特指问、选择问、正反问四种形式。

(一)是非问

这种疑问句,是在陈述句的后面加上疑问语调(有时还需要加上语气词)构成的。它是把一件事情说出来,要求对方作出肯定或否定的回答,因此称为"是非问"。例如:

① A. 开会的人都要来参观我们的养猪场?

B. 开会的人都要来参观我们的养猪场吗?

② A. 你是坐火车来的?

B. 你是坐火车来的吗?

以上两组例句,都是先说出一件事情,然后要求对方表示肯定或否定,即作出"是"或"不是"的回答。其中的 A 句是在陈述句后面加上疑问语调构成的;B 句是在陈述句后面加上疑问语调并同时使用语气词构成的,使疑问语气更加强烈。

(二)特指问

这种疑问句,用"谁""什么""哪里""怎样""多少""为什么"之类的疑问代词来提出疑问,要求对方针对这个疑问代词所特指的人或事物作出回答。例如:

③ 你是什么地方人?

④ 谁能回答这个问题?

⑤ 你们得用多少根木头搭起这个棚子？

⑥ 你家住在哪里？

这四个句子，都使用疑问代词来提出问题，句子里的每个疑问代词都特指一个人或一种事物，要求答话的人有针对性地回答。其中例③要求回答什么地方，例④要求回答是谁，例⑤要求回答数量，例⑥要求回答地址。

（三）选择问

这种疑问句，是并列地提出两个问题，要求对方选择其中的一个来回答，所以称之为“选择问”。

选择问经常配套使用“是……还是……”的表达方式，或只在后面的分句中使用“还是”等关联词语，把并列的两个问题连接起来。在关联词语的前后，一般都要有语音停顿。例如：

⑦ 你是看电影呢，还是看话剧？

⑧ 是我没说清楚呢？还是你根本就听不进去？

⑨ 下午看电影，你去呢，还是不去？

⑩ 你想吃面条呢，还是吃饺子？

以上四个疑问句，都是并列提出了两个问题，要求对方选择其中的一个来回答。其中例⑦和例⑧使用了“是……还是……”，例⑨和例⑩都在后面的分句中单独使用了“还是”，把前后两个问题关联起来，并表示二者的选择关系。

（四）正反问

这种疑问句，是用肯定与否定相叠的形式表示疑问，即把答话内容的正反两个方面都说出来，让对方选择其中的一种来回答，因而称之为“正反问”。例如：

⑪ 王小明，让你到文科班，你愿意不愿意？

⑫ 这件事你知道不知道？

⑬ 我们的这种态度是不是功利主义的？

⑭ 咱们今天走不走?

上面这几个疑问句,其中加点的词语都是肯定与否定相叠的形式,用这种形式提出疑问,使答案二者必居其一,因而显得更加尖锐。

以上,是疑问句的四种基本形式。此外,在疑问句里还有一种特殊形式:**用疑问语气表达与字面相反的意思,这种句式叫作“反诘疑问句”,通常称之为反问句**。例如:

⑮ 屋里是踢球的地方吗?(屋里不是踢球的地方。)

⑯ 难道太阳会从西边出来吗?(太阳不会从西边出来。)

⑰ 难道我不想搞好工作?(我也想搞好工作。)

⑱ 他的阴险狡诈,难道你没有领教过吗?(他的阴险狡诈,你也领教过。)

这种反问句的特点是:无疑而问,不需要回答,只是通过反问的语气来表示强调,具有特殊的修辞作用。从表达方法上看,用肯定的形式反问,表示的是否定的意思;用否定的形式反问,表示的是肯定的意思。

三、祈使句

用来要求别人做什么事或不做什么事,这种句子叫作祈使句。

祈使句表示祈使语气,语调是逐渐下降的,降调略短促些。语气较和缓的句末用句号表示,语气较强烈的句末用叹号表示。

祈使句表示祈使的目的不同:有的让别人做;有的不让别人做。祈使的语气也不同:有的是要求和禁止的,语气比较强烈;有的是请求和劝说的,语气比较和缓。

根据祈使的目的和语气的不同,可以把祈使句分为要求语气的、请求语气的、禁止语气的、劝阻语气的四种类型。其中前两种类型是表示肯定意义的,后两种类型是表示否定意义的。

（一）要求语气的祈使句

这种祈使句是要求别人做什么的，语气比较强烈，句末一般用叹号来表示。例如：

① 快点儿走！

② 票！

③ 你过来！

④ 不准吸烟！

要求语气的祈使句，有时还可以采用疑问句的形式来表达，使用“还不”之类的词语来加重语气，并具有强调的作用。例如：

⑤（天都黑了，）还不快点儿走？

⑥（开会的时间就要到了，）还不赶快去？

（二）请求语气的祈使句

这种祈使句是请求别人做什么的，语气比较和缓，句末一般用句号来表示。有时在句末使用语气词“吧”等加强请求语气，还有时在句前使用“请”“麻烦”等礼貌用语，以表示客气。例如：

⑦ 您说说吧。

⑧ 麻烦你，把小刀给我用一下。

⑨ 替我把手机拿过来。

⑩ 请你跟我去一趟。

请求语气的祈使句，有时也可以采用疑问句的形式来表达，这样可以把话说得委婉一些，并带有商量的口气。例如：

⑪ 同志，让我搭个车好吗？

⑫ 你和我一起去行不行？

（三）禁止语气的祈使句

这种祈使句是禁止别人做什么的，一般都使用“不准”“不许”“禁止”“严禁”“不要”“请勿”“别”等表示禁止的词语。因而语气大都比较强烈，句末一般用叹号来表示；语气不太强烈的，句末也可以用句号。例如：

⑬ 禁止无证经营。

⑭ 不准乱扔果皮纸屑！

⑮ 别乱说！

⑯ 不要在场内走动！

（四）劝说语气的祈使句

这种祈使句是劝说别人不要做什么的，语气大都比较和缓，句末一般用句号来表示，语气较强时用叹号。例如：

⑰（天太晚了，）我们不能再干了。

⑱ 你不要再哭了，应该坚强些。

⑲ 你可不能不注意自己的身体了！

⑳（天要下雨了，）咱们不要上山了。

因为祈使句多同人的动作和行为有关，所以有一个共同特点：多使用以动词为中心的短句，很少使用主谓句和长句子，使语句简洁，语义明显，直截了当。

四、感叹句

用来表示某种强烈感情的句子叫作感叹句。

感叹句表示感叹语气，语调是先上升后下降的，降调略为舒缓而较长些，句末用叹号来表示。

人们强烈的思想感情是多种多样的。属于愉快方面的有：喜悦、兴奋、羡慕、感激、惊讶、感叹等。属于不愉快方面的有：悲伤、愁闷、愤怒、鄙视、恐惧、惋惜等。

汉语的各种句型，都可以根据需要构成感叹句。有些感叹句的后面只带有感叹的语调，还有些感叹句的后面带有必要的语气词，以加强感叹语气。此外，程度副词“多、多么、太、真”等，指示代词“这么”和“那么”等，都有强调程度之甚的作用，经常用于感叹句中，

不但能够加强感叹语气,而且带有一种强调的意味。例如:

① 共产党和八路军是我们的救命恩人哪!(表示感激)

② 你看,他多疼你啊!(表示羡慕)

③ 两万五千里长征多么艰苦啊!(表示感叹)

④ 没想到她能回答得这么流利!(表示惊讶和称赞)

⑤ 那个小娃娃才三岁,就那么懂事!(表示喜爱和赞叹)

⑥ 这罪可真受不起啦!(表示悲伤和痛苦)

以上,都是由主谓句构成的感叹句。其他各种类型的句子,包括动宾句、偏正句、补充句、并列句和独词句,在一定的语言条件下,加上感叹的语调,有时还需要加上语气词,都可以构成感叹句。例如:

⑦ 没有天理啊!(动宾句,表示愤慨)

⑧ 太可惜了!(偏正句,表示惋惜)

⑨ 写得真好!(补充句,表示羡慕)

⑩ 优美动听啊!(并列句,表示赞美)

⑪ 陷阱!(由名词单独构成的感叹句,表示惊讶和害怕)

⑫ 好!(由形容词单独构成的感叹句,表示高兴和兴奋)

⑬ 通啦!(由动词加语气词构成的感叹句,表示惊喜)

⑭ 唉!这可咋办啊!(由叹词构成的感叹句,附加在其他句子的前面,表示愁闷)

⑮ 呸!(由叹词单独构成的感叹句,表示气愤)

通过以上这些例句可以看出,感叹句大都句式简洁,短促有力,因为这种简短快捷的语言形式,往往更适于表达强烈的情感。

思考与练习四

1. 什么叫句类?句类同句型在分类角度上有什么区别?

2. 根据句子的用途和语气,可以将句子分为哪几类?各类句子的基本用途是什么?

3. 什么叫陈述句？陈述句分为哪三种形式？举例说明。

4. 什么叫疑问句？疑问句可分为哪四种形式？举例说明。

5. 什么叫反诘疑问句(反问句)？反问句的特点和表达方法是什么？举例说明。

6. 什么叫祈使句？根据祈使目的和语气的不同可分为哪四种类型？举例说明。

7. 什么叫感叹句？它一般都表现人们哪些方面的强烈情感？举例说明。

8. 指出下边的句子各属于哪个句类,并说明为什么。

① 这对他来说确实是一个大难题。

② 你几天没上学啦?

③ 走！你们都走!

④ 多么可爱的秋色啊!

⑤ 雨大概在半夜就停了。

⑥ 不知山上的红叶红了没有?

⑦ 快请客人进来呀!

⑧ 蹭破一点儿皮有啥要紧?

9. 用双重否定也能表示肯定的意思,但是语气有所不同。下边的每个句子都有肯定和双重否定两种说法,你看在这个地方应该使用哪一种更好。

① 他是不愿离开母亲的,但是为了工作,他(必须/不得不)暂时离开她。

② 他患了结肠炎,因为相当严重,(必须/不能不)动手术了。

③ 大家听到自己的产品已经出口了,(都/没有一个不)欢欣鼓舞的。

④ 这是人家第三次请你去帮忙了,你(应该/不应该再不)答应人家了。

10. 指出下边这些句子哪个是祈使句、哪个是感叹句,并说明是表示哪种祈使语气的,或表示哪种强烈情感的。

① 我自己搬不动,请你帮我一下!

② 这是多么雄伟的建筑啊!

③ 时间不早了,快上学去!

④ 多好的杯子,摔碎了太可惜啦!

⑤ 注意! 孩子不要在马路上乱跑!

⑥ 真没想到,他居然做出这种丢人的事来!

⑦ 太累了,我们坐下休息一会儿吧。

⑧ 这简直太不讲理啦!

第五节　语法分析的三个平面理论简介

20 世纪 80 年代初,在我国语法学界出现了语法分析的“三个平面”理论,即主张语法分析应该从句法、语义、语用三个平面来进行。这一理论在胡裕树主编的《现代汉语》中首次提出,后由胡附、文炼(胡裕树、张斌)在《句子分析漫谈》一文中正式提出,又经胡裕树、范晓在《试论语法研究的三个平面》一文中进行系统论述,引起了国内语法学界的广泛讨论,众多专家学者撰文,使这一理论不断得到丰富和完善,成为我国语法研究的一个热点问题。“三个平面”理论的建立,有助于语法分析走向精密化、科学化,为我国语言学界普遍接受,是对世界语言学理论的重要贡献。这方面的重要论文,均收在袁晖、戴耀晶编《三个平面:汉语语法研究的多维视野》一书中。

过去我们分析句子,只分析句子成分和确定句型,这只是从句法一个平面上进行分析,虽然也涉及一点语义和语用问题,如施事和受事、句子的独立成分等，但都零散而不系统。三个平面理论认为，只对句子进行句法分析（结构分析）是不够的，必须从句法、语义、语用三个平面进行分析，才能充分揭示出一个句子所蕴含的句法、语义和语用方面的全部信息，才能够达到语法分析的目的。这一理论进一步开拓了我们的视野，为我们深入进行语法分析和语法研究指明了方向。为了了解三个平面理论的基本观点，掌握三个平面语法分析的内容和方法，切实提高对这一理论的应用能力，下面对此做一些简要介绍和说明。

一、三个平面的基本含义和相互关系

三个平面理论认为，"一个具体的句子，它总是句法、语义、语用的结合体，也就是包含着句法、语义、语用这三个不同的平面"[①]。语法分析的三个平面既相互联系，又相互区别：**句法指的是短语或句子的结构方式**，句法平面反映的是词语跟词语之间的关系；**语义指的是词语和词语相互配合组成语义结构以后所产生或形成的隐层的关系意义**，语义平面反映的是词语跟客观事物之间的关系；**语用指的是词语或句法结构体在实际使用中所产生或形成的语用价值或信息，它体现着说话者的主观表达意向**，语用平面反映的是词语与使用者之间的关系。例如：

祥子扛起来铺盖。（老舍《骆驼祥子》）

这个句子从句法平面上进行分析，是一个主谓句，具有主语和谓语两个结构成分：其中"祥子"是主语，"扛起来铺盖"是谓语；在谓语部分，"扛"是核心动词，"铺盖"是其宾语，"起来"是其补语。可见在句法平面，所反映的只是词语跟词语之间的关系。

对这个句子从语义平面进行分析，是一个"施事 + 动作 + 受事"

---

① 胡裕树：《汉语语法研究的回顾与展望》，《复旦学报》1994 年第 5 期。

的语义结构:其中祥子是施事(动作的发出者),"扛起来"是动作,"铺盖"是受事(动作的承受者)。这个语义结构,是隐含在句法结构之内的,是词语所代表的事物之间的关系意义,因此在语义这个平面上,反映的是词语同客观事物之间的关系。

对这个句子从语用平面进行分析,这是一个"主题—述题"结构:其中"祥子"是主题(说明的对象),"扛起来铺盖"是述题(对主题进行说明的部分)。从语言使用者(说话人或文章作者)的角度看,这只是客观地进行陈述,并未带任何主观情感和态度,所以在句子中未带有其他语用因素和语用成分,此时体现出句法、语义、语用三种结构的完全重合。

而如果变成"扛上铺盖,祥子!"这个句子就不一样了:虽然句法结构没有发生变化(仍然是主谓结构),语义结构也没有发生变化(仍然是"施动受"结构),但在语用平面上却发生了变化——改变了语序,把述题所表示的新信息先说出来,可以进一步表达出说话人对此的关切程度。可见,语用平面反映的是词语与使用者之间的关系,它可以体现出说话人的主观表达意向和情感。

弄清句法、语义、语用三个平面的基本含义以后,再来探讨这三个平面之间的关系就方便多了。首先来看句法平面同语义平面之间的关系:**句法和语义两个平面关系密切,它们共同结成一个"句法—语义"结构体,二者之间可以说是表里关系,或者说是显层和隐层的关系**。实词和实词组成的结构体,在表层是一个句法结构,在隐层又形成一个语义结构,二者是紧密结合在一起的,只是句法成分和语义成分的不同。例如"你喝水"这个结构体:在句法平面是主谓结构,其中"你"是主语,"喝水"是谓语;在语义平面是"施动受"结构,其中"你"是施事,"喝"是动作,"水"是受事。可见,对于同一个结构体来说,它是句法结构和语义结构的共同承载者,其中句法结构和句法成分是表层的,语义结构和语义成分是深层的,语义结构隐含在句法结构之内,通过句法结构来显示深层的语义关系。

接着,再来看句法和语义两个平面同语用平面之间的关系。**句法和语义平面跟语用平面之间的关系主要表现在三个方面:一是信息和载体的关系**。即语用平面传达的信息是由某些句法成分或语义成分来承载的,无论是主题和述题,还是表达重心和焦点,都得落在某个句法成分或语义成分上。**二是内层和外层的关系**。句法和语义结构是句子的内层框架,它表达句子的基本意义,它决定句子的句型和句式;而语用因素、语用成分是根据表达的需要附加上去的,它处于句法和语义结构的外层,决定句子的句类(语气)和其他行为类型(指句子的表达功能和交际用途,如叙述、解释、描绘、提问、请求、命令、致谢、道歉、祝贺、惊叹等)。**三是客观和主观的关系**。句法和语义结构表示客观的某个事实或事件;而语用因素或语用成分带有主观性,即表示说话者对客观事实或事件的态度或看法、交际的意图以及言语的感情色彩等。

句法与语义结成的结构体,进入句子之前是静态的、备用的,进入句子时要不要变、怎样变,都要根据表达的需要决定,即受制于语用。例如:

①“你喝水。”

②“我喝酒,你喝水。”

在这两个句子中,“你喝水”这个句子仍保持原来的结构形式不变。我们再来看下面三个句子:

③“同志,你喝水。”

④“喝水吧,你。”

⑤“喝水,你?”

这三个句子的变化都在语用平面上,句子的语用价值和表达效果是不一样的:例③在句法和语义结构体前面加上了语用成分——称呼语,显得更加亲切;例④和例⑤都改变了语序,虽然句法结构和语义结构都没有变,但在语用平面上却发生了变化:改变语序之后,先说述题(谓语),把新信息放在前面,起到突出和强调的作用;同时,例④使用语气词“吧”,加强了祈使语气;例⑤的句末使用了疑问语气,是在询问对方是否喝水,或者是在质问对方为什么喝水,表达的内容又与前两个句子大不相同。

二、三个平面分析的主要内容

三个平面理论扩大了语法分析的范围,突破了以往只进行句法分析的局限,加强了对句子的解释能力。语法分析的三个平面,有着各自不同的分析内容。

句法平面的分析内容:主要是对句子进行结构分析,分析句法结构内部词语与词语之间的结构层次和结构关系,由此确定句法结构的类型和句子成分,并最终确定句型(主谓句及其他句型)和句式(句子的构造模式,包括一般句式与特殊句式)等。

语义平面的分析内容:包括语义结构(指隐含在句法结构深层的表达语义的结构形式,如“施事—动作—受事”结构、动核结构等)语义成分(指词语在语义结构内所担任的不同语义角色,如施事、受事、与事、动作、时间、处所、工具、结果等)、语义指向(即语义成分之间在意义上所指的方向)、词的语义特征(指词语在相互结合时所显示出来的语义特点,如名词有“有生命”和“无生命”的区别,动词有“及物”和“不及物”的区别,等等)、语义的选择限制(词语之间在意义上能否搭配的限制)等。此外,名词性词语的“有定”和“无定”(定指与不定指)的分别、歧义结构的分化和说明等,也都属于语义的平面。

语用平面的分析内容:包括语用结构(是指借助于“句法—语义”结构所形成的表达应用形式,一般都是“主题—述题”结构,主题是说明的对象,一般是已知信息,也称为“旧信息”;述题是对主题进行说明的部分,一般是未知信息,也称为"新信息")、语用成分(是指根据表达的需要,在句法结构体以外临时插入或添加的各种独立成分,如提示语、称呼语、感叹语、呼应语、拟声语、评注语等)、表达重心和焦点(表达重心是指句法结构中由于表达需要而着重说明的成分,在一般情况下,表示对象的宾语和用以修饰限制、补充说明的定、状、补语经常是表达重心;焦点是直陈句所传递的新信息的核心、重点,焦点一般都位于句末的实词或短语上)、语气和口气(语气分为陈述、疑问、祈使、感叹四种,它反映句子的表达用途,即句类;口气指说话的气势和说话时流露出来的感情色彩等,例如肯定与否定、强调与委婉、活泼与迟疑等)、句型或句式的变化(倒装、移位、省略)等。

在语法研究的三个平面中,句法是核心,是个纲。因为句法结构是句子的基本结构、内层结构,语义要通过句法来表现,语用要在句法基础上才能显现,语义和语用发生关系也要通过句法才能实现。正因为如此,三个平面理论的创立者对于应该如何进行语法分析和语法研究论述得十分明确:"既然句法是语法的核心,所以在研究一个句子时,要紧紧扣住句法,以句法为基础,向隐层挖掘语义,向外层探求语用,力求做到形式和意义相结合,内层和外层相结合,静态和动态相结合。"[①]

三、三个平面的分析方法和应注意的问题

根据三个平面理论,语法分析包括句法分析、语义分析、语用分析三个方面。我们在分析一个具体的句子时,要从句法、语义、语用三个平面上依次进行分析,既要界限分明地把这三个平面区别开

---

① 范晓、胡裕树:《有关语法研究三个平面的几个问题》,《中国语文》1992 年第 4 期。

来，又要互相兼顾地把这三个平面结合起来。在分析过程中，要特别注意以下两个问题：

（一）要注意区分句法成分与语用成分

句法成分是组成句子或短语的基本结构成分，包括主语、谓语、动语、宾语、中心语、定语、状语、补语等，它们总是按照一定的语法关系组成一个句法结构。而句子中的语用成分，是根据表达的需要，在基本句法结构以外临时插入或添加的独立成分，它们同句法结构内部的各个成分之间不发生结构关系。因此，我们在分析一个具体的句子时，首先要看有没有语用成分，如果有，需要先单独标示出来（在字下加点），这样，基本的句法结构就会清楚地显现出来，我们才能正确地进行句法分析。例如：

① 这个办法我认为行不通。

② 这堆货物充其量有两车就拉走了。

③ 你应该去看看，按理说。

以上三个句子中加点的词语，都是句子的独立成分，都属于语用平面上的语用成分：例①是用在句首的提示语，对全句的内容起提示作用；例②是用在句中的评注语，表示推测或估量；例③是用在句末的评注语，表示评论。在进行语法分析时，必须将它们同句法成分区别开来并剥离出去，才能够正确地进行句法分析和语义分析。

（二）要注意区分主语、施事和主题

这三个概念，是分别针对不同对象、属于不同语法平面的：主语是相对谓语而言的，是句法平面上的概念；施事是相对受事而言的，是语义平面上的概念；主题是相对述题而言的，是语用平面上的概念。三者既有区别，又有联系，我们在进行语法分析时，必须把这三个概念区别开来，如果混淆不清，就无法进行三个平面的语法分析。

当施事做主语时，有时会出现施事、主语、主题三者重合的情况；当受事做主语时，有时又会出现主语与主题两者重合的情况。**所谓重**

合，是指句子中的同一个词语，在句法、语义、语用三个平面上分别充当两种以上的成分。这样的句子，一般都比较容易分析。例如：

① 警察抓住了作案的凶手。

② 作案的凶手被警察抓住了。

上边例①中的“警察”，从句法平面上分析是主语（全句的陈述对象），从语义平面上分析是施事（“抓”这个动作或行为的发出者），从语用平面上分析又是主题（是后边的述题所说明的对象），这就是主语、施事、主题三者重合的情况；例②中的名词短语“作案的凶手”，从句法平面上分析是主语，从语义平面上分析是受事，从语用平面上分析是主题，这就是主语与主题两者重合的情况。

当施事做主语，同时又在句首出现一个表达的主题时，就会出现主题与主语不重合的情况，主题的后边有时带有语音停顿，有时没有语音停顿，直接同后边的句子结合在一起。这样的句子分析起来有些难度，动词前面的名词性成分哪个是主语，哪个是主题，需要仔细辨别。例如：

③ 晚上我 做了一个梦。

④ 暑假里我 去姥姥家。

⑤ 这个人我不认识他。

⑥ 这件事我们也有责任。

⑦ 车爸爸 开走了。

⑧ 羊绒，山羊绒 最值钱。

⑨ 在街上我 遇见一位多年不见的老战友。

⑩ 对于买房子的问题，我还没有考虑过。

上边这些主谓句句首的名词性成分（加点的词语），从语用上看都是主题，它们与句子中的主语都是不重合的。对于主语以外的主题，在句法上算作什么成分，胡裕树、范晓在《试论语法研究的三个平面》一文中明确说明：“主题和主语不重合时，主题处在主谓结构的外层。处在主谓句外层的主题，在句法上可以叫作提示语。”这里所说的“提示语”（主题），即视为句子的独立成分。

对于这种句子，如何区分动词前面的名词性成分是主语还是主题，要从以下两个方面来判定：一是根据其在句中的位置，主题一般都出现在句首，而主语不一定在句首；二是根据其与动词的关系，**当句首的名词性成分是动词的施事时才是主语，否则只能是主题**。如上边这些句子中，加“____”的词才是句法平面上的主语；而句首加点的名词性成分都是语用平面上的主题，它们都处在主谓结构的外层，在句法上都是提示语（独立成分）。

上面，我们讲了三个平面语法分析的方法以及在分析中应该注意的问题。下面，我们再具体分析几个句子来看一下：

① 贝汉廷微笑着摊开了图纸。（柯岩《船长》）

这个句子中没有插入和添加的语用成分（独立成分），可以直接进行句法分析。

从句法平面分析，这个句子是主谓句，“贝汉廷”是主语，“微笑着摊开了图纸”是谓语，其中“摊”是核心动词，“图纸”是其宾语，“微笑着”是其状语，“开”是其补语。

从语义平面分析，语义结构是“施事—动作—受事”结构，其中“摊开”是动作，“贝汉廷”是施事（动作行为的发出者，下同），“图纸”是受事（动作行为的承受者或所涉及的对象，下同）；从语义指向上看，另一个动词“微笑”指向施事“贝汉廷”，趋向动词“开”指向动作“摊”。

从语用平面分析，语用结构是“主题—述题”结构，其中“贝汉廷”是主题，是已知信息，“微笑着摊开了图纸”是述题，是未知信息；表达重心是“摊开了图纸”，焦点是“图纸”；表达使用的是陈述语气，口气委婉。

② 贝汉廷开始忧虑地用汽笛和高音喇叭招呼那位守职的船长。（柯岩《船长》）

从句法平面分析，这是一个主谓句，“贝汉廷”是主语，后边较长的动宾式动词短语做谓语，其中的“招呼”是核心动词，“那位守职的船长”是这个动词的宾语，“开始”“忧虑地”“用汽笛和高音喇叭”是这个动词的三层状语。

从语义平面分析，这是一个“施动受”结构，“贝汉廷”是施事，“招呼”是动作，“那位守职的船长”是受事，“开始”是时间，“忧虑地”是状态，“用汽笛和高音喇叭”是方式；在语义指向上，“忧虑地”这层状语指向施事“贝汉廷”，另外两层状语均指向动词“招呼”。

从语用平面分析，这一句子本身没有专门的语用成分（独立成分），语用意义完全靠句法和语义结构来承载。语用结构是“主题—述题”结构，句首的“贝汉廷”是主题（属于主题、主语、施事三者重合），是旧信息；“开始忧虑地用汽笛和高音喇叭招呼那位守职的船长”是述题，是新信息；“开始忧虑地用汽笛和高音喇叭招呼”是表达重心（表明情况的危急、外国沉船船长的守职、中国船长贝汉廷的关切），“那位守职的船长”是焦点。句子采用陈述语气，口气仍比较和缓。

③ 这一年秋季，她们学会了射击。（孙犁《荷花淀》）

从句法平面分析，句首的“这一年秋季”是提示语（句子的独立成分），它处在主谓结构的外层，后面带有语音停顿；提示语的后面是一个主谓句，“她们”是主语，“学会了射击”是谓语，其中的“射击”是动词“学”的宾语，“会”是动词“学”的补语。

从语义平面分析，语义结构是一个动核结构，“学”是核心动词，“她们”是“学”的施事，“射击”是“学”的对象，“会了”是“学”的结果，“这一年秋季”是“学”的时间。

从语用平面上分析，语用结构是“主题—述题”结构，“这一年秋季”是主题，“她们学会了射击”是述题，主题单独处于主谓结构的外层，由句子的独立成分来充当。

④“那黑夜你不是说过么,老康?”(康濯《我的两家房东》)

从句法平面上分析,句子前边的“那黑夜”是提示语,句子后边的“老康”是称呼语,二者都是语用成分(独立成分),应该首先剥离出去;中间的“你不是说过么”是一个主谓结构,“你”是主语,“不是说过么”是谓语,其中的“说”是核心动词,其前面的“不是”是状语(反问句里的“不是”相当于陈述句里的副词“可是”,在这里表示强调),其后边的动态助词“过”相当于补语,“么”是句末语气词。所以,这个句子仍然是一个主谓句。

从语义平面上分析,这是一个“施事—动作”结构,没有受事(不带宾语,说的什么在下一个句子中)。其中“你”是施事,“说”是动作;从语义指向上看,提示语“那黑夜”指向动词“说”(是说的时间),称呼语“老康”指向施事“你”,二者构成复指关系。

从语用平面上分析,语用结构是“主题—述题”结构,主题是“那黑夜”,是旧信息;述题是“你不是说过么”,是句子所要表达的新信息,其中的“说过”是焦点。“老康”是称呼语,是在句后添加的语用成分,起到称呼对方和反复追问的作用。全句采用疑问语气,并用语气词“么”来加重语气,表达出一种强调的口气,比直接陈述的句子有更好的表达效果。

四、三个平面分析的重要意义

运用三个平面理论对句子进行全面的语法分析,其重要意义和作用主要有以下几个方面:

(一)分析动词的“价”和名词的“格”,可以说明动核结构中复杂的语义关系和组成成分

动词的“价”(也称动词的“向”),指的是对动词进行语义平面上的分类。根据动词在动核结构中所联系的动元(动词的强制性语义成分)的数目,动词可分为**一价动词**(“醒”“病”“休息”之

类）、**二价动词**（“吃”“读”“保卫”之类）、**三价动词**（“给”“借”“告诉”之类），它们又分别称为单向动词、双向动词、三向动词。**所谓单向动词，就是要求在语义上有一个强制性或支配性的名词（或名词性成分）与它相联系**，如“他病了”“我休息”；**所谓双向动词，就是要求在语义上有两个强制性或支配性的名词（或名词性成分）与它相联系**，如“孩子吃奶”“红军保卫红色政权”；**所谓三向动词，就是要求在语义上有三个强制性或支配性的名词（或名词性成分）与它相联系**，如“我给他 一本书”“他告诉我 一件事”。可见，所谓动词的“价”或“向”，实质上讲的就是动词与名词之间在语义上的选择要求。

名词的“格”，指的是名词跟动词组成语义结构时所担当的语义角色，如施事、受事、与事、时间、处所、工具等。例如：“小明昨天在院子里用砍刀给奶奶劈木头。”在这个句子中，“劈”是核心动词，与它相联系的各个名词（或名词性成分）的不同语义角色是：“小明”是施事，“木头”是受事，“奶奶”是与事，“砍刀”是工具，“院子里”是处所，“昨天”是时间。可见，所谓名词的“格”，实质上讲的就是名词同动词相联系时所充当的不同语义成分。

动核结构又称为“谓核结构”，它是语义平面的基本结构，是生成句子的基底。动核结构由动词同与其相联系的语义成分组成，其中动词是核心，其他名词性成分按照同动词的联系而充当各种语义成分，如上边所举的“小明昨天在院子里用砍刀给奶奶劈木头”那样。所以，分析动词的“价”和名词的“格”，有助于说明不同动词构成不同动核结构的组织规则，有助于找出同动词相联系的各个名词性成分，有助于说明动核结构内部复杂的语义关系。

（二）从三个平面上进行语法分析，有助于判断句子的正误

范晓、胡裕树二位先生在《有关语法研究三个平面的几个问题》一文中明确指出：“一个合语法的句子，在通常情况下，要求做到‘三

合’,即合句法规则、合语义规则、合语用规则。”这为我们判断句子正误,提供了一个全面的标准。

分析具体的句子合不合语法,或者说是不是病句,应该从三个不同平面进行综合分析:一是要看句法上词语之间结合得妥当不妥当;二是要看语义上词语之间搭配得合理不合理;三是要看语用上词语安排得适切不适切。一个句子如果在其中的一个平面上出现问题,就会是一个不合规、不合理或不合用的句子,即病句。例如:

*① 选举我当人大代表,我感到很荣誉和高兴。

这个句子的语病出在句法平面上:后边分句中的谓语动词“感到”是表示心理活动的,一般要求同一个形容词性宾语相搭配,而“荣誉”是名词,让它做“感到”的宾语,说成“感到荣誉”在语义搭配上不妥当;此外,名词不能受副词修饰,说“很荣誉”也是明显的语病。整个句子应该改为“选举我当人大代表,我感到很荣幸”或者改为“选举我当人大代表,我感到很高兴,这是党和人民给我的荣誉”。这样改以后,在句法上就没有问题了。

*② 郑浩从不在家里做功课,教室成了他唯一的学习时间。

这个句子的语病出在语义平面上:后边分句的主语“教室”同宾语中心词“时间”在语义上不是同一类事物,所以用具有判断性质的动词“成”将二者联系起来,组成句子主干“教室成了时间”,这显然造成一种逻辑和概念上的混乱,使语义不能正确地表达。如果将宾语中心词改为“场所”或“地方”,使之成为一种属概念,再与前面的种概念“教室”联系在一起,句子的语义表达就顺畅而合理了。

*③ 让让道儿!

这是一个省略了主语的祈使句,是在紧急情况下要求别人为自己提供方便时使用的。这个句子在句法平面和语义平面上都没有任何问题,但在多数情况下都是不合用的,其语病主要出在语用平面上：因为该句省略了主语，而且语气强烈，所以单独使用时都会显得很不礼貌，别人听了一般也不容易接受。比如在医院挤满了人的走廊里，你有事急于通过，正好有一个老汉挡在你的前面，你就直接对他喊："让让道儿！"他听了可能毫不理睬；而如果你客气地对他说："大爷，请您让让道儿，谢谢！"他可能会很高兴地为你让开路。这就是因为你在后边这个句子里加上了称呼语和礼貌用语，这些在表达时临时添加的语用成分，使这个句子在那种特定的语境中更加合用。

（三）通过从三个平面上进行语法分析，可以更有效地分化歧义句，并能够说明产生歧义的原因

由于句法结构的多层次性和多关系性，使句法结构有时也会产生歧义，这就造成了歧义句。**所谓歧义句，是指同一个句法结构可以有不止一种理解，即同一个句子能够表达两种不同的意思**。这种情况在具体的语言环境中大都可以消除，比如在前后对话和上下文中一般都能够分辨出来；而如果离开具体的语言环境单独拿出一个孤立句来，就容易产生歧义。对这样的歧义句，可以从句法、语义、语用三个平面上进行分析，并通过层次分析、变换分析等方法，对歧义句进行分化和解释说明。例如：

① 三个孩子的妈妈来了。

这个句子的主语"三个孩子的妈妈"，可以表示两种意思：第一种，"三个/孩子的妈妈"，说的是三个"妈妈"；第二种，"三个孩子的/妈妈"，说的是一个"妈妈"。这种歧义是在句法平面上产生的，是由词语之间组合的先后次序不同而形成的。因此，可以使用层次分析法将歧义结构划分为两种不同的结构层次，使词语之间产生不同的结构关系（如上），这就可以达到分化歧义的目的，并由此说明产生歧义的原因。

② 支持的是村主任。

这个句子从句法上分析,“支持的”是主语(“的”字结构做主语),“是村主任”做谓语,其中“是”为表示判断的动词,“村主任”是其宾语,因而这是一个符合句法规则的主谓句。但是,这个句子在语义上却可以有两种不同的理解:第一种是“村主任”是施事(支持别人);第二种是“村主任”是受事(被人支持)。可见,这个句子的歧义产生在语义平面上。所以我们可以采用变换分析法,将这个歧义句分化为以下两个句子:

A. 村主任支持派来的大学生村官。(增加受事,让“村主任”做施事)

B. 村民们都支持村主任。(增加施事,让“村主任”做受事)

这样从语义平面上进行分析处理,便分化了这个歧义句,并解释说明了产生歧义的原因。

③ 鸡不吃了。

这个句子可以有两种不同的理解:第一种是“鸡不吃(某物)了”,在这里“鸡”是施事;第二种是“(某人)不吃鸡了”,在这里“鸡”是受事。我们可以利用变换分析法,将这两种意思变换为以下三个句子:

A. 鸡不吃食儿了。

B. 我不吃鸡了。

C. 鸡我不吃了。

通过这样变换可以看出,原句的歧义是在语用平面上产生的,是由省略和移位造成的:A 句省略了宾语“食儿”、C 句省略了主语“我”,都会成为原来这个句子,因而可以将其看作省略句;B 句省略了主语“我”,再将宾语“鸡”移位到动词前面,也会成为原来这个句子,所以又可将其看作先省略、后移位的句式。这样采用变换分析法,就可以从语用平面上分化这个歧义句,并能够解释说明造成歧义的原因。

(四)分析语用因素和语用价值,可以解释说明倒装、移位等变式句

汉语句子的正常语序,一般都是主语在前、谓语在后,定语或状语在前、中心语在后。如果**改变了主语和谓语的语序,这称之为“倒装”;改变了定语、状语与中心语的语序,则称之为“移位”。倒装句和移位句,统称为“变式句”**(与常式句相对应)。

由于表达的需要,汉语的句子常有倒装和移位的用法,其中倒装在口语中较为常见,移位在书面语中也时有使用。主语和谓语倒装,定语或状语与中心语移位,都是由于表达的需要而改变了语序,通过这种语用因素的变化而体现出不同的语用价值。我们来比较下面两组句子:

① A. 你的书找到了吗?

B. 找到了吗,你的书?

这两个句子都是主谓句,A 句是正常语序;B 句是特殊语序,构成谓语在前、主语在后的倒装句。这种语序的变化,既不改变句法结构(B 句仍然是主谓结构),也不改变语义关系(B 句仍然是“你找书”的“施动受”结构),但却能够显示出不同的语用价值:A 句表示一般的发问,采用正常语序,显得比较平和、舒缓;B 句表示急切发问,所以把急切地想知道的新信息“找到了吗”放在前面先说出来,可以更加准确地表达出说话人想知道事情结果的急切心情。这种语序的变化是属于语用平面的,因而能够收到一种特有的表达效果。

② A. 他们应该有为我们所未经生活过的新的生活。

B. 他们应该有新的生活,为我们所未经生活过的。

这两个句子都是主谓句,表示相同的意思,但表达效果是不一样的:其中 A 句是正常语序,宾语中心“生活”的前边有两层定语;而 B 句采用特殊语序,将“为我们所未经生活过的”这个复杂定语移到句子的后面,并增加了语音停顿,对此起到突出和强调的作用,而这

个后置的定语恰恰是全句的表达重心，深沉而有力地表达出作者对新生活的渴望。这种移位句同倒装句一样，既不改变句法结构，也不改变语义关系，只是改变了语序，因而是属于语用平面的。

以上，我们简要介绍了语法分析的三个平面理论，以及进行三个平面语法分析的内容和方法。这一新的理论给我们以重要启示：我们过去讲语法，只偏重于句法（结构）方面，而对语义和语用方面不够重视。其实，语法规则的本身，就包含着句法规则、语义规则、语用规则三个方面，因而按照一定的语法规则组成的句子，也就客观存在着句法、语义、语用三个不同的平面。所以，我们不但可以从这三个平面上来分析句子，而且要注意自觉地从这三个平面上来组织和使用句子，这样才能进一步拓宽我们的视野，增强运用语言的精密性和科学性，使语言表达更加准确鲜明，更好地为交际服务。

思考与练习五

1.“三个平面”理论是怎样产生、发展和不断完善的？这一新的理论对于语法研究和语法分析具有什么重要意义？

2. 句法、语义、语用三个平面的基本含义各是什么？它们各自反映什么内容？

3. 句法、语义、语用三个平面之间是怎样的关系？举例说明。

4. 句法平面的分析内容包括哪些方面？为什么说句法是核心、是个纲？应该怎样紧紧扣住句法进行语义分析和语用分析？

5. 语义平面的分析内容包括哪些方面？其中什么是语义结构、语义成分、语义指向、语义特征、语义的选择限制？

6. 语用平面的分析内容包括哪些方面？其中什么是语用结构、语用成分、表达重心和焦点、语气和口气、句型和句式的变化？

7. 在进行三个平面语法分析时，应该如何区分句法成分和语用成分？应该如何区分主语、施事和主题？分别举例说明。

8. 什么叫动词的“价”（也称作动词的“向”）？什么是一价动

词、二价动词、三价动词(也称为单向动词、双向动词、三向动词)?举例说明。

9. 什么叫名词的“格”?根据名词同动词的语义联系,名词通常可以充当哪些语义成分?举例说明。

10. 什么叫动核结构?研究动词的“价”和名词的“格”有什么重要作用?

11. 一个合语法的句子通常要做到哪“三合”?判断一个句子是否病句应该如何进行综合分析?

12. 什么叫歧义句?歧义句是怎样产生的?对于歧义句应该如何进行分化和解释说明?

13. 什么是倒装?什么是移位?为什么说倒装和移位这种语序的变化是属于语用平面的?倒装和移位有什么不同的语用价值?分别举例说明。

14. 分别从句法、语义、语用三个不同的平面分析下列句子。

① 他们在渺无人烟的野草丛林间搭起帐篷。

② 大厅里响起了一阵阵暴风雨般的掌声。

③ 施工之前,我就主张把图纸改一下。

④ 这种野兔子,我一次能套住两三只。

⑤ 战士们在山上用石块垒起了临时掩体。

⑥ 这匹马终于叫他制服了。

⑦ 中午我们吃饺子。

⑧ 别忘了带雨伞!

⑨ 我,你还信不过吗?

⑩ 多威武啊,仪仗队!

15. 指出下面句子的语病出在句法、语义、语用哪个平面上,并把它改正过来。

① 夏令营的孩子们昨天畅游了西湖胜景。

② 部队冒着滂沱大雨和泥泞的道路快速前进。

③ 敌机疯狂轰炸，炸沉商船两艘和民房二十多间。

④ 离高考没几天了，他恨不得把二十四小时都扑在学习上。

⑤ 革命先烈的英雄事迹将永远活在我们心中。

⑥ 今天太热了，我们不能穿裤子。

16. 采用层次分析法或变换分析法分化下面的歧义句，并说明歧义产生在句法、语义、语用哪个平面上。

① 两个报社的记者来到了会议室。

② 老王有个警察女儿很骄傲。

③ “连刘校长都不知道？”

④ “李海燕上课去了。”

⑤ 他反感妻子提出离婚。

⑥ “你是男孩女孩？”

第七章　复　句

我们知道，单句是汉语中能够独立运用的单个句子，是语言的基本运用单位，我们说话、写文章都离不开单句。但是，要表达比较复杂的意思，光靠单句还不行，还需要比单句容量更大的语言单位才能表达清楚，这就是本章要讲的复句。

第一节　复句的特点和分类

一、复句的特点

由两个或两个以上在意义上有密切联系、在结构上互不包含的分句组成的句子叫作复句。

组成复句的单句形式叫作分句。在复句之中，各个分句虽然在结构上仍保持着独立性，但在意义上和语气上却失去了独立性，因而能够成为复句的组成成分。

复句作为一种较大而复杂的语言单位，具有以下几个突出特点：

（一）结构特点——各个分句在结构上互不包含

复句里的各个分句，都是一个单句形式，它们在结构上是完全独立的，互不做其他分句的结构成分，这是复句在结构上的突出特点。我们区别一个句子是单句还是复句,根本的依据是结构。如果一个分句能够做另一个分句的结构成分,那这个句子就不是复句,而只是一个结构比较复杂的单句。例如:

① 农民家里有手机,工人家里有电脑,普通人群都已经进入了信息时代。

这是一个并列复句。三个分句各自独立,在结构上互不包含,但在意义上有密切联系。

② 农民家里有手机,工人家里有电脑,‖已经是很平常的事了。

这是一个结构比较复杂的单句:前面是两个主谓短语的并列,共同在句子中做主语,后面的动词短语做谓语,二者在结构上不能独立,而是构成主谓关系,所以这只能是一个单句,而不能成为一个复句。

(二)语意特点——分句之间有一定的意义关系

复句同单句一样,都是语言的使用单位。它由两个以上的分句构成,共同表达一个完整而复杂的意思。因此复句在语意上的突出特点是,各个分句必须在意义上有紧密的联系,这种联系既可以是客观的逻辑事理上的联系,也可以是主观的心理评价上的联系。如果分句之间没有这种联系,甚至毫无关系,那就无法组成一个复句。例如:

① 一会儿,风大了,路旁的高粱狂乱地摇摆着,树上的枯枝克喳克喳地断落下来。

*② 河边长满了蒿草,我上山锄地。

例①后面两个分句所说的"路旁的高粱"和"树上的枯枝",都同前面的分句"风大"紧密联系在一起,因而这三个分句能够构成一个复句。

而例②两个分句所说的"河边长满了蒿草"与"锄地",在意义上没有必然的联系,所以就不能构成一个复句。如果将前面分句中的"河边"改为"地里",就同后面的分句有了意义联系,并能产生一种因果关系，这就可以构成一个复句了。

(三)组合特点——利用关联词语和语序进行组合

构成复句的语法手段主要有两种：一种是利用关联词语将各个分句联系起来，并明确表示出分句之间的意义关系，这种方法一般称之为“关联法”；另一种是利用语序直接进行组合，通过分句的排列次序来表示分句之间的意义关系，这种方法一般称之为“意合法”。在这两种方法中，关联法是构成复句的主要方法，并成为复句的标志之一。

说到关联法，需要首先介绍一下关联词语。**所谓关联词语，是指在语言单位中起关联作用的词或短语**。关联词语包括关联词和关联短语：关联词主要是连词，此外还有表示关联的副词，连词如“因为”“所以”“不但”“而且”“可是”“但是”等，副词如“也”“又”“再”“还”“就”等；关联短语是比词大的临时组合，如“一方面”“另一方面”“反之”“不是”“而是”“这就是说”等。**关联词语的作用**主要有三个方面：一是连接，即通过使用关联词语，把相关语言单位在意义上连接起来；二是转换，即通过使用关联词语，实现语言单位之间在意义上的转换；三是显示，即通过使用关联词语，来显示语言单位之间的意义关系或逻辑关系。使用关联词语，**应该遵循以下原则**：一是在应该使用关联词语的地方必须使用，以免语意不清或结构不完整；二是在可用可不用的情况下尽量省略，防止滥用；三是要正确使用关联词语，防止错用。

复句中使用关联词语有两种方法：一是在前后两个分句中成对使用，鲜明地表示出分句之间的意义关系；二是只在前面或后面的一个分句中使用，同样能够表示出分句之间的意义关系。例如：

① 虽然没有什么失职，但总觉有些单调，有些无聊。

(鲁迅《孔乙己》)

② 即使她写字的时候，我们也默默地看着她，连她握铅笔的姿

势都急于模仿。(魏巍《我的老师》)

③ 我是研究科学的人,所以重视实验精神在科学上的重要性。

(丁肇中《应有格物致知精神》)

④ 我不久就离开母亲,因为我读书了。

(朱德《回忆我的母亲》)

虽然这几个复句都使用了关联词语,但使用的方法不同:例①和例②成对使用“虽然……但……”和“即使……也……”,分别表示转折关系和假设关系;例③在后面的分句单独使用“所以”,例④在后面的分句单独使用“因为”(属于倒装句式),来表示两个分句的因果关系。

要特别注意:使用关联词语是复句的特点之一,但使用关联词语的句子并不一定都是复句。例如:

A. 人民,只有人民,‖才是创造世界历史的动力。

B. 无论老师和学生,‖都要遵守学校的规章制度。

这两个句子虽然使用了关联词语“只有……才……”和“无论……都……”,但前后两个部分构成主谓结构,关联词语的作用只是强调主语和突出谓语。所以,这两个句子在结构上还只是一个单句(主谓句),而不是一个复句。其中A句中的“只有人民”是插入语,属于句子的独立成分。

利用语序直接进行组合的意合法,多见于并列关系和承接关系的复句之中。例如:

⑤ 风停了,雨住了,树木冲洗得那么干净,池子里的水又平静得像一面镜子。(承接复句)

⑥ 人民需要艺术,艺术更需要人民。(并列复句)

其他意义关系的复句,也有省略了关联词语,而采用意合法直接进行组合的。例如:

⑦ 没有党的领导和群众的支持,改革不会成功。(可以用“如果……就……”)

⑧ 已经交钱了，肯定能提上货。（可以用“既然……就……”）

（四）句型特点——分句的句型灵活多样

构成复句的几个分句，既可以是主谓句，也可以是其他各种句型，包括独词句，也可以成为复句中的一个分句。例如：

① 灼热的枪声停止了，风吹散了飘在堤上的硝烟。

（峻青《黎明的河边》）

② 刮了一夜的北风，竟然下起雪来了。

③ 秋夜，稀疏的星光，残缺的月亮。

④ 什么都有，稻鸡，角鸡，鹁鸪，蓝背……

（鲁迅《故乡》）

例①的两个分句都是主谓句；例②的两个分句都是没有主语的动宾句；例③的三个分句都是由名词短语构成的偏正句；例④中带点的分句都是独词句。

（五）句式特点——分句的主语有异同和隐现

从分句主语异同的角度来考察：各个分句的主语既可以相同，也可以不同。例如：

① 白杨树实在是不平凡的，我赞美白杨树！（茅盾《白杨礼赞》）

② 这是革命的春天，这是人民的春天，这是科学的春天！

（郭沫若《科学的春天》）

例①两个分句的主语不同；例②三个分句的主语相同。

从主语隐现的角度来考察：为了表达顺畅和语气一致，有的分句主语可以出现，有的分句主语可以省略。例如：

③ 我喜欢坐在母亲身旁，挽住她的衣袖，央求她述说我幼年的故事。（后面两个分句承前省略了主语“我”）

④ 听说周总理要来看戏，大家心情十分激动。（前边的分句蒙后省略了主语“大家”）

在复句中运用省略句，特别是省略分句的主语，也是有规律可循的。这主要有两个方面。

一是当分句的主语相同时，一般都会省略（如例③和例④）；但有时为了修辞需要也可以不省略，这样可以强调和突出主语，或用以构成某种辞格。例如：

⑤ 时间就是生命，时间就是速度，时间就是力量。

（郭沫若《科学的春天》）

这个复句的三个分句，都强调和突出主语“时间”，并形成排比辞格。

二是当分句的主语不同时，通常是不能省略的；但有时也能承接前面分句的宾语或定语等，省略后面分句的主语，使表达更加简洁鲜明。例如：

⑥ 这时候，风停了，雨住了。

⑦ 丧事完毕，父亲要到南京谋事，我也要回北京念书，我们便同行。（朱自清《背影》）

例⑥两个分句的主语都不能省略；例⑦各个分句的主语也都不能省略。

⑧ 门口拴着一只大花狗，望见姚长庚和郑超人，跳起来汪汪直叫。（承接第一个分句的宾语，省略后两个分句的主语）

⑨ 我们的研究工作取得了不少成绩，但丝毫也不能自满。（承接前一分句的定语，省略后一分句的主语）

⑩ 我劝你不必去找它，即使找着了，对你也没用处。（第二个分句承接第一个分句的兼语而省略了主语“你”；第三个分句承接第一个分句的宾语而省略了主语“它”）

（六）语气特点——整个复句只有一个统一全句的语调

凡是句子，都有一种贯通全句的特定语调。复句虽然表示的意义比较复杂，但各个分句都是用一种语调统一起来的，或表示陈述语气，或表示疑问语气，或表示祈使语气，或表示感叹语气。分句之间有句中停顿，书面上一般用逗号来表示，有时也用分号或冒号来表示；句末的语音停顿及统一全句的语调和语气，在书面上用句号、问号或叹号来表示。例如：

① 渐渐儿，那些树影又在水面上显现，一弯一曲地蠕动，像是醉汉，再过一会儿，终于站定了，依然是很清晰的倒影。（茅盾《春蚕》）

这个复句统一全句的语调是陈述语气，所以句末用句号；由五个分句组成，后面都用逗号；其中"渐渐儿"是第一个分句的句首状语，"再过一会儿"是第四个分句的句首状语，所以都增加了语音停顿，后面用逗号。

② 他的工作太多，你抽时间去帮帮他。

这个复句统一全句的语调是祈使语气，语气较和缓，所以句末用句号；前一个分句说的是原因，后边用逗号。

③ 按照他说的办呢，还是按照你说的办？

这个复句统一全句的语调是疑问语气，所以句末用问号；前面的分句也表疑问，但属于分句的停顿，故不能再用问号，只能用逗号。

④ 李明得了长跑冠军，张生得了跳高冠军，咱们班可真厉害呀！

这个复句统一全句的语调是感叹语气，所以句末用叹号；前面两个分句各陈述一件事，但语音停顿时间较短，因而后面都用逗号。

二、复句的分类

复句的分类标准，与单句的分类标准是不一样的：单句是按照结构进行分类的（如分为主谓句、动宾句、偏正句等不同句型），而复句是根据意义进行分类的。一般都根据分句之间的意义关系，将复句分为联合复句、偏正复句两大类：**分句之间的意义关系不分主次，各个分句平等并列地连接在一起，这种复句叫作联合复句**。联合复句包括并列复句、承接复句、递进复句、解说复句、总分复句、选择复句等几种类型。**分句之间的意义关系有主有次，具有说明与被说明的关系，这种**

复句叫作偏正复句。偏正复句包括转折复句、假设复句、条件复句、因果复句、目的复句、连锁复句等几种类型。

偏正复句由偏句与正句组合而成，其中**表示全句主要意思的分句叫正句，对正句的意义起说明或限制作用的分句叫偏句**。偏句与正句的排列次序是：在一般情况下，都是偏句在前、正句在后；有时为了突出正句，也可以将正句放在前面，让后面的偏句起补充说明作用。例如：

① 因为我曾在农村下过乡，所以多少学了一点儿农业生产常识。（正常语序：偏句在前，正句在后）

② 我多少学了一点儿农业生产常识，因为曾在农村下过乡。（特殊语序：正句在前，偏句在后）

而联合复句，分句之间的意义关系与以上情形完全不同：各个分句是平等并列地排列在一起的，在意义上往往很难分出主次。例如：

③ 他一边收拾行李，一边想着心事。（两个分句的意义并列）

④ 我从原畔苹果园挖回一株石榴，还有花杏、葡萄，栽在园子里。（三个分句在意义上前后承接）

⑤ 退伍以后，你可以选择安排工作，也可以自谋职业。（两个分句之间是选择关系）

为了便于大家学习和使用复句，掌握各类复句的基本格式和特点，我们归纳整理出《复句类型一览表》附后。之后具体介绍各种类型的复句，以及复句的扩展与紧缩、多重复句的分析方法等内容。

思考与练习一

1. 什么叫复句？什么叫分句？分句作为复句的组成成分有什么特点？

2. 举例说明复句的结构特点、语意特点、组合特点、句型特点、句式特点和语气特点。

3. 复句是根据什么进行分类的？什么叫联合复句、偏正复句？它们各包括哪几种基本类型？

4. 在偏正复句中，什么叫正句、偏句？它们的一般排列次序是什么？举例说明。

5. 什么叫关联词语？关联词语有哪两种？关联词语有哪些作用？使用关联词语的原则是什么？

6. 找出下面复句中的关联词语，并把使用不当的改正过来。

① 既然你没有告诉我，我也知道了。

② 什么事情只要努力去做，才能成功。

③ 他不但很瘦，而且精神也很饱满。

④ 即使地上很滑，你就不要走得太快。

⑤ 如果他今天不来，咱们也得开会。

⑥ 这本书只要大致翻一下，也要花费很多时间。

7. 根据下边各组单句在意义上的联系，分别组成一个复句（可以利用语序进行组合，也可以使用关联词语进行组合，可以省略某个分句的主语，要正确使用标点符号）。

① 我们去得太晚了。以后我们应该早些去。我们没有看到他。

② 他临时有事。他没有去。他本来准备昨天去找你。

③ 他没有来。会议改在下星期一开吧。这个会非他参加不可。

④ 自己没有缺点。自己不该骄傲。任何人都不应该骄傲自满。何况自己还不是一点缺点都没有呢？

⑤ 他不愿意去。咱们还是另外找别人吧。你不必勉强他。

⑥ 昨天下了雨。今天不会凉快。别说昨天没有下雨。

附录　复句类型一览表

复句类型		形式区分	基本格式或常用关联词语	例　句
大类	基本类型			
联合复句	并列复句	—	可不用关联词语；或用“也、又、还”等	①人误地一时，地误人一年。②他既不抽烟，又不喝酒。
	承接复句	—	一般不用关联词语；或用“然后、接着”等	③我温了酒，端出去，放在门槛上。④我们先研究一下，然后再做决定。
	递进复句	正向递进	不但A，而且B	⑤青年人不但要继承前人的事业，而且要做前人没有做过的事。
		反向递进	不但……反而	⑥他不但不接受批评，反而把错误推给别人。
		衬托递进	尚且……何况	⑦天这么冷，大人尚且受不住，何况是孩子呢？
	解说复句	—	后面的分句解释说明前面的分句	⑧我国大陆性气候显著，冬冷夏热。
	总分复句	“总分”式	先总说，后分述	⑨历史上的战争分为两类，一类是正义的，一类是非正义的。
		“分总”式	先分述，后总说	⑩一要吃饭，二要穿衣，这是人生的两大需求。
		“总分总”式	先总说，后分述，最后再总说	⑪有两件事情都要抓好：一要革命，二要建设，都不能放松。

续表

复句类型		形式区分	基本格式或常用关联词语	例句
大类	基本类型			
联合复句	选择复句	任意选择	A,或者 B	⑫你可以考大学,或者去工作。
		限制选择	要么……要么 不是……就是	⑬要么生存,要么灭亡。 ⑭不是选他,就是选我。
		既定选择	与其……不如 宁可……也不	⑮与其扬汤止沸,不如釜底抽薪。 ⑯宁可自己麻烦千遍,也不让顾客为难一时。
偏正复句	转折复句	重转	虽然 A,但是 B	⑰巴黎公社虽然失败了,但是其历史功绩是不可磨灭的。
		轻转	只在正句用只是等	⑱夕阳无限好,只是近黄昏。
	假设复句	一般假设	如果 A,就 B	⑲如果不浇水,种子就不会发芽。
		让步假设	即使 A,也 B	⑳即使你不责怪他,他也会很愧疚的。
	条件复句	相应条件	只要 A,就 B	㉑只要你经常锻炼,身体就会强壮起来。
		唯一条件	只有 A,才 B	㉒只有亲口吃一吃,你才会知道梨子的滋味。
		任意条件	无论 A,都 B	㉓无论什么理由,都不能请假。
	因果复句	说明因果	因为 A,所以 B	㉔因为路上堵车,所以未能按时赶到。
		推论因果	既然 A,就 B	㉕既然已经交了款,就肯定能提上货。

续表

复句类型		形式区分	基本格式或常用关联词语	例句
大类	基本类型			
偏正复句	目的复句	积极目的	在正句里用为了等	㉖为了进城,他卖了农村的房子。
		消极目的	在正句里用免得等	㉗我们要抓紧浇地,免得开春耽误播种。
	连锁复句	关联型	使用关联词语的	㉘时间越长久,效果越显著。
		照应型	叠用相同词语的	㉙党指向哪里,我们就奔向哪里。

第二节 联合复句

上节已经讲过,联合复句按照分句之间的语意和逻辑关系,可分为并列复句、承接复句、递进复句、解说复句、总分复句、选择复句等几种基本类型。下边分别进行介绍。

一、并列复句

几个分句分别说明或描写几件事情、几种情况或同一事物的几个方面,分句之间在意义上相反、相对或相关,这种复句叫作并列复句。

并列复句一般不使用关联词语,只靠语序和语意来表示并列关系。例如:

① 时代是思想之母,实践是理论之源。

(习近平《在中国共产党第十九次全国代表大会上的报告》)

② “人家说了再做,我是做了再说。”

（臧克家《说和做——记闻一多先生言行片段》）

③ 风轻悄悄的,草软绵绵的。(朱自清《春》)

以上三个并列复句,都不使用关联词语,只靠两个分句在语意上的内在联系来表示并列关系。其中例①意义相对,例②意义相反,例③意义相关。

并列复句有时也使用关联词语,在后边的分句使用“也”“又”“还”“另外”“同样”等进行关联,或在前后两个分句中成对使用“既……又(也)……”“一方面……一方面……”等,或表示同类事物的并列,或表示两类事物的并存,或表示两件事情的对立。例如:

④ 杏花开了,就好像大自然在传语要赶快耕地;桃花开了,又好像在暗示要赶快种谷子。(竺可桢《大自然的语言》)

⑤ 嗞溜溜的南风吹动了高粱叶子,也吹动了他们的衣衫。

（刘成章《安塞腰鼓》）

⑥ 它既不需要谁来施肥,也不需要谁来灌溉。

（陶铸《松树的风格》）

⑦ 一面决不滥用浪费,一面努力发展生产。

（毛泽东《必须学会做经济工作》）

例④在后面的分句里使用“又”,表示同类事物的并列;例⑤在后面的分句前使用“也”,表示两类事物的关联;例⑥和例⑦在前后两个分句中成对使用“既……也……”“一面……一面……”,表示两类事物的并存。事物之间的这些内在联系,都能够形成并列关系。

并列复句,多为两项并列,也有多项并列的。例如:

⑧ 人若能知足,虽贫不苦;若能安分(不多做分外希望),虽失意不苦;老、病、死,乃人生难免之事,达观的人看得很平常,也不算什么苦。(梁启超《最苦与最乐》)

⑨ 坐着,躺着,打两个滚,踢几脚球,赛几趟跑,捉几回迷藏。

（朱自清《春》）

这两个并列复句,例⑧是三项并列,说明“贫”“失意”和“老、病、死”都不是人生最苦的事,用以证明“我说人生最苦的事,莫苦于身上背着一种未来的责任”,这就是著名思想家梁启超的苦乐观。例⑨是一个六项并列的复句,都是动作性的,其中前两个是动词独词句(后面加动态助词“着”),后四个是动宾句,用以描写人们春天在草地上尽情活动的轻松愉快心情。

二、承接复句

几个分句依次说出连续的动作或连续的事件,或者接连描写相关的景物,使分句之间形成一种前后承接的关系,这种复句叫作承接复句。承接复句又称为顺承复句或连贯复句。

承接复句一般不使用关联词语,常常靠分句的排列次序来表示承接关系。分句的排列次序,或者按照时间的先后,或者按照空间位置的变化,或者按照逻辑事理上的顺序,把各个分句组织在一起,使分句之间形成一种前后承接的关系。例如:

① 她拿出仅有的一点米,放在房中间木头架成的一个灶上煮粥。(陆定一《老山界》)

② 我温了酒,端出去,放在门槛上。(鲁迅《孔乙己》)

③ 扫开一块雪,露出地面,用一枝短棒支起一面大的竹筛来,下面撒些秕谷,棒上系一条长绳,人远远地牵着,看鸟雀下来啄食,走到竹筛底下的时候,将绳子一拉,便罩住了。

（鲁迅《从百草园到三味书屋》）

④ 全楼都寂静下去,窗外也是一点声音没有了,鲁迅先生站起来,坐到书桌边,在那绿色的台灯下开始写文章了。

（萧红《回忆鲁迅先生》）

⑤ 中间是一张方桌，四面放了四把椅子，方桌上摆着一个茶盘，茶盘里放着茶壶茶碗。

上面例①中的两个分句和例②中的三个分句，各自叙述一种行为或动作，按照先后顺序构成承接关系；例③将雪地捕鸟的动作和过程自然连接在一起；例④将“全楼”“窗外”和鲁迅先生动作的先后紧密衔接；例⑤四个分句各描写一种事物，按照空间位置的变化构成承接关系。

承接复句有时候也使用关联词语，在后面的分句用“又”“便”“就”“然后”“接着”“于是”等，表示事物发展的先后顺序，使前后分句构成承接关系。例如：

⑥ 他们爬上山腰，又到山洞里仔细搜查。

⑦ 我见修竹哥已经走得没影了，便跑回家把他的话悄悄地跟妈妈说了。

⑧ 那屋子里面，正在窸窸窣窣地响，接着便是一通咳嗽。

⑨ 我们先研究一下，然后再做决定。

⑩ 大家都鼓励他坚持下去，于是他打消了回家的念头。

以上几个复句，都是通过后面分句中的关联词语，明确地表示出前面分句所说的事情发生在先，后面分句所说的事情发生在后，使分句之间的承接关系更加明显。

利用语序直接组合（意合法）所构成的承接复句和并列复句，二者在形式上有点相似，但又有根本的区别：并列复句所说的几项是相互并列的，分句的次序可以变动而基本意思不变；而承接复句所说的几项是前后相继的，分句的次序一般不能随意改变，如果改变分句的次序就会引起语意的混乱。我们来比较下面两个复句，便可对此一目了然：

A. 胜利是属于我们的，明天是属于我们的。（并列复句）

B. 他索性把枪往怀里一抱，就地横倒身躯，沿着山坡滚下山去。（承接复句）

三、递进复句

后一分句的意思比前一分句更进一层，这种复句叫作递进复句。

递进复句经常在前后两个分句中使用关联词语“不但(不仅、不光)……而且(还)……”来表示递进关系，因此，“不但A，而且B”是递进复句的基本格式。此外，还可以在后面的分句中单独使用“而且”“并且”“特别是”“甚至”“更”“再”等，表示比前面分句的意思更进一层。

所谓“更进一层”，或者表示程度由易到难，或者表示性质由轻到重，或者表示道理由浅入深，或者表示范围由小到大，或者表示颗粒由粗到细，或者表示数量由少到多，或者表示时间由短到长，等等。从递进方式上看，递进复句有正向递进、反向递进、衬托递进三种形式。

(一)正向递进

两个分句都表示肯定，后一分句在前一分句的基础上，从正面把意思再推进一层，这种递进方式为正向递进。例如：

① 我觉得真正的格物致知精神，不但研究学术不可缺少，而且对应付今天的世界环境也是不可少的。

(丁肇中《应有格物致知精神》)

② 我爱我母亲，特别是她勤劳一生，很多事情是值得我永远回忆的。(朱德《回忆我的母亲》)

③ 大块的石头破碎成小块的石子，小块的石子再分裂成细微的沙砾、泥土。(陶世龙《时间的脚印》)

以上三个复句，都是正向递进：例①成对使用关联词语“不但……而且……”表示递进关系；例②后面的分句用表示强调的“特别是”表示递进;例③后面的分句用表示频率的副词"再"表示递进。

这种正向递进的复句,前后两个部分或其中一个部分,有时需要使用两个或两个以上的分句来说明,这就形成了多重递进复句。例如:

④ 有时我常常想:他的对于我的热心的希望,不倦的教诲,小而言之,是为中国,‖就是希望中国有新的医学;|大而言之,是为学术,‖就是希望新的医学传到中国去。(鲁迅《藤野先生》)

⑤ 过了这么多年,藤萝又开花了,|而且开得这样盛,‖这样密,‖紫色的瀑布遮住了粗壮的盘虬卧龙般的枝干,‖不断地流着,流着,‖‖流向人的心底。(宗璞《紫藤萝瀑布》)

例④在第一层递进的基础上,前后两个部分都分别扩展出第二层解说关系,形成一个二重递进复句;例⑤后边递进的部分比较复杂,又在第二层(解说)的基础上扩展出第三层(前为并列,后为承接),并在后边第三层的基础上扩展出第四层(承接),由此形成一个四重递进复句。

(二)反向递进

前一分句表示否定,后一分句表示肯定,从反面把意思再推进一层,这种递进方式为反向递进。常用关联词语"不但(不仅)……反而(反倒)……"来表示,或只在后面的分句使用"反而""反倒"等来表示。

这种反向递进的复句,都是先从否定方面来说的,在"不但……"的部分说的是"不怎么样"或"没有怎么样",更进一层就成了"反倒怎么样",变为肯定的意思。例如:

⑥ 那水呢,不但不结冰,反倒在绿萍上冒着点儿热气。

(老舍《济南的冬天》)

⑦ 他没有甘心落后,反而憋足了劲追了上去。

以上两个递进复句,其意义都是先从否定方面来说的,在前面的分句里使用否定副词“不”和“没有”，来表示“不怎么样”或“没有怎么样”；然后在后面的分句里使用“反倒”或“反而”，来表示“反倒怎么样”，这就变否定为肯定，从反面将前一分句的意思又推进一层。

（三）衬托递进

前一分句提出程度更甚的事例作为衬托，使后面分句的意思更进一层，这种递进方式为衬托递进。这是一种强调的说法，多使用反问语气，也可使用陈述语气。

这种衬托递进的复句，一般都成对使用关联词语“尚且……何况……”来表示；也可以在前面的分句中单独使用“尚且”等，或在后面的分句中单独使用“何况”“更不用说”等，来表示分句之间的递进关系。例如：

⑧ 山这么高，年轻人爬上去尚且费劲，何况是老年人呢？

⑨ 一个人生活尚且这么艰难，要养活一家人就更难了。

⑩ 咱俩都去也抬不动，更不用说我一个人了。

以上这些递进复句，都是在前面的分句举出一个程度更甚的事例作为衬托，以使后面分句的意思更进一层。因而，称这种递进方式为“衬托递进”。

四、解说复句

后面的分句对前面的分句进行解释说明，这种复句叫作解说复句。

解说复句，一般都是前面的分句说出一件事情或一种事物，后面的分句直接进行具体的解释或说明，不需要使用关联词语，就可以从语意上明确显示出解说关系。例如：

① 我国大陆性气候显著，冬冷夏热。

（竺可桢《大自然的语言》）

② 我们决定要爬一座三十里高的瑶山，地图上叫越城岭，土名叫老山界。（陆定一《老山界》）

③ 生命又像一棵小树，它从地底聚集起了许多生力，在冰雪下欠伸，在早春润湿的泥土中，勇敢快乐地破壳出来。（冰心《谈生命》）

以上三例，都是用后面的分句来解释说明第一个分句的。

解说复句，也有的在后面的分句里使用“即”“是说”“就是说”等关联词语来表示解说，还有的在后面的分句中使用“例如”“如”等其他词语来举例说明。例如：

④ 在语法研究中，应注意到这样一个事实，即句子成分之间总是同时存在着两种不同性质的关系——语法结构关系和语义结构关系。（陆俭明《80 年代现代汉语语法研究理论上的建树》）

⑤ 要学习得好，就不能死读，而必须活读，就是说，不能只记住经典著作的一些字句，而必须理解经典著作的精神实质。

（马南邨《不求甚解》）

⑥ 在特殊的情况下，某些生物的尸体竟完整地保存下来了，如北极冻土带中的长毛象、琥珀中的昆虫。（陶世龙《时间的脚印》）

⑦ 在传统的石拱桥的基础上，我们还造了大量的钢筋混凝土拱桥，其中“双曲拱桥”是我国劳动人民的新创造，是世界上所仅有的。

（茅以昇《中国石拱桥》）

上边这四个复句，都是在后面的分句中使用关联词语或其他词语进行解说的：其中例④和例⑤，分别在后面的分句前使用“即”和“就是说”，来表示对前面分句的解说关系；例⑥和例⑦使用“如”和“其中”举出具体例子，对前面分句所说的事物进行解释说明。

五、总分复句

前后分句之间有总说与分述的语意关系，这种复句叫作总分复句。

总分复句，多是前一分句总说一件事情或一种事物，后面的分句再分别进行叙述和说明，共同与前一分句构成总分关系。此外，也有先分述，后总说的，还有先总说，后分述，最后再总说的。总分复句有时带有外在标志：经常在总说分句的后面使用冒号引出分述，或在分述的分句前边使用序次语或其他短语来表示列举等。根据总说出现的不同位置，可以将总分复句分为以下三种形式：

（一）"总—分"式

这种形式的总分复句，表达方法是先总说、后分述。例如：

① 历史上的战争分为两类，一类是正义的，一类是非正义的。

（毛泽东《论持久战》）

② 我生平最受用的有两句话：一是"责任心"，二是"趣味"。

（梁启超《敬业与乐业》）

③ 我们在田野上散步：我，我的母亲，我的妻子和儿子。

（莫怀戚《散步》）

以上三个复句，都是先总说、后分述。后边分述的内容，分别用数词式短语"一类"和"一是""二是"等列举出来；同时，例②和例③都在总说的分句后面使用冒号，引出分述的内容。其中例③的分述很有特点，使用一个独词句、一个偏正句、一个并列句，简洁明快而富有表现力。

（二）"分—总"式

这种形式的总分复句，表达方法是先分述，后总说。例如：

④ 一要吃饭，二要穿衣，这是人生的两大需求。

⑤ 对爱情的渴望，对知识的追求，对人类苦难不可遏制的同情，这三种纯洁而无比强烈的感情支配着我的一生。

（罗素《我为什么而活着》，胡作玄、赵慧琪译）

⑥ 风里带来些新翻的泥土的气息，混着青草味儿，还有各种花的香，都在微微润湿的空气里酝酿。（朱自清《春》）

以上三个复句，都是先分述，后总说。例④用"一要"和"二要"分别列举，再用"两大需求"作结；例⑤分说的三项直接表述，再用“这三种”作结；例⑥前面先分述三种气息和香味，后面用“都”总说。

(三)“总—分—总”式

这种形式的总分复句，表达方法是先总说，后分述，最后再总说。它比“总—分”式和“分—总”式各多出一个层次，实际上是对这两种形式的套叠使用。例如：

⑦ 父亲的朋友送给我们两缸莲花，一缸是红的，一缸是白的，都摆在院子里。(冰心《荷叶·母亲》)

⑧这些石刻狮子，有的母子相抱，有的交头接耳，有的像倾听水声，有的像注视行人，千态万状，惟妙惟肖。(茅以昇《中国石拱桥》)

⑨ 为了这一着，面对技术封锁，多少人殚精竭虑，青丝变白发；多少人顽强攻关，累倒在试验场；多少人无怨无悔，默默奉献……今天，终于有了一个圆满的结果，能不激动吗？

(蔡年迟、蒲海洋《一着惊海天——目击我国航母舰载战斗机首架次成功着舰》)

以上三个复句都是“总—分—总”式：例⑦的“两缸”是总说，两个“一缸”是分述，最后的“都”又是总说；例⑧的“这些”是总说，四个“有的”是分别描写，后边的“千态万状，惟妙惟肖”又是总的描写；例⑨的“为了”句是总说，三个“多少人”是从不同角度说明我国航母舰载战斗机着舰成功的来之不易，“今天”以后又是总说。这种结构形式不仅层次清楚，而且在前面总说和分述的基础上，能够进一步总结和深化题旨。

需要说明的是，总分复句同其他复句相比，具有不同的结构特点：其他类型的复句(多重复句除外)，分句之间一般都只有一个结构层次；而总分复句具有两个结构层次，其中总说的分句与几个分说的分句之间是总分关系(第一层)；几个分说的分句之间是并列关系(第二层)。因此，这种复句在结构上是一个二重复句。如例①和例④的结构关系是：

历史上的战争分为两类，|一类是正义的，‖一类是非正义的。

总分　　并列

一要吃饭，‖二要穿衣，|这是人生的两大需求。

并列　　总分

“总—分—总”式虽然比前两种形式多了一层内容，但在结构上仍然只有两个层次，前后分句之间仍然是总分关系。如例⑦的结构关系是：

父亲的朋友送给我们两缸莲花，|一缸是红的，‖一缸是白的，|都

总分　　并列　　总分

摆在院子里。

六、选择复句

两个或两个以上的分句分别说出不同的事项，表示从中选择一项，这种复句叫作选择复句。

选择复句经常使用关联词语“或者”来表示选择关系，因此，“A，或者B”是选择复句的基本格式。

根据选择条件的不同，选择复句可分为任意选择、限制选择、既定选择三种形式。

（一）任意选择

所谓“任意选择”，是指选择条件中存在着一种可能性，但也不排除其他可能性的存在，彼此是相容的。这种选择关系，往往提出两个以上的选项，它们互不排斥，可以任选其一。这样的选择复句，经常使用关联词语“或”“或者”“或是”“或者……或者……”“是……还是……”等来表示。例如：

① 然而刹那间，要是你猛抬眼看见了前面远远有一排——不，或者只是三五株，一株，傲然地耸立，像哨兵似的树木的话，那你的恹恹欲睡的情绪又将如何？（茅盾《白杨礼赞》）

② 譬如罢，我们之中的一个穷青年，因为祖上的阴功（姑且让我

这么说说罢),得了一所大宅子,且不问他是骗来的,抢来的,或合法继承的,或是做了女婿换来的。(鲁迅《拿来主义》)

③ 只要一点风儿就能把它吹到硬的岩石上,或车辙的污水中,或不毛的黄沙上,或坚韧得无法钻下去的黏土上。

(法布尔《蝉》,王大文译)

④“通宝,你是卖茧子呢,还是自家做丝?”(茅盾《春蚕》)

以上几个选择复句,都是在分句中提出两个以上的选择事项,可以任选其一,同时表示可能还有其他选项没有列出。这种选择是一种不受限制(无条件)的选择,因而称之为“任意选择”。

这种任意选择的复句,还可以连续使用表示估量的副词“也许”“可能”等,来表示对事物的选择关系。例如:

⑤ 也许是因为拔何首乌毁了泥墙罢,也许是因为将砖头抛到间壁的梁家去了罢,也许是因为站在石井栏上跳了下来罢,……都无从知道。(鲁迅《从百草园到三味书屋》)

⑥ 不知道那些是什么,我认为也许是灰尘,高空可能并不那么纯净,会有一些杂质,也可能是太空垃圾。(杨利伟《太空一日》)

上面的例⑤,用三个“也许”猜测被送进书塾里的原因,表现了儿童的天真心理;例⑥是介绍作者在太空中看到从舷窗外飘过的“类似棉絮状的物体”,用“也许”和“可能”,来猜测它们是“灰尘”“杂质”或“太空垃圾”,表示三者选其一的选择关系。

(二)限制选择

所谓“限制选择”,是指选择条件表示其中只有一种可能性,同时排除另一种可能性的存在,二者是不相容的。这种选择关系,常用关联词语“要么……要么……”“不是……就是……”等来表示,在一定语言条件下连用“或者”也能表示不相容的可能性。例如:

⑦ 人家要么神气十足,要么高深莫测的,咱们还是远着点走吧!

(乔雪竹《天边外》)

⑧(按本地的习惯,女人用彩色丝线绣鞋垫,)不是为自己准备嫁妆,就是为未来的女婿准备礼品。(陶正《女子们》)

⑨ 或者把老虎打死,或者被老虎吃掉,二者必居其一。

(毛泽东《论人民民主专政》)

以上三个选择复句,都表示一种不相容的选择关系,即选定了一方,就同时否定了另一方,二者必居其一。所以,这种选择是一种受到限制(有条件)的选择,因而称之为"限制选择"。

(三)既定选择

所谓"既定选择",是指说话者在取舍两项之中已经作出选择或者有了选择倾向。这种选择关系,常用关联词语"与其……不如……"(或在后边的分句中单用"不如")来表示选择后者,用"宁可……也不……"来表示选择前者。例如:

⑩ 与其平庸苟且一生,不如轰轰烈烈一场。

(高建全《老兵的母亲》)

⑪ 在他们的内心深处,与其说盼望着回家,毋宁说更害怕回家。

(茨威格《伟大的悲剧》,舒昌善译)

⑫ 我宁可受穷,也不跟他们学!(浩然《能人楚世杰》)

以上三个选择复句,明显具有一种取舍意义,表示在两种情况下衡量得失,选择其中较好的,舍弃其中较差的。其中先舍后取(选择后者)的句子,语气比较委婉;先取后舍(选择前者)的句子,语气比较坚定,是一种强调的说法。

思考与练习二

1. 什么叫并列复句?什么叫承接复句?二者有什么区别?举例说明。

2. 什么叫递进复句?其基本格式是什么?后面分句的意思比前面分句"更进一层"都可表示哪些方面的意义?

3. 递进复句有哪三种形式?举例说明。

4. 什么叫解说复句?解说复句常用哪些关联词语来表示解说关系?举例说明。

5. 什么叫总分复句？总分复句有哪三种形式？举例说明。

6. 什么叫选择复句？其基本格式是什么？根据选择条件的不同，选择复句可分为哪三种形式？举例说明。

7. 标出下列复句中的关联词语，并说明复句的基本类型。

① 轻舒双臂，向上举起，只见吕伟轻轻一蹬，就向空中飞去。(夏浩然、樊云芳《“飞天”凌空——跳水姑娘吕伟夺魁记》)

② 从喷泉里出来的都是水，从血管里出来的都是血。

(鲁迅《革命文学》)

③ 杜小康开始想家，并且日甚一日地变得迫切，直至夜里做梦看到母亲，哇哇大哭起来，将父亲惊醒。(曹文轩《孤独之旅》)

④ 我们需要培养实验的精神，就是说，不论是研究自然科学，研究人文科学，还是在个人行动上，我们都要保留一个怀疑求真的态度，要靠实践来发现事物的真相。(丁肇中《应有格物致知精神》)

⑤ 偶尔有几位物理学家或化学家来，或是来看我们的实验，或是来请教比埃尔·居里某些问题，他在物理学的许多分支领域，是很出名的。(艾芙·居里《美丽的颜色》，左明彻译)

⑥ 不说谎包含有两种意义：一、我们所说的话，就恰是我们所想说的话；二、我们所想说的话，我们都吐肚子说出来了，毫无余蕴。

(朱光潜《无言之美》)

8. 给下边的分句填上另外的分句(可以使用关联词语，也可直接进行组合)，使之构成复句，并说明所组成的复句是哪种类型。

① 我放下书包，____________，______________。

② 穷则思变，意思是__________________。

③ ______________，学生尊敬老师。

④ 今天必须去，____________，或者下午去。

⑤ 我买了两本书，______________，______________。

⑥ 这种方法不但节省人力，__________________。

第三节　偏正复句

偏正复句按照分句之间的语意和逻辑关系，可分为转折复句、假设复句、条件复句、因果复句、目的复句、连锁复句等几种基本类型。下面分别进行介绍。

一、转折复句

后面分句的意思发生转折，转到同前面的分句相反或相对的方面去，这种复句叫作转折复句。这种复句的特点是：尽管也承认前面分句所陈述的事实，但表意的重点总是放在后面的分句上，因此前面的分句是偏句，后面的分句是正句。

转折复句经常在前后两个分句中使用关联词语“虽然（尽管）……但是（可是、却）……”来表示转折关系，因此，“虽然A，但是B”是转折复句的基本格式。

转折复句根据转折程度的不同，可分为重转、轻转两种形式。

（一）重转

所谓“重转”，是指后面的正句转到与前面的偏句相反或相对的意思上去，转折的程度较重。

表示重转的复句，前后两个分句在意思上有明显的对立，一般要求成对使用关联词语，偏句用“虽然”“尽管”等，正句用“但是”“可是”“却”等，这样会使转折的程度加重。例如：

① 虽然我们的工作条件带给我们许多困难，但是我们仍然觉得很快乐。（艾芙·居里《美丽的颜色》，左明彻译）

② 穿的虽然是长衫，可是又脏又破，似乎十多年没有补，也没有洗。（鲁迅《孔乙己》）

③ 虽不像扑灯蛾,爱光明而至焚身,小孩子喜欢火,喜欢亮光,却仿佛是天性。(吴伯箫《灯笼》)

④ 尽管有国外可供借鉴的经验,但对于中国航天人来说,这一切,几乎是从零开始。(贾永、曹智、白瑞雪《飞向太空的航程》)

后面的正句所说的意思与前面的偏句完全相反,或转折的意味较重,只在后面的正句前边使用连词"但是""但""而""却"等,也可以表示重转。例如:

⑤那些暴君们能够杀害许多许多人,但是他们消灭不了生命。

(严文井《永久的生命》)

⑥ 我常常想要给我的小桃树写点文章,但却终没有写就一个字来。(贾平凹《一棵小桃树》)

⑦ 我们的战士,对敌人这样狠,而对朝鲜人民却是那样地爱,充满国际主义的深厚热情。(魏巍《谁是最可爱的人》)

(二)轻转

所谓"轻转",是指后面的正句转到与前面的偏句不一致的意思上去,转折的程度较轻。

表示轻转的复句,前后两个分句的意思虽然并不一致,但并不对立,或者并不着重强调这种不一致,因此一般只在后面的正句里使用"但是""可是""却""然而""不过""只是"等关联词语,来表示这种程度较轻的转折关系。相比之下,单用"但是"和"可是"一类的句子,转折的程度略重些;而单用"不过""只是""然而"等的句子,转折的程度略轻些。例如:

⑧ 我很想补救我的过失,但它是不能说话的,我将怎样地对它表白我的误解呢?(郑振铎《猫》)

⑨ 他们有确信,不自欺;他们在前仆后继的战斗,不过一面总在被摧残,被抹杀,消灭于黑暗中,不能为大家所知道罢了。

(鲁迅《中国人失掉自信力了吗》)

⑩ 在我看来,花木灿烂的春天固然可爱,然而,瓜果遍地的秋色

却更加使人欣喜。(峻青《秋色赋》)

⑪ 打伞、戴斗笠固然能保持身上的干爽,可光头浇、洗个雨澡更有滋味,只是淋湿的头发、额头、睫毛滴着水,挡着眼睛的视线,耳朵也有些痒嗦嗦的。(刘湛秋《雨的四季》)

上边几个复句,后面的正句所表达的意思,与前面的偏句并不是完全对立的,只是有某些不一致,而后面的正句也只在于说明这种不一致,因而转折的程度较轻,只在后面的正句中使用关联词语,转折的语气也相对弱些。其中例⑪的意思转折了两次,第一次用“可”,转折的意味较重;第二次用“只是”,转折的意味较轻。

二、假设复句

前面的偏句提出某种假设,后面的正句说明假设情况所导致的结果,这种复句叫作假设复句。

假设复句,有一般假设、让步假设两种形式。

(一)一般假设(“如果A,就B”格式)

这种假设复句,一般都是前面的偏句提出一种假设,后面的正句说明在这种假设情况下所出现的结果。经常在前面的偏句里使用“如果”“倘若”“假使”“要是”等关联词语来表示假设,在后面的正句里使用“就”“便”“那么”等关联词语来说明结果,因此“如果A,就B”是其基本格式。例如:

① 年轻人如果老上电视台,老卖狗皮膏药,这个人我就觉得一点出息都没有。(王选《我一生中的重要抉择》)

② 如果美是专指“婆娑”或“旁逸斜出”之类而言,那么,白杨树算不得树中的好女子。(茅盾《白杨礼赞》)

③ 已经够倒霉的了,要是被那个讨饭的认出来,这船上可就热闹了。(莫泊桑《我的叔叔于勒》)

④ 说中国人失掉了自信力，用以指一部分人则可，倘若加于全体，那简直是诬蔑。（鲁迅《中国人失掉自信力了吗》）

以上几个假设复句，都是"如果A，就B"格式，其共同特点是：正句的结果与偏句的假设相同，只表假设一种意义关系，因而称之为"一般假设"。

（二）让步假设（"即使A，也B"格式）

这种假设复句比较特殊：前面的偏句先假设一种情况，并且退让一步把假设当作事实承认下来，然后再在后面的正句里来一个转折，说出与假定的事实完全相反的结果。这种复句经常在前面的偏句里使用"即使""纵然""哪怕""就算"等关联词语来表示假设，在后面的正句里使用副词"也"等来说明结果，因此"即使A，也B"是其基本格式。例如：

⑤ 即使是大城市，在夜晚看到时也只是淡淡的红色。

（杨利伟《太空一日》）

⑥ 即使你去找个猪婆，我也不阻拦。（谢璞《寻找》）

⑦ 就算你能跑出去，到外边怎么生活？

（陈冲《不自然的黑色》）

⑧ 纵然不见他的面，睡里梦里都像有他的影子来缠着我。

（梁启超《最苦与最乐》）

以上几个假设复句都是"即使A，也B"格式，其共同特点是：假设的情况是一种让步的说法，正句的结果与偏句的假设相反，能够兼表假设和转折两种意义关系。所以，我们称这种假设关系为"让步假设"。

对于这种让步假设的复句，有的语法书和教材称其为"让步复句"，并专门列为一类。但我们认为，这种复句还是以假设的意义为基础的，偏句里的让步也是一种假设的让步，所以还是归入假设复句比较妥当。

最后,再说一下假设复句的否定表达形式。假设复句的意义也可以用否定的形式来表达,其基本方法是:在前面的偏句和后面的正句里同时使用表示否定的副词;或者在偏句里使用否定副词,在正句里使用反问语气。例如:

⑨ 如果搞好协作,工作就会很快开展起来。

→如果不搞好协作,工作就不会开展得这样快。

→如果不搞好协作,工作能开展得这样快吗?

⑩ 要是听了你的话,这件事就办成了。

→要不是听了你的话,这件事就办不成。

→要不是听了你的话,这件事能办成吗?

在这两例之中,上一个句子都是假设复句的肯定表达形式,下面的两个句子都是假设复句的否定表达形式,其中“要是”的否定形式是“要不是”。这种假设复句的否定表达形式,可以兼表假设和否定两种语意,但仍然表示肯定的意思。

三、条件复句

前面的偏句提出一个条件,后面的正句说明在这个条件下所产生的结果,这种复句叫作条件复句。

根据所提出条件的性质和作用,条件复句可分为相应条件、唯一条件、任意条件三种形式。

(一)相应条件(“只要A,就B”格式)

前面的偏句表示的是某种条件,后面的正句说明具备这个条件就能产生的相应结果,同时也不排除在其他条件下仍可产生这样的结果,语气比较和缓。这种相应条件的复句,经常使用关联词语“只要……就……”来表示分句之间的意义关系,因此“只要A,就B”是其基本格式。例如:

① 只要有一些好天气的气息，它就爬上来，利用顶上的薄盖考察气候的情况。

（法布尔《蝉》，王大文译）

② 只要我们为人民的利益坚持好的，为人民的利益改正错的，我们这个队伍就一定会兴旺起来。（毛泽东《为人民服务》）

上边这两个复句，前面偏句中的“只要”，所提出的只是其中的一个条件，后面的正句说明具备这个条件就能产生的结果；同时，也不排除在别的条件下仍可产生这样的结果。

（二）唯一条件（“只有 A，才 B”格式）

前面的偏句表示的是唯一条件（同时排除了其他条件），后面的正句说明具备这个条件后必然产生的结果，口气比较肯定。这种唯一条件的复句，经常使用关联词语“只有（除非）……才……”来表示分句之间的意义关系，因此“只有 A，才 B”是其基本格式。例如：

③ 只有穿长衫的，才踱进店面隔壁的房子里，要酒要菜，慢慢地坐喝。（鲁迅《孔乙己》）

④ 由于地下水位连年下降，村里原来的几口井都水量不足，快要干了，除非再打出一眼深水井来，才能从根本上解决全村人的吃水问题。

这两个复句，前面偏句中的“只有”和“除非”，所提出的都是一种唯一的条件，后面的正句说明只有具备这种条件才能产生的结果。其中用“只有”和“除非”来表示条件又有区别：“只有”是指定条件，“除非”是推论条件。

⑤ 大抵天下事，从苦中得来的乐，才算是真乐。

（梁启超《最苦与最乐》）

⑥ 人生须知道负责任的苦处，才能知道有尽责任的乐处。

（梁启超《最苦与最乐》）

这两个条件复句，也是“只有 A，才 B”的唯一条件类型，所不同的是：前边表示条件的分句没有使用关联词语，但前后分句之间的条件关系仍然十分明显,并使表达简洁有力。

还有的唯一条件复句,各个分句都不使用关联词语,只靠语意来表现分句之间的条件关系。例如:

⑦ 人民有信仰,|国家有力量,‖民族有希望。

（习近平《在中国共产党第十九次全国代表大会上的报告》）

这是一个二重条件复句:第一个分句是唯一条件(为整个复句的第一个层次),后两个分句之间是并列关系(为第二个层次),是只有具备前边所说的条件才能产生的两个结果。在第一个分句的前面可以加上“只有”,在后面两个分句的动词“有”之前也可以加上“才能”,但作者都没有使用这些关联词语,反而使表达更加简洁精练。

(三)任意条件(“无论A,都B”格式)

前面的偏句表示排除所有条件,后面的正句说明在任何条件下都要达到的结果,口气更加肯定。这种任意条件的复句,经常使用关联词语“无论(不论、不管、任凭)……都(总、也、还、还是)……”来表示分句之间的意义关系,因此“无论A,都B”是其基本格式。例如:

⑧ 无论一生遭受多少困厄欺诈,请依然相信人类的光明大于暗影。(毕淑敏《精神的三间小屋》)

⑨ 我们对于传说的话,不论信不信,都应当经过一番思考,不应当随随便便就信了。(顾颉刚《怀疑与学问》)

⑩不管从哪个角度看,你都能见到热带森林般茂密的须发。

（茨威格《列夫·托尔斯泰》,王雪飞译）

⑪ 任凭风雨怎样阻碍,也无法改变我们前进的方向。

以上这些条件复句,前面的偏句所排除的条件,实质上是一种“无条件”的条件,而后面的分句所说的结果,又是在任何条件下都不可改变的,即结果不以条件为转移。因而,有的语法著作和教材称其为“无条件句”。

四、因果复句

前面的偏句说出原因，后面的正句说明或推断出结果，这种复句叫作因果复句。

根据结果的产生途径和作用，因果复句可分为说明因果和推论因果两种形式。

（一）说明因果（“因为 A，所以 B”格式）

这种因果复句，前面的偏句所说的原因是一种既定的事实，后面的正句说明由此而产生的结果，这种结果大多是已经实现的，正句的作用只在于说明，因而称之为“说明因果”。这种因果关系的复句，经常在前后分句中成对使用关联词语“因为……所以……”来表示因果关系，因此“因为 A，所以 B”是其基本格式。例如：

① 因为这种负荷我在训练时承受过，变化幅度甚至比训练时还小些，所以我身体的感受还挺好，觉得没啥问题。（杨利伟《太空一日》）

② 因为马克思有广博的知识做基础，所以他能够建筑起他的学术的高塔。

此外，还可以只在偏句里使用关联词语“因为”“由于”等来表示原因，或只在正句里使用关联词语“所以”“因此”“因而”“以至”“以致”“致使”等来表示结果。例如：

③ 正义是杀不完的，因为真理永远存在！

（闻一多《最后一次讲演》）

④ 长的草里是不去的，因为相传这园里有一条很大的赤练蛇。

（鲁迅《从百草园到三味书屋》）

⑤ 包身工的身体是属于带工老板的，所以她们根本就没有“做”或者“不做”的自由。（夏衍《包身工》）

⑥ 由于冷空气比较重，在无风的夜晚，冷空气便向低处流动。

（竺可桢《大自然的语言》）

⑦ 多年来，我在学校里接触到不少中国学生，因此，我想借这个机会向大家谈谈学习自然科学的中国学生应该怎样了解自然科学。

（丁肇中《应有格物致知精神》）

⑧ 建筑和语言文字一样，一个民族总是创造出他们世世代代所喜爱，因而沿用的惯例，成了法式。（梁思成《中国建筑的特征》）

⑨ 塔里木河的长度由60年代的1 321公里急剧萎缩到现在的不足1 000公里，320公里的河道干涸，以致沿岸五万多亩耕地受到威胁。（吴岗《罗布泊，消逝的仙湖》）

⑩ 一场突如其来的冰雹，致使三百多亩耕地绝收。

以上这些因果复句，多在后面的分句中使用关联词语，仍能清楚地表示出前后分句之间的因果关系。从正句所说的结果来看，大都是已经实现的事实。从关联词语的用法和作用上看，“由于”经常单独用在前面，“因此”经常单独用在后面，一般不同其他关联词语配合使用；“因而”既可以表示因果关系，又能够表示连接关系；“以致”或“致使”含有“因此而造成”的意思，多指不好的结果。

（二）推论因果（“既然A，就B”格式）

这种因果复句，以前面偏句所说的原因为根据，在后面的正句中推断出结果，这种结果大都是没有实现的，正句的作用只在于推论，因而称之为“推论因果”。这种因果关系的复句，经常在前后两个分句中成对使用关联词语“既然……就……”来表示因果关系，因此“既然A，就B”是其基本格式。此外，还可以在后面的正句中单独使用“可见”“可知”等，来承接上文作出判断和结论。例如：

⑪ 有限的岁月只能一度为你所有，它们既然离开，就永远不会再返回。（严文井《永久的生命》）

⑫ 现在大家纪念他，可见他的精神感人之深。

（毛泽东《纪念白求恩》）

⑬ 周围的黑暗只是浓，可知已经到了深夜。（鲁迅《社戏》）

以上几个因果复句，前面偏句里所说的事实也是一种原因，但同时又作为一种根据，由此在正句里推论出应该出现的结果。

推论因果句既可以由原因推出结果，也可以由结果推出原因。其表达方法是：在前面的偏句里用“既然”说出其中的一项，在后面的正句里直接推论出另一项。例如：

⑭ 既然这种化肥很好，买的人一定不少。（由因推果）

⑮ 既然买的人很多，这种化肥一定很好。（由果推因）

这种推论因果句，后面的正句还可以采用疑问句的形式来表达。例如：

⑯ 你既然已经答应了人家，为什么不快点儿给人家办呢？

⑰ 既然已经来了，为什么还要走呢？

因果复句通常偏句在前，正句在后。有时为了突出正句，也可以将表结果的正句放在前面，将表原因的偏句放在后面，让偏句起补充说明的作用。这种特殊语序的因果复句，常成对使用关联词语“之所以……是因为……”，或只在后面的偏句里使用“因为”。例如：

⑱ 马克思主义之所以具有跨越国度、跨越时代的影响力，就是因为它植根人民之中，指明了依靠人民推动历史前进的人间正道。

（习近平《在纪念马克思诞辰200周年大会上的讲话》）

⑲ 鸡蛋因得适当的温度而变化为鸡子，但温度不能使石头变为鸡子，因为二者的根据是不同的。（毛泽东《矛盾论》）

五、目的复句

偏句列举出一种行为或做法，正句说明这样做要达到的目的，这种复句叫作目的复句。

在目的复句里，表示行为或做法的分句是偏句，表示目的的分句是正句。同其他偏正复句一样，目的复句的正常语序，一般都是偏句在前、正句在后。表示目的关系的关联词语很少成对使用，一般都只在某个分句中单独使用。

根据目的的性质不同，目的复句可分为积极目的、消极目的两种形式。

（一）积极目的

这种目的复句，前面的偏句列举出一种行为或做法，后面的正句说明这样做要争取实现什么积极目标。这种目的一般都是从正面来说的，所以称之为“积极目的”。这种目的复句，经常在正句里使用“为”“为了”“为的是”“为……起见”“用以”“借以”“以便”“以求”等关联词语，来表示所要达到的目标或结果。例如：

① 我们在这里吃雪，正是为了我们祖国的人民不吃雪。

（魏巍《谁是最可爱的人》）

② 地穴常常建筑在含有汁液的植物根须上，是为了从这些根须上取得汁液。（法布尔《蝉》，王大文译）

③ 我常常就在那里做我们吃的饭，以便某种特别重要的工序不至于中断。（艾芙·居里《美丽的颜色》，左明彻译）

以上几个目的复句，后面的正句所说的目的，都是一种努力争取的积极目标，都是从正面来说的。所以，例①用“为了”、例②用“是为了”、例③用“以便”来表示这种目的关系。

（二）消极目的

这种目的复句，前面的偏句列举出一种行为或做法，后面的正句说明这样做要避免出现什么消极后果。这种目的一般都是从反面来说的，所以称之为“消极目的”。这种目的复句，经常在正句里使用“以免”“以防”“免得”“省得”等关联词语，来表示要避免出现的结果。例如：

④ 这个像跳蚤一般大小的小动物在线上摇荡，以防在硬地上摔伤。（法布尔《蝉》，王大文译）

⑤ 他没和虎妞商量，省得又招她一顿闲话。

（老舍《骆驼祥子》）

⑥ 你要进行彻底治疗，以免留下病根。

以上几个目的复句，后面的正句所说的目的，都是要尽量避免的消极后果，都是从反面来说的，所以用“以防”“省得”“以免”来表示这种目的关系。这三个关联词语都表示要避免什么结果，但又具有不同的语体色彩：“以防”和“以免”常用于书面语，“省得”（包括“免得”）常用于口语。

这种使用“以便”和“以免”类关联词语的目的复句，积极目的与消极目的、肯定说法与否定说法，有时是可以互通的，这主要通过使用否定副词“不”和“没有”等来调整。如上边的例③和例⑥，就可以有两种表达方法：

③ A. 我常常就在那里做我们吃的饭，以便某种特别重要的工序不至于中断。（积极目的，否定说法）

B. 我常常就在那里做我们吃的饭，以免某种特别重要的工序中断。（消极目的，肯定说法）

⑥ A. 你要进行彻底治疗，以免留下病根。（消极目的，肯定说法）

B. 你要进行彻底治疗，以便不留病根。（积极目的，否定说法）

以上两例中两个目的复句，说的都是同一个意思，只是有积极目的与消极目的、肯定说法与否定说法的区别。在语言实际运用中，采用哪种说法好，要根据表达的需要，使用相应的关联词语进行调整即可。

此外，目的复句还有一种特殊语序：有时为了突出目的而将正句放在前面，让后面偏句所说的行为或做法起补充说明的作用。目的复句的这种表达方法，是经常使用的。例如：

⑦ 为了她，我愿付出一切。（端木蕻良《土地的誓言》）

⑧ 为了便利山区的农业发展，开展山区物候观测是必要的。

（竺可桢《大自然的语言》）

⑨ 为了这一梦想成真，古老的中华民族，已经等了近百年；人民海军官兵，已经期盼了半个多世纪。

（蔡年迟、蒲海洋《一着惊海天——目击我国航母舰载战斗机首架次成功着舰》）

以上几个目的复句，都是采用特殊语序的：将使用“为了”的目的分句放在前面，对目的起到突出和强调的作用，并使表达更加直接和顺畅。

六、连锁复句

正句与偏句在意义上具有紧密相连、互为条件的连锁关系，这种复句叫作连锁复句。

连锁复句在结构上，与其他类型的偏正复句一样，也是偏句在前、正句在后。连锁复句的表达方式是：偏句先说出一种情况，正句接着说明这种情况所产生的结果，使偏句与正句之间形成紧密相连、互为条件的连锁关系。

根据构成方法的不同，连锁复句可分为关联型、照应型两种形式。

（一）关联型

有些连锁复句，经常在前后两个分句中成对使用关联词语，由此构成连锁关系。常用的关联词语有“一……就……”“越……越……”等。例如：

① 时间越长久，效果越显著。

② 日本右翼越顽固，越会引起爱好和平的人们高度警惕。

（钟声《国行公祭，为佑世界和平》）

③ 他一想起这件事，就气不打一处来。

④ 我一听你的口音，就知道你是哪里人。

（二）照应型

还有些连锁复句，并不使用关联词语，而是在偏句和正句里叠用相同的词语进行关联，使两个分句的意义前后照应、紧密相连，也同样能构成连锁关系。例如：

⑤ 谁会唱这个歌，谁就带头唱。

⑥ 党指向哪里，我们就奔向哪里。

⑦ 你少花一百元,就可以多存一百元。

⑧ 平时多流汗,战时少流血。

连锁复句的语意和逻辑关系有一个共同特点:前面的偏句所说的有一种条件、原因或假设等意思,后面的正句说的是在这种情况下所产生的结果。因此,有的连锁复句改变关联词语后,就可以变为条件复句、假设复句或因果复句。如上边这些例句,都可变成其他类型的复句:

例①可变成:只有时间长久,效果才能显著。(条件复句)/如果时间长久,效果就会显著。(假设复句)

例②可变成:因为日本右翼很顽固,所以会引起爱好和平的人们高度警惕。(因果复句)

例③可变成:只要他想起这件事,就气不打一处来。(条件复句)

例④可变成:我只要听你的口音,就知道你是哪里人。(条件复句)

例⑤可变成:如果谁会唱这个歌,谁就带头唱。(假设复句)

例⑥可变成:只要党指向哪里,我们就奔向哪里。(条件复句)

例⑦可变成:你只要少花一百元,就可以多存一百元。(条件复句)/你只有少花一百元,才能多存一百元。(条件复句)/你如果少花一百元,就可以多存一百元。(假设复句)

例⑧可以变成:只有平时多流汗,战时才能少流血。(条件复句)/因为平时多流汗,所以战时少流血。(因果复句)/如果平时多流汗,战时就能少流血。(假设复句)

通过上面这些连锁复句的变化情况可以看出,它在语意表达和逻辑关系上与条件复句比较接近。正因为如此,有的语法著作和教材将其归入条件复句之内。但我们认为,其偏句与正句之间的意义关系比较复杂,并不只表条件一种关系,所以将其归入条件复句之内有些偏颇,还是着眼于其"连锁"的突出特点,将其单独列为偏正复句的一种类型比较妥当。

思考与练习三

1. 什么叫转折复句？何为重转、轻转？二者在使用关联词语上有什么区别？举例说明。

2. 什么叫假设复句？它有哪两种形式？二者的区别是什么？举例说明。

3. 假设复句的意义怎样用否定的形式来表达？举例说明。

4. 什么叫条件复句？它有哪三种形式？举例说明。

5. 什么叫因果复句？它有哪两种形式？说明因果与推论因果有什么区别？举例说明。

6. 什么叫目的复句？它可分为哪两种形式？举例说明。

7. 什么叫连锁复句？根据构成方法可将连锁复句分为哪两种形式？举例说明。

8. 连锁复句在语意表达和逻辑关系上有什么共同特点？为什么要将连锁复句单独列为偏正复句的一种类型？

9. 标出下列复句中的关联词语，并指出各属于哪种基本类型。

① 不管是谁搞错的，我们都得向院里写个检查。

（宋家玲《危险的脑疝》）

② 由于缺水，长达数百公里的绿色长城在干渴中崩塌。

（吴岗《罗布泊，消逝的仙湖》）

③ 他越着急，越想不起来。

④ 每逢骤雨猝至，这两位物理学家就匆忙把设备搬进棚屋，大开着门窗让空气流通，以便继续工作，而不至于因烟窒息。

（艾芙·居里《美丽的颜色》，左明彻译）

⑤ 还有斑蝥，倘若用手指按住它的脊梁，便会拍的一声，从后窍喷出一阵烟雾。（鲁迅《从百草园到三味书屋》）

⑥ 虽然滨江多垂柳，满山开桃花，但脂粉颜色哪能左右结构之美呢？（吴冠中《桥之美》）

10. 在下边复句的空白处填上适当的关联词语，并指出哪个分句是偏句，哪个分句是正句，分句之间是什么意义关系。

① ______把教学和科学研究很好地结合起来，______ 能培养出高水平的研究人才。

② ______我们的工作很有成绩，____不能骄傲。

③ ______在城市工作还是在农村工作，____需要有文化。

④ ______大家这么信任你，你____不要再推辞了。

⑤ 他____有时间，____到图书馆看书。

⑥ ____我们是为人民服务的，____ ，我们____有缺点，____不怕别人批评指出。

第四节　复句的扩展与紧缩

上一节所讲的各种类型的复句，多数只有两个分句，也只能构成一个层次，表示一种意义关系。但在语言实际运用中的复句并非如此简单，有些复句要由三个或三个以上的分句组成，分句之间也会形成两个或两个以上的结构层次，具有两种乃至多种意义关系，这就是复句的扩展，通常称之为“多重复句”。此外，结构简单的复句，有的还可以将两个分句紧缩成一个单句形式，仍能表达原来复句的内容，这就是复句的紧缩，一般称之为“紧缩句”。多重复句经常在书面语中使用，具有周密郑重的特点；紧缩句经常在口语中使用，具有精练紧凑的特点。因此，我们学习使用复句，除了懂得复句的基本类型、会使用结构简单的复句外，还必须掌握多重复句的扩展和分析方法，以及紧缩句的类型和特点，这样才能根据表达内容的需要，熟练地使用各种形式的复句，使之更好地为交际服务。

一、复句的结构层次

复句的结构层次，是由分句间的意义联系以及组合时的先后次序所形成的。复句组合的结构层次，大致可分为以下三种情况：

第一，在一般情况下，两个分句组合以后，就会在结构上形成一个层次，表示一种意义关系，这一点同两个词组合以后会产生一种结构关系是一样的。例如：

① 我不知道为什么家里的人要将我送进书塾里去了，| 而且还是
递进
全城中称为最严厉的书塾。(鲁迅《从百草园到三味书屋》)

② 那里水浅，| 大船过不去。
因果

③ 回来我可就从角门儿溜回去了，| 好把车让给你们送曹太太坐。
目的

④ 花和人都会遇到各种各样的不幸，| 但是生命的长河是无止境
转折
的。(宗璞《紫藤萝瀑布》)

第二，在并列、承接、选择复句中，有时会有三个以上的分句，形成一种多项并列、多项承接、多项选择的关系，这在结构上仍然属于一个层次。例如：

⑤ 实践要靠理论来指导，| 理论要靠实践来检验。
并列

⑥ 狂风吹不倒它，| 洪水淹不没它，| 严寒冻不死它，| 干旱旱不坏它。
并列　并列　并列
(陶铸《松树的风格》)

⑦ 他摘下帽子,|走到台上。

承接

⑧ 我们每天的事情大概是掘蚯蚓,|掘来穿在铜丝做的小

承接

钩上,|伏在河沿上去钓虾。(鲁迅《社戏》)

承接

⑨ 然而她是从四叔家出去就成了乞丐的呢,|还是先到魏老

选择

婆子家然后再成乞丐的呢?(鲁迅《祝福》)

⑩ 每天早晨我或者散步,|或者登山,|或者打网球。

选择 选择

第三,在其他类型的复句中,一般在增加分句以后,都会相应地增加结构层次,并能够表示两种或两种以上不同的意义关系,例如:

⑪ 虽说故乡,‖然而没有家,|所以,只得暂寓在鲁四老爷的宅子

转折 因果

里。(鲁迅《故乡》)

这是一个因果复句(依据第一层,下同),因前面的原因部分又增加了一个分句,所以又增加了一个层次(第二层,转折关系),成为一个二重复句。

⑫ 共产党是不怕批评的,|因为我们是马克思主义者,‖真理是

因果 承接

在我们方面,‖|工农基本群众是在我们方面。

并列

(毛泽东《在中国共产党全国宣传工作会议上的讲话》)

这也是一个因果复句(第一层),但后面表“因”的部分又增加了两个分句,所以又增加了两个层次——第二层是承接关系,第三层是并列关系。

二、多重复句的分析方法

根据结构层次多少,复句可分为一重复句和多重复句。**在结构上只有一个层次的复句叫作一重复句;在结构上具有两个或两个以上层次的复句叫作多重复句**。其中有两个层次的复句是二重复句,有三个层次的复句是三重复句,以此类推,还有四重复句、五重复句、六重复句等。需要指出的是,这里所说的几"重",并不是指分句的数量,而是指分句内部的结构层次。

多重复句分析的内容和目的:划分复句内部的结构层次,说明各个层次和各个分句之间的语意和逻辑关系,并根据第一个层次来确定多重复句的基本类型。确定多重复句的基本类型,是为了从总体上准确把握和理解多重复句的复杂语意。

多重复句的分析方法,一般都采用层次分析法,即"二分法"(只有在并列、承接、选择关系有三项以上时才多分)。常用的有两种具体方法:

(一)加线标示法

这种方法比较简便快捷,就是直接在分句之间加上竖线,划分出不同的结构层次,并在竖线下方标示出相应的意义关系(语意和逻辑关系)。具体方法和步骤是:

1. 首先确定分句的数目,用㊀、㊁、㊂等标明分句的次序;

2. 从多重复句的整体着眼,将其分为相互对应的两个部分,从中找出第一个层次,用单竖线"|"划开,并在下方标明意义关系,以此确定复句的基本类型;

3. 再从第一个层次处分别向前、向后进行分析,找出第二个层次,用双竖线"‖"划开(有时在"|"的两边会同时出现两个第二层,要分别划开),并在下方标明意义关系;

4. 用此种方法逐层剖析,分别找出第三个层次、第四个层次……用“‖”或“‖‖”划开（依次类推），并标明意义关系，一直分析到都是单个分句为止。

（二）框式图解法

这种方法不在多重复句上直接操作，只需在各个分句前标明序号，另外画出框式示意图，在图中划分出分句之间的结构层次，并标明相应的意义关系。框式图解也有从大到小、由小到大两种方法。

从大到小：就是从复句的整体着眼，把整个复句划分为相互对应的两个部分，并标明意义关系（此为第一层）；然后再把这两个部分层层二分，直至分析到都是单个分句为止。

由小到大：从复句中的某两个分句开始，首先进行组合，并标明意义关系（此为整个复句的最后一层）；然后再同其他分句进行组合，层层组合，并分别标明意义关系，直至组合成这个多重复句为止。

这两种方法各有各的好处：从大到小进行分析，便于把握多重复句的整体结构，确定多重复句的基本类型；由小到大进行分析，便于弄清分句之间的组合次序，帮助区分层次和确定意义关系。无论采用哪种方法，都要依据第一个层次确定多重复句的基本类型。

在划分结构层次和确定意义关系时，要特别注意两个问题：**一是注意抓住关联词语**。对于复句中的关联词语，可以先用符号标示出来，并注意区分关联词语的不同层次（在采用框式图解法时可将关联词语写入框内，也可不写），以此作为确定分句间的关系和复句基本类型的重要标志。**二是结合分析意念关系**。当没有关联词语时，要根据分句之间在意义上的联系（“意合法”），或通过增加关联词语等方法，来确定层次之间及分句之间的语意逻辑关系。

下面，我们运用加线标示法和框式图解法，分析几个多重复句来看一下：

① ㈠我们要提倡正确的东西，‖㈡反对错误的东西，|㈢但是不要

并列　　　　转折

害怕人们接触错误的东西。（二重转折复句）

采用框式图解法进行分析：

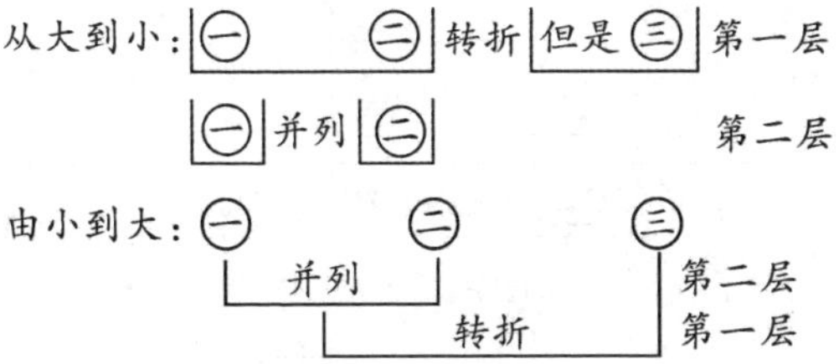

② ㊀掌柜是一副凶面孔，|||㊁主顾也没有好声气，||㊂教人活泼

并列　　　　　　　　　　因果

不得；|㊃只有孔乙己到店，|||㊄才可以笑几声，||㊅所以至今还记得。

转折　　　　　　　　条件　　　　　　　　因果

（三重转折复句）（鲁迅《孔乙己》）

采用框式图解法进行分析（上为从大到小、下为由小到大）：

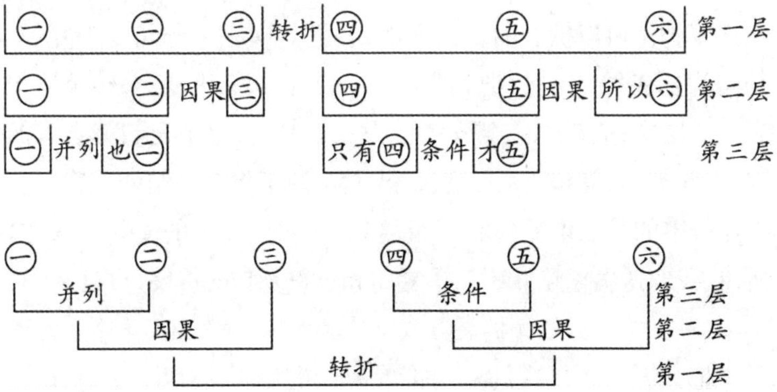

③ ㊀我们不论认识什么事物，||㊁都必须全面地去看，|||㊂不但

条件　　　　　　　　　　解说

要看到它的正面，||||㊃也要看到它的反面，|㊄否则，就不能有比较

递进　　　　　　　　　　假设

完全和正确的认识。（四重假设复句）

采用框式图解法进行分析（上为从大到小、下为由小到大）：

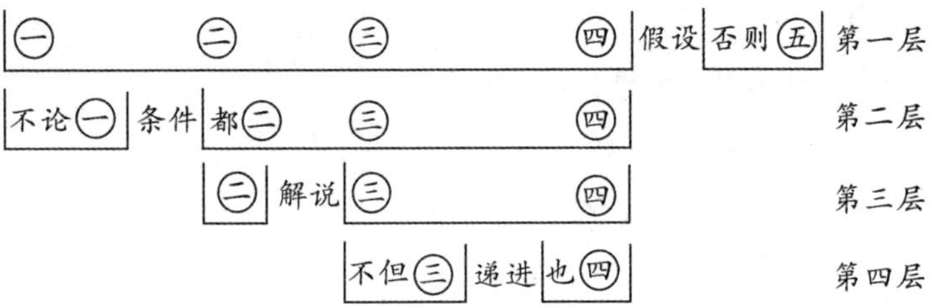

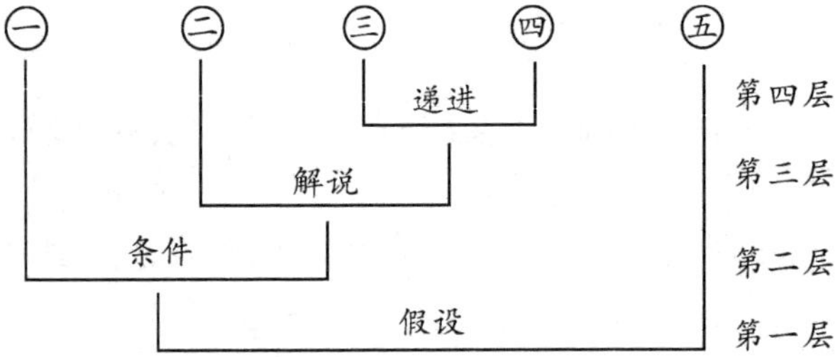

三、复句的扩展

复句是可以扩展的。其方法是：把其中一个分句变为复句，整个复句就含有两个层次；把其中一个分句变为二重复句，整个复句就会有三个层次；把其中一个分句变为三重复句，整个复句就会有四个层次；以此类推，复句还可以有五个、六个乃至更多的结构层次。日常用得比较多的是二重复句和三重复句，而四重以上的复句用得比较少。所以，我们这里重点介绍二重复句和三重复句的扩展方式。

（一）二重复句的扩展方式

把只有一个层次的复句扩展为二重复句，有以下三种方式：

1. 单句＋复句

即把后面的分句扩展为复句，使其与前面的单句构成第一层；这样，后面的复句两个分句之间就成为全句的第二层了。例如：

① 外祖母和母亲也相信，| 使不再驳回，‖ 都微笑了。

因果　　　　并列

（鲁迅《社戏》）

② 他并没有先"说"，|但他"做"了，‖做出了卓越的成绩。

转折　　　承接

（臧克家《说和做——记闻一多先生言行片断》）

2. 复句＋单句

即把前边的分句扩展为复句，使其与后边的单句构成第一层；这样，前边的复句两个分句之间就成为全句的第二层了。如：

③ 老屋离我愈远了；‖故乡的山水也都渐渐远离了我，|但我却

承接　　　转折

并不感到怎样的留恋。（鲁迅《故乡》）

④ 他后来还托他的父亲带给我一包贝壳和几支很好看的鸟毛，‖我也曾送他一两次东西，|但从此没有再见面。（同上）

并列　　　转折

3. 复句＋复句

即把前后两个分句都扩展为复句，使这两个复句之间构成第一层；这样，就会使两个复句内部的分句之间，分别成为全句的第二层了。例如：

⑤ 推她呢，‖不动；|叫她呢，‖也不闻。

承接　并列　承接

（鲁迅《阿长与山海经》）

⑥ 读的书多起来，‖画的画儿也多起来；|书没有读成，‖画儿的成绩

并列　　　因果　　　转折

却不少了。（鲁迅《从百草园到三味书屋》）

（二）三重复句的扩展方式

要把只有一个层次的复句扩展为三重复句，相对要复杂一些，但也有规律可循。这主要是搭好框架，让这个复句具有三个结构层次。具体可以有以下五种方式：

1. 单句＋二重复句

即把后面的分句扩展为二重复句，使其与前面的单句构成第一

层;这样,就会使二重复句的第一层,成为全句的第二层;使二重复句的第二层,成为全句的第三层了。例如:

⑦ 他只是摇头;|脸上虽然刻着许多皱纹,‖却全然不动,‖|仿佛
　　　　　　并列　　　　　　　　　　转折　　　　承接
石像一般。(鲁迅《故乡》)

⑧ 和我一同玩的是许多小朋友,|因为有了远客,‖他们也都从
　　　　　　　　　　　　因果　　　　　　因果
父母那里得了减少工作的许可,‖|伴我来游戏。(鲁迅《社戏》)
　　　　　　　　　　　　承接

2. 二重复句+单句

即把前面的分句扩展为二重复句,使其与后面的单句构成第一层;这样,就会使二重复句的第一层,成为全句的第二层;使二重复句的第二层,成为全句的第三层了。例如:

⑨ 被压迫者对于压迫者,不是奴隶,‖|就是敌人,‖决不能成为
　　　　　　　　　　　　选择　　　转折
朋友,|所以彼此的道德并不相同。
因果

⑩ 我们只有艰苦奋斗,‖|把国家建设得更强大,‖使自己有更大
　　　　　　　　承接　　　　　　　　目的
的力量,|才能更好地帮助别人。
条件

(《徐特立同志谈艰苦奋斗》)

3. 复句+二重复句

即把前面的分句扩展为复句,把后面的分句扩展为二重复句,使前面的复句与后面的二重复句之间构成第一层;这样,就会使复句和二重复句的第一层,分别成为全句的第二层;使二重复句的第二层,成为全句的第三层了。例如:

⑪ 我才知道做学生是不应该问这些事的，‖只要读书，|因为他
　　　　　　　　　　　　　　　　　　承接　　　　因果
是渊博的宿儒，‖|决不至于不知道，‖所谓不知道者，‖|乃是不愿意说。
　　　　承接　　　　　　　　转折　　　　　　承接
（鲁迅《从百草园到三味书屋》）

⑫ 他早想在路上拾得一注钱，‖但至今还没有见；|他想在自己的
　　　　　　　　　　　　　转折　　　　　　并列
破屋里忽然寻到一注钱，‖|慌张的四顾，‖但屋内是空虚而且了然。
　　　　　　　　　　承接　　　　转折

4. 二重复句 + 复句

即把前面的分句扩展为二重复句，把后面的分句扩展为复句，使前面的二重复句与后面的复句之间构成第一层；这样，就会使二重复句和复句的第一层，分别成为全句的第二层；使二重复句的第二层，成为全句的第三层了。例如：

⑬ 母亲颇有些生气，‖说是过了三更了，‖|怎么回来得这样迟，|
　　　　　　　　因果　　　　　　　承接　　　　　　　　转折
但也就高兴了，‖笑着邀大家去吃炒米。（鲁迅《社戏》）
　　　　承接

⑭ 对航天员最基本的要求是严谨，‖不是当时的声音，‖|我就不
　　　　　　　　　　　　　　因果　　　　　　　条件
能签字，|所以就让我反复听，‖断断续续听了一年多。
　因果　　　　　　　承接
（杨利伟《太空一日》）

5. 二重复句 + 二重复句

即把前后两个分句都扩展为二重复句，使这两个二重复句之间构成第一层；这样，就会使这两个二重复句的第一层，分别成为全句

的第二层；使这两个二重复句的第二层，分别成为全句的第三层了。例如：

⑮ 我只觉得我四面有看不见的高墙，|||将我隔成孤身，‖使我非

承接　　　　因果

常气闷；|那西瓜地上的银项圈的小英雄的影像，我本来十分清楚，|||

并列　　　　　　　　　　　　　　　　　　转折

现在却忽地模糊了，‖又使我非常的悲哀。（鲁迅《故乡》）

因果

⑯ 尽管由于她作出了巨大的牺牲，‖这个家才没有被别人耻笑，|||

因果　　　　并列

才没有变得分崩离析，|但它毕竟只是像一件重新粘合起来的花瓶，‖上

转折　　　　　　　　　　解说

面不仅留下了抹不去的痕迹，|||而且极容易被再次打碎。

递进

以上，介绍了复句的扩展方法。它虽然看起来比较麻烦，很像抽象的数学公式，但却明确解析了多重复句的构造方法。只要我们对照例句认真进行分析理解，就可以逐步掌握这些扩展的方式，这对于我们学习和使用多重复句，一定会有很大帮助。

四、复句的紧缩

有些复句，既可以扩展，也可以紧缩。复句的扩展是多重复句，复句的紧缩是紧缩句。**由复句紧缩而成的单句形式叫作紧缩句**。紧缩句的外在特点是：在语气上“紧”，取消分句之间的语音停顿；在结构上“缩”，有些词语（包括关联词语）被压缩掉了。紧缩句的内在特征是：用单句的形式表达复句的内容，语意内部仍然存在着复句的种种意义关系。因此，有些紧缩句加上适当的关联词语和语音停顿，就可以成为一般的复句。

紧缩句多用于口语之中，具有简洁明快的表达效果。根据主语的异同和隐现情况，紧缩句可分为以下三种类型：

（一）主语相同的紧缩句

这类紧缩句包含着两个相同的主语，但在表达上，一般只出现前一个主语，把两个谓语部分压缩合并在一起，将后一个主语省略。例如：

① A. 如果你愿意去，你就去。（一般复句，有两个相同主语）

B. 你愿意去就去。（紧缩句，只出现前边一个主语）

② A. 我不为了你，我还不来呢。（一般复句，有两个相同主语）

B. 我不为了你不来。（紧缩句，省略了后边的主语）

（二）主语不同的紧缩句

这类紧缩句包含着两个不同的主语，但在表达上，有时两个主语都出现，有时只出现前一个主语，有时只出现后一个主语，还有时两个主语都不出现。隐去的主语有时能够在上下文中见到，有时能够从语意中体会到。这种紧缩句将两个分句的谓语压缩在一起，将分句之间的语意和逻辑关系隐含在其中，关联词语可用可不用。例如：

③ A. 你如果不说，我就替你说。（一般复句，有两个不同主语）

B. 你不说我替你说。（紧缩句，仍保留两个不同的主语）

④ A. 你越来气，他就越气你。（一般复句，有两个不同主语）

B. 你越来气越气你。（紧缩句，只出现前一个主语）

⑤ A. 你不找他，他就不管。（一般复句，有两个不同的主语）

B. 不找他不管。（紧缩句，只出现后一个主语）

⑥ A. 碰到狗你不能跑，你越跑，狗越追。（一般复句，后两个分句有两个不同的主语）

B. 碰到狗你不能跑，越跑越追。（紧缩句，后两个分句合并，

两个主语都不出现)

(三)不必说出主语的紧缩句

这类紧缩句,一般都是谚语或格言,多是用来说明一个道理或一种客观规律的。它们在结构形式上,往往都是一种固定的组合,具有很强的习惯性;在表意上,一般也都是由两个分句合并而成的,因而虽无明显标记,但仍隐含着假设、转折、条件等语意和逻辑关系。例如:

⑦ 跑得了和尚跑不了庙。

还原为复句是:即使和尚跑得了,庙也跑不了。(假设关系)
虽然和尚能跑,但是庙不能跑。(转折关系)

⑧ 百闻不如一见。

还原为复句是:

即使耳听一百次,也不如亲眼见一次。(假设关系)

⑨ 有志不在年高。

还原为复句是:

如果有志气,就不在于年龄的大小。(假设关系)

只要有志气,就不在于年龄的大小。(条件关系)

⑩ 学而后知不足。

还原为复句是:

只有在学习以后,才能知道自己的不足。(条件关系)

紧缩句使用的关联词语,大都是表示关联的副词,有的成对使用,有的单个使用。成对使用关联词语的紧缩句,已经形成了一些固定的格式。例如:

① 他不问不开口。("不……不……")

② 我非写完不可。("非……不……")

③ 这个道理不说也懂。("不……也……")

④ 你再忙也得去。("再……也……")

⑤ 她一说起来就哭。("一……就……")

⑥ 王大爷越想越来气。("越……越……")

这种固定格式的紧缩句，虽然外在形式上很像单句，但内部仍隐含着原来分句之间的意义关系。如例①有“如果……就……”的假设关系，例②有“无论……都……”的条件关系，例③和例④有“即使……也……”的假设关系，例⑤有“只要……就……”的条件关系，例⑥有“越……越……”的连锁关系。

单个使用关联词语的紧缩句，也能够表示出合并之前分句之间的种种意义关系。例如：

⑦ 你要想好了再做。（承接关系）

⑧ 打他一顿我才解恨。（条件关系）

⑨ 到了哪儿都要好好工作。（条件关系）

⑩ 他想问又不敢问。（转折关系）

⑪ 爸爸知道了就不让去。（假设关系）

通过以上这些例子可以看出，紧缩句在形式上类似单句，特别是很像兼语句和连动句。但是，它与单句有着本质的区别：第一，紧缩句的谓语不止一个，而且谓语之间一般都存在着假设、转折、条件等语意和逻辑关系，而单句的内部通常没有这种复杂关系；第二，紧缩句常常使用关联词语，而单句则很少使用关联词语。

比较下面两组句子，就可看清紧缩句同单句中的兼语句、连动句之间的区别：

① A. 你请他来。（单句—兼语句）

B. 你请他才来。（紧缩句，有“只有A，才B”的条件关系）

② A. 老王上桌喝酒。（单句—连动句）

B. 老王一上桌就喝酒。（紧缩句，有“只要A，就B”的条件关系）

思考与练习四

1. 复句的结构层次是怎样形成的？它可以分为哪三种情况？举例说明。

2. 什么叫多重复句？什么是二重复句、三重复句、四重复句？这里所说的“重”指的是什么？

3. 分析多重复句主要分析哪些内容？使用层次分析法进行分析常用哪两种具体方法？其方法和步骤是什么？在分析中要特别注意哪些问题？

4. 复句扩展的方法是什么？二重复句、三重复句各有哪几种扩展方式？举例说明。

5. 什么叫紧缩句？紧缩句的外在特点和内在特征各是什么？

6. 根据主语的异同和隐现情况，紧缩句可分为哪三种类型？举例说明。

7. 紧缩句在使用关联词语上有什么特点？形成了哪些固定的格式？能够表示原来分句之间的哪些意义关系？举例说明。

8. 紧缩句同单句中的连动句和兼语句有什么本质区别？举例说明。

9. 分别用加线标示法和框式图解法分析下列多重复句，并说明其基本类型。

① 大自然中的各种物质都时时刻刻在运动着：这里在死亡，那里在生长；这里在建设，那里在破坏。（陶世龙《时间的脚印》）

② 当我想到，眼前的一切，不是靠什么先进的技术，而是靠一个人的双手和毅力造就的，我才明白，人类除了毁灭，还可以像上天一样创造。（让·乔诺《植树的牧羊人》，武娟译，崔维燕校译）

③ 除了必要的对话，他们几乎不知道再说些其他什么话，而且，原先看来是必要的对话，现在也可以通过眼神或者干脆连眼神都不必给予，双方就能明白一切。（曹文轩《孤独之旅》）

④ 他在自己院子里一唱，过路人就停在门上；他在树林里一唱，树就寂寞不响，鸟儿也不再叫。

⑤ 表示高兴是会得罪人的，因为情形确乎有些严重；但说是严

重吧，也不对，这又会显得邢府上太无能了。

⑥ 由于我国幅员广大，又经过历代王朝的兴废变革，因此疆域不断分合，地名不断演化，就有同名异地，一地异名，并有简称、别称、雅称、合称等，情况极为复杂。

10. 在保持原意的基础上，把下面的一般复句合并成一个紧缩句。

① 如果你不问，我就替你问。

② 不管你多聪明，你也骗不了群众。

③ 老李这个人，你不问他，他就不开口。

④ 你非得亲自去，你不去是不行的。

⑤ 你就是不想去，你也得去。

⑥ 如果你想来，你就来吧。

⑦ 即使火车再快，它也比不上飞机。

⑧ 他想去，他又不敢说。

第八章　句群

我国语法学界，对句群的研究起步较晚。直到1962年出版的黎锦熙、刘世儒合著的《汉语语法教材》，才首次明确提出了“句群”这一级语言单位，并在该书第三编《复式句和篇章结构》中讨论了“句群”和“段落”，还专门探讨了复式句的意合法。20世纪80年代初，我国句群教学与研究开始兴起。新时期句群的研究发展很快，并具有国际话语篇章研究的背景。《系统提要》(1984)正式确立了“语素—词—短语—句子—句群”五级语言单位体系，开始把句群纳入语法范畴和语法教学的内容。从此，人们对句群越来越重视，研究成果也不断涌现。

我国传统的语法学，把词作为最小一级语言单位，而把句子作为最大的语言单位，因此讲语法一般都从词开始，到句子为止。后来语法研究向两头延伸，起点延伸到语素，终点延伸到句群，这才形成了如上所说的五级语言单位。在整个语言单位体系中，句子以下都是较小的语言单位，同时也是语法单位，而句群则是最大的语言单位，它介于句子和段落之间，不仅使用率很高，而且在语言表达上具有重要作用，所以我们要学习和研究现代汉语，掌握句群这一级语言单位是必不可少的。

根据《系统提要》(1984)的要求，并考虑到句群运用的情况和教学工作的需要，我们在句群这一章里，主要介绍句群的特点、句群与段落和复句之间的关系、句群的基本类型、句群的组合方式、多重句群及其分析方法等基本知识。

第一节　句群的特点及其与段落、复句的关系

一、句群及其特点

句子(包括单句和复句)是语言的基本运用单位。但是,人们在交际过程中,特别是在书面语中,经常会感到光用一个句子不能充分表达自己的思想感情,或不能把事物的具体情况说清楚,需要连续使用几个句子,使语意前后衔接连贯,共同表达一个中心意思,这就是我们所说的句群。例如:

①第二日清早晨我到了我家的门口了。瓦楞上许多枯草的断茎当风抖着,正在说明这老屋难免易主的原因。几房的本家大约已经搬走了,所以很寂静。我到了自家的房外,我的母亲早已迎着出来了,接着便飞出了八岁的侄儿宏儿。(鲁迅《故乡》)

这是文章第二部分开头的一个自然段,写“我”回鲁镇搬家刚到家门口时的情景。若按照过去将句子看作最大的语言单位来分析,这个段落是由四个句子组成的;而如果将句群作为一级最大的语言单位来分析,这个段落只由一个句群构成。这个句群包含四个句子,每个句子围绕中心各写一个方面的内容:第一句写到了家门口的时间,第二句写老屋的凄凉情景,第三句写院内其他本家都搬走后的寂静,第四句写只有自己的母亲和侄儿迎出来。这四个句子的语意前后连贯,共同表达一个中心意思。

对句群的定义及特点,《系统提要》(1984)是这样表述的:“句群,也叫句组,或称语段,是前后衔接连贯的一组句子。一个句群有一个明晰的中心意思。”据此可给句群下这样一个定义:**由前后衔接**

连贯的一组句子组合而成,能够表达一个中心意思的语言单位叫作句群。句群有以下几个基本特点:

(一)从构成成分看,句群是句子的组合,是大于句子的语言单位、表达单位

句群是由句子组合而成的。既是"组合",就至少需要有两个成分,否则就谈不上组合。因此,在语言运用中,至少由两个句子组合而成的语言表达单位,才能叫作句群。这就是说,句群构成成分的下限是两个句子,而上限是多少却没有明确的规定,要根据句群的中心意思和表达的需要而定,这其中还涉及句群的切分和判别标准等问题。例如:

② 月亮升起来。/院子里凉爽得很,干净得很。/白天破好的苇眉子湿润润的,正好编席。女人坐在小院当中,手指上缠绞着柔滑修长的苇眉子。苇眉子又薄又细,在她怀里跳跃着。

(孙犁《荷花淀》)

这是作者这篇散文的开头第一自然段,由一个单句、一个复句和一个句群组成(用分隔号"/"划开):第一个单句写"月亮";第二个复句写"院子里";后面的句群写"编席"。从各个句子的意义上看,前两个句子都是各自独立的,它们二者之间不能组合成一个句群,也不能同后面的句子组合成一个句群;只有后面的三个句子可以组合成一个句群,它们由"苇眉子"紧密联系在一起,共同表达"编席"这一中心意思。通过比较可以看出,句群都是由两个以上语意联系紧密的句子组合而成的,是在结构上和功能上都大于句子的语言单位、表达单位。

(二)从语意联系看,组成句群的几个句子之间有紧密的逻辑联系,它们构成一个整体,共同表达一个中心意思

对于一个句群来说,不管由几个句子组成,都必须共同拥有一个中心意思,也正是这个共有的中心意思,使各个句子之间产生紧

密的逻辑联系，并形成一个有机的整体。因此，几个句子是否能够表达一个明晰的中心意思，是判定能否组成一个句群的根本依据。例如：

③ ㊀不求甚解这句话最早是陶渊明说的。‖㊁他在《五柳先生
承接
传》这篇短文中写道："好读书，不求甚解；每有会意，便欣然忘食。"
|㊂人们往往只抓住他说的前一句话，而丢了他说的后一句话，因此，
解说
就对陶渊明的读书态度很不满意，这是何苦来呢？‖㊃他说的前后两
因果
句话紧紧相连，交互阐明，意思非常清楚。‖㊄这是古人读书的正确态
承接
度，我们应该虚心学习，完全不应该对他滥加粗暴的不讲道理的非议。（马南邨《不求甚解》）

这是一个比较复杂的解说句群，共由五个句子组成，中心意思是解释说明陶渊明关于读书方法的两句话。句群内部的句子之间，有以下三层逻辑关系：第一个层次在㊁之后，后边三个句子同前边两个句子构成解说关系；第二个层次分别在㊀和㊂之后，其中㊀㊁两句构成承接关系，㊂同㊃㊄两句构成因果关系；第三个层次在㊃之后，㊃与㊄之间构成承接关系。这三个层次的语意和逻辑关系，都是围绕陶渊明的读书观点这个中心意思展开和形成的，因而能够将这五个句子紧密联系在一起，组成一个多重句群。

（三）从组合方式看，几个句子组合成为一个句群，总是要运用一定的组合方式

句子和句子的组合，决不是杂乱无章和随意拼凑的，要考虑到句与句之间的语意和逻辑联系，要做到前后连贯、表达顺畅，这就需要在组合时采用一定的语法手段和修辞方式，或者利用语序直接进

行组合，或者使用关联词语表示句子之间的关系，或者利用其他词语或句子进行接应，或者运用某种辞格来组织句群，等等。只有这样，才能使句群里的各个句子紧密联系起来，形成一个超句子统一体，作为一个更大的交际单位使用。例如：

④ 离平桥村还有一里模样，船行却慢了，摇船的都说很疲乏，因为太用力，而且许久没有东西吃。这回想出来的是桂生，说是罗汉豆正旺相，柴火又现成，我们可以偷一点来煮吃的。大家都赞成，立刻近岸停了船；岸上的田里，乌油油的便都是结实的罗汉豆。

（鲁迅《社戏》）

这是一个承接句群，三个句子利用语序自然衔接在一起，不使用任何关联词语，完全靠语意的内部联系。这也是运用意义手段，即通常所说的“意合法”。在文章中，由这个句群单独构成一个自然段。

⑤ ㈠在他赁人家的车的时候，他从早到晚，由东到西，由南到北，像被人家抽着转的陀螺，他没有自己。|㈡可是在这种旋转中，他（转折）的眼并没有花，心并没有乱，他老想着远远的一辆车，可以使他自由，独立，像自己的手脚的那么一辆车。‖㈢有了自己的车，他可以不再受（承接）拴车的人们的气，也无须敷衍别人；有自己的力气与洋车，睁开眼就可以有饭吃。

（老舍《骆驼祥子》）

这个句群由三个复句组成，分为两个层次，采用两种形式手段进行衔接和过渡：在㈡的前面使用关联词语“可是”表示语意的转折，使后边的两个句子同㈠形成转折关系，这是句群的第一个层次；在㈢的前面用“有了自己的车”同㈡进行衔接，构成承接关系，这是句群的第二个层次。这样，通过使用关联词语和句子接应的方法，使三个句子在语意上紧密联系在一起，把祥子一心想买一辆属于自己的车的迫切心情表达得真切而具体。

（四）从表达语气上看，句群内部的句子语气灵动多样，可以对陈述、疑问、祈使、感叹各种语气兼收并蓄

单句的每个句子只能表示一种语气，因而可分为陈述句、疑问句、祈使句、感叹句四种类别，称为“句类”。复句不管由几个分句构成，都要求有一个贯穿全句的统一语调。而构成句群的各个句子并不要求统一的语气，只要在意义上具备组合在一起的条件，每个句子都可保留自己原来的语气。同时，语气的变化并不影响语意的表达，有时还能够增强表达效果。因此，句群里的句子语气不同是比较常见的，而且读起来语调富于变化，感情色彩丰富，更加富有表现力。例如：

⑥ 小栾又何尝愿意耽误时间！她在这二十多分钟里是怎样度过的？别人想也难于想象。随着时间的拖延，她的伤势在恶化。左臂麻木的感觉消失了，一阵阵发热，又粘又湿，这是因流血引起的，也是剧痛发作的前兆。

（理由《扬眉剑出鞘》）

这个句群写的是我国女击剑运动员栾菊杰在西班牙赛场受伤以后的情景（她最终带伤夺得第二十九届世界青年击剑锦标赛亚军），共由五个句子组成：前边三个单句分别使用了一个感叹句、一个疑问句、一个陈述句，通过语调的变换使声音抑扬顿挫，充分表达了作者激越的赞叹情感；接着又放慢节奏，使用两个陈述句简述具体的原因。这种多样化语气的运用，进一步增强了表达效果，如果全部使用陈述语气，句群的表达效果就会大为失色。

二、复句、句群、段落之间的关系

复句和句群是两级不同的语言单位，而段落是构成篇章的单

位。但是从书面语的角度来考察，复句、句群、段落之间有着密切的关系，三者的关系一般可以理解为：**复句 < 句群 < 段落**。因为句群介于复句和段落之间，所以我们要掌握句群的特点和功能，就需要深入探讨同小于它的复句之间、同大于它的段落之间各是怎样的关系。为了弄清这些复杂的关系，我们先来分析一篇散文中的段落，其中由两个以上的句群或句子（包括单句和复句）构成的段落，当中用“/”划开；为便于说明，给每个自然段标明序号。

春

（朱自清）

1. 盼望着，盼望着，东风来了，春天的脚步近了。

2. 一切都像刚睡醒的样子，欣欣然张开了眼。山朗润起来了，水涨起来了，太阳的脸红起来了。

3. 小草偷偷地从土里钻出来，嫩嫩的，绿绿的。园子里，田野里，瞧去，一大片一大片满是的。/坐着，躺着，打两个滚，踢几脚球，赛几趟跑，捉几回迷藏。风轻悄悄的，草软绵绵的。

4. 桃树、杏树、梨树，你不让我，我不让你，都开满了花赶趟儿。红的像火，粉的像霞，白的像雪。花里带着甜味儿；闭了眼，树上仿佛已经满是桃儿、杏儿、梨儿。花下成千成百的蜜蜂嗡嗡地闹着，大小的蝴蝶飞来飞去。/野花遍地是：杂样儿，有名字的，没名字的，散在草丛里，像眼睛，像星星，还眨呀眨的。

5. “吹面不寒杨柳风”，不错的，像母亲的手抚摸着你。风里带来些新翻的泥土的气息，混着青草味儿，还有各种花的香，都在微微润湿的空气里酝酿。/鸟儿将窠巢安在繁花嫩叶当中，高兴起来了，呼朋引伴地卖弄清脆的喉咙，唱出宛转的曲子，与轻风流水应和着。/牛背上牧童的短笛，这时候也成天在嘹亮地响。

6. 雨是最寻常的，一下就是三两天。可别恼。看，像牛毛，像花针，像细丝，密密地斜织着，人家屋顶上全笼着一层薄烟。/树叶子却绿得发亮,小草也青得逼你的眼。/傍晚时候,上灯了,一点点黄晕的光,烘托出一片安静而和平的夜。乡下去,小路上,石桥边,有撑起伞慢慢走着的人;还有地里工作的农夫,披着蓑,戴着笠的。他们的草屋,稀稀疏疏的,在雨里静默着。

7. 天上风筝渐渐多了,地上孩子也多了。城里乡下,家家户户,老老小小,他们也赶趟儿似的,一个个都出来了。舒活舒活筋骨,抖擞抖擞精神,各做各的一份事去。/“一年之计在于春”,刚起头儿,有的是工夫,有的是希望。

8. 春天像刚落地的娃娃,从头到脚都是新的,他生长着。

9. 春天像小姑娘,花枝招展的,笑着,走着。

10. 春天像健壮的青年,有铁一般的胳膊和腰脚,他领着我们上前去。

我们以这篇文章为例。可以作出如下分析:

段落是文章的最小组成部分。我们这里所说的段落指的是自然段,文章的最小单位是自然段。这篇文章,共由 10 个段落组成。

句群是段落的构成材料。在多数情况下,一个段落都是由两个以上的句群或句子(包括单句和复句)构成的,如上文 3 段是由两个句群构成的,6 段是由两个句群和一个复句构成的,4 段和 7 段是由一个句群和一个复句构成的,5 段是由一个句群和一个复句、一个单句构成的。有时候,一个句群也可以单独构成一个段落,如 2 段。

复句既可以是句群的组成成分,如 4 段前面写“桃树、杏树、梨树”的句群,其中的四个句子全是复句;**复句也可以是段落的构成材料**,如 4 段后面写“野花”的复句、5 段中间写“鸟儿”的复句、6 段中间写树叶和小草的复句、7 段后面“一年之计在于春”这个复句,它们都是段落的构成材料;此外,**复句还可以单独构成一个段落**,如 1、8、9、10 段,都只由一个复句构成。

句群与段落之间的关系,归纳起来有以下三种情况:

第一,在一般情况下,句群小于段落。如在3、4、5、6、7段中,段落之中都包含着两个以上的句群或句子,即段落是由若干个句群或句子组合而成的,这就是通常所说的句群小于段落。

第二,当句群与段落重合时,句群等于段落。如2段就只有一个句群,即一个句群单独构成一个段落,此时句群等于段落。这种情况,在书面语中是比较常见的。

第三,有时为了表达的需要,句群可以大于段落。如8、9、10段都各是一个复句,分别用比喻手法表现春天的可爱、娇美和健壮,这在意义上完全可以连接成一个句群,并由此构成一个段落。但本文为了突出和强调这三层意思,有意让每个句子都单独成为一段。在这种情况下,可以看作这三个段落都是由一个句群变化而来的,这就产生了"句群可以大于段落"的概念。当然,以上这种情况是比较少见的。

三、句群与复句的异同和转换

复句与句群,是两级不同的语言单位,但是二者又有着密切的联系:单句和复句都可以成为句群的组成成分,而相比之下复句用得更多一些;更主要的是,句群内部句子之间的语意逻辑关系和组合方式,都同复句很相似。因此,我们需要比较二者的异同,并研究在可能条件下的相互转换。

(一)句群与复句的异同

句群与复句的相似之处主要有两点:一是组合方式基本上是一致的,它们都由两个以上的句子或分句组合而成,采用相同的语法手段,或者利用语序直接进行组合,或者利用关联词语进行组合;二是句际关系基本上是一致的,句群的句子与句子之间、复句的分句与分句之间,都是并列、承接、选择、解说、递进、转折、因果、条件、目的、假设等这一套语意和逻辑关系。例如:

① 出门向东，不上半里，走过一道石桥，便是我的先生的家了。

（鲁迅《从百草园到三味书屋》）

② 这一天我不钓虾，东西也少吃。母亲很为难，没有法子想。到晚饭时候，外祖母也终于觉察了，并且说我应当不高兴，他们太怠慢，是待客的礼数里从来所没有的。（鲁迅《社戏》）

例①是一个承接复句，由四个分句组成；例②是一个承接句群，由三个句子组成。都是利用语序这一语法手段，按照陈述对象的变换和先后顺序直接组合在一起的，分句之间、句子之间也都是承接关系。

句群同复句的根本区别，主要有两个方面：**一是组成成分不同**，句群的组成成分是句子，而复句的组成成分是分句。由此又带来两点不同：句子和分句在意义上的独立性不同，所使用的标点也不同，句群里的句子后面一般用句号、问号或叹号，而复句里的分句后面一般用逗号、分号或冒号，这是区别句群与复句的外在形式标志。**二是使用关联词语的方法不同**，复句既可以在前后两个分句中成对使用关联词语，也可以在前一分句或后一分句里单独使用；而句群大都不能成对使用关联词语，也不能只在前面的句子里使用，一般只能用在后一个句子的前面。例如：

③ 人类不但要适应环境，而且要改造环境。

（《徐特立谈艰苦奋斗》）

④ 就因为这些，我常常想起那辆纺车。

（吴伯箫《记一辆纺车》）

⑤ 我担心父亲有一天会垮下来。然而，父亲的精力却很旺盛，脸上总是挂着笑容，在屋场上从这头走到那头，给这个递一支烟，又为那个送一杯茶。（李森祥《台阶》）

⑥ 实际上，拿莫温对待外头工人，也并不怎样客气，因为除了打骂之外，还有更巧妙的方法，譬如派给你难做的“生活”，或者调你去做不愿意去做的工作。所以，外头工人里面的狡猾分子，就常常用

送节礼巴结拿莫温的手段，来保障自己的安全。

（夏衍《包身工》）

上面的例③和例④是复句，前者在前后两个分句中成对使用关联词语“不但……而且……”，后者能够在前面的分句使用关联词语“因为”；而例⑤和例⑥是句群，都只能在后面的句子前面使用关联词语“所以”和“然而”，表示同前面句子的转折关系和因果关系。

（二）句群与复句的转换

由于句群同复句的句际关系基本上相同，因而在一定的语言条件下，有些句群可以转换成复句，有些复句也可以转换成句群。**转换的方法是，在不改变基本语意的前提下，改变句群和复句内部的标点：**将句群内部句子后面的标点由句号改为逗号或分号，即把一个句群转换成一个复句；将复句内部分句后面的标点由逗号或分号改为句号，即把一个复句转换为一个句群。

句群与复句，是两级不同的语言单位，各有各的特点，各有各的用处，表达效果是不一样的。复句里的分句语音停顿时间较为短暂，表达的节奏较快；而句群中的句子语音停顿时间较长，表达的节奏要相对舒缓一些。当我们在写作中遇到使用句群和复句可此可彼的情况时，使用哪种语言形式更好一些，要根据表达的需要和具体的语言环境而定。正因为如此，我们研究句群与复句的转换才有实际意义。下面，我们分别来看句群与复句相互转换的情况。

1. 由句群转换为复句

能够由句群转换为复句的，大致有以下三种情况：

一是由单句组成的一重句群，有的可以转换为相同类型的一重复句。例如：

① 他战胜了古老的法典、陈旧的教条。|他战胜了封建的君主、中世纪式的法官、罗马天主教式的神甫。|他把人的尊严赋予黎民百姓。（雨果《纪念伏尔泰逝世一百周年的演说》）

这是一个一重并列句群，可以转化为并列复句：

他战胜了古老的法典、陈旧的教条；他战胜了封建的君主、中世纪式的法官、罗马天主教式的神甫；他把人的尊严赋予黎民百姓。

二是由复句组成的一重句群，有的可以转换为相同类型的多重复句，但会使分句的数量增加，结构层次也相应增加。例如：

② 外祖母和母亲也相信，便不再驳回，都微笑了。|我们立刻一哄的出了门。（鲁迅《社戏》）

这是一个一重因果句群，可以转换为二重因果复句：

外祖母和母亲也相信，‖便不再驳回，‖都微笑了，|我们立刻一哄

承接　　　　承接　　　　因果

的出了门。

三是结构比较简单的混合句群，有的也可以转换为相同类型的多重复句。例如：

③ 我懂得母亲没有说完的话。‖妹妹也懂。|我俩在一块儿，‖要好好儿活……（史铁生《秋天的怀念》）

这是一个二重混合句群，第一层为因果关系，第二层前面为并列关系，后面为承接关系。可以转换为二重复句：

我懂得母亲没有说完的话，‖妹妹也懂，|我们俩在一块儿，‖要好

并列　　　　因果　　　　承接

好儿活……（第一层的因果关系与句群相同）

通过例②和例③可以看出，句群转换成复句以后，由于各个分句都需要进行分析，层次划分和结构关系都随之复杂起来，这就给多重复句的分析和使用增加了难度。所以，在语言运用中，应遵循方便快捷的原则，宜于使用句群的就使用句群，宜于使用复句的就使用复句。

我们将以上三个句群转换为复句或多重复句，只是为了探讨转

换的方法，而不是提倡使用复句或多重复句。如果从表达效果上分析，作者在这里使用句群，要比使用复句或多重复句更富有表现力。

2. 由复句转换为句群

由复句转换为句群，主要是指部分多重复句而言的。多重复句能否转换为句群，可分为两种情况：当在其第一个层次处能够用句号断开、又不影响语意的表达时，这个多重复句就能够转换为句群；与此相反，当在其第一个层次处不能用句号断开，或断开以后影响原来语意的表达时，这个多重复句就不能转换为句群。我们来比较下面两个例子：

① 我们的确已经取得了很大的成绩，| 但是如果因为有了这些成绩，‖ 就骄傲起来，‖‖ 并且认为可以歇一歇脚，‖ 那就不妥当了。

（| 转折；‖ 因果；‖‖ 递进；‖ 假设）

可以转换为以下句群：

我们的确已经取得了很大的成绩。| 但是如果因为有了这些成绩，就骄傲起来，并且认为可以歇一歇脚，那就不妥当了。（一重转折句群）

例①由于关联词语“但是”单独用在第二个分句之前，表示前面的意思已经表达完毕，后面的意思又有了转折，所以在此处能够用句号断开，不影响后面语意的表达，这样就把一个四重转折复句，转换为一个一重转折句群，其基本类型也没有发生改变。通过比较可以看出，多重复句如能转换为句群，会使句子的数量和结构层次都大为减少，是语言运用由繁入简的好方法。

② 如果把自己看作群众的主人，‖ 看作高踞于“下等人”头上的贵族，| 那末，不管他们有多大的才能，‖ 也是群众所不需要的，‖ 他

（‖ 并列；| 假设；‖ 条件；‖ 因果）

们的工作是没有前途的。

（毛泽东《在延安文艺座谈会上的讲话》）

这个复句是三重假设复句，第一个层次在第二个分句之后：前面两个分句说的是假设的情况，在前面用“如果”来表示；后面的三个分句说的是在这种假设情况下所出现的结果，在前面用“那末”来表示。由于成对使用关联词语“如果……那末……”，致使在第一个层次处不能用句号断开；即使去掉这两个关联词语，或者只在第三个分句前使用“那末”，也无法在第二个分句后使用句号。所以，这个三重复句不能转换为一个句群。如果在第一个层次处强行将逗号改为句号，就破坏了句子原来的整体结构，影响语意的表达。

思考与练习一

1. 什么叫“句群”？学习和掌握句群这级最大的语言单位有什么重要意义？

2. 句群有哪些基本特点？举例说明。

3. 句群与复句之间、句群与段落之间各是怎样一种关系？举例说明。

4. 句群与复句有什么相似之处？又有哪些根本区别？举例说明。

5. 句群与复句为什么有时能够相互转换？转换的方法是什么？转换以后会引起哪些结构上的变化？

6. 把下面每组中的几个句子，按照合理的顺序组织成一个句群。

第一组：

（1）文章是否写得准确、鲜明、生动，首先要看写文章的人的思想、立场、作风怎样。

（2）古语说，“文如其人”，这是说什么样的人，就写出什么样的文章。

(3) 你的思想正确，态度鲜明，作风正派，那么，你写的文章也就有一定的准确性和鲜明性。

第二组：

(1) 古语说得好，“如释重负”；俗语亦说的是，“心上一块石头落了地”。

(2) 翻过来看，什么事最快乐呢？

(3) 人到这个时候，那种轻松愉快，真是不可以言语形容。

(4) 自然责任完了，算是人生第一件乐事。

7. 指出下面的句群所表达的中心意思是什么，并说明：句子之间有什么逻辑关系、采用什么组合方式、在句子语气上有什么特点。

① 杜小康顺手抠了几根白嫩的芦苇根，在嘴里嚼着，望着异乡的天空，心中不免又想起母亲，想起许多油麻地的孩子。但他没有哭。他觉得自己突然地长大了，坚强了。(曹文轩《孤独之旅》)

② 罗布泊，一望无际的戈壁滩，没有一棵草，一条溪，夏季气温高达70℃。罗布泊，天空中不见一只鸟，没有任何飞禽敢于穿越。

(吴岗《罗布泊，消逝的仙湖》)

③ 母亲一共生了十三个儿女。因为家境贫穷，无法全部养活，只留下八个，以后再生下的被迫溺死了。这在母亲心里是多么惨痛悲哀和无可奈何的事情啊！(朱德《回忆我的母亲》)

④ 朋友，当你听到这段英雄事迹的时候，你的感想如何呢？你不觉得我们的战士是可爱的吗？你不以我们的祖国有着这样的英雄而自豪吗？(魏巍《谁是最可爱的人》)

8. 把组成这个段落的句群、单句和复句划分出来，说明每个句群所表达的中心意思，以及单句和复句所表达的内容，并说明它们是怎样相互联系而组成这个段落的。

我游黄山只有三天，真用得上“窥豹一斑”那个成语。可是我还是要写这篇简略的游记，目的在劝人家去游。有心研究植物的可以去。我虽然说不清楚，可是知道植物种类一定很多。山高将近两千公尺，从下层到最高处该可以把植物分成几个主要的族类来研究。研究地质矿石的也可以去。谁要是喜欢爬山翻岭，锻炼体力和意志，那么黄山真是个理想的地方。那么多的山峰尽够你爬的，有几处相当险，需要你付出十二分的小心，满身的大汗。可是你也随时得到报酬，站在一个新的地点，先前见过的那些山峰又有新的姿态了。就说不为以上说的那些目的，光到那里去看看大自然，山啊，云啊，树木啊，流泉啊，也可以开开眼界，宽宽胸襟，未尝没有好处。

（叶圣陶《黄山三天》）

9. 把下面的句群转换成多重复句，并分析多重复句的结构层次和结构关系，确定其基本类型。

① 双腿瘫痪后，我的脾气变得暴怒无常。望着望着天上北归的雁阵，我会突然把面前的玻璃砸碎；听着听着李谷一甜美的歌声，我会猛地把手边的东西摔向四周的墙壁。（史铁生《秋天的怀念》）

② 面对那句“人的心灵应该比大地、海洋和天空都更为博大”的名言，人们往往会自惭形秽。我们难以拥有那样雄浑的襟怀。

（毕淑敏《精神的三间小屋》）

10. 把下面的多重复句转换成句群，并说明转换以后句子之间是什么结构关系。

① 从严密的综合科学体系讲，最基础的是两门学问：一门物理，是研究物质运动基本规律的学问；一门数学，是指导我们推理、演算的学问。

② 他必须稳稳当当的快到城里，因为他身上没有一个钱，没有一点干粮，不能再多耗时间。（老舍《骆驼祥子》）

11. 看看下面两个复句，哪个能够转换为句群，哪个不能转换为句群，说明为什么。

① 若使后之学者都墨守前人的旧说，那就没有新问题，没有新发明，一切学术停滞，人类的文化也就不会进步了。

（顾颉刚《怀疑与学问》）

② 母亲本不愿意出来的；她老了，身体不好，走远一点儿就觉得累。（莫怀戚《散步》）

第二节 句群的基本类型

既然句群是最大一级语言单位，它就同语素、词、短语、句子（包括单句和复句）一样，可以从不同角度进行分类。通常讲句群的基本类型，都是根据句子之间的结构关系来划分的，一般可分为并列句群、承接句群、选择句群、解说句群、总分句群、递进句群、转折句群、因果句群、条件句群、目的句群、假设句群等基本类型。掌握句群的基本类型，对于我们学习和使用句群很有帮助。下面，分别对各种类型的句群进行介绍。

一、并列句群

将两个或两个以上在意义上并列的句子组合在一起，这种句群叫作并列句群。

并列句群在记叙文、议论文和说明文中都经常使用。它多由两个句子组成，两个句子的意义往往是彼此相反或相对的；当有三项以上并列时，其意义往往是相关或相连的。

并列句群的组合方式，较多的是利用语序直接组合，不使用关联词语，靠句子之间的语意联系来表示并列关系。例如：

① 他们的身后是一片高粱地。他们朴实得就像那片高粱。

（刘成章《安塞腰鼓》）

② 华环由小变大，天气趋向晴好。华环由大变小，天气可能转为阴雨。（朱永燚《看云识天气》）

③ 有教养的人待人处世绝不会自吹自擂。有教养的人懂得珍惜别人的时间（有句谚语说得好：国王的礼貌是恪守时间）。有教养的人允诺别人的事一定尽力去做，他不会摆架子、“翘鼻子”。

（利哈乔夫《论教养》，谷羽译）

④ 他们是历史上、世界上第一流的战士，第一流的人！他们是世界上一切伟大人民的优秀之花！是我们值得骄傲的祖国之花！

（魏巍《谁是最可爱的人》）

这几个并列句群，都是采用直接组合的语法手段组合而成的。例①由两个单句组成，例②由两个复句组成，例③由三个陈述句组成，例④由三个感叹句组成。在组合方式上，都采用直接组合的语法手段，不使用任何关联词语。

⑤ 我不敢冒充研究印度舞蹈的学者，来阐述印度舞蹈的历史和派别，来说明她们所表演的婆罗多舞是印度舞蹈的正宗。我也不敢像舞蹈家一般，内行地赞美她们的一举手一投足，是怎样地“本色当行”。（冰心《观舞记——献给印度舞蹈家卡拉玛姐妹》）

⑥ 家乡地势低，屋基做高些，不大容易进水。另外还有一说，台阶高，屋主人的地位就相应高。（李森祥《台阶》）

这两个并列句群，都是使用关联词语组合而成的。例⑤在后面的句子里使用副词“也”，表示前后两个句子的意义相关；例⑥用连词“另外”引出另一层意思，使前后两个句子构成并列关系。

二、承接句群

把两个或两个以上在意义上有先后次序和承接关系的句子组合在一起，这种句群叫作承接句群。

承接句群最能体现所陈述事实的前后衔接关系，是表达具有时空顺序的事物所常用的语言形式之一，因而使用频率比较高，特别是在记叙文和口语中经常使用。这种句群的各个句子之间，在意义上一般都是有先有后、前后承接的：或者按照时间的先后顺序进行排列，或者按照相对位置的变化进行排列，或者按照逻辑事理的先后关系进行排列，其排列次序一般都不能随意改变。其组合方式大多是直接组合，只靠句子之间的意义联系而自然衔接在一起；此外，也有时在后边的句子前面使用“接着”“于是”“然后”等关联词语，来表示与前边句子之间的承接关系。例如：

① 小草偷偷地从土里钻出来，嫩嫩的，绿绿的。园子里，田野里，瞧去，一大片一大片满是的。(朱自清《春》)

② 我温了酒，端出去，放在门槛上。他从破衣袋里摸出四文大钱，放在我手里，见他满手是泥，原来他便用这手走来的。不一会，他喝完酒，便又在旁人的说笑声中，坐着用这手慢慢走去了。

(鲁迅《孔乙己》)

这两个承接句群，例①用于描写，前后两个句子在语意上衔接紧密；例②用于叙事，由三个句子组成，按照事情经过和时间先后顺序进行排列。这样，完全靠句子之间在语意上的自然衔接，而构成一个承接句群。

③ 杜小康闻到了一股鸭身上的羽绒气味。他把头歪过去，几乎把脸埋进了一只鸭的蓬松的羽毛里。他哭了起来，但并不是悲哀。他说不明白自己为什么想哭。(曹文轩《孤独之旅》)

④ 立春过后，大地渐渐从沉睡中苏醒过来。冰雪融化，草木萌发，各种花次第开放。再过两个月，燕子翩然归来。不久，布谷鸟也来了。于是转入炎热的夏季，这是植物孕育果实的时期。到了秋天，果实成熟，植物的叶子渐渐变黄，在秋风中簌簌地落下来。北雁南飞，活跃在田间草际的昆虫也都销声匿迹。到处呈现一片衰草连天的景象，准备迎接风雪载途的寒冬。(竺可桢《大自然的语言》)

这两个承接句群的句子较多,但前后排列有序,语意联系紧密。例③写的是杜小康在暴风雨中追上失散的鸭群却找不到父亲的情景,写得真实感人。例④写春夏秋冬的气候特点,也写得情趣盎然,令人读来毫无语意间断之感。

⑤ 人们又听到了汽车的马达声:一辆延安人都熟悉的带篷子的中型汽车正转过山嘴,朝飞机场驶来。立刻,人群像平静的水面上卷过一阵风,成一个整体地朝前涌去。接着,又停下来;正当汽车站住,车门打开的时候,机场上响起了一阵雷鸣般的掌声。

(方纪《挥手之间》)

⑥ 藏族队员贡布在前面开路,不到几分钟就累得连腰也直不起来。于是,屈银华上前开路,他经过很长时间才前进了两三步,但两腿一软,又滑回到原来的地方。最后,王富洲走到前面,他坚持为大家开出了一条前进的道路。(郭超人《登上地球之巅》)

这两个承接句群,例⑤写的是 1945 年 8 月毛主席亲赴重庆谈判、延安干部群众到机场送行时的情景,例⑥写的是我国三位登山队员登上珠穆朗玛峰顶之前的情况。都由三个句子组成,都在后边的两个句子前面使用了关联词语,例⑤使用“立刻”和“接着”,例⑥使用“于是”和“最后”,使句子之间的联系更加紧密,承接关系也更加明显。

三、选择句群

把两个或两个以上表示选择关系的句子组合在一起,这种句群叫作选择句群。

构成选择句群的每个句子,各自表示一个意思,但它们之间既不是并列关系,也不是承接关系,而是一种“二者居其一”或“数者居其一”的选择关系。

这种选择句群,一般单独使用的较少,经常用在其他句子、句群的前面或后面,借助于一定的语言环境来表示选择关系。选择句群在使用关联词语上有自己的特点：有时可以在前后句子中成对使用“是……还是……”“要么……要么……”“或者……或者……”等；还可以同其他句群一样，在后面的句子前边单独使用“或”“或者”“要么”等，来表示选择关系。

在选择句群中，较多使用疑问句，也有的使用陈述句和感叹句。例如：

①（很短的时间内，将有几万万农民从中国中部、南部和北部各省起来，其势如暴风骤雨，迅猛异常，无论什么大的力量都将压抑不住。他们将冲决一切束缚他们的罗网，朝着解放的路上迅跑。一切帝国主义、军阀、贪官污吏、土豪劣绅，都将被他们葬入坟墓。一切革命的党派、革命的同志，都将在他们面前受他们的检验而决定弃取。）站在他们的前头领导他们呢？还是站在他们的后头指手画脚地批评他们呢？还是站在他们的对面反对他们呢？（每个中国人对于这三项都有选择的自由，不过时局将强迫你迅速地选择罢了。）

（毛泽东《湖南农民运动考察报告》）

②（……然则他日思夜梦的那片土地，究竟在哪里呢？）

在报纸的头条标题里吗？还是香港的谣言里？还是傅聪的黑键白键马思聪的跳弓拨弦？还是安东尼奥尼的镜底勒马洲的望中？还是呢，故宫博物院的壁头和玻璃橱内，京戏的锣鼓中太白和东坡的韵里？

（杏花。春雨。江南。六个方块字，或许那片土就在那里面。）

（余光中《听听那冷雨》）

这两例前后括号中间的部分，都是由疑问句构成的选择句群。例①连续使用“还是”来连接三个疑问句，说明对待农民运动的三种截然不同的态度，并旗帜鲜明地主张应该选择第一种；例②连续使用了五个疑问句，极力渲染对“日思夜梦的那片土地”的百般追寻，深沉地表达了身处台湾的作者对家乡的无比怀念。

③（这是种生面别开的场所，对调子的来自四方，各自蹲踞在松树林子和灌木丛沟凹处，彼此相去虽不多远，却互不见面。唱的多是情歌酬和，却有种种不同方式。）或见景生情，即物起兴，用各种丰富譬喻，比赛机智才能。或用提问题方法，等待对方答解。或互嘲互赞，随事押韵，循环无端。（沈从文《云南的歌会》）

④ 照他们那样干，细神经病一支笔，画出来的就是世界上第一流的好画！要么就叫七八个月的孩子去用笔，保证最空灵最感觉最抽象！（南翔、丽霞《白的光》）

上边例③的括号外面是一个选择句群，用三个陈述句来说明“对调子”的“种种不同方式”，用连词“或”来表示三者居其一的选择关系，把云南彝族青年男女对歌的形式和情景描述得生动而具体；例④这个选择句群使用了两个感叹句，用“要么”来表示二者选其一的选择关系，具有强烈的讽刺意义。

四、解说句群

前面的句子先交待出一种事物或一个道理，后面的句子再对此进行具体的解释说明，这种句群叫作解说句群。

解说句群在议论文和说明文中比较常用。解说句群多采用关联组合的方式，经常在后边解释说明的句子前面，使用“如”“例如”“比如”“据说”“比如说”“意思是”“所谓”“这就是说”“也就是说”之类的关联词语，来表示对前边句子内容的解说关系。例如：

① 中国有一句谚语说：“金刚怒目，不如菩萨低眉。”所谓怒目，便是流露；所谓低眉，便是含蓄。（朱光潜《无言之美》）

② 在中国传统教育里，最重要的书是“四书”。“四书”之一的《大学》里这样说：一个人教育的出发点是“格物”和“致知”。就是说，从探察物体而得到知识。（丁肇中《应有格物致知精神》）

这两个解说句群,都用于议论文中。例①前边的句子引用了一句谚语,后边的句子连用两个“所谓”,分别对“怒目”和“低眉”加以解释;例②前两个句子引用“四书”《大学》里的一句话,最后一个句子用“就是说”对“格物”和“致知”这两个概念进行解释,说明一个人教育的出发点是什么。

③ 写景是为了要写情,这一点,在中国优秀诗人和画家心里一直是很明确的。无论写诗、作画,都要求站得高于现实,这样来观察、认识现实,才可能全面深入。例如毛主席的《沁园春·雪》开头几句“北国风光,千里冰封,万里雪飘”,就充分体现了诗人胸怀和思想的崇高境界。(李可染《山水画的意境》)

④ 人们常说:“东虹轰隆西虹雨。”意思是说,虹在东方,就有雷无雨;虹在西方,将有大雨。(朱泳燚《看云识天气》)

以上两个解说句群,用于艺术论文和科普读物中。例③论述写诗和作画中“写景是为了要写情”,用“例如”举出毛主席《沁园春·雪》的例子进行解释说明;例④前面的句子引用一句农谚,后面的句子使用关联词语“意思是说”,引出对这个谚语的具体解释,由此构成一个解说句群。

上面这种解说句群,都是在后面解说的句子里使用关联词语的,这可视为解说关系的外在标志。还有些解说句群不使用关联词语,只靠语意来表示句子之间的解说关系,或者通过必要的词语进行接应,来显示句子之间的解说与被解说关系。例如:

⑤ 我想:希望是本无所谓有,无所谓无的。这正如地上的路;其实地上本没有路,走的人多了,也便成了路。(鲁迅《故乡》)

⑥ 马德里体育宫大厅里冉冉升起鲜艳的五星红旗。这是从国际剑坛升起的第一面五星红旗!(理由《扬眉剑出鞘》)

这两个解说句群都没有使用关联词语,而是在后一个句子前面使用指示代词“这”进行接应,既与前一个句子紧密衔接,又引出对前一个句子的解释说明:例⑤用路的有无来解释希望的有无,富有人生哲理；例⑥特意解释这一面五星红旗的特殊意义，说明它的来之不易。

五、总分句群

句子之间在内容上有总说与分述的关系，这种句群叫作总分句群。

总分句群，在论述道理和说明事物时使用得比较多。其中的"总"是指综合、概括地总说，"分"是指分别开来做具体说明。总分句群同总分复句一样，按照总说出现的不同位置，可以分为"总—分"式、"分—总"式、"总—分—总"式三种形式。

总分句群经常使用关联词语进行组合。通常用于总说的关联短语有"总之""总而言之""总起来说""归根结底"等；用于分述的序次语有"首先……其次……最后……""一是……二是……三是……"等。此外，还可以利用数量短语等来表示总分关系，或通过相关词语照应的方法来显示总说与分述。例如：

① 刘家峧有两个神仙，邻近各村无人不晓：一个是前庄上的二诸葛，一个是后庄上的三仙姑。|二诸葛原来叫刘修德，当年做过生意，抬脚动手都要论一论阴阳八卦，看一看黄道黑道。‖三仙姑是后庄于福的老婆，每月初一十五都要顶着红布摇摇摆摆装扮天神。

（赵树理《小二黑结婚》）

② 在这幅浮雕的两旁，是两块装饰性的浮雕。|左边，是渡江前夕，工人抬担架、农民运军粮、妇女送军鞋等热烈支援前线的场面。‖右边的一块，表现全国各阶层人民举着红旗和鲜花，捧着水果，欢迎解放军、慰劳解放军的情景。

（周定舫《人民英雄永垂不朽——瞻仰首都人民英雄纪念碑》）

这两个总分句群是"总—分"式：例①前一个句子先总说有"两个神仙"都是谁，后边两个句子分述"二诸葛"和"三仙姑"；例②前一个句子先总说“两块”，后两个句子再分述“左边”和“右边”的一块各是什么。

③ 碑身东西两侧上部，刻着红星、松柏和旗帜组成的装饰花纹，象征着先烈们的革命精神万年长存。‖小碑座的四周，雕刻着牡丹花、荷花、菊花等组成的八个大花圈，这些花朵象征着英雄们品质高尚、纯洁，表示全国人民对他们的永远怀念和敬仰。‖碑顶是民族传统的建筑形式，是上有卷云下有重幔的小庑殿顶。|整个纪念碑的造型使人们感到既有民族风格，又有鲜明的新时代精神。

（周定舫《人民英雄永垂不朽——瞻仰首都人民英雄纪念碑》）

④ 我寻求爱情，首先是因为爱情给我带来狂喜，它如此强烈以至我经常愿意为了几小时的欢愉而牺牲生命中的其他一切。‖我寻求爱情，其次是因为爱情解除孤寂——那是一颗震颤的心，在世界的边缘，俯瞰那冰冷死寂、深不可测的深渊。‖我寻求爱情，最后是因为在爱情的结合中，我看到圣贤和诗人们所想象的仙境的神秘缩影。|这就是我所寻求的，虽然它对人生似乎过于美好，然而最终我还是得到了它。

（罗素《我为什么而活着》，胡作玄、赵慧琪译）

这两个总分句群是“分—总”式：例③前三个句子分述“碑身东西两侧上部”“小碑座的四周”和“碑顶”，最后一个句子总说“整个纪念碑”；例④前边三个句子分别用“首先”“其次”“最后”，分述“我”寻求爱情的三个方面原因，最后一个句子进行总结，说“我所寻求的”最终都得到了。

⑤ 游览者必然也不会忽略另外一点，就是苏州园林在每一个角落都注意图画美。|阶砌旁边栽几丛书带草。‖墙上蔓延着爬山虎或者蔷薇木香。‖如果开窗正对着白色墙壁，太单调了，给补上几竿竹子或几棵芭蕉。|诸如此类，无非要游览者即使就极小范围的局部看，也能得到美的享受。（叶圣陶《苏州园林》）

⑥ 新中国成立 70 年来，我们党领导人民创造了世所罕见的两

大奇迹。|一是经济快速发展奇迹。我国大踏步赶上时代，用几十年时间走完了发达国家几百年走过的工业化进程，跃升为世界第二大经济体，综合国力、科技实力、国防实力、文化影响力、国际影响力显著上升，人民生活显著改善，中华民族以崭新姿态屹立于世界的东方。‖二是社会长期稳定奇迹。我国长期保持社会和谐稳定、人民安居乐业，成为国际社会公认的最有安全感的国家之一。|可以说，在人类文明发展史上，除了中国特色社会主义制度和国家治理体系外，没有任何一种国家制度和国家治理体系能够在这样短的历史时期内创造出我国取得的经济快速发展、社会长期稳定这样的奇迹。（习近平《坚持和完善中国特色社会主义制度推进国家治理体系和治理能力现代化》）

以上两个总分句群，在结构上是“总—分—总”式：例⑤先总说“每一个角落”，再分述“阶砌旁边”“墙上”和“开窗正对着白色墙壁”，最后再用“诸如此类”进行总结；例⑥开头一个句子总说中国共产党70年创造了“两大奇迹”，后边“一是”和“二是”两个句子，分述“经济快速发展”和“社会长期稳定”这两个奇迹，最后一个句子用“可以说”进行总结，指出世界上其他政党和国家制度都无法在这样短的时间内创造出这样的奇迹来。

需要说明的是，这种“总—分—总”式的句群，比“总—分”式和“分—总”式各多出一个层次，它实际上是对这两种形式的套叠使用。它在结构上仍可划分为两个层次：前面和后面的总说与中间的分述之间，都为第一个层次，都是总分关系；中间分述的几个句子之间，均为第二个层次，都是并列关系。

总分句群的三种形式，表达方式不同，表达效果也不一样：先总说后分述，具有开宗明义的表达效果；先分述后总说，具有总结题旨的表达效果；先总说、后分述、最后再总说，具有既深入细致又凝练概括的表达效果。

六、递进句群

组成句群的两个或两个以上句子之间，在语意上有逐层递进的关系，这种句群叫作递进句群。

递进句群在议论文中使用率比较高。递进句群中的句子，通常是后面的句子在程度、范围、数量或时间、性质等方面又进一步。递进句群一般用关联词语进行组合，在后边的句子前面（也有时在句中）使用关联词语“而且”“并且”“甚至”“更”“况且”“何况”等，来表示语意上的递进关系。例如：

① 人们看见，在长城内外崇山峻岭的古驿道上，这位身穿长袍的何大学问，骑一匹光背儿马，左肩挂一只书囊，右肩扛一杆一丈八尺的大鞭，那形象是既威风凛凛又滑稽可笑。而且，路遇文庙，他都要下马，作个大揖，上一股高香。（刘绍棠《蒲柳人家》）

② 天黑，河水也黑，芦苇荡成了一片黑海。杜小康甚至觉得风也是黑的。（曹文轩《孤独之旅》）

这两个递进句群，都是从一般到特殊的递进：例①写赶马出身的“何大学问”（人们送他的外号）假装斯文的举动，从一般的穿着打扮到路遇文庙烧香的典型行为，用关联词语“而且”来表示这种语意上的递进关系；例②由“天”“河水”“芦苇”都成了黑色递进到“风也是黑的”，用“甚至”来表示这种递进关系，生动地表现出小主人公的独特感受。

③ 无论是谁，只要站在“辩诬”的地位的，无论辩白与否，都已经是屈辱。更何况受了实际的大损害之后，还得来辩诬。

（鲁迅《忽然想到·十》）

④ 实验不是毫无选择地测量，它需要有细致具体的计划。特别重要的，是要有一个适当的目标，以作为整个探索过程的向导。

（丁肇中《应有格物致知精神》）

这两个递进句群，例③是程度由轻到重的递进，在后面的句子前使用"更何况"来表示这种递进关系；例④是性质由普遍到重点的递进，在后面的句子之前，使用"特别重要的"来强调这种递进关系。

以上几个递进句群，都是使用关联词语来表示递进关系的。还有些递进句群，不使用任何关联词语，只靠句子语意的层层推进，来显示句子之间的递进关系。例如：

⑤ 与这种孤独相比，杜小康退学后将自己关在红门里面产生的那点儿孤独，简直就算不得是孤独了。他们能一连十多天遇不到一个人。杜小康只能与父亲说说话。奇怪的是，他和父亲之间的对话，变得越来越单调，越来越干巴巴的了。（曹文轩《孤独之旅》）

⑥ 当你在积雪初融的高原上走过，看见平坦的大地上傲然挺立这么一株或一排白杨树，难道你就觉得它只是树？难道你就不想到它的朴质，严肃，坚强不屈，至少也象征了北方的农民？难道你竟一点也不联想到，在敌后的广大土地上，到处有坚强不屈，就像这白杨树一样傲然挺立的守卫他们家乡的哨兵？难道你又不更远一点想到，这样枝枝叶叶靠紧团结，力求上进的白杨树，宛然象征了今天在华北平原纵横决荡，用血写出新中国历史的那种精神和意志？

（茅盾《白杨礼赞》）

这两个递进句群都没有使用关联词语，但句子之间的语意递进关系依然比较明显：例⑤说的是杜小康的孤独感，从"红门里"到芦苇荡里"十多天遇不到一个人"，再到"只能与父亲说说话"，直至与父亲的对话也越来越少了，这是孤独程度由轻到重的递进；例⑥由"白杨树"联想到"北方的农民"，再联想到"守卫他们家乡的哨兵"，最后又联想到华北军民的"精神和意志"，由物及人、由表及里，层层推进，表达了作者对白杨树及其象征体的由衷赞美之情，特别是反问语气的连用，更显得不容置疑、情真意切。

七、转折句群

后面的句子不是顺着前面的句子说下去，而是转到相反或相对的意思上去，这种句群叫作转折句群。

转折句群一般都采用关联组合的方法，通过在后面的句子里使用关联词语来表示。其中转折程度较重的，常用“但是”“可是”“不料”“却”等来表示；转折程度较轻的，多用“其实”“不过”“可惜”“然而”“幸而”等来表示。例如：

① 在朝鲜的每一天，我都被一些东西感动着；我的思想感情的潮水，在放纵奔流着；我想把一切东西都告诉给我祖国的朋友们。但我最急于告诉你们的，是我思想感情的一段重要经历，这就是：我越来越深刻地感觉到谁是我们最可爱的人！

（魏巍《谁是最可爱的人》）

② 日落确实很美，色彩绚丽，变化多端。可是观察者不会想到吧，这些奇异景象竟然大都是幻觉，夕阳本身没有任何变化。

（黄天祥《落日的幻觉》）

③ 我常想：杨柳婀娜多姿，可谓妩媚极了，桃李绚丽多彩，可谓鲜艳极了，但它们只是给人一种外表好看的印象，不能给人以力量。松树却不同，它可能不如杨柳与桃李那么好看，但它却给人以启发，以深思和勇气，尤其是想到它那种崇高的风格的时候，不由人不油然而生敬意。（陶铸《松树的风格》）

以上三个转折句群，转折的程度较重，语意都几乎走向反面，所以在后面的句子里，分别用“但”“可是”和“却”来表示这种程度较重的转折关系。

④ 他一边追，一边呼唤着他的鸭子。然而这些平时很温顺的小东西，今天却都疯了一样，只顾没头没脑地乱窜。

（曹文轩《孤独之旅》）

⑤ 我并不知道这就是在写字，甚至也不知道世界上有文字这种东西。我不过是依样画葫芦模仿莎莉文老师的动作而已。

（海伦·凯勒《再塑生命的人》，李汉昭译）

⑥ 听人家背地里谈论，孔乙己原来也读过书，但终于没有进学，又不会营生；于是愈过愈穷，弄到将要讨饭了。幸而写得一笔好字，便替人家钞钞书，换一碗饭吃。（鲁迅《孔乙己》）

以上三个转折句群，语意转折的程度较轻，前后的语意仅仅是不相一致而已，所以只在后面的句子里使用“然而”“不过”“幸而”来表示这种程度较轻的转折关系。

还有些转折句群，不使用关联词语，只用意合法将有转折关系的句子直接组织在一起，使表达更加简洁明快。这样的转折句群，转折关系不特别明显，需要根据语意认真进行分析。例如：

⑦ 我是一个佃农家庭的子弟，本来是没有钱读书的。那时乡间豪绅地主的欺压，衙门差役的横蛮，逼得母亲和父亲决心节衣缩食培养出一个读书人来“支撑门户”。（朱德《回忆我的母亲》）

⑧ 鲁迅先生感到自己的身体不好，就更没有时间注意身体，所以要多做，赶快做。当时大家不解其中的意思，都以为鲁迅先生不加以休息不以为然，后来读了鲁迅先生《死》的那篇文章才了然了。

（萧红《回忆鲁迅先生》）

这两个转折句群，在后一个句子的前面都可以加上“但是”或“可是”等，例⑧也可以在“当时大家”之后用上“却”。但作者都没有使用这些关联词语，而是直接进行叙述，使后面句子的语意转折虽不明显也能感觉得到。

八、因果句群

前后句子之间在意义上有原因和结果的关系，这种句群叫作因果句群。

因果句群的正常语序，是前面的句子说原因，后面的句子说结果,即“因—果”式;特殊语序是先说结果,后说原因,让后面的句子起补充说明的作用,即“果—因”式。

因果句群经常使用关联词语进行组合,通常在说明结果的句子前面使用“所以”“因此”“由此而来”“正因为如此”等来表示,在说明原因的句子前面使用“因为”“是因为”“就因为”“这是因为”“原因是”“由于”等来表示。也有的因果句群,不使用关联词语,利用语序直接进行组合,靠句子之间的语意联系来显示因果关系。例如:

① 一个人对于自己的职业不敬,从学理方面说,便是亵渎职业之神圣;从事实方面说,一定把事情做糟了,结果自己害自己。所以敬业主义,于人生最为必要,又于人生最为有利。(梁启超《敬业与乐业》)

② 经验证明,有许多书看一遍两遍还不懂得,读三遍四遍就懂得了;或者一本书读了前面有许多不懂的地方,读到后面才豁然贯通;有的书昨天看不懂,过些日子再看才懂得;也有的似乎已经看懂了,其实不大懂,后来有了一些实际知识,才真正懂得它的意思。因此,重要的书必须常常反复阅读,每读一次都会觉得开卷有益。

(马南邨《不求甚解》)

上面这两个因果句群,都是“因—果”式的正常语序,并分别在后边表示结果的句子前面使用“所以”和“因此”,把前后句子之间的因果关系表现得特别明显。

③ 杜雍和大叫了一声“我的鸭子”,几乎晕倒在地上。因为他看到,鸭群被分成了无数股,一下子就在他眼前消失了。

(曹文轩《孤独之旅》)

④ 在太空中,我可以准确判断地球上各大洲和各个国家的方位。因为飞船有预定的飞行轨道,可以实时标示飞船走到哪个位置,投影到地球上是哪一点,有图可依,一目了然。

(杨利伟《太空一日》)

这两个因果句群，都是特殊语序“果—因”式，具有特殊的表达效果：例③把鸭群遭暴风雨袭击和主人的着急情态放在前面，例④把在太空中看到什么放在前面，对结果起到突出和强调的作用，而把说明原因的句子放在后面，让其具有补充说明的作用，使语言表达增加了波澜，具有一种起伏跌宕的美感。

不使用关联词语的因果句群，大都因果关系比较明显，既可以由原因自然得出结果，也可以由结果自然推出原因，因而可以省去关联词语。例如：

⑤ 不同科学领域之间是紧密相连的。在一个科学领域的发现肯定会对其他领域产生影响。

（阿西莫夫《恐龙无处不有》，孟庆任译）

⑥ 我实在有些不耐烦了，抓起新布娃娃就往地上摔，把它摔碎了，心中觉得特别痛快。发这种脾气，我既不惭愧，也不悔恨，我对布娃娃并没有爱。在我的那个寂静而又黑暗的世界里，根本就不会有温柔和同情。（海伦·凯勒《再塑生命的人》，李汉昭译）

这两个因果句群，例⑤先说原因，后说结果，例⑥前两个句子说结果，后一个句子说原因（作者因病丧失了视觉和听觉，所以在初学写字时发脾气），都是直接表述，不使用关联词语，因果关系仍然比较明显。如果使用关联词语，例⑤在后边的句子之前可以加上“所以”或“因此”，例⑥在第三个句子的前面也可以加上“因为”，但作者都没有用，仍不影响语意的表达，反而显得更加简洁鲜明。

九、条件句群

前后的句子之间有条件与结果的关系，这种句群叫作条件句群。

条件句群，正常语序是表示条件的句子在前，表示结果的句子在后;特殊语序是先说结果,后说条件。

条件句群通常要借助关联词语来显示句子之间的条件关系。关联词语一般只在后面的句子里使用:常用于表示结果的有“才”“就”“这样”“只有这样”“除非这样”“除非如此”“这样一来”等;常用于表示条件的有“不管”“尽管”“只要”等。例如:

① 青年应该到艰苦的地方去,参加火热的斗争,从事艰苦的劳动,多和困难打交道,多经受艰苦的磨炼。这样才会学得本领,增长才干,锻炼出坚韧顽强的革命意志和勇往直前的革命精神,才能成为党和国家所期望的革命事业的接班人。

(徐特立对《中国青年》记者的谈话)

② 后来她终于想出了一个办法,就是把那些小人儿分为男女,让男人和女人配合起来,叫他们自己去创造后代,担负起养育婴儿的责任。这样,人类就世世代代绵延下来,并且一天比一天加多了。

(袁珂《女娲造人》)

③ 终于已经不可能再有回头的念头了。杜雍和这才将船慢慢停下。(曹文轩《孤独之旅》)

④ 我们大家要学习他毫无自私自利之心的精神。从这点出发,就可以变为大有利于人民的人。(毛泽东《纪念白求恩》)

上面这几个条件句群,都是由两个句子构成的,前面的句子说的是应该具备怎样的条件,后面的句子说的是达到这种条件以后所产生的结果。都分别在后面句子的前边或句中使用了“这样”和“才”“就”进行关联,表示出与前面句子的条件关系。

条件句群也有不使用关联词语的,这多为正常语序,在前边说明条件的句子之后,直接把结果表述出来。例如:

⑤ 在我刚过 55 岁的时候,我立刻提了一个建议,说:“国家的重大项目,863 计划,学术带头人,要小于或等于 55 岁。”——把我排除

在外。这个当然不见得能行，但我还是坚信这是对的。

（王选《我一生中的重要抉择》）

王选是中国科学院院士、计算机文字信息处理专家，特别注意扶植年轻人。他提出这个“要小于或等于55岁”的建议，是把自己排除在外的，他认为这样做的结果“是对的”，因此直接表达出来而没有使用关联词语。

条件句群也有采用特殊语序的，即前面的句子先说出结果，后面的句子再补充说明条件。例如：

⑥ 没有辫子，该当何罪，书上都一条一条明明白白写着的。不管他家里有些什么人。（鲁迅《风波》）

这个条件句群，后面的句子是任意条件句，用“不管”表示排除任何条件，都不会改变前面所说的结果。这种表达方式是一种强调的口气，既强调结果，又突出原因，因而具有特殊的修辞效果。

十、目的句群

前后的句子之间有目的与手段的关系，这种句群叫作目的句群。

目的句群的语序比较灵活，先说手段（达到目的的方式或行为）还是先说目的，根据表达的需要而定。

目的句群的组合方式也比较灵活：有的使用关联词语进行组合，一般都用在后边的句子前面，表示目的用“为了”“为的”“为的是”等，表示手段用“为此”“为了这些”“为此目的”等；有的采用其他词语表示目的或手段；还有的直接进行组合，靠句子之间的语意联系来显示目的关系。例如：

① 在全面开创新局面的各项任务中，首要的任务是把社会主义现代化经济建设继续推向前进。为此，党实事求是地确定了我国经

济建设的战略目标、战略重点、战略转移步骤和一系列正确方针。

（胡耀邦《全面开创社会主义现代化建设的新局面》）

② 有一颗大心，才盛得下喜怒，输得出力量。于是，宜选月冷风轻、竹木萧萧之处，为自己的精神修建三间小屋。

（毕淑敏《精神的三间小屋》）

这两个目的句群，前一个句子说的是目的，后一个句子说的是手段，分别使用“为此”和“于是”进行关联。

③ 那时候，他已经诗兴不作而研究志趣正浓。他正向古代典籍钻探，有如向地壳寻求宝藏。仰之弥高，越高，攀得越起劲；钻之弥坚，越坚，钻得越锲而不舍。/他想吃尽、消化尽我们中华民族几千年来的文化史，炯炯目光，一直远射到有史以前。他要给我们衰微的民族开一剂救济的文化药方。

（臧克家《说和做——记闻一多先生言行片段》）

④ 在南京大屠杀幸存者已不足100位的今天，日本右翼还在不断寻找各种借口对当年的军国主义罪行百般抵赖，扭曲历史，美化战争，颠倒黑白，并企图通过修宪复活军国主义。那些人以丑态百出的表演，妄图辱没人类的良知。

（钟声《国行公祭，为佑世界和平》）

这两个目的句群，前面的句子说的是手段，后面的句子说的是目的，并不使用关联词语，例③用“他想”和“他要”来表示目的，例④用“妄图”来表示目的。

⑤ 第二天早上，我们没有立即上路，老人也没有离开，我们决定把小茅屋修葺一下，给屋顶加点儿草，把房前屋后的排水沟再挖深一些。一个哈尼小姑娘都能为群众着想，我们真应该向她学习。

（彭荆风《驿路梨花》）

⑥ 我必定为她而战斗到底。/土地，原野，我的家乡，你必须被解放！你必须站立！（端木蕻良《土地的誓言》）

这两个目的句群,前面的句子说的是行为,后面的句子说的是目的,不使用任何关联词语,直接组合在一起,仍能显示出前后句子之间的目的关系:例⑤先说我们都做了什么,再说这样做的目的是向哈尼小姑娘学习;例⑥先说“我”要怎么做,再用两个“必须”表明这样做的目的是争取家乡土地的解放。

十一、假设句群

前面的句子说明一种情况或观点,后面的句子用假设的方法加以强调、说明或描写,这种句群叫作假设句群。

假设句群在议论文或说明文中使用频率较高,在记叙文和散文中也有应用。它是通过假设关系,把前后句子的语意紧密联系在一起的:其中后边表示假设的句子,是在前面的句子或分句群的语意基础上,利用假设的方法推衍出来的,因而使后面假设的内容,能够同前边所说的情况或观点构成一个语意相连的假设句群。

假设句群,一般都在后边表示假设的句子前面,使用“如果”“假若”“若是”等关联词语,来表示与前面的句子或分句群之间的假设关系;也有时使用“否则”“不然”等,来表示假设关系。例如:

① 想真正了解一个人,要长期观察他所做的事。如果他慷慨无私,不图回报,还给这世界留下了许多,那就可以肯定地说,这是一个难得的好人。(让·乔诺《植树的牧羊人》,武娟译,崔维燕校译)

② 山水画不是地理、自然环境的说明和图解,不用说,它当然要求包括自然地理的准确性,但更重要的还是表现人对自然的思想感情,见景生情,景与情要结合。如果片面追求自然科学的一面,画花、画鸟都会成为死的标本,画风景也缺乏情趣,没有画意,自己就不曾感动,当然更感动不了别人。(李可染《山水画的意境》)

这两个假设句群,从结构上进行分析,后面的句子都是一个假设复句,其中的“如果”有双重关联的作用:它一方面同前面的句子相关联，表示后面所说的意思是在前面所说的观点的基础上假设而来的；同时它又同后面句子里的“就”（例②还同“都”）相关联，例①从正面证明他是一个难得的好人，例②从反面说明片面追求自然科学的绘画作品所产生的不良后果。这样，就将前后两个部分的语意紧密联系在一起，由此组织成为一个假设句群。

假设句群后面的假设部分，都是为了从正面或反面，对前面所说的情况或观点进行强调、说明或描写，是对前面内容的进一步深化。从这个角度上说，假设句群中的假设，可大致分为正面假设、反面假设、说明描写类假设三种情形：正面假设就是往好的方面假设；反面假设就是往坏的方面假设；说明描写类假设就是为了说明或描写而设立的假设。从表达重心上来分析，正面假设和反面假设，表达重心一般都在前面所说的内容；而说明描写类假设，表达重心多在后面假设的部分。例如：

③ 这就是我的一生，我觉得我活着值得。如果有机会的话，我还乐意再活一次。（罗素《我为什么活着》，胡作玄、赵慧琪译）

④ 它找到适当的细树枝，就用胸部的尖利工具刺成一排小孔。这些小孔的形成，好像用针斜刺下去，把纤维撕裂，并微微挑起。/如果它不受干扰，一根枯枝上常常刺出三四十个孔。卵就产在这些孔里。（法布尔《蝉》，王大文译）

这两个假设句群都是正面假设，即通过往好的方面假设，来强调、说明前面所说的观点或情况。其中例③前后都只是一个句子，例④前后各是两个句子（都是承接关系，可分别看作一个小的承接句群），都在后边假设的句子前面使用“如果”，来表示这种假设关系，表达重心在前面的部分。

⑤ 我们对于不论哪一本书，哪一种学问，都要经过自己的怀疑：因怀疑而思索，因思索而辨别是非；经过“怀疑”“思索”“辨别”三步以后，那本书才是自己的书，那种学问才是自己的学问。否则便是

盲从，便是迷信。（顾颉刚《怀疑与学问》）

⑥ 尽得大的责任，就得大快乐；尽得小的责任，就得小快乐。你若是要躲，倒是自投苦海，永远不能解除了。

（梁启超《最苦与最乐》）

这两个假设句群都是反面假设，即通过往坏的方面假设，来佐证前面的句子所说的观点，并分别用“否则”和“若是”来表示这种假设关系，表达重心也在前面的部分。

⑦ 这就是朝鲜战场上一次最壮烈的战斗——松骨峰战斗，或者叫书堂站战斗。/假若需要立纪念碑的话，让我把带火扑敌和用刺刀跟敌人拼死在一起的烈士们的名字记下吧。他们的名字是：王金传、邢玉堂、王文英、熊官全、王金侯、赵锡杰、隋金山、李玉安、丁振岱、张贵生、崔玉亮、李树国。还有一个战士，已经不可能知道他的名字了。让我们的烈士们千载万世永垂不朽吧！

（魏巍《谁是最可爱的人》）

⑧ 鲁迅先生的笑声是明朗的，是从心里的欢喜。若有人说了什么可笑的话，鲁迅先生笑得连烟卷都拿不住了，常常是笑得咳嗽起来。（萧红《回忆鲁迅先生》）

这两个假设句群都是说明描写类假设，表达重心都在后面的假设部分：例⑦是为了说明在这场战斗中牺牲的烈士们的名字而设立的假设，其中假设部分由四个句子组成，在前面使用“假若”来表示这种假设关系；例⑧是为了描写鲁迅先生的笑声而设立的假设，用“若”来表示假设关系，使描写更加具体生动。

思考与练习二

1. 句群的基本类型，一般是根据什么进行分类的？通常可以将句群分为哪些基本类型？

2. 什么叫并列句群和承接句群？二者在语意表达上各有什么

特点？举例说明。

3. 什么叫选择句群？选择句群里的各个句子表示怎样的意义关系？选择句群在使用上有什么特点？举例说明。

4. 什么叫解说句群？它多采用哪种组合方式？经常使用哪些关联词语来表示解说关系？举例说明。

5. 什么叫总分句群？总分句群有哪三种形式？它们各有什么不同的表达效果？举例说明。

6. 什么叫递进句群？一般是如何来表示递进的？经常在后面的句子里使用哪些关联词语？举例说明。

7. 什么叫转折句群？根据转折语气的轻重之别，一般都使用哪些关联词语来表示？举例说明。

8. 什么叫因果句群？因果句群有哪两种形式？经常使用哪些关联词语来表示原因和结果？举例说明。

9. 什么叫条件句群？其正常语序和特殊语序各是什么？表条件和表结果各常用哪些关联词语？举例说明。

10. 什么叫目的句群？其正常语序和特殊语序各是什么？如何使用关联词语？举例说明。

11. 什么叫假设句群？它是怎样运用假设关系把前后句子(或分句群)的语意紧密联系在一起的？举例说明。

12. 标出下列句群中的关联词语，指出句群的基本类型，并说明使用的是哪种组合方式。

① 对于一个在北平住惯的人，像我，冬天要是不刮大风，便觉得是奇迹；济南的冬天是没有风声的。对于一个刚由伦敦回来的人，像我，冬天要能看得见日光，便觉得是怪事；济南的冬天是响晴的。

(老舍《济南的冬天》)

② 我们中间几个年长的仍然慢慢的摇着船，几个到后舱去生火，年幼的和我都剥豆。不久豆熟了，便任凭航船浮在水面上，都围

起来用手撮着吃。吃完豆,又开船,一面洗器具,豆荚豆壳全抛在河水里,什么痕迹也没有了。(鲁迅《社戏》)

③ 我的脑袋是石头做的,比别人的硬?还是比别人多长着颗脑袋?(王东海《柳大翠一家的故事》)

④ 当然我们也不能忘掉人的作用。例如,在建筑兰新铁路的时候,一个山头在几分钟内就被炸掉了,这相对地质作用的速度可要快多了。(陶世龙《时间的脚印》)

⑤ 在学习马列主义、毛泽东思想的同时,对我们更多的干部来说,要抓三个方面的学习。一个是学习经济理论,就是掌握现代化社会主义建设的经济规律。一个是学习科学技术,就是掌握现代化建设的自然规律。还有一个是学习管理,就是在掌握经济规律和自然规律的基础上学会科学管理。不懂得这三样学问,就不可能领导好高速度、高水平的现代化社会主义建设。

(《人民日报》特约评论员《伟大转变和重新学习》)

⑥ 爷爷是个风火性儿,一怒之下,就把何满子拴在了葡萄架的立柱上,系的是拴贼扣儿,跑不了更飞不了。而且,在他面前扔下一个纸盒,盒子里有一百个方块字码,还有一块石板和一支石笔,勒令他在这一个歇晌的工夫,把这一百个字写下来。

(刘绍棠《蒲柳人家》)

⑦ 南极也有自己的恐龙、两栖动物和其他在恐龙时代繁盛的植物和动物。然而,这些生物的命运比其他同类要悲惨得多,因为板块把它们向南携带到了极地。

(阿西莫夫《恐龙无处不有》,孟庆任译)

⑧ 我觉得苏州园林是我国各地园林的标本,各地园林或多或少都受到苏州园林的影响。因此,谁如果要鉴赏我国的园林,苏州园林就不该错过。(叶圣陶《苏州园林》)

⑨ 无论准确也好,鲜明、生动也好,就语言方面讲,字眼总要用

得恰如其分。这样,表现的概念才会准确,也才能使人感到鲜明。（郭沫若《关于文风问题》）

⑩ 我们大家辛辛苦苦为的是什么？就为的一个心愿:要把死的变成活的;把臭的变成香的;把丑的变成美的;把痛苦变成欢乐;把生活变成座大花园。(杨朔《京城漫记》)

⑪ 再看另一张照片,是他在同一些农民交谈。你假如不明真相,根本就猜不出坐在老农中间的列夫是个有地位有钱财的人,他的门第和身份大大不同于格里高、伊凡、伊利亚、彼得等在场的所有人。(茨威格《列夫·托尔斯泰》,王雪飞译)

⑫ 雨变得更轻,也更深情了,水声在屋檐下,水花在窗玻璃上,会陪伴着你的夜梦。如果你怀着那种快乐感的话,那白天的秋雨也不会使人厌烦。(刘湛秋《雨的四季》)

第三节 句群的组合方式

句群作为最大的语言单位,是由句子按照一定的规则组合而成的。汉语的主要语法手段是语序和虚词,各级语言单位的组合,不管是由语素组合成词、由词组合成短语、由词或短语组合成句子,还是由单句组合成复句、由单句或复句组合成句群,都主要靠语序和虚词这两种语法手段。所以,利用语序进行组合、使用关联词语进行组合,就成为句群组合的两种主要语法手段,这一点同复句基本相似。此外,句群的组织还要用到段落和篇章的修辞方式,这主要是利用词语和句子进行接应,在句子之间起到衔接、过渡和照应等作用;或者利用某种辞格来组织句群,使之成为联系几个相关句子的纽带。

下面,分别介绍句群的这几种组合方式。

一、直接组合

句群的直接组合，是指利用语序进行组合，靠句子之间内在的语意联系而构成一个句群。

语序是一种重要的语法手段，它一般不凭借语言形式，只凭借语言意义来组合语法单位。句群里的语序，是句子与句子之间在意义联系和逻辑关系上的排列次序。句群是由两个或几个句子组合而成的，其中先说什么、后说什么，哪个句子在前、哪个句子在后，都是有一定排列次序的，否则就会语无伦次，无法表达一个共同的中心意思。特别是利用语序直接组合而成的句群，句子的排列次序尤为重要，句子之间的联系不依靠关联词语，完全靠句子内在意义的自然衔接。例如：

① 有几回，邻居孩子听得笑声，也赶热闹，围住了孔乙己。他便给他们茴香豆吃，一人一颗。孩子吃完豆，仍然不散，眼睛都望着碟子。孔乙己着了慌，伸开五指将碟子罩住，弯腰下去说道："不多了，我已经不多了。"直起身又看一看豆，自己摇头说："不多不多！多乎哉？不多也。"于是这一群孩子都在笑声里走散了。

（鲁迅《孔乙己》）

这是这篇小说中的一个自然段，描写孔乙己给孩子们吃茴香豆的情景。共由六个句子组成，按照孩子们和孔乙己的动作和话语的先后顺序自然衔接在一起，组成一个承接句群。

② 渤海某海域，海风呼啸，海浪澎湃。辽阔的海面上，我国第一艘航空母舰——辽宁舰斩浪向前。舰岛的主桅杆上，艳红的八一军旗迎风招展。

（蔡年迟、蒲海洋《一着惊海天——目击我国航母舰载战斗机首架次成功着舰》）

这个句群共有三个句子，按照大海、航母、军旗的内在联系，由远及近、由大到小地进行描写,直接组合成一个承接句群,没有使用任何关联词语。

③ 那是力争上游的一种树,笔直的干,笔直的枝。它的干通常是丈把高,像是加过人工似的,一丈以内绝无旁枝。它所有的丫枝一律向上,而且紧紧靠拢,也像是加过人工似的,成为一束,绝不旁逸斜出。它的宽大的叶子也是片片向上,几乎没有斜生的,更不用说倒垂了。它的皮光滑而有银色的晕圈,微微泛出淡青色。

(茅盾《白杨礼赞》)

这个句群共有五个句子,靠语意的内在联系直接组合:开头的句子先总说白杨树“力争上游”和“笔直”的特点,后面的四个句子分别描写它的“干”“丫枝”“叶子”和“皮”,形成一种总说与分述的结构关系,构成一个总分句群。

④ 我赶紧拭干了泪。怕他看见,也怕别人看见。

(朱自清《背影》)

⑤ 我们鉴赏文艺,最大目的无非是接受美感的经验,得到人生的受用。/要达到这个目的,不能够拘泥于文字。必须驱遣我们的想象,才能够通过文字,达到这个目的。

(叶圣陶《驱遣我们的想象》)

这两个句群,也都没有使用关联词语,采用直接组合的方式:例④是因果句群,在后边的句子前面可以加上“因为”;例⑤是转折句群,在第二个句子前面也可以加上“但是”。而作者都没有使用这些关联词语,反而使表达更加简洁有力。

在语言运用中,像这种能够使用关联词语而省去不用的情况是常有的,这在语法手段上,就由关联组合变为直接组合。对于这种句群,因为缺少关联词语的外在标志,就要根据句子之间的语意联系,必要时可使用添加法(添加关联词语),来帮助判定句群的基本类型。

二、关联组合

句群的关联组合，是指利用关联词语进行组合，以此表示句子之间的语意联系和逻辑关系。

使用关联词语组合语法单位(关联法)，也是一种重要的语法手段，它不但可以用来组合短语、句子(包括单句和复句)，还可用来组织句群。对于关联词语，我们已在复句一章里做过介绍。在句群中使用的关联词语，远比复句里所用到的要宽泛得多，不但要用到起关联作用的连词和副词等，还大量运用各种关联短语，如用“一方面……另一方面……”“一是……二是……三是……”等来表示并列关系，用“由此看来”“正因为如此”等来表示因果关系，用“只有这样”“这样一来”等来表示条件关系，用“为了这些”“为的是”等来表示目的关系，用“总而言之”“总起来说”等来表示总分关系，用“意思是”“这就是说”等来表示解说关系，等等。

句群是由两个以上的单句或复句组合而成的。在句子组合的过程中，除了可以利用语序直接进行组合外，有时还需要在后面的句子里使用关联词语，才能同前面的句子衔接起来，并明确表示出前后句子之间的语意和逻辑关系，在这种情况下，关联词语就是必不可少的。因此，关联组合就成为组织句群的一种重要语法手段。例如：

①“神舟六号”和“神舟七号”升空后，航天员都产生过这种错觉，但他们已有心理准备，因为我跟他们仔细说过。而且，飞船舱体也经过改进，内壁上下刷着不同的颜色，天花板是白色的，地板是褐色的，这样便于帮助航天员迅速调整感觉。(杨利伟《太空一日》)

这是一个递进句群，以在后一个句子前使用“而且”为标志。这里所说航天员的“这种错觉”，指的是人体处于失重状态时总感觉到脑袋朝下，因作者是“神舟五号”航天员，第一次上太空时已有这种经验，在他已向神六、神七航天员介绍这种情况的基础上，又改进了飞船舱体内壁的颜色，因而用“而且”来表示这种递进关系。如果去掉这个关联词语，后面的句子就同前面衔接不上，递进关系也不明显。

② 1943 年的开罗会议上人们发现，各国之间的联合是不可预期的。|然而，大雁的这种联合观念已经有很长时间了。‖每年 3 月，它们都要用自己的生命来为实现这个基本的信念做赌注。

（利奥波德《大雁归来》，侯文蕙译）

这是一个二重转折句群，以在第二个句子前使用“然而”为标志。其中后边转折的部分又多出一层，后两个句子之间是承接关系。如果去掉这个关联词语，前后两层意思的转折关系就不这么明显，后面两个句子的语意也不能凸显，又同第一个句子无法衔接。

③ 言所以达意，然而意决不是完全可以言达的。|因为言是固定的，有迹象的；意是瞬息万变，是缥缈无踪的。‖言是散碎的，意是混整的。‖言是有限的，意是无限的。‖以言达意，好像用断续的虚线画实物，只能得其近似。（朱光潜《无言之美》）

这是一个三重因果句群，以在第二个句子前使用“因为”为标志。其中后面的原因部分又多出两层，中间三个句子与最后一个句子构成因果关系（第二层），中间三个句子之间是并列关系（第三层）。如果不使用关联词语“因为”，前后两个部分的因果关系就不这么明显，衔接也不够紧密。

三、语句接应

所谓语句接应，就是使用特定的短语或句子进行接应，使之成为衔接句子、贯通语意的重要手段，由此把两个或两个以上的句子组织成为一个句群。

语句接应，是组织段落和篇章的一种消极修辞方式，因而能够成为组织句群的重要辅助手段。它实质上也是一种广义的关联法，只是不使用关联词语，而使用特定的语句罢了。语句接应已经超出了语法学的范畴，属于段落和篇章修辞的内容。句群是最高一级语言单位，它介于句子和段落之间，有时一个句群就可以单独构成一个段落，因此可以说句群是段落和篇章的基础。所以，句群的组织必然要涉及段落和篇章的修辞方法，除了使用直接组合和关联组合这两种语法手段外，也需要使用必要的修辞手段作为补充。正因为如此，在语言运用的实践中，语句接应成为组织句群的辅助手段之一。

句群内部的语句接应，主要包括词语照应法和句子过渡法两种形式，下面分别做简要介绍。

（一）词语照应法

所谓词语照应法，就是在句群内部的句子之间，使用相同或相关的词语进行照应，以达到显示层次、衔接句子的目的。

组织句群的词语照应法，既可以使用相同的词语进行照应，也可以使用相近或相关的词语进行照应。例如：

① 这次冲锋，像从云端中跃出的闪电，使黄维摆在双堆集上的那些重炮和坦克，统统被取消了发言权。这次冲锋，像个疾雷，使一向狂妄猖獗的“老虎团”，在这锐不可当的一击下面被勾销了“户头”。这次冲锋，像一把锋利的尖刀，刺进黄维兵团司令部的咽喉。

（谢雪畴《“老虎团”的结局》）

② 我老老实实地走过这一生，时而向前，时而后退，有时走得快，有时走得慢，无论是在生活中，或者在写作上，我都认真地对待自己。‖我欺骗过自己，也因此受到了惩罚。‖我不曾玩弄人生，也不曾美化人生。‖我思考，我探索，我追求。|我终于明白生命的意义在于奉献，而不在享受。（巴金《再活一次》）

这两个句群，都是使用相同的词语进行照应：例①是一个并列句群，在每个句子的前面都使用了"这次冲锋"这个短语，把三个句子紧密衔接起来，生动形象地描绘出我军的迅猛攻势；例②是一个二重因果句群，前边四个句子与最后一个句子构成因果关系（第一层），前边四个句子之间是并列关系（第二层）。整个句群在各个句子前都反复使用了人称代词"我"进行照应，总结自己的一生得失和所得出的结论，使这个句群既层次清楚又衔接紧密。

③ 从远处看，郁郁苍苍，重重叠叠，望不到头。到近处看，有的修直挺拔，好似当年山头的岗哨；有的密密麻麻，好似埋伏在深坳里的奇兵；有的看来出世还不久，却也亭亭玉立，别有一番神采。

（袁鹰《井冈翠竹》）

④ 茫茫无际的冬日蓝天上，孤孤单单的小群征雁，排成"人"字，向南飞去。/蓝天下，群山中，崎岖坎坷的羊肠小路上，队伍在行进。这支剩下来的农民武装，连兵带将只有十五人，忍受着饥饿、疲惫和创伤的疼痛，心情沉重，在荒山野谷中不停地走呀走。

（姚雪垠《李自成》）

这两个句群都是并列句群，都使用相近或相关的词语进行照应：例③前后两个句子（后边的句子在分句之间使用分号，是一个三项并列的复句），分别使用"从远处看"和"到近处看"进行照应，把两个句子紧密衔接在一起，从远近两个角度描写出井冈翠竹的雄姿；例④在"征雁"和"队伍"两层意思里分别使用"蓝天上"和"蓝天下"进行照应，通过两种情景的相互映衬，表现出李自成起义失败后的凄惨处境。

（二）句子过渡法

所谓句子过渡法，就是通过使用过渡句的方法来承上启下，把前后句子的内容衔接起来，组成一个句群。

过渡，是句子或段落进行衔接的重要手段，一般在语意转换时都需要过渡。因此，在篇章里有时会有过渡段，在段落里有时会有过渡句。过渡的方法应用于句群之中，也是作为句子或层次之间进行衔接的一种手段，通过一个起过渡作用的句子或短语，把前后的句子或层次衔接起来，使之语意贯通、表达顺畅。例如：

① 我曾见过北京什刹海拂地的绿杨，脱不了鹅黄的底子，似乎太淡了。我又曾见过杭州虎跑寺近旁高峻而深密的“绿壁”，重叠着无穷的碧草与绿叶的，那又似乎太浓了。其余呢，西湖的波太明了，秦淮河的又太暗了。（朱自清《绿》）

这是一个并列句群，描写温州梅雨潭的绿：前两个句子拿北京什刹海的绿杨和杭州虎跑寺的“绿壁”同梅雨潭的绿相比较，最后一个句子又用西湖的波和秦淮河的水相比较，在前面使用“其余呢”进行过渡，使之与前两个句子紧密衔接，构成一种并列关系。

② 我对松树怀有敬意的更重要的原因却是它那种自我牺牲的精神。/你看，松树的干是用途极广的木材，并且是很好的造纸原料；松树的叶子可以提制挥发油；松树的脂液可制松香、松节油，是很重要的工业原料；松树的根和枝又是很好的燃料。更不用说在夏天，它用自己的枝叶挡住炎炎烈日，叫人们在如盖的绿荫下休憩；在黑夜，它可以劈成碎片做成火把，照亮人们前进的路。/总之一句话，为了人类，它的确是做到了“粉身碎骨”的地步了。

（陶铸《松树的风格》）

这是一个总分句群，在结构上是“总—分—总”式，在语意转换的地方，有三处使用句子或短语进行过渡：前边由总说转入分述的地方，使用“你看”进行过渡；中间由松树的物质用途转为精神用途的地方，使用“更不用说”进行过渡；后面由分述转为总说的地方，又使用“总之一句话”这个句子进行过渡。这样，就使各个层次衔接紧密，表达顺畅，高度赞美了松树的自我牺牲精神。

四、辞格接应

所谓辞格接应，就是指运用某种辞格将两个或两个以上的句子联系起来，通过积极修辞手法组织成为一个句群。

辞格接应，是积极修辞手法在组织句群和段落中的应用。用某种辞格来组织句群，对整个句群的内容具有结构和提领作用，并使这种辞格成为联系几个相关句子的纽带。也就是说，通过应用某种辞格，可以将所要表达的内容组织成一个句群，并通过这种辞格的结构形式和表现方法，将各个相关的句子紧密联系在一起。

据我们考察，在组织句群和段落中常用的辞格有设问、反复、比喻、拟人、衬托、对比、排比、顶真、拈连、呼告、示现等很多种。我们下边举出几个例子来看一下：

① 一个外国人，毫无利己的动机，把中国人民的解放事业当作他自己的事业，这是什么精神？这是国际主义的精神，这是共产主义的精神，每一个中国共产党员都要学习这种精神。

（毛泽东《纪念白求恩》）

这是用设问辞格组织的解说句群，第一个句子用疑问语气提出问题，第二个句子用陈述语气作出回答，由此构成解说关系。这种自问自答的表达形式，可以成为组织句群的结构方法，并把相关的内容紧密联系在一起。

② 残山剩水犹如是。皇天后土犹如是。纭纭黔首、纷纷黎民从北到南犹如是。（余光中《听听那冷雨》）

这是一个用反复辞格组织的并列句群，由三个单句构成，每个单句的后面都反复使用了“犹如是”，说这些都同安东尼奥尼镜头里面的画面相似，但那里面却都不是中国，表达了作者对故土的深深思念。

③ 我们可以不美丽，但我们健康。我们可以不伟大，但我们庄

严。我们可以不完满，但我们努力。我们可以不永恒，但我们真诚。

（毕淑敏《精神的三间小屋》）

这是一个用排比辞格构成的并列句群，由四个复句构成，由于每个复句的结构相同，相对应的分句都使用了“我们可以”和“但我们”，所以构成了整齐的排比形式，把每个人“建立精神的栖息地”的权利和义务表述得鲜明而具体。

④ 文字是一道桥梁。/这边的桥堍站着读者，那边的桥堍站着作者。通过了这一道桥梁，读者才和作者会面。不但会面，并且了解作者的心情，和作者的心情相契合。（叶圣陶《驱遣我们的想象》）

这是用比喻辞格组织的解说句群，共由四个句子组成，后面三个句子对第一个句子进行解释和说明：把文字比喻为“一道桥梁”，把读者和作者比喻为站在“桥堍”（桥两头靠近平地的地方）两边的人，把读者阅读作者的作品比喻为通过这道桥梁同作者会面。这种对于文字、读者、作者三者关系的解说，既形象又具体，把深奥的道理讲得浅显易懂。

⑤ 一会儿，一轮红日从东山顶上冉冉上升，霞光万道，立即照红了半边天。就在这时候，一面红旗在日边渐渐举起。先见麾头，再见大旗，最后看见一小队人马从山背后登上山顶。红旗在红日边迎风招展，一小队人马衬托在橙红色的天空上，就像剪影，玲珑剔透，分外鲜明。（杨石《红旗》）

这是用衬托辞格组织的承接句群，由四个句子组成，第一个句子写“红日”，第二个句子写“红旗”，第三个句子写登上山顶的“一小队人马”，第四个句子写三者相互映衬的壮丽景象，景物描写与事件叙述紧密结合、浑然一体，使红军队伍的形象更加鲜明。

⑥ 有个农村叫张家庄。张家庄有个张木匠。张木匠有个好老婆，外号叫个“小飞蛾”。小飞蛾生了个女儿叫“艾艾”，算到一九五〇年阴历正月十五元宵节，虚岁二十，周岁十九。（赵树理《登记》）

这是用顶真辞格组织的承接句群，下一个句子的开头顶接着上一个句子的结尾，使用相同的词语，首尾蝉联，既使句子之间的联系格外紧密，又使语言表达别有情趣。

⑦ 雷锋啊，你虽然生活在二十世纪的六十年代，但人们从你身上，也从千千万万革命战士的身上，看见了未来的人类，共产主义的人类。在这些日子，我常常看见你，看见你那褪了色的军衣，看见你那谦逊的微笑，你是以多么崇高的精神，招引着人们前进啊！

（魏巍《路标》）

这是一个因果句群，前面的句子说结果，后面的句子说原因。运用呼告辞格组织起来，直接同雷锋述说，既充分表达了作者的由衷赞美之情，又使雷锋精神得到升华。

前面所说的其他几种辞格，在一定的语言条件下也能组织句群，这里不再一一列举。

以上，我们介绍了句群的几种组合方式，其中既有语法手段，又有修辞方式。了解了这些方法，就基本上掌握了句群的组合方式，这对于我们在阅读和写作中，正确识别、分析和使用句群这一级最大的语言单位，都会有很大的帮助。

思考与练习三

1. 句群的组合方式主要有哪几种？其中哪些是语法手段、哪些是修辞方式？

2. 什么是句群的直接组合？句群里的语序指的是什么？举例说明。

3. 什么是句群的关联组合？在句群中使用关联词语有什么特点？举例说明。

4. 什么是语句接应？为什么说语句接应是组织段落和篇章的一种消极修辞方式？语句接应为什么可以成为组织句群的重要辅助手段？

5. 什么是词语照应法？什么是句子过渡法？分别举例说明。

6. 什么叫辞格接应？辞格在组织句群中具有怎样的作用？举例说明。

7. 指出下列句群的基本类型，并说明是用哪种语法手段或修辞方式组合而成的。

① 站在罗布泊边缘，会突然感到荒漠是大地裸露的胸膛，大地在这里已脱尽了外衣，露出自己的肌肤筋骨。站在罗布泊边缘，你能看清那一道道肋骨的排列走向，看到沧海桑田的痕迹，你会感到这胸膛里面深藏的痛苦与无奈。（吴岗《罗布泊，消逝的仙湖》）

② 自然，在热带的地方，日光是永远那么毒，响亮的天气反有点儿叫人害怕。可是，在北中国的冬天，而能有温晴的天气，济南真得算个宝地。（老舍《济南的冬天》）

③ 我走出了教室，站在爸爸面前。爸爸没说什么，打开了手中的包袱，拿出来的是我的花夹袄。他递给我，看着我穿上，又拿出两个铜板来给我。（林海音《爸爸的花儿落了》）

④ 他们往往要亲眼看着黄酒从坛子里舀出，看过壶子底里有水没有，又亲看将壶子放在热水里，然后放心；在这严重监督之下，羼水也很为难。所以过了几天，掌柜又说我干不了这事。幸亏荐头的情面大，辞退不得，便改为专管温酒的一种无聊职务了。

（鲁迅《孔乙己》）

⑤ 现在庙会又多了一样新鲜的，放风筝。您瞧，这位老者悠闲自得的，放得有滋有味儿。（《今日京华·京都庙会》解说词）

8. 指出下列句群的基本类型，并说明是采用哪种辞格组织起来的，有什么特殊的表达效果。

① 谁是我们最可爱的人呢？我们的战士，我感到他们是最可爱的人。（魏巍《谁是最可爱的人》）

② 学习有两种态度。一种是教条主义的态度，不管我国情况，

适用的和不适用的，一起搬来。这种态度不好。另一种态度，学习的时候用脑筋想一下，学那些和我国情况相适合的东西，即吸取对我们有益的经验，我们需要的是这样一种态度。

（毛泽东《关于正确处理人民内部矛盾的问题》）

③ 每一个舞姿都充满了力量。每一个舞姿都呼呼作响。每一个舞姿都是光和影的匆匆变幻。每一个舞姿都使人战栗在浓烈的艺术享受中，使人叹为观止。（刘成章《安塞腰鼓》）

④ 没有风，海自己醒了，喘着气，转侧着，打着呵欠，伸着懒腰，抹着眼睛。因为岛屿挡住了它的转动，它狠狠地用脚踢着，用手推着，用牙咬着。它一刻比一刻兴奋，一刻比一刻用劲。岩石也仿佛渐渐战栗，发出抵抗的嗥叫，击碎了海的鳞甲，片片飞散。（鲁彦《听潮》）

第四节　多重句群及其分析方法

朱德熙先生指出："所有的人类语言的语法构造都是有层次的，层次性是语言的本质属性之一。"[①]汉语的各级语言单位——语素、词、短语、句子（单句和复句）和句群，除了语素以外，都是由它的下一级语言单位按照一定的语法规则组合而成的（句群的组合还有其他修辞方式）。当两个语言单位进行组合时，在结构上就会形成一个层次；当多个语言单位进行组合时，由于组合的先后次序不同，在结构上又会形成两个以上不同的层次，这就是语法结构的层次性。

句群作为最大的语言单位，是由两个或两个以上的句子（包括单句和复句）组合而成的。句子在组合过程中，也会形成不同的结构层次。了解和掌握句群的结构层次很有必要，它是分析和使用句

① 朱德熙：《语法答问》，商务印书馆，1985，第 58 页。

群的一把钥匙。我们在这一节里，主要介绍句群的结构层次和多重句群的分析方法。

一、句群的结构层次

句群的结构层次，是指句群内部的句子在组合结构上的层次性，它是由句子之间的意义联系和组合时的先后次序所形成的。

句群里的句子，虽然是呈线性排列的，但句子组合的先后次序，并不完全按照这种线性排列的次序。特别是具有两种以上结构关系的多重句群，一般都是意义联系紧密的两个或两个以上的句子首先组成一个分句群（句群内部包含的较小句群称为分句群，下同），然后再同其他句子或分句群进行组合，这就形成了句群内部的不同结构层次。例如：

例①：㈠曾经有一个流传甚广的说法，航天员在太空唯一能看到的建筑就是长城。‖㈡我和大家的心情一样，很想验证这个说法。|㈢我几次努力寻找长城，但是没有结果。‖㈣“神舟六号”和“神舟七号”飞行时，我曾叮嘱航天员们仔细看看，但他们也没看到长城。

（杨利伟《太空一日》）

这是一个由四个句子组成的二重句群，其基本类型是转折句群（依据第一个层次的结构关系确定，下同），其组合的先后次序和结构关系是：㈠和㈡首先进行组合，构成一个小的承接句群（第二层）；同时㈢和㈣也首先组合，构成一个小的并列句群（同为第二层）；最后这两个小的句群（分句群）再进行组合，构成一个更大的转折句群（第一层）。这样，这个句群的句子之间就有转折、承接、并列三种结构关系，由此形成了两个不同的结构层次，如下图所示：

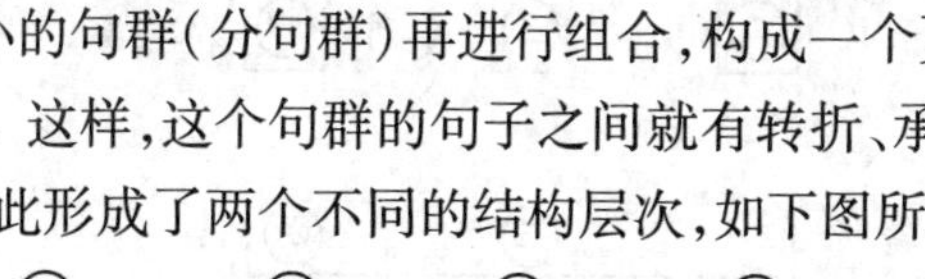

以上这个句群，只有两个结构层次。还有比这句子更多、结构

层次和结构关系更为复杂的句群。例如：

例②：㈠就在我十一二岁时候的这一年，这日期也看看等到了。|㈡不料这一年真可惜，在早上就叫不到船。‖㈢平桥村只有一只早出晚归的航船是大船，决没有留用的道理。|||㈣其余的都是小船，不合用；央人到邻村去问，也没有，早都给别人定下了。

（鲁迅《社戏》）

这是一个由四个句子组成的三重句群，其基本类型是转折句群，其组合的先后次序和结构关系是：㈢与㈣首先进行组合，组成一个并列关系的分句群（第三层）；它再同前面的㈡进行组合，构成一个因果关系的分句群（第二层）；最后，这个因果关系的分句群再同前边的㈠进行组合，构成一个更大的转折句群（第一层，以关联词语“不料”为标志）。其句子之间的组合次序和结构关系如下图所示：

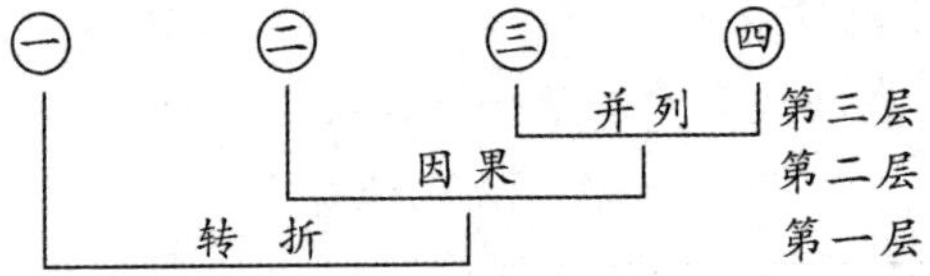

以上，我们是为了说明句子组合的先后次序，采用由小到大的层次分析法进行分析的。如果从句群的整体着眼，可采用从大到小的分析方法，更方便划分句群的结构层次和确定句群的基本类型，如下图所示：

例①：

例②：

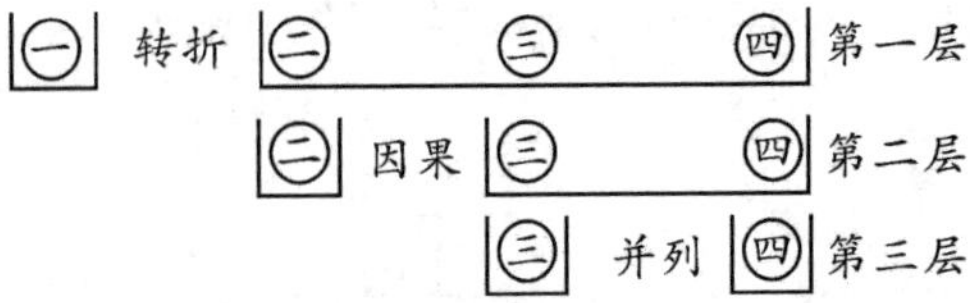

通过对以上两例的分析可以看出，掌握句群内部句子之间组合

的先后次序很重要，它能够弄清句群的结构层次是怎样形成的，句子之间具有怎样的结构关系，并有助于确定句群的基本类型。特别是对于结构复杂的句群，我们必须懂得它的内部构造，才能正确地进行分析，并准确把握其思想内容。

二、多重句群的分析方法

根据句群的结构层次，可以将句群分为一重句群和多重句群两大类。**在结构上只有一个组合层次的句群叫作一重句群**。多数一重句群只由两个句子组成，并列、承接、选择关系的有多项排列的情况，但在结构上仍然属于一个层次。一重句群比较简单，易于分析和组织，因而最为常用。**在结构上具有两个以上组合层次的句群叫作多重句群**。多重句群的组合结构比较复杂，组成单位除了有单句和复句外，有时还有若干分句群，句子和分句群之间往往具有多种结构关系。根据结构层次的多少，多重句群可分为二重句群、三重句群、四重句群、五重句群、六重句群等。其中常用的是二重句群和三重句群，四重以上的句群用得较少。

多重句群分析的主要内容是：划分句群内部的结构层次；分析各个层次及句子之间的结构关系（逻辑和语意关系）；确定句群的基本类型。正确确定句群的基本类型很重要，这有助于我们从总体上把握句群的中心意思。

分析多重句群，与分析多重复句的方法和步骤基本相同，只是分析时以句子为单位（分析多重复句以分句为单位），表意更具有整体性。分析多重句群仍采用层次分析法，既可使用加线标示法，也可使用框式图解法。为了便于把握多重句群的整体结构，一般都从大到小进行分析：首先综观整个句群，找准第一个层次（这很关键，如果第一层找错了，往下就全错了，甚至导致无法进行分析）；然后再层层二分，每个分句群二分（只有当三项以上并列时才多分）；同时标明各个层次和句子之间的结构关系，一直分析到都是单个的句子为止。

下面，分别采用加线标示法和框式图解法，来分析几个多重句群，具体看一下分析的步骤和方法：

① ㊀ 这故事很使我觉得做人之险，夏夜乘凉，往往有些担心，不敢去看墙上，而且极想得到一盒老和尚那样的飞蜈蚣。‖㊁走到百
承接
草园的草丛旁边时，也常常这样想。|㊂但直到现在，总还是没有得到，
转折
但也没有遇见过赤练蛇和美女蛇。‖㊃叫我名字的陌生声音自然是常
解说
有的，然而都不是美女蛇。

（鲁迅《从百草园到三味书屋》）

框式图解法（从大到小，下同）：

句群的基本类型：转折句群

② ㊀ 要人家服，只能说服，不能压服。‖㊁压服的结果总是压而
承接
不服。|㊂以力服人是不行的。‖㊃对付敌人可以这样，对付同志，对付
因果 承接
朋友，绝不能用这个方法。

（毛泽东《在中国共产党全国宣传工作会议上的讲话》）

框式图解法：

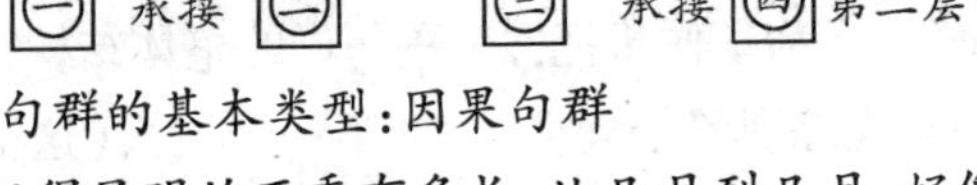

句群的基本类型：因果句群

③ ㊀ 我不记得昆明的雨季有多长，从几月到几月，好像是相当长的。|㊁但是并不使人厌烦。‖㊂因为是下下停停，停停下下，不是
转折 因果

连绵不断，下起来没完，而且并不使人气闷。|||㊃我觉得昆明雨季气

承接

压不低，人很舒服。（汪曾祺《昆明的雨》）

框式图解法：

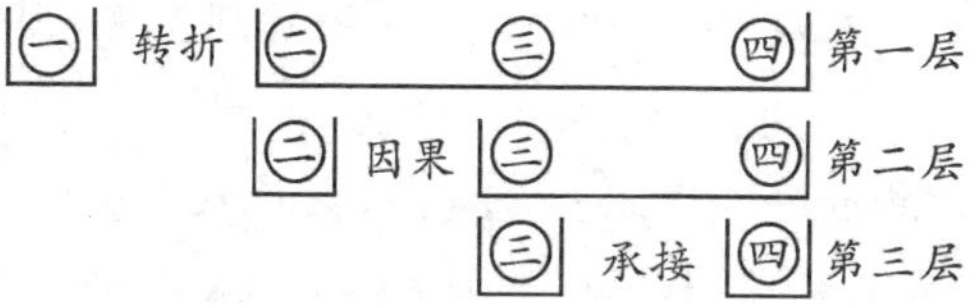

句群的基本类型：转折句群

④ ㊀他拉过身旁的氧气筒，气压表上的红针表明还剩下最后几十个压力的氧气。‖㊁但是，他的眼前出现了正在向顶峰冲击的战

转折

友们的背影。|||㊂他知道他的战友们从顶峰胜利归来时，将比他更

承接

需要氧气的支援。|㊃他决定，宁愿自己忍受窒息的痛苦甚至死亡的

因果

威胁，也要把最后一点氧气留给战友。‖㊄他毅然把氧气筒放回原来

承接

的地方，自己昏昏睡去……

（郭超人《登上地球之巅》）

框式图解法：

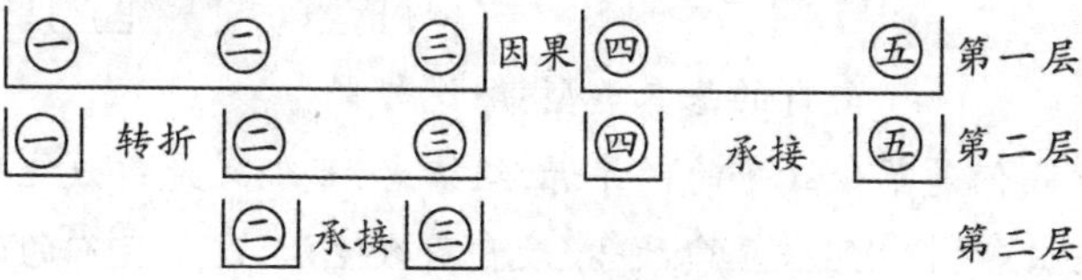

句群的基本类型：因果句群

上面分析的是两个二重句群和两个三重句群，这是两种经常使用的多重句群。此外，还有比这更复杂的多重句群，其分析方法都

是相同的，只是结构层次更多、结构关系更为复杂，需要更加周密准确地进行分析。下面，我们来分析一个四重句群、一个五重句群、一个六重句群，具体看一下是什么情况：

⑤ ㊀ 在文风方面，叶圣陶先生还特别重视“简洁”。| ㊁简洁应
解说
该是写话之内的一项要求，这里提出来单独说说，是因为叶圣陶先生常常提到，有针对性。||| ㊂他是带着一些感慨说的：“你写成文章，给人
承接
家看，人家给你删去一两个字，意思没变，就证明你不行。” || ㊃关于繁简，
解说
关于修改，鲁迅提到的是字句段。||| ㊄叶圣陶先生只说字，我的体会，
转折
一是偏重用语，二是意在强调，精神是可简就绝不该繁。|||| ㊅可是现实
转折
呢，常常是应简而偏偏要繁。 （张中行《叶圣陶先生二三事》）

框式图解法：

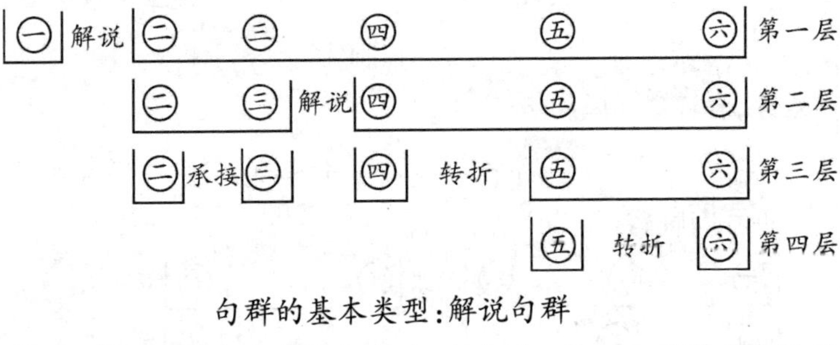

句群的基本类型：解说句群

⑥ ㊀ 我们是革命战争的领导者、组织者，我们又是群众生活的领导者、组织者。|| ㊁组织革命战争，改良群众生活，这是我们的两大
承接
任务。| ㊂在这里，工作方法的问题，就严重地摆在我们面前。|| ㊃我们
因果 因果

不但要提出任务，而且要解决完成任务的方法问题。‖ ㈤我们的任

解说

务是过河，但是没有桥或没有船就不能过。‖‖ ㈥不解决桥或船的问题，

假设

过河就是一句空话。‖‖ ㈦不解决方法问题，任务也只是瞎说一顿。

并列

（毛泽东《关心群众生活，注意工作方法》）

框式图解法：

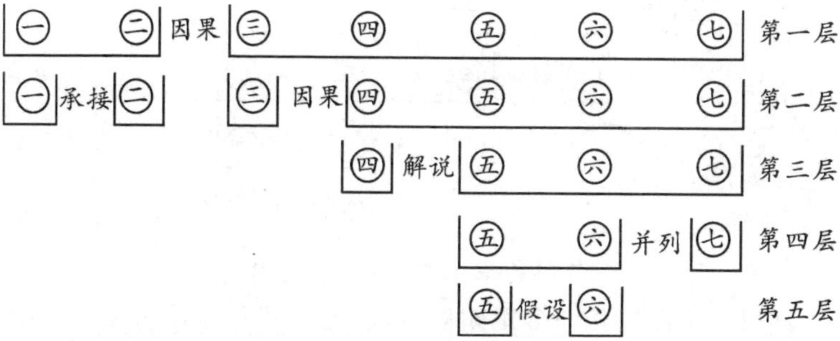

句群的基本类型：因果句群

⑦ ㈠“正确答案只有一个”这种思维模式，在我们头脑中已不知不觉地根深蒂固。‖ ㈡事实上，若是某种数学问题的话，说正确答案只

解说

有一个是对的。‖ ㈢麻烦的是，生活中大部分事物并不像某种数学问

转折

题那样。‖‖ ㈣生活中解决问题的方法并非只有一个，而是多种多样。

解说

‖‖‖ ㈤由于情况的变化，原来行之有效的方法，到了现在往往不灵了。

因果

‖‖‖‖ ㈥正因为如此，如果你认为正确答案只有一个的话，当你找到某个

因果

答案以后,就会止步不前|㊆因此,不满足于一个答案,不放弃探求,这一

因果

点非常重要。

(罗迦·费·因格《谈创造性思维》,郭常义、胡晓丁译)

框式图解法:

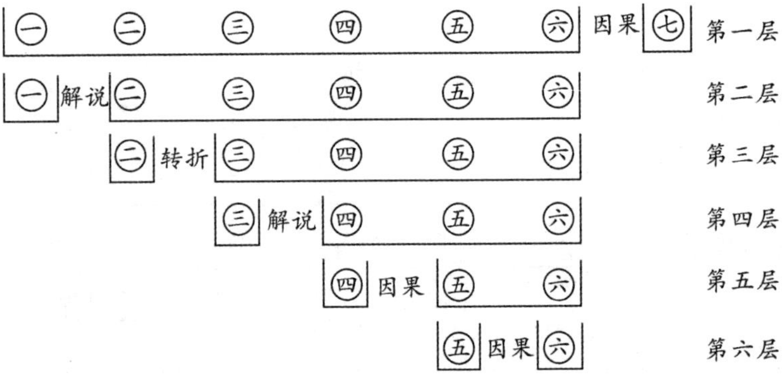

句群的基本类型:因果句群

通过分析以上几个多重句群可以看出,采用层次分析法(从大到小)能够把握句群的总体结构,便于划分句群的组合层次,便于弄清层次和句子之间的结构关系。两种标示方法相比较,加线标识法简便易行,但需要逐层理清句子之间的结构关系,还要特别注意分清相邻的句子各自属于哪个层次或哪个分句群;框式图解法虽然费点工夫,但标示得直观清晰,各个层次和句子之间的结构关系一目了然。所以在分析结构复杂的多重句群时,还是使用框式图解法更好一些。

思考与练习四

1. 什么是句群的结构层次?掌握句群内部句子组合的先后次序有什么重要作用?举例说明。

2. 什么叫一重句群、多重句群?它们各自有什么特点?

3. 多重句群分析的主要内容是什么?根据什么确定多重句群

的基本类型？正确确定句群的基本类型有什么重要作用？

4. 采用层次分析法分析多重句群的方法和步骤是什么？常用的是哪两种具体方法？

5. 分别用加线标示法和框式图解法分析下列多重句群，并确定句群的基本类型。

① 双喜所虑的是用了八公公船上的盐和柴，这老头子很细心，一定要知道，会骂的。然而大家议论之后，归结是不怕。他如果骂，我们便要他归还去年在岸边拾去的一枝枯柏树，而且当面叫他“八癞子”。（鲁迅《社戏》）

② 我们在一起的时候，常常谈到写文章，他不止一次地说：“写成文章，在这间房里念，要让那间房里的人听着，是说话，不是念稿，才算及了格。”他这个意见，不同的人会有不同的反应。譬如近些年来，有不少人是宣扬朦胧的，还有更多的人是顺势朦胧的，对于以简明如话为佳文的主张，就必付之一笑。而叶先生则主张写完文章后，可以自己试念试听，看像话不像话，不像话，坚决改。叶圣陶先生就是这样严格要求自己的，所以所作都是自己的写话风格，平易自然，鲜明简洁，细致恳切，念，顺口，听，悦耳，说像话还不够，就是话。（张中行《叶圣陶先生二三事》）

③ 应该承认，好读书这个习惯的养成是很重要的。如果根本不读书或者不喜欢读书，那么，无论说什么求甚解或不求甚解就都毫无意义了。因为不读书就不了解什么知识，不喜欢读也就不能用心去了解书中的道理。一定要好读书，这才有起码的发言权。真正把书读进去了，越读越有兴趣，自然就会慢慢了解书中的道理。一下子想完全读懂所有的书，特别是完全读懂重要的经典著作，那除了狂妄自大的人以外，谁也不敢这样自信。而读书的要诀，全在于会意。对于这一点，陶渊明尤其有独到的见解。所以，他每每遇到真正会意的时候，就高兴得连饭都忘记吃了。（马南邨《不求甚解》）

参考书目

1. 张志公. 语法和语法教学——介绍“暂拟汉语教学语法系统”[M]. 北京:人民教育出版社,1957.

2. 张志公. 汉语知识[M]. 北京:人民教育出版社,1979.

3. 张志公. 语文论坛(一)[M]. 北京:知识出版社,1982.

4.《中国语文》杂志社. 汉语析句方法讨论集[M]. 上海:上海教育出版社,1984.

5. 人民教育出版社中学语文室. 中学教学语法系统提要(试用)[M]. 北京:人民教育出版社,1984.

6. 黄成稳. 新教学语法系统阐要[M]. 杭州:浙江教育出版社,1986.

7. 胡裕树. 现代汉语(重订本)[M]. 上海:上海教育出版社,2011.

8. 黄伯荣,廖序东. 现代汉语(增订五版)[M]. 北京:高等教育出版社,2011.

9. 唐朝阔,王群生. 现代汉语(第二版)[M]. 北京:高等教育出版社,2012.

10. 应雨田,宋仲鑫,陈庆武. 现代汉语教程(增订版)[M]. 北京:当代中国出版社,1998.

11. 邢福义. 现代汉语[M]. 北京:高等教育出版社,1991.

12. 邢公畹. 语言学概论[M]. 北京:语文出版社,1992.

13. 吕叔湘,朱德熙. 语法修辞讲话[M]. 北京:中国青年出版社,1979.

14. 吕叔湘. 汉语语法分析问题[M]. 北京:商务印书馆,1979.

15. 吕叔湘. 语文常谈[M]. 上海:生活·读书·新知三联书店,1980.

16. 朱德熙. 语法讲义[M]. 北京:商务印书馆,1982.

17. 朱德熙. 语法答问[M]. 北京:商务印书馆,1985.

18. 林裕文. 词汇、语法、修辞[M]. 上海:上海教育出版社,1985.

19. 陆俭明. 陆俭明自选集[M]. 郑州:河南教育出版社,1993.

20. 袁晖,戴耀晶. 三个平面:汉语语法研究的多维视野[M]. 北京:语文出版社,1998.

21. 吴为章,田小琳. 汉语句群[M]. 北京:商务印书馆,2000.

22. 郑文贞. 段落的组织[M]. 福州:福建人民出版社,1985.

23. 郑文贞. 篇章修辞学[M]. 厦门:厦门大学出版社,1991.

24. 耿二岭. 汉语拟声词[M]. 武汉:湖北教育出版社,1986.

25. 赵春林,杨树毅. 真诚·严谨·执着——庆贺张万有教授从教科研四十四年暨七十华诞文集[M]. 北京:光明日报出版社,2012.

26. 北京教育学院师范教研室. 语文基础知识[M]. 北京:北京出版社,1979.

27. 北京师范大学中文系语言教研室. 现代汉语语法知识[M]. 北京: 北京出版社,1979.

28. 武占坤,王勤. 现代汉语词汇概要[M]. 呼和浩特:内蒙古人民出版社,1983.

29. 龚千炎. 中国语法学史(修订本)[M]. 北京:语文出版社,1997.

跋

2020年，赤峰学院文学院张万有教授来电，告知马超老先生希望出版《现代汉语语法基础》等书，嘱我审阅，并诚请陕西师范大学孙文忠教授为其题写书名。我有点意外，但有感张万有教授的热心，就答应下来。看完马超先生的书稿，我写下自己的一点感佩，以示对老先生的尊重。

首先，作者的热爱与真诚感人至深。马超先生已届古稀，基于挚爱，他苦研现代汉语，笔耕不辍，抛弃假期和娱乐，完成了这部书稿，且多次请人审阅，几经修改。现呈现于大家的，是他心心念念，执着于此多年的硕果。

其次，书稿体系完备，且有个人的见解。对现代汉语语法的研究，在不同时期有不同的研究体系。马超先生从现代汉语语法的基础出发，以《系统提要》为纲，却不拘泥于此，而是多方吸收，形成了语法体系共性与个性兼备的特点，既揭示了语法的规律，又体现他对现代汉语语法的一些见解。

再次，书稿具有基础性与实用性兼备的特点。《现代汉语语法基础》涉及现代汉语语法最根本、最核心的内容，是人们研究现代汉语本体知识、提升语言应用技巧的基础，因而它的使用范围较为广泛，可作为专门研究的参考文献，也可作为现代汉语学习的工具书。

近期，西安新冠疫情肆虐，但不能阻挡老先生远道而来，出版此书，我为之感动。特请远在四川梓潼写生的孙文忠教授，连夜为《现代汉语语法基础》题写了书名。

陕西师范大学　杜敏

二〇二一年十二月二十四日

后　记

我退休以后还想干点什么，就选定学习和研究现代汉语的语法和修辞。一方面是出于爱好和兴趣，另一方面也觉得有一定的基础。我刚参加工作时曾当过几年初中语文教师，开始讲授一些语法和修辞知识，虽然那时的理解还很肤浅，但却引起了我极大的兴趣。后来做其他工作也大都同语言文字打交道，使我一直酷爱着汉语言文学。我是“老三届”初中毕业生，当年没能上大学。我在部队和地方工作期间，曾先后攻读辽宁大学、内蒙古师范大学的中文专科和本科课程，并分别于1987年6月和1998年6月，获得国家高等教育自学考试汉语言文学专业专科、本科毕业证书，为我以后深入学习和研究打下了一定基础。2012年退休以后，我又购买了很多语法修辞著作和教材，利用退休后的充裕时间进行系统学习、钻研和整理。2014年8月完成了《汉语语法修辞基础》第一部书稿，后来又进一步完善知识体系和充实内容，将其分为《现代汉语语法基础》和《现代汉语修辞基础》两本专著，分别于2018年7月和2020年1月完稿。2020年7月以后，又根据出版社和专家审稿的意见，做了多处修改和补充。

在我这两本书的写作过程中，得到了语言文字学专家、赤峰学院教授张万有先生的悉心指导和帮助。他曾多年担任语言教研室主任，长期致力于现代汉语教学和研究工作，教学成绩显著，科研成果丰硕，出版专著和主编、参编著作30余种，发表论文100余篇。当我经朋友介绍，带着写出的第一部书稿登门拜访，请求他给予指导帮助时，他欣然允诺，这给了我极大的鼓舞，更加坚定了我写作的信心。我家离张先生家不远，在写作过程中我经常去请教，他总是耐心地给我提出具体的指导意见，还毫不保留地给我提供各种参考资料；张先生根据自己多年的教学经验和研究体会，精心帮助我构建语法、修辞两本书的知识体系；在我完成了这两部书稿以后，他又不辞辛劳为我通审全稿，并赐序。在我学习、研究和著述中，十分庆幸能够遇见这样一位德高望重的老师和长者，没有张先生的指导和帮助，没有他为我的倾心付出，我这两本拙著就很难问世。

在我这两本书的出版过程中，得到了陕西人民教育出版社田和平总编辑的大力支持，陕西师范大学杜敏教授在百忙中审定了书稿，提出宝贵的修改意见，并欣然赐写跋语，著名书画家孙文忠先生为本书题写书名，书法家、篆刻家宋英达先生为本书刻制了封底章，责任编辑马晓侠、刘之栋和装帧设计张阳同志也付出了辛勤劳动，此外还得到了陕西翰文图书精典发行有限公司张玉芹女士和党滨先生的积极帮助，在此一并表示衷心的感谢。在我最后到出版社办理此书出版事宜时，正赶上西安新冠疫情防控，我在西安滞留一个多月，这一特殊时期的特殊体验，也让我终生难忘。

我编写这两本书的初衷，就是想认真总结自己平生所爱所学的成果，为祖国的语言学发展贡献一份绵薄之力，特别是给热爱和初学现代汉语语法和修辞的人提供一个入门的向导。但是，我深知自己的知识水平和认识程度有限，书中肯定会有不少遗漏、欠缺和错误之处，恳请学界和读者给予批评指正。

马　超

二〇二二年元旦于西安

作者2021年5月24日在陕西师范大学校园内

— 作者简介 —

马超，男，汉族，1952年1月出生于内蒙古自治区赤峰市翁牛特旗梧桐花镇双岭村，1974年8月加入中国共产党。1968年6月初中毕业回乡，1968年11月参加工作，先后担任双岭学校初中语文教师、双岭大队民兵连长、梧桐花公社武装部副部长；1979年6月转入现役，先后任翁牛特旗武装部政工科干事、赤峰军分区政治部宣传科干事；1988年1月转业，先后任赤峰市外贸局、赤峰市商务局纪委副书记、党办副主任、人事科科长、监察室主任，2003年9月转为国家公务员，2012年1月退休。

工作期间，先后攻读辽宁大学汉语言文学专科、内蒙古师范大学汉语言文学本科课程，分别于1987年6月和1998年6月获得国家高等教育自学考试汉语言文学专业专科、本科毕业证书。

作者与张万有教授合影。张万有是赤峰学院文学院教授，语言文字学专家，曾多年担任语言教研室主任。退休之后，任赤峰学院老教授协会副会长兼老科协理事。

作者与杜敏教授合影。杜敏是陕西师范大学文学院教授、博士生导师，《陕西师范大学学报（哲学社会科学版）》主编，陕西省语言学会副会长。

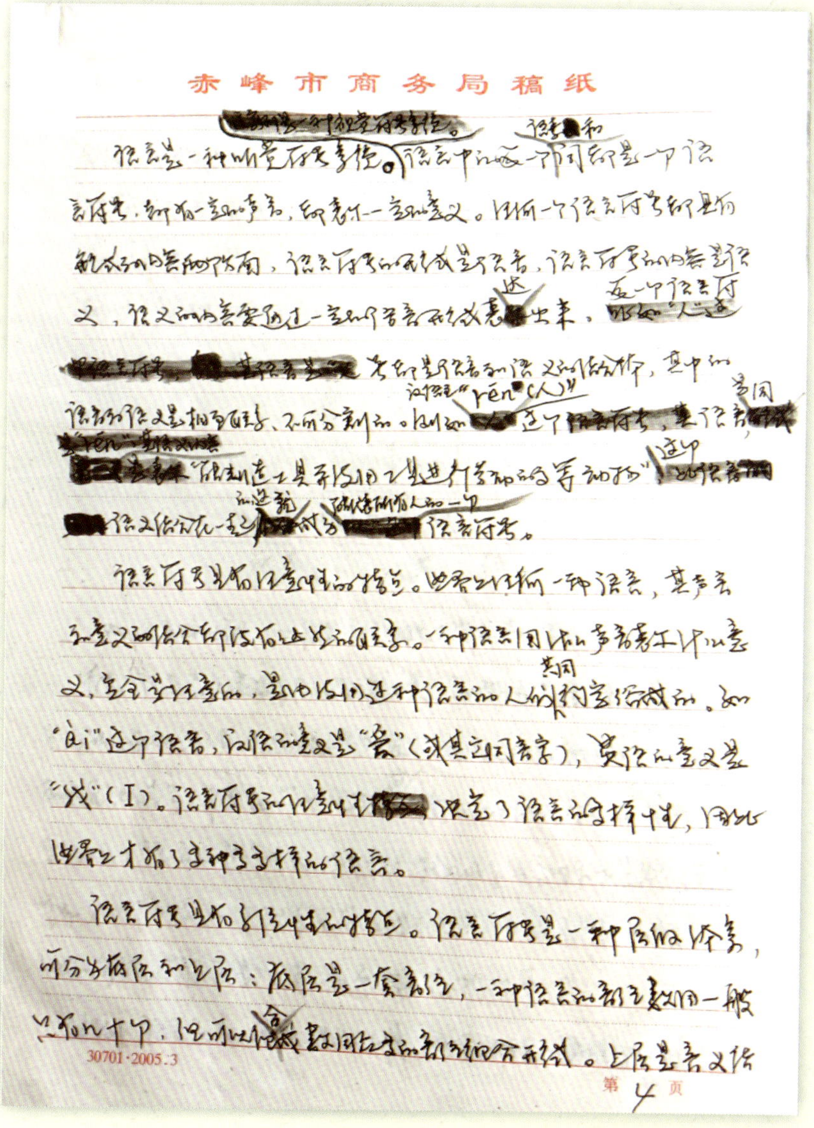

赤峰市商务局稿纸

[redacted]

语言是一种听觉符号系统。语言中的每一个词都是一个语言符号，都有一定的声音，都表示一定的意义。任何一个语言符号都是有能指和所指两个方面，语言符号的形式是声音，语言符号的内容是语义，语义的内容要通过一定的声音形式表达出来。[redacted]每一个语言符号都是声音和语义的结合体，其中的语音和语义是相互依存、不可分割的。例如"rén"（人）这个[redacted]语音[redacted]"能制造工具并使用工具进行劳动的高等动物"这个[redacted]语义结合在一起，[redacted]构成[redacted]语言符号。

语言符号具有任意性的特点。世界上任何一种语言，其声音和意义的结合都没有必然的联系。一种语言用什么声音表示什么意义，完全是任意的，是由使用这种语言的人们共同约定俗成的。如"ài"这个语音，汉语的意义是"爱"（或其它同音字），英语的意义是"我"（I）。语言符号的任意性[redacted]决定了语言的多样性，因此世界上才有了多种多样的语言。

语言符号具有线条性的特点。语言符号是一种层级体系，可分为底层和上层：底层是一套音位，一种语言的音位数目一般只有几十个，但可以组合成数目巨大的音节和组合形式。上层是音义结合

30701·2005.3

第 4 页

作者手稿（一）

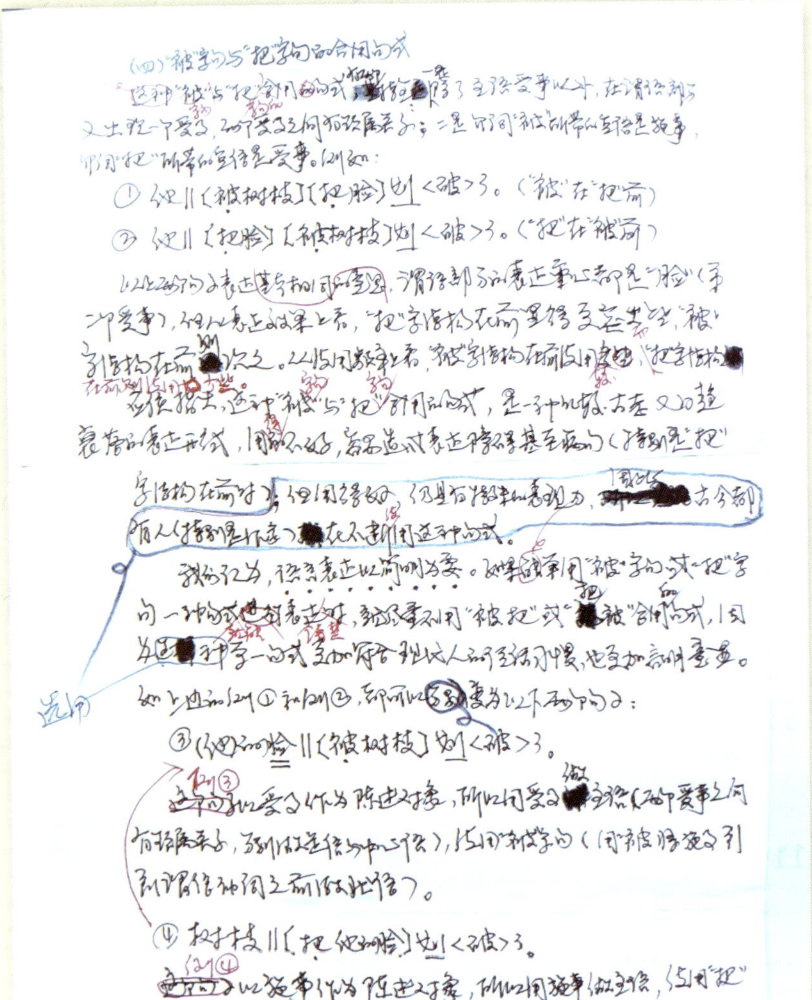
(四)"被"字句与"把"字句的合用句式

① 他||〔被树枝〕〔把脸〕划<破>了。("被"在"把"前)

② 他||〔把脸〕〔被树枝〕划<破>了。("把"在"被"前)

③ (他)的脸||〔被树枝〕划<破>了。

④ 树枝||〔把他的脸〕划<破>了。

作者手稿(二)